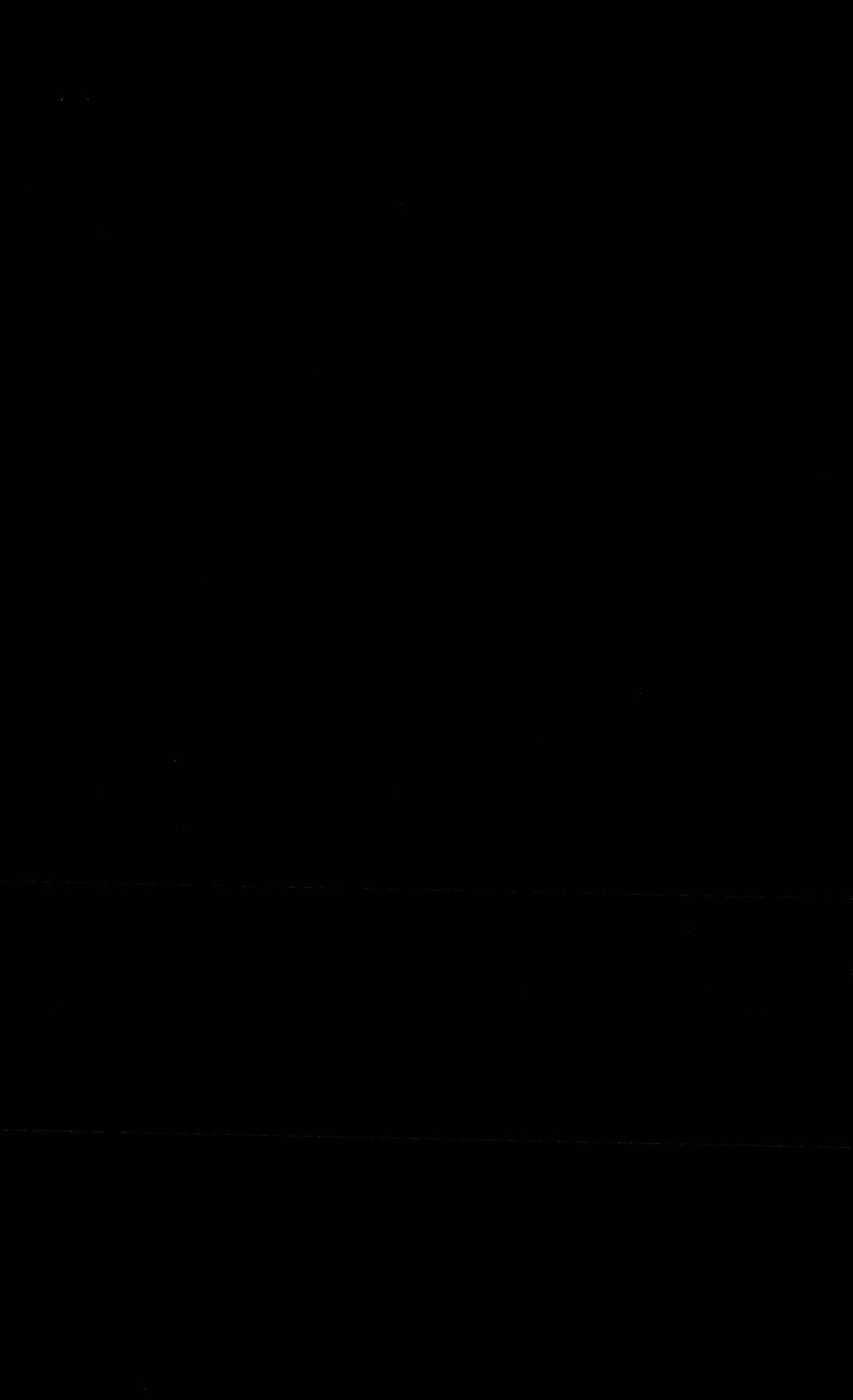

DEFINING SCIENCE

William Whewell,
Natural Knowledge
and Public Debate
in Early Victorian Britain

【澳】杨理查（Richard Yeo）著
姚雅欣 译

定义科学

威廉·惠威尔
擘画英国传统文化
现代转向

中央编译出版社

CAMBRIDGE

This is a Simplified Chinese edition of the following title published by Cambridge University Press:
Defining Science: William Whewell, Natural Knowledge and Public Debate in Early Victorian Britain, ISBN 9780521431828
© Cambridge University Press 1993
This Simplified Chinese edition for the People's Republic of China (excluding Hong Kong, Macau and Taiwan) is published by arrangement with the Press Syndicate of the University of Cambridge, Cambridge, United Kingdom.
© Cambridge University Press and Central Compilation & Translation Press 2024
This Simplified Chinese edition is authorized for sale in the People's Republic of China (excluding Hong Kong, Macau and Taiwan) only. Unauthorised export of this Simplified Chinese edition is a violation of the Copyright Act. No part of this publication may be reproduced or distributed by any means, or stored in a database or retrieval system, without the prior written permission of Cambridge University Press and Central Compilation & Translation Press.
Copies of this book sold without a Cambridge University Press sticker on the cover are unauthorized and illegal.
本书封面贴有 Cambridge University Press 防伪标签，无标签者不得销售。

图书在版编目 (CIP) 数据

定义科学：威廉·惠威尔擘画英国传统文化现代转向 /（澳）杨理查著；姚雅欣译 . —北京：中央编译出版社，2024.5
ISBN 978-7-5117-4337-4

I. ①定… II. ①杨… ②姚… III. ①威廉·惠威尔—哲学思想—研究 IV. ① B561.49

中国国家版本馆 CIP 数据核字（2023）第 186337 号

著作权合同登记号　图字：10 -2023 -2580 号

定义科学：威廉·惠威尔擘画英国传统文化现代转向

责任编辑	郑菲菲	
责任印制	李　颖	
出版发行	中央编译出版社	
地　　址	北京市海淀区北四环西路 69 号（100080）	
电　　话	（010）55627391（总编室）	（010）55627392（编辑室）
	（010）55627320（发行部）	（010）55627377（新技术部）
经　　销	全国新华书店	
印　　刷	北京中兴印刷有限公司	
开　　本	710 毫米 ×1000 毫米 1/16	
字　　数	372 千字	
印　　张	31	
版　　次	2024 年 5 月第 1 版	
印　　次	2024 年 5 月第 1 次印刷	
定　　价	180.00 元	

新浪微博：@中央编译出版社　　　微信：中央编译出版社（ID：cctphome）
淘宝店铺：中央编译出版社直销店（http://shop108367160.taobao.com）（010）55627331

本社常年法律顾问：北京市吴栾赵阎律师事务所律师　闫军　梁勤
凡有印装质量问题，本社负责调换，电话：（010）55627320

本书献给

玛丽·路易斯、吉利安和克莱瑞

目 录

中文版序　威廉·惠威尔：科学剧作家	001
原版序	016
缩略语	018

▶ 第一部分　　　　　　　　　　　　　001

第一章　导论　　　　　　　　　　　003
　　一、概论惠威尔的事业　　　　　　012
　　二、概论惠威尔　　　　　　　　　020
　　三、惠威尔的朋友和批评者　　　　029
　　四、对术语的注解　　　　　　　　034
　　五、以下各章思路　　　　　　　　035

第二章　科学与公共领域　　　　　　038
　　一、科学与自然神学　　　　　　　040
　　二、"科学"与科学先生　　　　　　044
　　三、维多利亚时代的期刊与公共领域　053
　　四、公共领域的科学　　　　　　　061

第三章　元科学：作为一种职业　　　067
　　一、科学的旁观者　　　　　　　　072
　　二、惠威尔：作为博学之士　　　　078

三、惠威尔：作为科学哲学家　　085
　　四、定义一种角色　　087
　　五、科学与浪漫主义　　090
　　六、角色定位：是一位批评家吗？　　100

▶ 第二部分　　105

第四章　评论科学　　107
　　一、科学与各种评论　　107
　　二、惠威尔的早期评论　　121

第五章　道德科学家　　161
　　一、自然神学与道德科学家　　164
　　二、惠威尔的桥水论：道德先生与道德方法　　167
　　三、个人 VS 机构　　173
　　四、牛津运动者对机构科学的批评　　175
　　五、理论家的道德角色　　178
　　六、冲突性格：弗拉姆斯蒂德 VS 牛顿　　181
　　七、另类科学观　　189
　　八、评论　　193
　　九、牛顿：作为一位典范？　　195

第六章　运用历史　　203
　　一、历史：作为元科学　　204
　　二、维多利亚时代早期的历史意识　　209
　　三、启蒙运动时期的科学史考察　　210
　　四、学科史　　212
　　五、运用历史　　214
　　六、方法　　225

七、革命	233
八、这部故事的道德性	241
第七章 道德科学	248
一、经验论与观念论	250
二、反击功利主义	254
三、方法 VS 认识论	257
四、惠威尔事业的智识语境	262
五、惠威尔科学哲学的道德性	264
六、惠威尔的早期哲学反思	269
七、政治经济学与道德	274
八、道德：作为这项归纳事业的组成部分	280
九、惠威尔对事业的新感受	285
十、《哲学》出版之后	289

▶ **第三部分** 293

第八章 科学、教育与社会	295
一、旧知识与新知识	295
二、永久性知识 VS 进步性知识	303
三、数学问题与各门"永久性"科学	307
四、两种国家心智的问题	314
五、科学、技术与社会	317
第九章 科学的统一性	327
一、道德科学与物质科学的类比	335
二、多种限制：指向惠威尔科学哲学中的统一性	340
三、元科学冲突	343
四、惠威尔、实证主义与元科学	346

五、惠威尔获得的支持性回应　　348
　　六、元科学：无需统一性？　　356

附录　科学家：一个词的故事　　365
　　一、科学：这个词的演进　　367
　　二、科学家：这个词的引入　　374
　　三、科学家：这个名称遭到反对　　381
　　四、科学家：霍尔为这个词辩护　　386
　　五、科学家：这个词的现代用法　　393

参考文献　　399

索引　　444

译后记　源头多镜鉴　　458

中文版序

威廉·惠威尔：科学剧作家

史蒂夫·富勒

英国华威大学社会学系 奥古斯特·孔德社会认识论讲席教授

1. 惠威尔的任务：将"科学家"写入他的世界历史叙事

威廉·惠威尔（1794—1866）是英语系国家中最堪负责的那个人，因为他亲手创制了**科学家**（scientist）特有的社会角色。当然，"科学"作为基于它自身对知识进行的系统性追求，自古典时代以来既已存在。依照这种较早时期的科学形式，来自各行各业——并且受过各种类型的训练的人们，——曾经声称自己旨在追求科学。但恰恰因为这条理由，过去的事实已经证明，这很难为他们的发现建立可靠性和有效性。诚然，如今已是持续不断地存在各种知识体系，我们现在愿意将这类知识体系中的大多数纳入"科学的"范围，这种情形长久以来在许多地方被广泛的人群接受和运用。然而，至于这类知识的合法性，过去很少对其主张（断言）履行任何正式的检验证明，而是热衷结交为这种合法性盖上赞同大印的那些宗教和政治权威。一个切中实质的佳例是，亚里士多德在 13 世纪信奉基督教的国家享有显要地位,此举是对亚里士多德之于基督教的穆斯林对手宣扬的世界观具有核心性的直接回应。在这种语境下,罗马天主教会的领袖哲学家,托马斯·阿奎那,很少担心亚里士多德所做观察的经验准确性,反而着力确保基督教能够对这些观察提供一种胜过伊斯兰教的更完美解释。

"科学革命"（Scientific Revolution）这个词组,20世纪30年代起用来指称三个世纪前开始发生的那些事件,当时旨在颠覆这种针对科学的全部感性认识。17世纪欧洲为用一种替代性方式理解这部科学史铺平了道路,这明确昭示需要特定的"科学家"群体,作为一种与众不同的社会角色,有能力依据该群体的自身规则证明他们提出的知识主张。正是惠威尔编创出这个当时需要的"科学家"角色,它早已暗示地出现在弗朗西斯·培根1620年出版的著作《新工具》中,当今读者将其视为第一部论述科学方法的现代著作。鉴于这个理由,我把惠威尔描述为"科学剧作家",因为他将科学家群体变成这部人类戏剧中一种可识别的角色。如今确实容易忽视这项成就的重要意义,因为这项成就现已变成那种关于科学的想当然式话语的重要组成部分。本着这种精神,思考以下这段熟悉却相当独特的对科学家特质的概括,它是惠威尔遗产的凝炼体现:

"科学家"主要指称自然科学家——唯有怀着犹豫和资格之心才会指称社会科学家。科学家如今都在一个专门探究的分支学科受过专业训练并且得到资格认证,这个学科的方法和发现至今已历经数个世纪的发展,它们非常类似一种手艺人实践的传统。但是,不同于手艺人的纯粹实践导向,科学通过对观察和阐释进行联合耕耘来接近自然,由此结出的成果是"事实"和"理论"。科学家这种公开操作受到一种使命的主宰,即区分事实与理论并表明二者之间的关系,这样做旨在创作出一般性理解和博学有据的判断。然而,如果无法充分认识终究支持某人所讨论的那些事实和理论的普遍原理,那么上述目的就不可能实现。由此可以推论,工程师应了解物理学,医生应知晓生物学。这些原理也提供了用来检测当前知识主张存在局限性的特定基础,说到底这就是科学发展进步的方式。科学天才很少做出惊世骇俗的发现——通常事实证明这种情况不同于天才们看上去的那样——反而更擅长把看似完全不同却已根深蒂固的发现整合到一种共同的理论框架内,这种理论既能充分解释那些发现,又能为在未来做出新发现提供特定基础。在这方面,牛顿是这种"科学家"的典范式案例。

在与法国和德国当时的相关发展状况进行对比时,可以最佳领会上述科学特性具有的创新本质。法国曾拥有涉及广泛领域的**学者**(*savant*)群体,涵盖相当博学的一些人,这不关乎他们的专业。例如,那些启蒙运动**哲学家**(*philosophes*)是这个意义上的学者,即使他们在学术界之外蓬勃发展,并且典型地未能获得他们质疑的学术判断所在领域的正式资格认证。此外,法国语言当时拥有关于科学专家及其训练培养的实践者的名称,但它缺少一个能够概括所有这些专家的一般性名称,这个名称会清晰地将专家与"纯"学者区分开来。德国呈现的情形略有不同。**科学**(*Wissenschaft*),作为万能的德语词用来指称系统性探究,它使"科学的"实质同义于"学术的",尽管学术型学科求索它们的探究目标的具体方式截然不同。(可以回想,神学和物理学当时都被视为 *Wissenschaft*)。其实,德国对我们现在认为的"自然"科学与"社会"科学做出区分,只是在 19 世纪末期才刚刚出现,但它没有将自然科学特权化地凌驾于社会科学之上，因为每门学术型学科都有权运用适合它们各自探究目标的方法。

2. 惠威尔的任务范围：复兴培根遗产

正如杨理查在《定义科学》——这部著作运用他当时可能愿意鼎力支持的标准（例如"在语境中"）对惠威尔做出评价——中的解释，对于19世纪一切思考科学本质的欧洲人来说，弗朗西斯·培根就是这间思想屋中的那头大象。培根生活在距惠威尔两个世纪之前，是英语散文书写的早期大师之一。甚至在当今，许多人将培根视作第一位英语散文作家，而非科学方法的创立者。就专业而言，培根是一名律师，而非一位科学家。事实上，他是英王詹姆士一世的私人律师（"御前大臣"），这位国王是英国历史上最具雄心和远见的君主之一。詹姆士继承了英格兰和苏格兰的王位，并且构想了一个联盟（"联合王国"），这个构想将在一个世纪后得以实现。他统治时期的一项伟大事业，由培根负责监督，是首次将《圣经》完整地翻译成英文，即所谓"詹姆士国王版"，这项事业旨在表明英国国教完全独立于罗马教会，后者授权《圣经》只能以拉丁文版通行。詹姆士还提出一种全新君主制概念，作为解决棘手争端的那个"绝对"端点，尤其在当时面临各路竞争上位的议会派系正日益威胁到公共秩序之际。最声名不佳的是，这位国王的特使挫败了罗马天主教同情者旨在粉碎英国国会议院的"火药阴谋"。英国如今仍然以反讽精神庆祝这个事件，在每年11月5日举行烟火表演，名为"全英篝火之夜"（Bonfire Night）。它为一个肯定毫无反讽意味的美国国家节日——在每年7月4日庆祝的"独立日"——提供了榜样。

虽然事实证明詹姆士的绝对君主制观念对欧洲政治思想颇具影

响，但它的应用性在当时的英国语境中受到限制。确实，詹姆士的继任者查理一世在英国内战期间被克伦威尔宣判处以绞刑，这场内战始于詹姆士离世后二十年。尽管如此，培根与詹姆士是同宗同源的精神同道，他们开启了一项雄心勃勃的国家建设战略，旨在使这些不列颠群岛脱离它们的欧洲邻国而独立自主，此后不久，这项战略在无意间为美利坚合众国提供了可参照的样板。在此值得回忆的是，1776年美国宣布脱离仅仅70年前才形成的"大不列颠王国"统治，所有这些都曾是这位最古老的美国国父本杰明·富兰克林的鲜活记忆，他兼具政治家和科学家双重身份，就是培根与詹姆士构想的那种"新先生"（new man）的缩影。

尽管在随后岁月，英国和美国逐渐发现强调前者"古老"和后者"年轻"符合它们各自的利益，但事实上，它们皆为18世纪政治创新的产物，从17世纪梦想中诞生。这种精神的典型例证是培根为一种基于国家的科学体制（"所罗门宫"）提出的各种建议，通过利用我们现在与特定"科学方法"密切联系的手段，这种体制将既能孕育新知识，又能评价旧知识。20世纪30年代，苏联科学历史和哲学家黑森（Boris Hessen，1893—1936）可能首次清晰洞察到这一点，他的马克思主义科学历史编纂学，将牛顿在早现代欧洲的出现，解释为大英帝国主义及其后"美国化"运动的先驱，所有这些都在培根口号"知识就是力量"的旗帜下越洋航行，起点伴随着1607年在美洲弗吉尼亚"詹姆斯敦"建立的第一个英国人永久定居点。黑森，第二次世纪大战爆发前在莫斯科遭处决，做出先见性地预测：科学和技术将会变成冷战时期资本主义国家与共产主义国家之间地缘政治争论的主要领域。

威廉·惠威尔生活在詹姆士和培根的17世纪科学技术梦想与黑森的20世纪历史性预测的时间中途。然而，惠威尔不只是一位转型人物。正如我已表明，以及杨理查在本书中的考察，盎格鲁英语圈并未立即受益于詹姆士和培根宣传的那种科学技术梦想。可以思考培根的私人秘书——托马斯·霍布斯（Thomas Hobbes，1588—1679）——的命运，他的长寿人生不仅超出英国内战结束，而且延及王政复辟和第一个现代科学机构伦敦皇家学会创立时期，现在总是把皇家学会描述为——培根设想的所罗门宫的具体实现。然而，正如夏平与谢弗在名著《利维坦与空气泵》（1985）中重新做出的详细解读，霍布斯拒绝接受皇家学会知识确认程序具有的自我证明特质，因此，他的会员资格被取消。在霍布斯看来，皇家学会以保存科学探究自主性的名义实行的"同行评议"制度，有效地赋予其成员一种对抗国王权力的权力基础，这可能也是他的导师培根对此事的看法。

3. 这项任务具体化：通过法国君士坦丁主义和英国自由主义拓展培根

培根的口号"知识就是力量"设想了一种由科学赋权的君主制来统治公共产品。这种君主制终将运用法官决策审判的方式解决存在争议的知识主张，法官断案的程式将是一种**判决性实验**，凭借这种强制性选择，只有在另一方败诉的情况下，一方才能胜诉。（波普尔后来使这个观念成为其科学方法观的核心。）霍布斯惊人的"利维坦"图像，一位世俗神，比皇家学会的同行评议更接近培根心中的那位仲裁者——对一个社会中的知识主张做出仲裁。这种培根-霍布斯思维方式的历史先驱是**君士坦丁主义**（Constantinianism），该学说主张国家-宗教结盟，君士坦丁大帝统治下的罗马帝国给基督徒留下深刻印象，因为这位君主在4世纪初皈依了他们的宗教。于是，罗马皇帝变成"基督信仰捍卫者"，这个词仍然用来描述英国君主。从表面上看,培根与霍布斯将会用科学取代宗教,作为绝对君主所做决定的精神授权者,绝对君主转而成为终极权威——这个人获得授权委托来扮演上帝。

然而,我之所以说"从表面上看",是因为"宗教"与"科学"在17世纪——或者说关于这件事,在19世纪——西方人的心中不是泾渭分明的概念,正如它们在当今的情形。惠威尔本人降生于一种仍然允许在神学与科学之间轻易穿行的文化中,即使在他的整个人生历程中,基于神学的知识断言不得不承担一种甚至越来越大的举证责任。当时无论你多么信仰宗教或奉行世俗,都期望你能够经受"信仰试炼"的检验,在此过程中,实验室各种实验在惠威尔人生中扮演着一种与日俱增的重要角色。这确实是培根非常可能想看到的局面。但正如惠威尔的恰当理解,在基于培根式愿景的社会认识论整体、实现培根式愿景方面,英国当时不是欧洲领袖。这个领袖是法国。1789年法国革命的失败使复辟王朝归于拿破仑·波拿巴的统治之下,进而开启了新一波君士坦丁主义,凭借这种立场,法国启蒙运动哲学家使科学成为国家新宗教的目标——他们对培根做出激进世俗的解读——最终得以实现制度化,而没有对公共领域造成种种暴力溢出效应。这种制度化的结果体现为设立一套**大学校**(*Grandes Ecoles*)体制,它是基于国家的专业学院,能够率先获知横跨科学和技术领域的最新进展,这类学院将培养出法国下一代政治、商业和公共生活领袖。当前的法国总统,伊曼纽尔·马克龙,就是这种教育结出的一枚硕果。

这种新君士坦丁主义的意识形态发言人是圣西门(Count Saint-Simon,1760—1825),他公开称其为"新基督教",特别是他的门生奥古斯特·孔德(Auguste Comte,1798—1857),在他看来"实证主义"和"社会学"是一项全面社会改革运动的两方面,这项改革将圣西门先前所谓的"社会主义"呈现为资本主义的巅峰终点。诚然，当今已用学术方式驯化的实证主义和社会学版本，模糊了它们最初的激进特质。尽管如此，它们曾为第一个现代"知识社会"提供了蓝图，这个社会按照一种理性化劳动分工进行组织，由受过专门训练的专家组成，由此形成的这种金字塔结构，在19世纪末由第一位管理学理论家亨利·法约尔（Henri Fayol，1841—1925）正式将其奉为圭臬。约翰·密尔与卡尔·马克思，既深受这种新君士坦丁主义的影响，又在时势驱动下通过不同方式来反对它，尽管如此，这种情形得以保持它以未来导向和积极态度对待科学和技术。正如杨理查所见，惠威尔自身对多种问题的眼界也曾由新君士坦丁主义塑造。

惠威尔特别欣赏由这种新君士坦丁主义带来的，专门用于理解人类智识发展的"元科学"道路。探究精神——先前囿于宗教专属领域——现已拓展到科学追求的领域，进而将会成为国家政策的向导。此外，正如惠威尔可能会同样理解，法国版本的新君士坦丁主义迥异于黑格尔的当代精神观，这种展现在世界历史进程中的精神观留给人们的印象是，这部集体人类戏剧接下来的行动将会来自任何地方，确切地说，这是黑格尔对拿破仑的看法，即认为他是"马背上的命运之神"。相比之下，法国将伟大的国力储备放在建设能够承受外部压力的相互连锁的制度和机构上。这早已成为最初君士坦丁主义蕴含的那种巨大的秘密力量，拿破仑用一种反手恭维的方式承认这种力量，他在1805年奥斯特利茨战役中卓有成效地终结了神圣罗马帝国，于是宣布自己为法兰西（第一帝国）皇帝和信奉基督教国家的**信仰捍卫者**。虽然拿破仑统治仅持续了十年，但它无论如何都设定了一个惊人的先例——将科学视为这个国家的精神脊梁，这种观念在现代时期已经变得越来越重要。

正如杨理查所见，惠威尔印象非常深刻的是拿破仑时代最著名的科学家居维叶，他坚持将基于国家的专业认同赋予科学家，以确保政治家与科学家之间建立相互受益的关系。否则，将会存在一种政治家与科学家自己选择结成的同盟，他们制造了法国大革命期间的那些混乱——并由此引发了英国内战。居维叶如今最著名的是作为第一位现代反进化论者，尤其作为拉马克的毕生苦难之源。他们敌意相向的一个标志性时刻，发生在拿破仑大军远征埃及返国之时，因为在这次远征的一场早期战役中发现了深埋的化石，它们看起来类似那些现存动物的骨骼。在居维叶看来，这证明物种一旦已经被创造出来就不会发生改变，即使它们随后被渲染成是遭到某种"灾难"灭绝，他认为这是上帝之力，如同《创世纪》中的大洪水。相比之下，拉马克坚持认为，那种适用于明显可感的物种变化的时间框架可能比居维叶设想的更加漫长，相关证据可能存在于更深埋藏的化石中。然而，由于拉马克当时无法测定化石年代，居维叶驳斥他的假说是一种临时投机的猜想而不予接受。与此同时，居维叶巩固了林奈的自然分类系统，通过把灭绝物种纳入新层级（"门"），进一步明确表达了林奈的等级制神圣创世观。这种做法留下一个古怪存疑的——现代生物学特征，礼貌地表述为"类并融合"。因此，如今一种拓宽更甚、远胜居维叶当年可能想象的林奈式生物分类学版本，被附加在一种远胜居维叶当年可能容忍且更加坚决的进化式自然解读中。

尽管如此，惠威尔依然在这个空间中茁壮成长。他兼具神学家和科学家双重角色，在居维叶之后那一代人的影响下成长起来，当时创世论正在实现科学精细化方面登上巅峰，同时进化论主义正在快速提升自身的科学业绩，两位相继的主角是查尔斯·莱尔与查尔斯·达尔文，惠威尔与这二者皆保持通信联系和相互评论。然而，惠威尔操作的那个英国公共领域，显然不同于法国的情形。正如前文所示，那位在英国内战结束时被迫复辟王位的君主，远非一位绝对君主，并且继续与时俱进地将权力让渡给议会，因此到惠威尔登上舞台之际，英国君主制的角色早已变成以象征性为主。此外，议会正在开始逐步使议员对他们所代表的民众负起更多主体责任。简言之，英国在一个相对薄弱的中央国家背景下，正在快速实施民主化进程，这里不包括外交政策。在这种"古典自由主义"政治环境中，科学扮演一种日益重要的角色，它体现为一整套持续进行的文化争论，在这些文化争论中，两所根深蒂固的大学——牛津和剑桥——尚未采取一种清晰立场。

4. 惠威尔的策略：未达到充分民主化的反教条主义

记住，英国大多数截至此时相当可观的科学和技术成就——广义地说与19世纪末开始被称作的那场"工业革命"存在密切联系——先前主要是由极少受过大学训练且罕有获得国家资助的那些人做出的。因此，不足为奇，科学被视为一种非常的**公共事物**，每个人在这个领域都有权表达他们的观点。杨理查聚焦这场最惊人的文化争论，在这场争论中，科学主要体现为惠威尔时代浪漫主义者与功利主义者之间的斗争。浪漫主义者经常诉诸科学来驾驭和强化公众对于自然的情感，他们采用的方式已然超出他们可及的证据，并且威胁到模糊事实与幻想之间的界限；相比之下，功利主义者主张——有点像法国实证主义者——科学方法和发现唯独授权功利主义运动对实际现存的一切制度进行彻底改革。狄更斯（Charles Dickens，1812—1870）的小说通过各种永久记录的方式，为维多利亚时代读者生动呈现出这场争论。在这种语境下，惠威尔的自定使命旨在将英国的大学定位为这些深刻冲突的知识主张的仲裁者。

一般而言，当惠威尔为他最具创新性的思考寻求可参考的先例时，他会转向康德。康德在其晚年文章《系科冲突》中主张，一门与众不同的学术性学科叫做"哲学"，它的工作将是对源于德国大学根深蒂固的系科——神学、法律和医学——的竞争性知识主张做出裁判。某种意义上，康德在此写下对他自己工作的描述。如今认为，康德是现代第一位在大学成功谋职的伟大哲学家——而且实际上所有其他哲学家至今一直都在沿着他的足迹行进。但应当同样回忆的是，康德曾将自己的代表作《纯粹理性批判》敬献给弗朗西斯·培根，因为《新工具》是关于一切知识主张（断言）都应接受信仰审判问题的讨论。此外，惠威尔在世时，一项由康德建议构成、明确具体由哲学驱动的计划，正在由普鲁士教育大臣威廉·冯·洪堡在新创建的柏林大学贯彻实施，到19世纪末，这所大学将成为欧洲的科学引擎，也将成为美国研究型大学的榜样——它们将在20世纪逐渐主导全球智识图景。但无须否认，这条德国向美国传经送宝的轨迹具有诸多优点［我在新著《回到大学的未来：洪堡再临》（Springer, 2023）中对此问题做了深入考察］，不过，这条路径确实未能通向英国——而且惠威尔已充分认识到这个问题。

作为一位终身剑桥学者，惠威尔面临的具体挑战是：大部分受到公众广泛关注和支持的新知识皆来自这所学术部门之外。因此，他的使命是通过某种方式为英国的大学拓展新知识。1831年，惠威尔是一位英国科学促进会（BAAS）联合创始人——现在称作英国科学协会（BSA）——这个用学术方式温和调节的平台旨在吸引公众参与到前沿科学中来。在惠威尔时代，它用于缓和浪漫主义者与功利主义者之间的争论，由此兴起一批"科学交流者"，他们中的首要人物是达尔文的早期公开辩护者——托马斯·赫胥黎。但在更深层面，惠威尔想让前沿科学的合法性能够"始祖化"为先前脑力劳动的继承者，其中的正确知识需要与一种大学学位相对应。坦率地说，惠威尔认为工业革命中的所谓"天才"发明家总是无法理解他们的发明存在种种局限性，因此在不经意间将这些发明吹嘘地出售给一群易于轻信的公众，而且在此过程中，对于这门科学研究的前沿领域，呈现出一幅误导图景。在这方面，惠威尔更新了康德最初对"纯粹理性"逾越自身界限倾向的关注，但他此时身处的世界正在经历——具备寓身性的机器正在取代作为这种越界工具的空洞修辞。

惠威尔的三卷本著作《归纳科学的历史》，1837年首版，现在通常被视为他的代表作。虽然它涵盖的基础大致等同于孔德的著作《实证哲学教程》，仅比它早几年出版，且基于一种迥异的精神写成。孔德认为，他已经探测到一种隐秘逻辑——基本上从简单到复杂——主导着这些科学的历史秩序，它的最高成就将是"社会学"（Sociology），这是一门关于人性的科学（与宗教）。相比之下，惠威尔对科学史的解读较少讨论科学的各种目的，而更多关注科学的程序方法，主要作为一种指南——指导人们未来如何可能更卓有成效地从事科学研究。这种对方法论的关注，使当今科学哲学家对惠威尔抱有胜过孔德的更大兴趣。在惠威尔本人看来，这部著作最重要的前景是：科学史将教导我们如何了解这个经验世界，因此它可能为一所大学的科学课程体系奠定基础。惠威尔在此预示出几条对20世纪的建议，即通过科学史来讲授科学，最著名的是第二次世界大战后，哈佛校长科南特开启的科学课程通识教育计划，在这项计划中，托马斯·库恩的最初工作是一名教学助理，他在此期间酝酿的那些想法，最终变成那部极具影响力的著作《科学革命的结构》。

在惠威尔生活的时代，他的"元科学"道路的惊人特征在于，它用一种非教条态度对待科学方法。确实，他创制的形容词"**启发**

式"（heuristic）旨在把握任何已提出的探究方法皆具有必然临时特性，对这些探究方法的最终判断，必须以它们可能做出的特定类型发现作为依据。在惠威尔看来，这类相关发现包含他所谓的"融贯性"（consilience）：它们过去用一种方式对一系列广泛的已知现象做出解释，这种方式现在能够用来发现新现象。在此基础上，牛顿是一位真正的科学天才。他的"元科学"道路还使历史成为一种深入理解科学的核心，因为任何方法的可靠性只有以确定可及的对手为背景才能做出评价。

这种立场将他与约翰·密尔置于争论状态，密尔的著作《逻辑体系》符合当时风尚——并且很大程度上被人们的接受——作为培根《新工具》的一种更严谨的最新版本。密尔关于这种正确科学方法的观点，在稳妥性上远胜惠威尔。如今常见的做法是把惠威尔与密尔之间的各种分歧简化为前者相信、后者不相信一种先验真理。尽管技术手段正确，但这种做法模糊了以下事实：惠威尔认为我们运用一种先验真理具有不可靠的易错性，密尔则主张无需存在一种先验真理，因为方法论层面稳妥的经验性探究可以提供特定类型的"道德确定性"，必需由它来授权一种功利主义的政策改革议程。这种差异使密尔能够在维多利亚时代公共舞台上塑造一个比惠威尔更时髦的形象，同样也能使他易于受到批判性审查，特别是一旦他不再能够为自己辩护时——就是说，在他1873年逝世后及此后这些年间，各种相对古怪的哲学家——从查尔斯·皮尔士到卡尔·波普尔和拉里·劳丹——一直都在以晦言出处的半故意方式对惠威尔的另类替代性愿景做出阐发和推广。

5. 结论：惠威尔作为"完全的社会认识论家"

在为科学定义一种适当的知识和制度空间方面，惠威尔曾经面对的那些挑战一直保留至今,即使那些挑战现在是用另一套密钥进行核准认证。本着这种精神,让我观察到惠威尔愿景中存在一种局限性,即使此前承认他的愿景优于密尔。惠威尔的著作《归纳科学的历史》过去给人们留下这种印象——牛顿的天才基于他有能力对各路早现代科学做出深刻综合,这种能力归功于一种历史敏感性,赋能他将那些明显不同却已然正在发展的探究路线整合起来为我所用。现在认为这是一个美好的故事,它证明一套基于历史的科学课程体系是必不可少的,特别因为牛顿曾经担任剑桥大学数学教授,但现在看来它确实不必然地结出可能做出种种新发现的硕果。杨理查在本书中忆及普利斯特里的著作《电学历史与现状》(1767),作为惠威尔著作的一种先例,尽管如此,这却指出一个不同的方向。普利斯特里可以说是18世纪盎格鲁英语圈最伟大的公共知识分子,一位像惠威尔那样的科学家兼牧师,他发现氧气之际,还正在向美国的建国之父们提建议——后来支持法国大革命。普利斯特里采取一种更民主的历史观,认为科学天才可能来自任何地方——因而缺少惠威尔后来似乎想要表明的那种历史谱系。但在这种情况下,对于任何笃定钦佩科学天才的人来说,他们如今面对的任务就是在这段天才时刻进行沙里澄金。这样做将既能提升一个人的批判能力,又能激励一个人自己向着天才的目标不懈努力。现在或许不足为奇的是,许多年后,恩格斯(Friedrich Engels,1820—1895)在晚年著作《路德维希·费尔巴哈与德国古典哲学的终结》(1886)中,甚至将普利斯特里视为——那位历史唯物主义真正的启蒙运动先驱。

然而,惠威尔最终用事实证明,自己必将可能被称作那位"完全的社会认识论家"。他的事业运行体现在19世纪迅速变化的英国社会生活的所有层面。他的实践和出版工作聚焦于知识权威的两个主要源头(神学与科学),并且同这两个领域的首要人物保持私人通信，他的思考与发生在海外的同类议题存在联系，他亲自与国内反对派展开公开争论，并且助力发展公共论坛，以便让更多大众参加到这些将会主宰他们人生的知识形式中来。在所有这些方面，惠威尔确实无异于普利斯特里。然而，远胜普利斯特里的是，惠威尔敏锐地察觉需要设立一些**制度或机构**（institutions）来调解缓和我们知识实践中的任何激进改革。相比之下，普利斯特里在毗邻曼彻斯特（沃灵顿）的一所短命的"替代性学院"做教师，他的学生包括马尔萨斯（Thomas Malthus，1766—1834）；惠威尔终生在剑桥工作，并为一整套正确适宜的自然科学课程体系提出确定的基础，这套课程将使此后几代学生能够从对工业革命的理论与实践洞察中深受裨益。在此过程中，惠威尔助力将科学的"发现"和"证明"语境之间的一种区分正式确立为标准，距今两个世纪以来，这个标准一直都在塑造着关于**这种科学方法**的哲学思考。相比之下，普利斯特里倾向于认为天才是挣脱根深蒂固的制度枷锁喷薄而出的非凡成果；惠威尔则认为，天才是在学术机构内部进行悉心培育的结果，并且能够持续产生长期影响；因而，知识断言必需经过"检验证明"方能生效。这就解释了为什么在《归纳科学的历史》中，惠威尔将氧气的发现归功于普利斯特里的法国同代人拉瓦锡。拉瓦锡（Antoine Lavoisier，1743—1794）提供了一种智识语境（一门基于元素的化学），它为开发利用氧气赋予充分的潜力。在拉瓦锡手中，发现氧气本身的重要性，远不及对一种关于物质性质的深刻观点——它承载大量的实践结果——做出证明。在此基础上，惠威尔判断拉瓦锡是一位堪比牛顿的"革命者"。现在看来，在这项对知识实践的历史-哲学-社会学做出的颇具创造性的整合事业中，惠威尔始终是一位社会认识论家，他的这个独特身份仍然蕴含着许多论题和宝藏，有待我们当今深入研习和对照借鉴。

原版序

我对科学在英国维多利亚时代早期文化中的地位问题产生兴趣，始于我的博士后研究论题——自然神学作为这段时期科学考察的一种哲学框架。威廉·惠威尔是这篇论文中的一位重要人物，在我已经和正在出版的其他论著中，他的重要性依然可见。但恰恰只是最近，并且得益于一些深入的专业研究成果，似乎越来越可能把惠威尔当作一本书关注的焦点，这本书旨在探讨科学性质在19世纪英国呈现的面貌。无法回避的是，由此带来一系列需要做出选择的问题，因为无论对于惠威尔的各种活动，还是对于他参加的那些公共讨论的议题范围，皆需给予难出其右的综合性关注。于是，直到此时，我仍未尽力把以下主题包括在这本论著中：详细解说惠威尔对具体科学学科——例如矿物学、地质学，或电化学——的介入，或详细解说他对术语学做出的贡献；在这本论著中的可能之处，我会暗示出与这些主题相关的其他处理方式。我一直以来的目标是，把惠威尔的工作置于其文化语境中来认识和解读，因此我希望对本书感兴趣的，不仅是对惠威尔已有了解的人士，而且还应包括更普遍的学习维多利亚时代思想史的学生。

尽管这本论著成书于过去几年，但现在说来，它还有一段前史。关于这段前史时期，我不愿量化地描述它，我想欣悦地忆及许多感激之情。恕我不能在此充分表达这些感念，但作为这些感念的起点，我要首先感谢悉尼大学费舍尔图书馆和格里夫斯大学图书馆的多位馆员，特别感谢负责馆际互借的工作人员，他们通过海运方式，为我调来维多利亚时代一些澳大利亚机构的大型馆藏文献。剑桥大学三一学院图书馆的馆员，至今仍为我提供至关重要的帮助，我还要感激学院院长和几位院士，惠允我使用由他们监管的这些档案文献，并且惠允我复制身着短装上衣的惠威尔肖像。我要感谢大英图书馆、伦敦皇家学会图书馆、英格兰国家图书馆和爱丁堡大学图书馆的工作人员，他们给予我帮助并惠允我使用馆藏手稿。近几年来，格里夫斯大学人文学部一直支持这个研究项目，通过一项大学研究资助和离岗研究计划，我从中受益匪浅。1992年，我在爱丁堡大学人文学高等研究院做访问学者期间，完成了这本书的最后写作。我要说明的是，本书第九章的一些材料，我曾投稿给1991年牛津大学出版社出版的惠威尔论文集。

来自学者和朋友们的特别建议和兴趣，有时隐而不彰，却总能发挥出关键作用。约翰·布鲁克（John Brooke）、乔弗利·康托（Geoffrey Cantor）、曼纳切姆·费什（Menachem Fisch）、乔纳森·霍芝（Jonathan Hodge）、大卫·奈特（David Knight）、雷切尔·劳丹（Rachel Laudan）、唐·麦克纳利（Don McNally）和西蒙·谢弗（Simon Schaffer），多年来与我分享着他们对"解决惠威尔"问题的热情，我认为与他们的对话极具价值。约翰·伽斯康尼（John Gascoigne）和多琳达·乌特姆（Dorinda Outram）基于他们各自的比较视野，为我提出颇具建设性的评论，并且仁慈地阅读了本书一些章节的初稿。我还要感谢大卫·奥乔伊德（David Oldroyd），把他多余的《历史》复本惠赠于我。本书存在的各种事实错误和其他缺点，皆由我本人负责。

如果离开我的家庭给予我的支持、同情和幽默感，上述这些鼓励将无一能够令我兴味盎然。因此，我把这本书献给我的家人。

1992年6月

于澳大利亚布里斯班

缩略语

BL　大英图书馆

HP　约翰·赫歇尔文存,伦敦皇家学会图书馆

NLS　苏格兰国家图书馆

RS　皇家学会(英国)

WP　威廉·惠威尔文存,剑桥大学三一学院图书馆(惠威尔文存参考文献中的小上标数字,是指为他的每封独立信函和文稿编定的文件号)

第一部分

第一章 导论

在英国维多利亚时代早期,关于科学性质问题,发生过一系列涉及范围颇广的激烈争论。这些争论包括多种主题,例如:自然科学的精神气质、方法、认识论及其宗教与社会寓意,自然科学实践者的道德与智识特质,自然科学各种理论与程序的历史发展。如今,我们把其中一些主题视为科学哲学、科学史或科学政策的组成部分;一些主题被限定在学术专门化与专业化的学科领域,另一些主题则与当今公共领域的政治与社会争论存在交叉性。

威廉·惠威尔(William Whewell,1794—1866）[①],剑桥大学三一学院院长,早在科学史和科学哲学变成兼具专门性与技术性的主题之前,就撰写过两部论述科学史和科学哲学的里程碑式著作。他揭橥此举之时,"科学"和"科学家"的社会与智识思想地位,仍是饱受争议的重大问题,这种情形部分可以通过一个事实表征出来,即惠威尔创制了诸如正级、负极、物理学家、科学家等术语。因此,惠威尔的贡献,不但在创制科学词汇方面,而且对于现在讨论科学使用的语言,他也贡献良多。在他的两部重要著作之外,惠威尔与其他写作者一道,全身心投入探讨科学性质的事业之中,他

[①] 因本书涉及人物众多,为方便理解,在人名首次出现或其典型意义的出现处,译者补充了人物基本信息,或置于人名后的括号内,或置于脚注中。——译者注

们的话语见诸评论、演讲、信函和布道会等多样化的媒体；在身体力行的同时，也奠定了他本人作为领袖型科学批评家的地位——这个角色或许堪比当时因文化批评闻名的柯勒律治①与卡莱尔②。

很难想象，如果不能直面惠威尔呈现的角色，将如何对维多利亚时代早期关于科学的争论进行分析。同理，如今历史地理解惠威尔昔日鲜活有力的作为，需要参照他的事业的特定目的和范畴，参照他对事业上下求索的各种方式，参照同时代人对他的事业的接受情况。然而，直到最近，大多数关于惠威尔科学哲学的研究成果，仍很少关注他的生活和工作所处的制度与社会语境，或他分析的科学事业现象所具有的智识和文化地位。有趣的是，如今这种强"内史"进路，在研究关于科学性质的各种观念时，拒绝挑战更为深广的问题领域，而早年的实质性科学理论确实具有深广的关怀领域。这种做法导致的结果是，相较于对惠威尔的了解，我们现在对达尔文已有更全面的认识，这不单因为达尔文是一位更具影响力的人物，这种差异还昭示出20世纪学科专业划界分隔的巨大力量——它把科学哲学从真实的科学实践和其他哲学与智识思想关怀中抽象出来。

反之，这种结果体现出19世纪晚期以来科学同各种价值思考逐渐分离的趋势。1919年，当马克斯·韦伯③就科学事业发表演讲时，论及职业、个性、价值，当时这三个概念似乎已被移出科学思

---

① 柯勒律治（Samuel Taylor Coleridge, 1772—1834），英国诗人和评论家，浪漫主义运动的重要代表。——译者注
② 托马斯·卡莱尔（Thomas Carlyle, 1795—1881），英国历史学家、散文家、评论家，苏格兰人。——译者注
③ 马克斯·韦伯（Max Weber, 1864—1920），德国社会学家、历史学家、经济学家和政治学家，古典社会学的主要奠基人，现代比较文化研究的先驱。——译者注

想和行动之外。[1] 韦伯写这篇文章之时，科学与国家的关系越来越变得密不可分，于是以下问题应运而生：价值判断是否必须从科学中移除，以便单凭国家就可以设定科学研究的目标并决定其用途。20世纪30年代，哲学家胡塞尔[2]把这种发展趋势视为"欧洲科学危机"的组成部分——科学尽管在某种程度上已然大获成功，但关于人类的理想和抱负，科学不再有话可说。[3] 惠威尔关心的是对科学的成功做出解释，但他是在一种话语内做这件事，这种话语尚未与其他文化议题的讨论脱离关系，部分原因在于：当时的科学尚未坚定不移地依赖国家。与他的同道们一起，惠威尔必须思考的不仅是科学与价值的关系，他还必须对科学价值做出确认。

自极端实证主义式微以来，惠威尔的工作已得到越来越多的尊重，它不再仅仅作为那个便利靶标，既是约翰·密尔（J. S. Mill, 1806—1873）著作《逻辑体系》（1843）中成功信息的象征，又是密尔抨击观念主义认识论时的主要靶子。这不是为了表明，惠威尔的所有观点已然在当代科学哲学家中间找到接受的知音；相反，对当代科学哲学主流而言，他的工作仍然位居边缘。尽管如此，现在必须承认的是：理论与观察的关系问题——对于20世纪30年代以来的科学哲学争论至关重要——通过惠威尔两部著作中的历史案例，已得到清晰定位和细致阐释，一部是《归纳科学的历史》（1837），另一部是《归纳科学的哲学》（1840）（下文分别简称为《历史》和《哲学》）。20世纪60年代以来，惠威尔强调的假说角色，一直被用来与波普尔的立场做对比；他对理论发生戏剧性变

---

[1] Weber 1989.
[2] 胡塞尔（Edmund Husserl，1859—1938），奥地利哲学家，现象学创始人，被誉为近代最伟大哲学家之一。——译者注
[3] Husserl 1970, 5-7. 科学的这种弃权退位之势，胡塞尔将其发生定位在16世纪。

革的解释,则被用来与库恩的立场做对比。[1]但是,这种惠威尔的复苏,还可以沿另一条路径而更进一步。在波普尔、拉卡托斯、费耶阿本德各自倡导的科学哲学中,都包含了政治价值,关于政治价值卷入其中的方式,近来已围绕这个问题展开讨论。[2]鉴于这种对现代科学理论的自觉意识,那么,重新发现惠威尔曾把他的科学观念从其成长的智识和社会语境中抽象出来,或将是一种过时的做法。其实,惠威尔案例提供了一个机会,让我们看到:一些关于科学的重要断言,如何在一种包含宗教、道德、政治价值的框架内展开讨论。本书有一个存在争论的观点是:惠威尔的工作必须牢固地定位在这种更宽广的语境内,而非单独定位在由20世纪科学哲学的各种优先原则决定的语境中。

惠威尔是维多利亚时代英国科学界的领袖人物之一,其人生横跨从自然哲学向我们现在承认的"现代科学"的转型时期。惠威尔在1833年创制"科学家"一词,但直到19世纪落幕,这个术语在英国才得到普遍接受,部分原因在于:一些重要的科学人物,例如,法拉第(Michael Faraday,1791—1867)和托马斯·赫胥黎(T. H. Huxley,1825—1895),偏爱将自己的工作视为更广义的哲学、神学和道德关怀的组成部分。这个关于自然科学与其他文化价值和活动之间的关系议题,构成惠威尔广博著述的重要组成部分。但是,不同于法拉第、达尔文、戴维(Humphry Davy,1778—1829)、巴斯德(Louis Pasteur,1822—1895)和麦克斯韦(James Clerk Maxwell,1831—1879),惠威尔的名字与任何一种重大科学发现皆无关联,因此在标准的科学史领域,他的声誉至今仍未得到

---

[1] Schipper 1988.

[2] Ravetz 1984; Chalmers 1991.

巩固。惠威尔案例的一个反讽之处在于,作为他所处时代的杰出科学史家,他强化了这种观念:过往科学被视作一部个人英雄故事,这些英雄通常是伟大的正人君子,他们从大自然中夺取秘密。鉴于惠威尔的名字过去未同重大科学发现建立牢固联系,因此,他被自己的历史编纂学贬谪到这部科学英雄故事的界线之外。

在这方面,高尔顿①在著作《遗传的天才》(1869)中的评论颇具先见之明。高尔顿首先强调,科学声誉深受个人名字与某种惊人发现存在密切联系的影响,接着表明这可能导致为科学进步做出贡献的其他人遭到忽视,然后他把惠威尔当作典型例证说明:尽管惠威尔堪称同代人中最能干者,但他命中注定会被遗忘。

> 他的智能高超卓绝,他的著述源源不断,他的对话力强健非凡。而且,几乎无人将怀疑,虽然他的劳动成果范围极广且散及四处,但这样或那样形式的科学是他的主要追求。我相信,在他早年时期,他对科学进步产生了相当重要的影响,但现在不可能确定这种影响的具体细节,或者说不可能验证我们的以下观点——后人将来可能会怎样对待这种影响。传记作家将徒劳地寻找重要科学发现,惠威尔博士的名字将来可能会在这些发现中得到确认。②

鉴于他的成就不是实质性科学发现,这段引文也提出"惠威尔的实际成就需要明确具体化"这个问题。我们现在面对的事实是:惠威尔曾在科学共同体中享有首要地位,关于他对科学争论——尤

---

① 高尔顿(Francis Galton, 1822—1911),生物统计学派奠基人,达尔文的表弟。——译者注
② Galton 1892,186;关于后人可能如何评判惠威尔的问题,另见 Lightfoot 1866,13—14。

其在 1830—1850 年间——产生的影响，许多当代事实可以提供强有力的证明。尽管惠威尔确实做过一些重要的科学研究，他凭借自己的潮汐研究，还荣获了皇家学会颁发的奖章，但他的声誉主要源于他对其他人的工作，尤其是对科学自身性质做出的博学敏锐的反思。惠威尔早年以一部力学教科书出道，写作此书时他是三一学院院士，此后不断累积，形成他作为威严的科学史家和科学哲学家的成熟角色。惠威尔为自己在科学世界中创造了一方空间，作为一位权威评论家，他评论科学进步，评论科学的方法、认识论及其文化意义。为描述这种情形，有一种更著名的说法是：每当法拉第和查尔斯·莱尔（Charles Lyell，1797—1875）需要寻找一种新术语表达他们的科学观念时，他们都会去接近惠威尔。因此，随着惠威尔变成一位用来呈现科学的语言立法者，在英国科学共同体内部，他已然占据举足轻重、影响深广的地位。①

迄今以来，西德尼·史密斯牧师（Sydney Smith，1771—1845）的妙语"科学是惠威尔的强项，博学则是其软肋"，在很大程度上造成了对这位君子及其工作的负面回应。这是因为普遍知识（universal knowledge）的目标如今已经变得不切实际，即使在惠威尔的时代，这个目标也开始被认为是无法企及的。但是，正如惠威尔兴趣的广博性令人惊异或产生怀疑，现在的关键是要去理解这些兴趣背后的主张。循此路径，可能会获得某种视野，进而真正认识自然科学在 19 世纪早期英国发展的智识思想语境。惠威尔的职业历程与科学快速扩张和专门化——或是第二次科学革命——的趋势相一致，这使他的兴趣广博性易受史密斯牧师幽默妙语的中伤。然

---

① 对惠威尔丰富活动的解说，参见 Cannon 1964，Robson 1964。对惠威尔发明科学术语的解说，参见 Ross 1961。谢弗（Schaffer 1991）将此现象置入一种更开阔的语言改革语境中考察。

而，还存在另一种意思，人们认为涵盖广博的科学范围作为一种理想，得到（惠威尔时代）当代人的支持，很大程度上不是因为他们相信一个人可能跟上几门科学的发展，而是因为这种情形提供的总体视野被认为是有价值的。科学界的领袖人物，例如查尔斯·莱尔、亚当·塞奇威克（Adam Sedgwick，1785—1873）和约翰·赫歇尔，尽管他们不同意惠威尔的全部观点，但盛赞他在历史和哲学方面取得的成就，认为这项工作为理解科学如何发展和它可能如何前行做出了贡献。尽管如此，正如惠威尔与几位密友——特别是理查德·琼斯（Richard Jones）和朱利叶斯·黑尔（Julius Hare）——广泛且亲密的通信揭示的那样，他必须让自己确证这种批判性反思具有的价值。

很难为惠威尔的智识成就找到一个单一标签，这个困难一直影响着当今学术界。这个困难重复着20世纪的学科隔离，惠威尔的工作被分隔到不同学科门下，他则被视作一位哲学家，一位教育家，一位自然神学家，或一位科学管理者。最近，曼纳切姆·费什和西蒙·谢弗主编的一部论文集，描绘了惠威尔涉足不同领域的情形，但两位主编暗示：这些曾经相互关联的领域，现在很难对它们做出具体的界定。[①] 针对惠威尔的重要科学论著，科学哲学家——例如布克达尔（Gerd Buchdahl）、罗伯特·巴茨（Robert Butts）、拉里·劳丹、迈克尔·鲁斯（Michael Ruse）——已经提供了有用的分析，一直以来，他们和该领域其他人发表的成果，就是惠威尔学术事业的最大组成部分。然而，这条进路更多关注惠威尔思想与科学哲学特定议题——例如归纳、理论变革、假说的角色与认识论——的相关性，而不去关注这些观念与惠威尔其他兴趣的关系。有鉴于

[①] Fisch and Schaffer 1991, vii-viii.

此，费什的最新研究成果的重要性在于：它详细考察了惠威尔寻求解决的那些智识思想问题是如何兴起的，并且表明惠威尔的成熟观点是如何成型的。① 相比之下，本书未从细节上去解决这些技术性、哲学性议题；相反，它考察了四方面的问题：惠威尔事业兴起的文化语境；他践行事业的不同论坛；这项事业包含的多种寓意；围绕这些寓意展开关于教育、道德科学、科学与技术的关系、科学与自然神学关系的讨论。

尽管本书研究更新了惠威尔的兴趣领域，然而，这里没有大规模研究他的著作和生平，没有详细描述他的智识思想传记。托德亨特（Isaac Todhunter，1820—1884）的解说（1876），作为那种常见的维多利亚时代人生和文字生涯的温和版本，其写作方式至今仍然无法被取代，同样运用这种方式，现在已经对法拉第、莱尔、达尔文和开尔文做出解读。这种写法有一个清晰的理由是：惠威尔的博学多识广及从地质学到道德哲学的多个领域，它至今仍是一个令人生畏的写入传记的障碍。但是，基于另一种意义，可能存在这样的事实：惠威尔从事的这份智识思想职业的性质，并不适合用当前的科学传记体裁来表达。在此我们可能会看到一种对高尔顿预言的证实，就是说惠威尔研究至今仍将以下事实作为条件，即他未能遵行一种科学生活模式，这种模式的结构以做出重要科学发现为中心。

如果过去的个人声誉由做出的"科学发现"提供保障，那么现在我们必须质疑：为什么惠威尔感觉到科学本身需要经过仔细验证。如果我们没有一个适洽的范畴——用它可以理解由这种感觉维持的惠威尔的智识思想事业，那么我们很难理解：任何一部全方位综合性的惠威尔传记怎么可能出现。有鉴于此，我建议，这类对科

---

① Fisch 1991a.

学本身进行仔细验证的活动，可能会被视为元科学评论或批评，我也认识到这种观念如今确实被怀疑存在不合时宜的危险，对惠威尔的思想进行哲学重构已遭遇到这种危险。尽管如此，惠威尔案例现在似乎唤起人们明确承认以下事实：他为自己创造了一种角色，作为科学的批评家和评论家、仲裁者和立法者。此外，在他从事这番事业之际，科学事业的规模和特质正在从基本方式上发生着改变。这些改变树立的框架，既体现在制度方面，又体现在价值方面，为我们现在认为的"科学"奠定了基础。因此，使用"元科学家"这个名称时，务必牢记一句告诫之言：惠威尔不止于对一种稳定现象进行观察和凝练，相反，他正在探寻对定义和推广科学——它的方法、认识论和价值——产生影响的方式。惠威尔是一位行动者，也是一位批评家。

本书目标旨在突显惠威尔亲身从事的那些活动，通过分析他的元科学评论和批评，并且关注创制这些内容的各样方式。现在众所周知，在维多利亚时代的著名人物中，惠威尔是最爱追根究底和激烈论辩的一位。今人较少留意的是，惠威尔充分利用19世纪作者可及的一切传播媒介——书籍、评论、小册子、信函、演讲和布道会，因此，他对科学所做的方法论和认识论反思，都与神学、道德、传记和历史要素密不可分。后来的一些评论家经常对这些要素避而不论，因为他们旨在重构惠威尔对科学哲学的贡献。对此，我的论点是：惠威尔那些关于科学的理论观点，都是在他努力捍卫和确证科学的道德、智识和文化价值的过程中，得到系统阐述和验证的。

正如惠威尔为自己创造了一种作为元科学批评家的职业，他还对做出元科学批评式分析的方式产生了影响。当他开始思考科学的性质时，科学哲学尚未作为一个专门学科而存在。到他辞世之际,科学哲学正在开始化作一种独特话语。惠威尔非凡的两卷本著作《哲学》(1840),对此进程做出了贡献,但它源于一套更宽广的文化关怀。因此,本书以下各章的目标之一将是:对惠威尔围绕科学性质做出各种评论的不同环境和媒介展开思考。惠威尔的写作主题包括期刊评论、历史、科学哲学、自然神学、道德哲学,并且加入当时关于科学传记和教育展开的争论。有些情况下,惠威尔有能力转变既定行动议程;另一些情况下,他则受到现行方式和主张的约束。将这些内容铭记在心,或许就能体悟惠威尔参与其中的各种语境,领会呈现在他工作中的各种张力。这些情形部分源于以下悖论:创制"科学家"一词的那位君子越来越投入地践行一项智识事业,在这项事业中,"科学"这个词几乎退回到它先前的意思,即关于任何学科的系统性知识,这些学科包括伦理学、建筑学、语言学和政治学。

一、概论惠威尔的事业

我并非力求对惠威尔科学哲学的主要论点做出简明概述,相反,我想提供一幅图景,让大家看到:惠威尔在主要工作中努力实现的目标,他如何向读者解释他的各种目标。实现这个目标有一条途径,那就是:把惠威尔擅长的多种写作方式中的一种——撰写绪论(或导论)——作为研究样本。①

我们可以从《哲学》的开篇几页切入,因为这几页包含多处对《历史》的注释和引用。在前言和导论(为第二版重写)中,惠威

---

① 关于惠威尔哲学的介绍,参见 Blanché 1967, Butts 1968, Laudan 1971, Losee 1983, Ruse 1976。我在本章引用的是惠威尔著作《哲学》第一版,但在其他地方,我引用的是他的著作《历史》第二版(1847)和第三版(1857)。

尔解释了他的目标,并声称他的事业具有独创性。他强调指出,这项事业会对"知识哲学"做出贡献,而不只有功于物理科学哲学。后者是最佳起点,因为这些物理科学可以提供能被普遍承认且具备稳定真理的典型案例。① 然而,就理论上而言,对这些学科——天文学、地质学、力学、化学、光学、声学、植物学和生理学——所做的分析,可以应用于其他探究领域,在这些领域中,"人类知识断言:具备确切和实质性特质,会引导我们将这类知识称作科学"。② 这个简明陈述加倍地具有重要意义。首先,在相对较新的学科中,包含尚未稳固确立的一般性定律,惠威尔将这类情形依次排列地表达出来,此举令喜欢成熟学科的通行等级制黯然失色;其次,惠威尔把"科学"定义为一种知识,而非作为一种专供研究的主题(subject-matter)。

惠威尔还通过描述前辈先驱的方式,为他的事业做出具体定义。这些前辈中最为卓著者当属弗朗西斯·培根(Francis Bacon,1561—1626)。惠威尔不仅把自己视为由培根的《新工具》所开创事业的继承人,而且还是受益人,他现在处于有能力研究科学进步史的位置。而在培根时代,培根或许只能想象在某种程度上做出神启式预言。与较为接近的当代人做比较,做出神启式预言有失宽宏器量。惠威尔承认,已有对知识所做的哲学考察,皆以物理科学作为参照。同时,他强调:这些考察未曾被选为系统的历史考察的一部分,它们只是从一个或两个科学分支中摘取的"脱离整体的孤立案例"。在论述隐晦论及苏格兰哲学家——例如杜加尔德·斯图尔特(Dugald Stewart,1753—1828)——的文章中,惠威尔指出:这类

---

① Whewell 1840a, I, ix, 3–4.
② Whewell 1840a, 5, 16.

考察中的有些解说，以政治经济学、语言学、道德规范或美术艺术作为基础，但所有这些重要学科都不适用于此类解说的目的。① 重要的是，当惠威尔论及"伟大的科学哲学导师"时，不是指现代哲学家或形而上学家，而是指培根、牛顿和居维叶。惠威尔强调，这些作者的观点与他的观点不同，他同时宣布，"一旦有了更加成熟的思考"，这些作者可能会拥护他的学说。②

因此，惠威尔要展现自己从事的是前无古人书写的事业。做出这个论断确实源于几个基石，但1840年公开宣布这个论断时的自信之情，掩饰了惠威尔早期的重重焦虑——他赋予自己的使命是成为归纳科学的定义者，如何通过最佳途径解释这项使命，令他颇为踟蹰。然而，他确实承认必须对几个专门的科学领域做出评论，我们将在后面几章讨论这个问题。说到新近发表的对他的著作《历史》中论述生理学部分所做的批评，惠威尔承认，这里存在一种兴趣冲突：

> 已经对生理学学科素有研究的那些人，感到我在说一种劝说之词，一种非常自然和公正的劝说：在专业上要将毕生精力献给科学事业；这种劝说可以为一个人赋权，让他敢于决定科学中仍存在争论的问题该如何解决；因此，这些人看上去，怀着一种理性的嫉妒心理，在努力讨论此类问题，这个判断由一位非专业的思考者做出。③

这段话最能尽显惠威尔已选择的那项使命——作为归纳科学的定义

---

① Whewell 1840a, 9–10.
② Whewell 1840a, xii.
③ Whewell 1840a, I, xii.

第一章 导论

者——具有不确定的地位。

当惠威尔开始列出这项工作的核心主题时,他承认存在另一种困难。惠威尔强调,他旨在"建立多种区别,而非抹杀它们",他主张"事实与理论"之间的区分不是一个简单问题。存在"一种理论面具,罩住了大自然的整个面孔"。惠威尔踏上这条道路,不是通过列出现行的各种认识论理论,而是诉诸日常典型案例,在这些案例中,显而易见的事实——例如地球运动——都包含着理论断言。他声称,这些断言表明:"基于某个方面的一种事实,是基于另类方面的一种理论。"此外,这些断言表明,心灵在感知上是运动的:"自然体现的图景,不包含物质的深度,艺术图景同样如此;正如上述两例彼此形貌相同,恰恰是心灵,通过它自身的一种运动,发现色彩与形状可以表明距离与实质。"①

在《哲学》第一版中,惠威尔没有充分阐述他关于基本反题的学说(fundamental antithesis)。随后在 1844 年,他对这个学说做出阐发,进而对《哲学》第二版导论做出重构。然而,基本反题原则的构成要素体现为:感觉与观念、知识的客观与主观来源之间存在密切联系。他坚信,一切知识皆有赖于这些术语和"许多其他对立性术语"在实践中聚合为统一体;同理,哲学需要对这些术语做出分析和区别。人们普遍认为,心灵是从世界上获取知识的一个被动受体,惠威尔则坚定地断言——心灵具有能动性。惠威尔在此引入"观念"(idea)一词,但他说,他正在一种更专门具体的意义上使用这个术语,它不同于该词的常用方式,即常被用来描述"我们巨大的被动力和主动力联合起来造成的几乎一切想象可及的结果"。观念不只是"被变形的感觉",它们是为感觉赋予"形式"的能动

---

① Whewell 1840a, 23–24.

要素。他解释道:"离开空间观念,我们无法看到某个物体;离开相类似的观念,我们无法看到两个物体。"这些观念以及其他"基本观念",例如时间、数量和起因,提供了适用于各门科学的"理想概念"。然后,惠威尔针对术语"归纳"(induction)给出一个陌生的观点,声称归纳的发生基于以下情形:当理想概念允许心灵"将特定事实联系起来",将先前毫无联系的观察统一到一种规则或法则之下时;当开普勒表明行星围绕太阳在椭圆轨道上运动时,他就是在运用归纳法。但他不是仅仅通过累积观察而这么做;相反,在同各种各样的概念进行斗争之后,他的心灵为这些事实"增添了"椭圆轨道观念。①

通过强调心灵在归纳中扮演的能动性角色,惠威尔赋予"归纳"概念一种与流行解释不一致的意义。根据逻辑学的当代规约,例如由理查德·惠特利(Richard Whately,1787—1863)提出的颇具影响的规约,归纳是一种由三段论逻辑型主宰的推理;特定结论包含在特定前提中;这类前提的形成过程则位于逻辑范围之外。②另外,培根的方法论,虽然从事实数据的视角关心理论构造,但它认为:归纳的普遍性是对一组观察的概括。惠威尔主张,这些进路皆未抓住重大科学理论赖以实现的那种精神过程。随后在写给英国数学家德·摩根的信中,惠威尔仍在阐明这一观点,他说:如果他对"发现者的归纳"的兴趣无法在主流逻辑学中取得一席之地,那么"这对逻辑学同样是不幸的"。③

在惠威尔对科学的解说中,心灵具有活力和创造性;伟大的发

---

① Whewell 1840a, 25-45;关于惠威尔论述基本反题的一种完整解读,参见 Fisch 1985。
② Whately 1829, 230-231。惠特利的著作《逻辑要素》(1826)迅速变成一部标准教科书。我在此指的是他为《大都会百科全书》撰写的"逻辑"词条。
③ 惠威尔致德·摩根的信,1859.1.18,收录于 Todhunter 1876, 11, 417;Yeo 1985, 276。

现者在探求自然知识的事业中，具有想象力和推测力。真正的科学态度不是一种对自然的被动深思，正如歌德的建议，它更接近席勒承认的观点——"观念的权威远在感官印象之上"。①惠威尔建议，这两位德国诗人之间的分歧代表了一种存在已久的哲学选择，心理意向在其中扮演着重要角色。某种程度上，惠威尔提出的"基本反题"概念，可以作为这种分歧的解决方案。对于外部世界的知识来说，观念和经验都是必不可少的要素。关键一点在于，这两个要素的相互依赖性——观念和经验、主观性与客观性——始于基本感知层面。事实本身包括"一种心灵活动"，从分散事实到统一理论的归纳式飞跃同样如此。因此，"在无法感觉到的层面，事实与理论在相互渗透"。②

首篇对惠威尔著作《哲学》的评论，出现在1840年9月12日出版的文学评论期刊《雅典娜神庙》（Athenaeum）上，作者为德·摩根。十天后，惠威尔在一本私人印行的小册子上做出回应。惠威尔坚信自己的科学路径具有与众不同的开创性，他解释道：康德哲学为他的特殊目的开出先声。康德表明，空间和时间的普遍特质是作为"感知的条件"；但惠威尔关心的是"科学基础"以及特定的基本概念，在科学的不同分支中，这些基本概念使"普遍和必然真理的实现变为可能"。③然而这位评论者，惠威尔抱怨道，一直未能充分关注他对其他概念的解释，例如"力""物质""化学亲和性""对称"或"相似性"，这类概念在一些特定的科学中主宰着对现象的感知。④进而言之，在他论述"哲学中的基本反题"的文

---

① Whewell 1840a, 1, 34.
② Whewell 1840a, 45；关于这个问题的全面讨论，参见 Buchdahl 1991。
③ Whewell 1840b, 4–5.
④ 参见 Whewell 1847a, 1, 80 中列出的名单。

章中，引出 1847 年对《哲学》的修订，惠威尔强调：为清晰掌握科学每个分支学科中的基本观念，实现智力的高度专业化是必要条件。① 这个观点的寓意将在第九章讨论。

康德和惠威尔对科学知识的性质都颇为关心。正如惠威尔表明的观点，这个问题包含"全称命题悖论"（paradox of universal propositions）。正如科学史中的记载，定律被认为具有"普遍性和必然性"，如何从观察和实验的经验中搜集到定律？这两位思想家都在寻求为科学知识提供一种认识论证明。② 如前所述，他们答案的相似性是一个饱含争论的重要问题，惠威尔的工作刚一出现即已如此，如今争论仍在继续。然而，在另一个层面，似乎有一种区别值得提及。在比康德更为具体的意义上，惠威尔正在努力使科学具有合法性，使其成为一个特定语境中的一种智识和社会活动——他把这种活动描述为"已经正在到来的紧急事件"。③

康德在他的著名文章《什么是启蒙》（1784）中写道："我一直把启蒙的要点——从人类加诸自己的不成熟状态中逃离——主要置于宗教问题上，因为我们的统治者对于扮演艺术与科学的护卫者角色毫无兴趣。"④ 这种科学观念——安全地远离政治干预——在当时也出现在《大英百科全书》的一个讨论中，所讨论的问题是：由实验取代权威作为检验真理的标准。这种情况将会继续发生，因为科学发现的真理"正是如此，它不会影响人们的各种激情"；专注于让人民保持"对政治或宗教无知"的那些人，不会怀疑真理这种知识形态，而且在任何情况下，他们都会发现很难证明这种知识形态

---

① Whewell 1844.
② Whewell 1840a, 1, 238–291.
③ Whewell, 1840a, 8.
④ Kant 1949, 291.

具有阻碍性。① 惠威尔做了一个与康德类似的对比，表明当政治和道德迅速引发令人惊奇的反应时，各门研究物质性的科学就吸引了"活力较弱者"的兴趣。② 惠威尔指出，这为"活力较弱者"创造了一个好起点，使他们可以探究知识哲学——但这门学问终将拥抱道德与社会科学。

诉诸科学的中立性，是英国皇家学会自17世纪至今始终遵循的策略。在政治冲突经常呈现为宗教冲突的时代，一门知识的前景全然由质询自然来主宰，是卓有成效之举。这种策略在19世纪早期仍然有其用途，但惠威尔深知，这种策略本身不再是一种可以推行他所偏爱的科学形象的完备手段。原因之一在于，科学——作为一种活动和一种知识形态——由具备不同政治和社会价值观的各种群体进行角力竞逐。因此，当论及科学是一种"紧急事件"且需要"改革"时，惠威尔是在宣布他的意图，即表明这些物理科学的成功必须在一种知识哲学框架内来理解，这种知识哲学纠正了唯物主义和功利主义学说的多种错误。惠威尔的新学说拒斥这种观点——它体现在洛克的认识论中——感觉是知识的基本要素，他主张，即便是简单感知，也需要由一个能动的心灵进行推理。惠威尔的基本观念理论——不是内在固有的观念论——强调心灵在科学中的建构性角色和知识的历史性成长。依据惠威尔的观点，这种科学哲学蕴含着关乎人性和道德能力的准确观点。

---

① Robison 1797, 659.
② Whewell 1840a, 1, 15.

二、概论惠威尔

既然我已列出惠威尔的科学事业计划,并对隐藏其后的一些目的有所暗示,但重要的是我提供了对他的立场——基于社会和人的立场——的一些解说,基于这种立场,惠威尔发起这项雄心勃勃的科学计划。这项计划迅速亮明现在已获完全承认的体现在惠威尔身上的那道鸿沟:一端是惠威尔已然达到的颇具影响力的地位,另一端则是他由此遭遇的那种边缘化的社会背景。关于惠威尔,人们普遍认同的一点是:他从兰开夏郡升迁到剑桥堪称奇迹。作为木匠大师之子,惠威尔出生于1794年5月24日。1812年秋,他凭借一项50镑的奖学金来到剑桥大学。他的大学生涯闪耀着多种奖励和殊荣,尽管1816年1月毕业时,他只能无奈地对自己仅仅通过三一学院数学二等考试表示满意。1816年7月,惠威尔的父亲去世,此时距其子生命中这个关键时刻只有半年,随后在1817年10月1日,其子被选为三一学院研究员。由此开始,多种成就接踵而至。1818年,他成为助理导师。1819年,他的首部著作《初等力学教程》出版。次年,当选伦敦皇家学会会士,并于1827年成为地质学会会士。1825年,在英国国教教堂,惠威尔被加冕为圣公会牧师——这是担任学院学术职位的一个必要条件——同年任命他执掌剑桥大学矿物学教席,在关于这个教席选举过程的诸多争论落定之后,他于1828年就任该职。①1832年,惠威尔辞去这个教席,几乎毫无不和谐感,他于1838年执掌道德哲学教席。1841年,同考狄丽亚·马绍尔(Cordelia Marshall)结婚后不久,同年12月,惠威尔被任命为三一学院院长。1814年,这位青年曾写信向父亲报告,

---

① Todhunter 1876, 1, 32;Stair-Douglas 1881, 101.

他已买到一部牛顿著作《自然哲学的数学原理》的复印本——"这是一本我迟早本应得到的书"——此时他可以在三一学院图书馆饱览一些牛顿本人的著作,并以18世纪三一学院著名院长理查德·本特利的故居作为宅邸。①

惠威尔的事迹,被认为是维多利亚时代最伟大的成功故事之一,但这仅仅聚焦于以下结果——惠威尔作为维多利亚时代科学事业坚强不屈的法师形象,它未能领会与这段社会变迁密不可分的种种紧张关系和不安全感确实存在一种危险。②最近,乔纳森·霍芝(Jonathan Hodge)已经提醒我们注意惠威尔走过的那条社交之路——从兰开夏到剑桥,但未途经曼彻斯特。③换言之,惠威尔成功地从一个手工业者家庭出身的少年升迁到执掌皇家任命的教席,这个任命源于一位托利党首相的建议,因此不必在当权者的价值观——土地文化,三一学院是这种文化的一个重要股东——与新工业资本主义价值观的激烈冲突之间进行协商。某种程度上,这确实缘于惠威尔与利兹的马绍尔家族联姻的事实,这个家族早已成功实现了社会身份升迁。约翰·马绍尔是一位成功的亚麻纺纱商,他的孩子皆嫁入贵族之门。长女玛丽,1841年4月嫁给上院议员蒙特伊格勋爵(Lord Monteagle);同年秋,考狄丽亚与惠威尔成婚。④正是这个对惠威尔实现社会身份转型的证明,使他们的婚姻被视为这些门当户对般配联姻中的另类典型。

在早年学生时代,惠威尔已具有敏锐且强烈的自我感知力,针对常规意义上与他的社会背景密不可分的那些限制,他立志要做拓

---

① 惠威尔致父亲的信,1814.1.18,收录于 Stair-Douglas 1881, 11。
② Roach 1959;Rothblatt 1981, 31–34.
③ Hodge 1991.
④ Rimmer 1960.

宽这些限制的人。他从剑桥写的家信表达了一种强烈的自我认知感受——在一个与自己身份不同的社会中，惠威尔成为被他们选中的代表。他们讲述着一位青年人的故事，这位青年认为自己肩负着那个兰开夏家族的强烈热望。1814 年 6 月，在公开宣布自己的各科成绩皆为一等之际，惠威尔告诉父亲"我们有理由感到骄傲了"。①次年 12 月，惠威尔发出警告，他反对那些无法兑现的热望，他要求父亲不要主观臆断地说："我现在非常自信我未来的希望都能大功告成——因为没有什么能超越现在的真实情形，而且我有十足的理由说明自己不会变成你所说的那样伟大。"（1815 年 12 月）惠威尔的目标不只是取得学术成功，而是要谋得一席教职——这是"最重要的目标"——这将证明父亲给予他经济资助是正确的，并且会为他提供一种独立地位。在惠威尔谋得教职之前，他的父亲已经离世，但他向两位妹妹解释道：这是"最具实质性的益处，对此你们必定与我同感欢欣。因为它能确保我可以舒适安居地度过一生，只要我最低限度地过一种简朴生活的话"。（1817 年 10 月 1 日）

这项成就具有的社会性意义，是惠威尔理解自己付出各种努力的核心。1816 年 5 月，在父亲生病之际，惠威尔告诉两位妹妹：他们的父亲是一位值得效仿的楷模，父亲希望每位子女都可以实现他们"在社会中的位置，无论这个位置可能是什么，都要像父亲一直在做的那样令人尊敬"。但惠威尔超越了这个目标，"我更希望父亲将会看到，我们中的一员会稳固地登上他可能未曾企及的位置，如果这个位置不曾是父亲的嗜好和努力目标的话"。（1816 年 5 月 21 日）据惠威尔自己估计，他的成功基于以下事实：他能够设想远高于父

---

① 惠威尔致父亲的信，1814.6.26，卷宗号 WP, Add. MS. A. 301²。这些信件的副本最近刚捐赠给三一学院。本章以下对这套手稿的引用，只注明信件日期。

亲期望的一系列目标，父亲"未能看到他毕生为儿子所做的一切所结出的果实"。(1814年8月14日）

因此，现在不足为奇的是，惠威尔在成婚之前已经同英国地主阶级展开充分接触。1823年，惠威尔结识了住在剑桥附近海德宫的约翰·马尔科姆爵士（Sir John Malcolm，1769—1833），后来他尽享与马尔科姆家族的友谊，并把好友朱利叶斯·黑尔和亚当·塞奇威克引荐给这位爵士。可以肯定，对惠威尔来说，他拥有的只是一个名义上的家族。①1808年，惠威尔的母亲逝世（当时他年仅13岁）；1812年，三位弟弟离世；1816年，父亲逝世；1821年，妹妹伊丽莎白离世。从这时起，惠威尔与原生家庭的联系仅限于同两位妹妹（玛莎和安妮）通信。许多存世信件可以说明他无力访问故乡兰开斯特（1819年9月27日；1820年1月16日）。此外，在惠威尔写给父亲和妹妹的信件之间，存在一种鲜明反差：作为一位年轻大学生，他高兴地与家人分享他在学术上取得的巨大成功，对于他与考狄丽亚·马绍尔的婚姻，因其违逆时风而招致家人不满，他的家人无一出席这场结婚典礼。在婚后多年写给妹妹的信中，惠威尔逐一列出他日益与贵族阶层融为一体的事实，这也几乎使他的以下信念变得理性化：在1841年的那场婚礼上，他的家人如果出席，这些家人可能会感到颇为尴尬。②

如果离开学术之外其他人事方面的奋斗，惠威尔则无法顺利步入英国社交生活的中心舞台。例如，惠威尔的社交举止——它体现在几位亲人的讣告中——有违剑桥生活的那些成规，这种情形的早期表现是他的英语发音和流露出的北部乡村口音。《古典集刊》记

---

① Clark and Hughes 1890, 1, 282–283.
② Brooke 1987, 22；Rimmer 1960, 221.

录了一则惠威尔的故事,他前脚刚到三一学院,后脚就有人驱赶着一群猪经过学院门口:"它们是一种难驱赶的固执货——非常难——此时这里有许多这种货色——它就是一头猪。"① 这段记述的准确性远不及被记录的这个事实重要。这个事实的趣味又得到惠威尔一席评论的强化。1817 年 11 月,他见到法国物理学家毕奥(J. B. Biot,1774—1862),并对这次会晤发表了评论。令惠威尔深感震惊的是,有人说:"惠威尔糟糕的英语和假惺惺的口音,使你在他面前时,感到有一种优越感。"② 这无疑是曾经在这方面深受其苦者的观察,也是迅速且轻松掌握了英语必备用法者的观察。说到底,这里议论的这位先生,作为三一学院院长,后来可能与女王陛下就剑桥的下水系统做过以下交流:维多利亚女王(站在剑河的一座桥上)问:"这条河上漂流而下的那些碎纸片都是些什么?"惠威尔答:"女王陛下,那些都是'禁止下河沐浴'的告示。"③

另一个不易改变的特点,是惠威尔的个人风格。他不适合罗斯布拉特在关于 19 世纪英国学术生活变革的研究中描述的那种唾手可及的固定模式:他既非和蔼可亲但无所事事、超然世外的剑桥导师,亦非那种"顽固老迈"喜欢空谈的学究。④ 他从不盼望后者,例如莱斯利·斯蒂芬⑤和亨利·西季威克⑥先生接受的更激进的人物,

---

① 匿名,1866,333。
② Todhunter 1876, 1, 353。关于标准英语发音的重要意义,参见 Burke and Porter 1987, 2。
③ Raverat 1967, 34。
④ Rothblatt 1981, 100–101。
⑤ 莱斯利·斯蒂芬(Leslie Stephen,1832—1904),19 世纪英国著名传记作家,伍尔芙之父。——译者注
⑥ 亨利·西季威克(Henry Sidgwick,1838—1900),19 世纪英国最重要的道德哲学家,古典功利主义学说最佳阐释者,著有《伦理学方法》《政治经济学原理》等。——译者注

能够复兴剑桥大学学术原有的教学和田园牧歌风尚。关于惠威尔对有形存在造成威胁的逸事,无论同古怪导师的形象,还是同后来作为强身派基督教支持者的形象相比,皆相去甚远。① 在朋友中间,惠威尔享有极富魅力和看重个人友谊之誉,尽管他也难免有生硬直率和有刚愎自用之嫌。1835 年,约瑟夫·罗米利(Joseph Romilly),这位剑桥大学注册主任和三一学院院士,记录了同几位意大利嘉宾的一场宴会,其中包括意大利政治家加富尔伯爵(Mr de Cavour,1810—1861),他强调指出"惠威尔过的是党派人生"。但同样是这位观察者,几年前亲历过惠威尔的另一面已令他深感震惊。罗米利在 1831 年 5 月 7 日的日记中坦陈:"无意中将一种残忍性施加到一匹四足兽身上,我先前已定好同惠威尔一起去马丁利,但刚一进入他家,我发现我自己、史密斯教授和菲利普·弗雷利(Philip Frere)都在,而且我们总共四人都将由一匹马拉着前往!"② 这不是一个孤立的偶发事件。其实,在熟人和密友的多种评论中,惠威尔的骑马风格是一个频现主题,友人们认为他的骑法颇为过当。③ 在艾里的记忆中,康沃尔某地就是"惠威尔把我从一辆双轮马车上弄得人仰马翻"的地方。④

在惠威尔被任命为三一学院院长前那几年,个人秉性问题非常明显地体现在他的思想中。1840 年 12 月,他致信朱利叶斯·黑尔,为自己未来的职业方向寻求"忠告"。面对自己在三一学院的所有朋友持续离职的情况,惠威尔颇感不适,他在信中论及以三一学院为生是否可能的问题。惠威尔自认为副院长的职位不适合他,如其

---

① 关于惠威尔的行为存在"强身派"气质的内容,参见 Rothblatt 1981, 188。
② 收录于 Bury 1967, 77, 147。
③ Schaffer 1991, 203。
④ Airy 1896, 84。

所述，这个职位承载的"权威足以驱动你经常去干预他人，而非足以为你赋能去执行你的观点"。① 针对"学院治理"问题，惠威尔与同事们的意见很不一致，有鉴于此，其实只有绝对权力或毫无权力可供选择。在回信中，黑尔向惠威尔直言近来关于他不接受副院长职位的行为招致的种种说法，黑尔说，他本希望"你生性中的激烈热情已经部分地趋于含蓄"。但黑尔承认，这可能是从三一学院离职的一个理由，但他希望惠威尔能找到一个更适合发挥其综合能力的职位，而不是做一名国教牧师。在提及做系主任或院长之后，黑尔建议惠威尔合适的教职应当是做英国国教堂的一位"博士"，而非做一位"本堂牧师"。② 这番建议让惠威尔把自己在"将片断知识进行系统化"方面的天分视为一项道德使命（见第三章和第七章）。

1841年10月12日，惠威尔结婚当天，克里斯托弗·华兹华斯③致信惠威尔说，他正在辞职，他希望惠威尔能够出任哈罗公学新校长。赫歇尔、黑尔亲自给多位颇具影响力的要人致信，力荐才能卓越的惠威尔，但在此前，托利党首相罗伯特·皮尔④已向维多利亚女王提出惠威尔任职建议。10月17日，皮尔首相致信惠威尔，通知他的正式职务任命，并且说：在收到任何建议之前，他已做成这件事，对此他将欣喜而感恩地常记在心。⑤ 作为三一学院院长，惠威尔的行事风格饱受诟病，甚至不乏来自朋友的批评。1848年，莫

---

① 惠威尔致黑尔的信，1840.12.13，收录于 Stair-Douglas 1881，207–208。
② 黑尔致惠威尔的信，1840.12.17，收录于 Stair-Douglas 1881，209–213。
③ 克里斯托弗·华兹华斯（Christopher Wordsworth，1774—1846），诗人华兹华斯的侄子，曾任哈罗公学校长。——译者注
④ 罗伯特·皮尔（Robert Peel，1788—1850），英国保守党创始人，1834—1835年、1841—1846年担任首相。——译者注
⑤ 皮尔致惠威尔的信，1841.10.17，WP, Add. MS. a. 78 no. 1; Stair-Douglas 1881，225–227; Winstanley 1940, 81–82。

里斯①向黑尔这样描述惠威尔:"独断、不友善,而且有时过于粗鲁"。②在关于其行为的这些客观事实之外,可能还有一些社交理由,可以解释惠威尔在学生和一些同事中间引发不满的原因。《古典集刊》登载的惠威尔讣告中有一条线索:据回忆,"他的言行举止毫无完美雕琢之痕——这只能在他的早期青年时代习得"。③1843年,一名"大学生"写给这位院长一封印刷体匿名信,信中充满趣味地描绘了惠威尔挑起的社交偏见。信中指控惠威尔是:

> 一个粗鲁、毛糙、专横的人,一种尊严感使他昂然超离所有礼节之上,对于他出生和青年时代的种种好运来说,这种举止看起来与他无涉;一个不必要地严格维持纪律、惹人烦恼的人;……他醉心于提升自己的社会身份,在面对所有生来比他高贵的那些人(不是他们的过错)时,他看上去总是疯狂地要为自己生来的低贱性复仇。④

这位作者继续说:惠威尔作为一位学者和归纳哲学支持者所取得的多种成就,被他作为一个专横跋扈者的名声搞得黯然失色。正如本杰明·富兰克林经历的那样,"天生贵族中的一员"可以同"我们传统的贵族制"融为一体,但惠威尔不是这种知识生产方式的典范,他早已使以下情形不太可能发生——其他"出身低微的天才"

---

① 莫里斯(F. D. Maurice,1805—1872),19世纪英国圣公会最伟大的思想家,1866年任剑桥大学道德哲学教授。——译者注
② Rothblatt 1981, 212.
③ 匿名,1866, 334。
④ 匿名,1843, 4。

将会重复他的社会身份升迁之路。① 依据上述情况，现在关键要注意，惠威尔后来反对为较贫寒的学生开设一个单独学院的想法，他主张：大学教育的优势是"通过把具有不同条件和命运的人们混合在一起，赋予他们——作为有教养的英国人——一种同道情感与相互理解"。② 但惠威尔自身经历的这些证据表明，这种想法中包含着种种困难。尽管他同来自英国上层和地主阶级的先生们建立了坚固持久的友谊，但作为专断个性与底层阶级出身背景的结合体，惠威尔在剑桥的职业生涯有时变得令人很不惬意，无论对他本人，还是对那些无法适应他惊人成功的人来说。尽管实现了同化，但惠威尔对自己的出身颇为敏感，默奇逊爵士（Roderick Murchison, 1792—1871）极力劝诱他担任英国科学促进会主席，此举部分基于他的兰开夏出身将会吸引该地受众，但在给默奇逊的回信中，显然可见惠威尔对自己出身的敏感，他说："我不是一位科学先生……不是一位奉行通俗礼仪的先生。"③

离开一种细致入微的传记和心理研究，现在的研究很难告知人们以下情形：惠威尔——至少在他的早年职业生涯中——是一位边缘人，但他寻找机会要表明科学不是一项边缘活动。其他个人，最著名者当属法拉第，也出身于贫寒背景，后来进入科学世界的中心舞台。但惠威尔的情形颇为不同，因为在对科学做出批判性评论

---

① 匿名，1843, 5-6。1838 年，一位三一学院的青年人约翰·朗（John Lang）被开除，因为他散布亵渎神明的恶搞文章，其中包括这份请愿书——"惠威尔先生可能应当学习作为一位绅士的那些礼仪"（Bury 1907, 141–142）。在惠威尔自己的学生时代，他准备公然挑战剑桥副校长的权威；1817 年，作为剑桥大学工会主席，他事先并未思考学监的解散指令，便告诉多位学监辞职（惠威尔致罗斯的信，1817.3.25, WP, O 15. 47[370]; Stair-Douglas 1881, 41）。
② 惠威尔致爱德华·柯立芝的信，1843.8.27，收录于 Stair-Douglas 1881, 297–299。
③ 惠威尔致默奇逊的信，1840.9.18，收录于 Todhunter 1876, 11, 288。

时，他的首要职业是：必须同时对他所主张的元科学角色做出合法性规范。某种意义上，这种活动与科学本身密不可分，而其他重要人物只是做出意义非凡的科学贡献。然而，这些先生——具体指约翰赫歇尔和大卫·布儒斯特——是重要的科学发现者。惠威尔未用这些标准看待自己，由此导致的结果是：他不得不直面这种理念——元科学角色是他职业生涯的基本所在。

三、惠威尔的朋友和批评者

惠威尔不是旨在定义科学的唯一之人。曾有其他重要人物，也是重要的参与者，加入这个议题的讨论中，他们把这些评论视为自己事业的组成部分。现在关键是要熟悉这些人物，因为他们既是惠威尔哲学化理论的精英受众，在某种程度上，他们又是惠威尔所取得成绩的批评者与审判官。显然，最契合这个范畴的科学先生当属约翰·赫歇尔（John Herschel，1792—1871）、大卫·布儒斯特（David Brewster，1781—1868）、巴登·鲍威尔（Baden Powell，1796—1860）、理查德·琼斯（Richard Jones，1790—1855）、德·摩根（Augustus De Morgan，1806—1871）。他们与惠威尔及其活动的关系呈现出不同形式，但通过他们本人的著作，通过对惠威尔著述的评论，或通过个人之间通信往来，他们构成惠威尔智识思想参照系的关键点，同样构成惠威尔灵感与激情的来源。

约翰·赫歇尔，当时的一流天文学家，是惠威尔从剑桥学生时代起结下的终生朋友之一。1813年，当赫歇尔以剑桥大学数学荣誉学位考试第一名（senior wrangler）的成绩毕业时，惠威尔还是大学二年级学生。他们的通信从1817年赫歇尔离开剑桥大学时起，直至惠威尔去世才终止，其中涵盖广泛的科学议题，包括惠威尔在19

世纪30年代发起的那项科学历史和哲学事业。正如我们将在第四章所见，赫歇尔1830年出版的著作《自然哲学研究初论》，对科学方法和价值做出影响深远的论断；在某些方面，它是惠威尔想要追求的那种探究方式的一个典范，同时也是惠威尔后来拒斥的那些观点的代表。惠威尔对这部著作的评论，也是他首次在公共论坛上讨论科学性质问题。1841年，赫歇尔对惠威尔两部著作《历史》和《哲学》做出广泛的复查式评论，不仅是对这两部著作的评价，而且也是对惠威尔从事的职业做出的一种估价。

相比之下，布儒斯特是一位公开宣称的敌人，至少对于惠威尔职业巅峰期的一段时间来说。作为万花筒的发明人，为实验光学做出重要贡献的科学家，布儒斯特支持的科学观在许多方面都与惠威尔的科学观相互对立。作为一名苏格兰人，布儒斯特敌视英格兰教育计划与日俱增地在苏格兰大学中产生影响，尤其敌视对科学施加社会身份的角色限制，剑桥大学的几位数学家——例如惠威尔、皮考克、艾瑞——允许施加这种限制。① 作为一位没有大学任命的实践型科学家，布儒斯特从1809—1830年主编《爱丁堡百科全书》，通过这项工作，他得以在几个重要刊物上源源不断地发表丰富的新闻报道，以此作为他的收入来源。不可避免的是，鉴于主编百科全书的工作颇具规模，布儒斯特评论了惠威尔撰写的"桥水论丛书"②

---

① Davie 1964.

② 19世纪30年代，英国出版的一套著名自然神学丛书。1825年，布里奇沃特伯爵八世（Francis Henry Egerton, F.R.S., 8th Earl of Bridgewater, 1756—1829）留下遗嘱，从他的遗产中拿出八千英镑，交给皇家学会，在他逝世后，由时任皇家学会主席负责选择作者（最终选定七位当时的一流科学家和一位著名神学评论家），分别完成八种著作，论述"上帝的伟力、智慧和至善，正如创世论表述的那样"。每种著作必须完全运用理性论证，作者负责撰写、印刷并出版一千册。这套丛书以伯爵封号命名，译者在此采用意译，译作"桥水论"。

　　第一种，托马斯·查尔默斯（Thomas Chalmers）：《外部自然主动适应人类道德和

《天文学和普通物理学》以及《历史》和《哲学》两部著作——皆为负面评价，且更播恶名的是，他还出版了一本书，以此回应惠威尔1853年匿名出版的文集《论世界的多元性》。由此引发的公开争论，在激烈程度上，几乎等同于以下两部著作激起的争论：一是罗伯特·钱伯斯（Robert Chambers，1802—1871）匿名出版的著作《创世的自然志遗迹》（1844），二是《物种起源》（1859）。惠威尔致信几位编辑，对这些评论做出回应，并且围绕世界的多元性议题，与布儒斯特一决高下。② 在这个时期的元科学争论中，他们二者的交锋观点最为清晰，当时争论的议题包括自然神学、科学政策、技术在科学史中扮演的角色、系统性科学哲学的价值与效力。有趣的是，他们对有些问题意见一致，例如：培根的缺点、牛顿的力量，重要的是，对科学做出评论具有必要性，要在专家论坛和业余人士论坛上推广普及科学评论。布儒斯特，是一位实践型科学家，他加入了元科学争论的行列；惠威尔，是一位科学评论家，他没做过多少科学实践。

巴登·鲍威尔，同惠威尔一样，是一位受过数学训练的大学导师和牛津大学几何学萨维利安教授，他担任这个教职，并且让自己成为科学思想的监督者。鲍威尔没有把自己当作一位原创思想家，

（接上页）智识的基本宪章》两卷本。第二种，约翰·基德（John Kidd）：《论外部自然对人类物理条件的主动适应性》。第三种，威廉·惠威尔：《论天文学和普通物理学》。第四种，查尔斯·贝尔（Charles Bell）：《上帝之手：它的运行机制与作为昭示上帝设计的重要天赋》。第五种，彼得·罗杰特（Peter Mark Roget）：《动物植物生理学：基于自然神学的思考》两卷本。第六种，威廉·巴克兰（William Buckland）：《地质学与矿物学：基于自然神学的思考》两卷本。第七种，威廉·柯比（William Kirby）：《论动物的历史习性与本能》两卷本。第八种，威廉·普鲁特（William Prout）：《化学、气象学与消化功能》。这部丛书的每一种都经过多次再版，到1850年，共印刷出版超过6万册（Topham 1992）。此外，1838年，巴贝奇自主编辑出版《第九种桥水论文集·散论》。——译者注
② Brooke 1977.

1833年，他告诉威廉·罗恩·哈密顿①，他不希望"对科学进步做出什么贡献，只想在这个微不足道的部门里，竭尽全力阐明科学的那些第一原理"。② 近来皮埃托·柯西（Pietro Corsi）已经表明，鲍威尔这样做，特别需要参照对英国国教圣公会教义产生的影响，因此他忽视了对普遍原理技术细节的支持。③ 同布儒斯特和赫歇尔一样，鲍威尔也评论惠威尔的著作，并且认为这些著作对那个时代所需的综合性科学观做出了强有力的描绘，但是他对惠威尔本人的发展方向——在多个领域展开思考——持反对立场。

理查德·琼斯，在关于元科学批评的重大问题方面是惠威尔最密切的建议者。他们的通信始于1817年，当时的情形正如惠威尔所述，琼斯与赫歇尔从剑桥"消失"了，留给他一种"思智损失"感。④ 当惠威尔认识论的观念主义方向变得显而易见时，琼斯对此并不认同；但此时，他认同理解和传播"归纳哲学"的目标。⑤ 反之，在琼斯竭尽全力出版一部非李嘉图式的政治经济学著作时，惠威尔是他的导师。关于这个主题的讨论，引导他们最早卷入对科学方法及其道德和政治内涵问题的争论。我们将在第四章和第七章看到，透过惠威尔与琼斯的私人交流，可以近距离观察到惠威尔为科学哲学事业投入的个人心血。

德·摩根，是惠威尔先前的一位学生，1827年以剑桥大学数学荣誉学位考试第四名的成绩毕业，任伦敦大学学院数学教授。他

---

① 威廉·罗恩·哈密顿（William Rowan Hamilton，1805—1865），爱尔兰数学家和物理学家，发明四元数概念。当时另一位威廉·汉密尔顿，是著名的苏格兰哲学家，麦克斯韦在爱丁堡大学读书时的老师，主讲自然哲学、逻辑和形而上学。——译者注
② Graves 1882—1885, 11, 39.
③ Corsi 1988, 9–20, 276, 286.
④ 惠威尔致赫歇尔的信，1817.3.6，HP, Royal Society, vol. 18, no. 158。
⑤ 惠威尔致琼斯的信，1822.9.23，WP Add. MS. c. 52 no. 15。

对数学和科学的历史怀有一种学术兴趣，并且就牛顿—莱布尼茨争论、牛顿生平以及广泛的科学主题为期刊撰写文章，尤其多在《古典集刊》上发表，在这本期刊上，他对惠威尔的几部著作做出评论。他还为《小百科全书》写了很多普及性文章。这些新闻报道类文章收集在他古怪机智的著作《悖论集》中——可以说是科学讽刺作品的最佳典范。

三一学院惠威尔档案中收藏的大量信件，昭示出私人交流之于惠威尔工作的重要性。莱斯利·斯蒂芬注意到惠威尔与多位朋友保持着密切友谊，这体现为他的通信具有赤诚本性。惠威尔把他的重要著作视为对关于知识性质的公共话语做出的贡献，但他对这些议题的许多最初想法，都有赖于与朋友和同事持续不断的私人讨论。因此，他从事公共职业的意义在于那是一种元科学批评。在最后这一点上，他与琼斯的友谊——根据现存572封双方通信可以部分复原这份友谊——至关重要。同样重要的是，他与休·詹姆斯·罗斯（Hugh James Rose）、朱利叶斯·黑尔、威廉·罗恩·哈密顿、威廉·华兹华斯[①]的通信，尽管这些信件的论题没有那么广泛。在探讨更独特的议题方面，以下几位朋友颇为重要：查尔斯·莱尔、查尔斯·巴贝奇（Charles Babbage，1791—1871）和詹姆斯·福布斯[②]。最后，惠威尔与地质学家亚当·塞奇威克的友谊，他把自己的著作《哲学》献给这位朋友，可能比我们可以知道的情形更加复杂，因为他们都住在三一学院，所以保存下来的信件屈指可数，但

23

[①] 威廉·华兹华斯（William Wordsworth，1770—1850），英国浪漫主义诗人和"桂冠诗人"，诗作以自然为贤师，倡导"朴素生活、高尚思考"，其诗歌理论动摇了英国古典主义诗学统治的地位。——译者注

[②] 詹姆斯·福布斯（James David Forbes，1809—1868），苏格兰实验物理学家和地质学家，发明地震计，在发现辐射热的偏振和冰川运动机制方面做出开拓性贡献。麦克斯韦就读爱丁堡大学时的老师，主讲自然哲学。——译者注

这些信件确实表明一种紧张关系，至少在惠威尔成为院长之后。

四、对术语的注解

惠威尔本人作为一位科学术语创制者的能力，使这个注解变得必不可少。他对诸如"科学家""物理学家"这些术语的引入，昭示出他栖居的"智识世界的地理形势"正在发生着转变。惠威尔正在为他的重要著作准备的各类术语——自然哲学、物理学、自然、自然知识、物质科学——全被用来表示他研究的科学活动。18 世纪末，《大英百科全书》表明，仅凭"自然哲学"和"物理学"不再能够理解"整个自然研究"，"自然知识"现在是仅属于一种门类的术语。① 一位评论惠威尔著作《哲学》的读者，反思了"科学"在过去二百年来不断变化的意思——从令人信服的知识到自然知识，以区别于"文学"和"艺术"。② "科学"与自然知识紧密相连——这种说法在 1831 年从英国科学促进会的批评家那里招来带有敌意的回应，但科学的这种转变恰在此时发生着，即使直到很久以后，在多数用法中，惠威尔创制的"科学家"一词始终无法取代"科学先生"（man of science）这一称谓。③ 1867 年，哲学家 W.G. 沃德④说：他基于以下意义使用"科学"一词，即"英国人如此普遍地拿出这个词；用来表达物理或实验科学，从而驱除神学和形而上学"。⑤ 几

---

① Robison 1797, 637–642.
② [Ulrici] 1847, 3.
③ Ross 1962.
④ 沃德（W. G. Ward），19 世纪苏格兰哲学家，在与著名决定论者/相容论者亚历山大·贝恩的争论中，1880 年创制"非决定论"（in-determinism）一词取代"自由意志"（free will）一词。——译者注
⑤ 转引自 Hankins 1980, 388。

乎无疑的是，惠威尔的著作——旨在宣传和定义这些探究物质之理的归纳性科学——对"科学"词义的收缩凝练做出了贡献。然而，惠威尔坦陈，他的目标是要把道德与社会研究纳入科学之中。

五、以下各章思路

第二章几乎未提及惠威尔，这是为了跟上早先论及的两个焦点：维多利亚时代早期关于科学性质的广泛争论，惠威尔以一位主角的身份参与其中。然而，无论在智识界的声誉有多么锐不可当，惠威尔只是他通常无法掌控的一场争论的参与者。同其他科学先生一道，惠威尔不得不在一个"公共领域"中，致力于讨论和推广科学，而该领域聚居着各样的言说者和不同的受众。[①] 第二章尝试概括这个用作公开争论的论坛之特质。对这个科学之地的深入领悟，使我们可能理解为什么这个时期的科学先生们不仅关心实质性的科学理论和发现，而且还关心一系列元科学议题。有些议题——方法、认识论、历史议题——如今已经变成专门学科的特定研究对象；在维多利亚时代早期，它们是涉及更广泛旨趣的重要议题。这种情形同一些个人曾把专门狭义的特别关注投向这些议题的做法无法兼容。因此，第三章思考惠威尔作为一个人，他的职业感被提前注入这种元科学任务的紧迫性之中。我未表明他是探索这类问题的唯一一个人——如前所述，他拥有批评家和竞争者的角色。采用这个角色并不意味着：有一个预先设定的类型，惠威尔可能依据它来呈现这些元科学反思。接下来的第二部分表明：当惠威尔在维多利亚时代早期，在英国各类不同层次的公开领域发表关于科学的著述和言论

---

① Habermas 1974.

时，他身上具有一些特定条件和约束。

第二部分共四章，专门思考惠威尔在努力定义科学的过程中仔细探究的一些重大议题。这几章按时间顺序展开，某种程度上以他的重要著述为中心：从早年的期刊评论（1831—1834）、桥水论丛书《天文学和普通物理学》（1834a），到专著《历史》（1837）和《哲学》（1840）。各章还对以下问题做了反思：这些著作的不同形式或体裁，他的观念与其他评论者观念的关系。第四章考察维多利亚时代期刊发挥的重要媒介作用、科学议题在这些期刊中的地位，以及惠威尔运用评论文章作为他最早的努力方式——在有教养的公众面前提出元科学议题。第五章思考惠威尔的事业定位科学先生的道德与智识特质问题的方式，尽管他没有单写一部科学家传记，但惠威尔的视野同当时关于科学伟人的角色问题及其传记价值的争论联系密切，因此，这种视野是理解和呈现科学的一种方式。第六章审视惠威尔的著作《历史》，关于他的科学方法观、伟大科学发现家的角色、科学进步的性质等问题，这部著作是一个重要工具。此外，还思考了惠威尔运用或修饰当时主流科学与政治编史学观念——例如进步、革命、传统——的方式，他这样做，旨在呈现一种非培根式的新型科学史叙事。第七章对先前一些讨论进行重新审视，对那些长期关心的问题——它们引导惠威尔撰写《哲学》著作——进行深入分析，在此基础上，本书主张，虽然这部著作现在被视为科学哲学的基础文本，但它的基因部分仍植根于惠威尔早期关心的问题，这些问题显然体现在他早期论述道德和政治经济学的思想和著述中。1840年后，惠威尔对包括物理与道德科学在内的更广泛的知识哲学的兴趣持续不衰，但从此时起，认识论议题开始从惠威尔构思它们的那种更广阔的语境中分离出来。吊诡的是，他自己的著作《哲学》可能加速了这种分离，即使惠威尔坚信：他的观念主义认识论，是作为一种道德改革的要素，也是作为他的元科学职业具有合理性的一种证明。

第三部分包括最后两章,重点思考惠威尔在两个领域应用科学解释的问题。这需要部分地回到他职业生涯的较早期阶段,但这两章也把该讨论径直带入19世纪60年代。第八章探讨他的教育著述,特别是1837年和1845年出版的论述大学教育的著述。在此,惠威尔寻求把他的科学知识理论更普遍地拓展到博雅教育的本质中——传统上以数学和古典学作为博雅教育的统领,并且强调科学在大学课程体系中的地位问题。循着这一时期惠威尔论述科学(和技术)在社会中的地位问题的其他著述,我们可以明白,他的科学观如何包含了常令科学共同体感到不悦的种种寓意。第九章讨论另一个应用领域,即惠威尔的科学哲学应用到社会和道德科学研究领域的寓意,及其与自然神学和价值观的关系。惠威尔关于科学知识性质的多种观点,曾鼓励将科学知识向外拓展到社会和道德领域,现在看来,这种方式是这个问题的趣味所在。孔德(Auguste Comte,1798—1857)是当时另一位重要的元科学家,惠威尔与孔德皆鼓励科学走向综合性和系统性,但在这个目标背后,他们的驱动力完全不同步,并且在一些观点上相互拒斥。惠威尔的科学哲学为自然神学创造了多种可能性,同时,使另一些科学评论者的研究进路变得复杂起来。此处普遍存在的议题是:"科学统一性"这个术语的确切含义是什么。

第二章　科学与公共领域

19世纪末,英国德裔智识思想史家约翰·梅尔茨(John T. Merz, 1840—1922)写道:"将会得到普遍承认的是,相较于其他时代,科学精神是我们这个世纪思想的一个首要特征。有些人可能确实倾向于把科学视为我们这个时代的主要特质。"梅尔茨说出这些,进而将自己著作中的一个主要部分用来探讨自然科学的性质与发展,可见,他正在确认科学在这个时代文化中呈现的惊人力量。但他继续申明,"确实没必要通过科学来定义我所言说的意思",于是,这就记录下19世纪90年代梅尔茨的立场与19世纪初的写作者立场之间的差距,后者把为自然知识的目标、方法和文化地位下定义,视作一项至关重要且困难重重的任务。[1]

我在本章的目标如下:建立一个框架,这些维多利亚时代早期的争论可以在其中得到理解;探讨维持一种争论的特定智识与社会条件,这种争论不仅关于科学发现,而且关乎科学事业的性质。在这段时期,有一系列探讨科学性质、论域广泛的争论,它们涵盖的主题如今是独立的专业研究领域关注的焦点问题。因此,赫歇尔在著作《自然哲学研究初论》(1830)中——它被纳入普及本《小百科全书》出版,可以讨论很细致的科学方法问题。人们至今一直认

---

[1] Merz 1896–1904, 1, 89.

第二章 科学与公共领域

为,这曾是一本为科学辩护的书,赫歇尔引述科学与宗教和谐的事例如今经常得到关注,但人们从未留意以下问题:他的著作如何把方法和哲学问题变成定义科学职业——这个职业在公共和私人论坛上皆可进行——的核心。至今,科学哲学家为了重现自身学科起源,仍在寻求对赫歇尔的这部著作文本进行成功地发掘和利用。① 与此同时,我们还有必要认为,上述这些主题对于科学的当代合法性至关重要。②

苏珊·坎侬(Susan Faye. Cannon,1925—1981),维多利亚时代科学文化史领域一位最重要的当代美国学者,有时留给我们"科学的意思是清晰的且无需进一步定义"的印象,如她所言,是"科学的"就是要像赫歇尔那样。③ 这是因为她主要关心且旨在表明,科学的合法性如何通过自然神学,被与自然神学联系密切的宗教所证明。但是,自然神学和宗教理论原则毋庸置疑的重要性,并不意味着科学无需进一步定义或辩护。因此,当托马斯·扬(Thomas Young,1773—1829)赞同赫歇尔悲伤地认为"许多东西被戏称为科学"时,他正在指向一些另类关注点,即关注自然知识的文化意义和地位。④ 坎侬几乎没有细致地关注构成这场争论的方法论、认识论、历史和传记议题。特纳(F. M. Turner)论述了19世纪晚期新科学自然主义与传统"牧师科学"之间的冲突,由此表明:这番冲突中包含一种"认识论争议"。⑤ 但是,我们不应据此断言:当自然神学未成为这场争论的直接靶标时,这些议题在19世纪初还是缺

---

① Laudan 1968.
② Agassi 1971; Schweber 1981; Yeo 1981 and 1989.
③ Cannon 1961, 238.
④ 托马斯·扬致赫歇尔的信,1828,收录于 Hall 1984, 41。
⑤ Turner 1978, 359.

席的。这番话语涉及的范围及其微妙性，至今依然常被忽视，部分原因在于：现行历史编纂学一直强调的路径是——通过自然神学、科学与维多利亚时代早期文化融为一体。

一、科学与自然神学

20世纪60年代初，坎侬那部颇具影响的著作问世，迄今以来仍有一种共识认为：论说"文化中的科学"——而非探讨"科学与文化"——可以产出丰富的成果。在阐发这个观点时，坎侬正在驳斥那种狭隘视野——它源于用20世纪的学科范畴探索19世纪早期历史的那些研究。这种狭隘视野早已造成一种环境，在这种环境中处理科学问题时，使科学完全脱离社会和政治议题，这种环境允许文字辩论可以代表那些尚未受过挑战的典型文化活动。① 坎侬对那类断言的回应包含一个强主张——在维多利亚时代早期，科学发挥的功能是作为一种"真理标准"。在1964年发表的一篇令人振奋的文章中，坎侬列举了一些典型作家，例如查尔默斯（Chalmers）、华兹华斯、纽曼、罗斯金（Ruskin），描述他们将科学结论作为真理标准，在人文领域探究中对此奉行不悖。这留给人们的印象是每个人都知道科学是什么，且多数人认同科学具有崇高智识地位。坎侬特别利用了以下事实：即使约翰·纽曼② 不是一位科学家或科学家的赞助人，当想要一种无可争辩的真理典范时，他还是要援引牛顿力学定律。但在坎侬自己引用的案例中，可能会看到：对待科学的态

---

① Cannon 1978, 257.
② 约翰·亨利·纽曼（John Henry Newman, 1801—1890），19世纪英国著名教育家、文学家、语言学家和神学家，基督教圣公会内部牛津运动领袖，后改奉天主教。——译者注

第二章　科学与公共领域

度中存在一些紧张迹象。纽曼引用天文学，而不引用其他科学；华兹华斯对矿物学与地质学进行比较，实质上符合汉弗莱·戴维对科学具有道德和社会美德的赞颂；纽曼也拒斥赋予科学探究一种宗教基础的那些自然神学主张。[①]

坎侬主张，1860年之后，这些紧张关系变得具有重要意义；直到那时，制约这些紧张关系的是她所谓的"真理复合体"（Truth Complex）——它是以英国自然神学话语作为主要基础的一套断言，并且从17世纪起，通过温和的英国启蒙运动发展起来。它的组成要素是以下预设：所有真理——神学、诗歌和科学——都处于和谐状态，因此，实质上只有一种真理。这种统一性通过达尔文的《物种起源》（1859）散播开来，此时通过构画出一幅自然图景，并推理出仁慈的神是难以置信的，从而用这种统一性把塞奇维克所谓的"物质与道德"领域联系起来。但不只是对达尔文的神学攻击削弱了"真理复合体"的根基，坎侬将视点指向以下这种科学批判方式，即对"通过自然选择实现的进化论"展开科学批判，释放出科学自身内部存在一些冲突的信号，例如：在判断地球年龄问题上，开尔文男爵主张运用地质学推理和来自物理天文学的证据，弗莱明·詹金[②]则主张运用统计学证据。这意味着，当时在关于科学的方法、证据、证明或真理问题上，尚未达成共识，因此，这可能无法再为走向统一的自然神学观提供一个稳定基础。

基于这种观点，把科学紧密地整合到一种基督教文化内，是当时确实存在的事实，但几乎很自然地把这个事实当成了一份18世纪遗产。直到达尔文理论出现，这种情形的危机时刻才真正到来。

[①] Cannon 1978, 6-9, 13, 20.
[②] 弗莱明·詹金（Fleeming Jenkin, 1833—1885），爱丁堡大学教授，著名工程师。——译者注

虽然其他作者一直对坎侬的解释争论不休，但他们现已普遍接受以下观点——由科学提出的对自然神学的具体证明，出现在18世纪后半期。特纳（F. M. Turner）认为，这种科学证明体现在青年一代科学自然主义者身上，例如赫胥黎、丁达尔（John Tyndall，1820—1893）和斯宾塞，他们正在通过斗争，用科学证明取代早期"牧师科学家"及其依靠的宗教护教论。① 罗伯特·扬的不同之处在于，他强调较旧的自然神学与新科学自然主义之间的连贯性，认为二者都正在努力探寻"将同一套关于现行秩序的断言进行理性化的方式"；就是说，二者都在寻找对资本主义社会结构的自然证明方式。② 但是，扬与青年一代科学自然主义者一致认为，18世纪上半叶，科学的文化地位是由科学与自然神学的联系确立的。

我无意质疑由自然神学提供的智识与基督护教论思想框架的重要性。但是，对这种框架作为科学的主要理论基础的强调，可能已经在维多利亚时代早期文化中为自然科学创造出一种错误的安全感。再度审视这个议题是有益的，因为它开启了另一个探究领域，就是对我称作"元科学"话语的特质、形式、参与者和受众展开探究。该领域涵盖的论题，远不只源于自然神学的标准主张，还包括关于科学先生使用的方法及其道德特质的讨论；科学发现的历史；各门学科的层级；科学概念的应用及其向其他领域的推理；向不同受众解释科学的适宜手段。③ 当我们认识到科学曾经是一项相对不安全的文化活动时，可能会更好地领悟上述内容的重要意义。

---

① Turner 1978.
② Young 1985, 191.
③ 争论，现在被认为是科学哲学的组成部分，它曾经确实包含多种与自然神学相关的道德思考；但认识到这一点，确实需要拓宽坎侬的视野。参见本书第五章、第七章和第九章。

这种修正式探究至少有两个来源。第一个来源是自然神学研究本身。如今,约翰·布鲁克(John Brooke)与皮埃托·柯西(Pietro Corsi)已赋予19世纪上半叶科学与宗教的和谐关系以合法性,这些内容的缩影,通过英格兰圣公会中的宽容派教会与剑桥的关系网提供给坎侬。对于隐藏在自然神学表面之下的紧张关系和各种策略,及其把科学知识纳入基督教神学思想框架的各种努力,柯西已做出一种更精细致密的分析。通过把巴登·鲍威尔的职业生涯从19世纪20年代追溯到《物种起源》出版前夜,柯西确认了布鲁克对19世纪50年代世界多元性争论的理解,就是说,在达尔文思想影响到来之前,自然神学已处于四分五裂的危机中,因为对立的宗教派别引发了对科学理论做出各种相互冲突的阐释。① 从17世纪的背景开始,约翰·伽斯康尼(John Gascoigne)现已表明,在18世纪结束之际,剑桥大学内部处在变革中的多种建制性力量,使先前在科学与宗教之间建立的"神圣同盟"关系,成为智识思想版图中极不可靠的一部分内容。这些研究表明,即使在19世纪早期,也不曾存在过轻而易举地为科学的辩护。这个判断已由杰克·默瑞尔(Jack Morrell)和阿诺德·萨克雷(Arnold Thackray)做的"英国科学促进会早年岁月的人类学研究"所证实。该研究表明,任何关于科学在文化中的地位的共识,都是必须经过仔细建构的产物(Morrell and Thackray, 1981)。

第二个来源是科学的社会与建制史。在这方面,现在有一条与众不同的路径可以考察科学在整个19世纪持续改变的地位。在坎侬和罗伯特·扬看来,达尔文著作出版后的那十年,标志着科学进入一段衰落期——在那段时期,科学成为多种文化争论的核心要素

---

① Brooke 1977, Corsi 1988.

之一，例如那些开始质疑"人在自然中所处位置"的争论。但在社会化和建制化方面，现在将19世纪60年代确定为科学自主性开启之时，其标志是：其一，科学职业的供给量更为巨大；其二，国家给予科学的支持更为巨大。在特纳论述科学自然主义的著作中，在麦克洛德和阿尔特论述科学与国家关系的著作中，我们发现一种对专业科学身份的精细阐述，与这种阐述经常密切相连的是对特定政治建制的非科学态度和古典教育的攻击。① 这种激烈对抗，戏剧性地与早期英国科学促进会及其剑桥和牛津管理者的风格形成鲜明对比；它当然不是威廉·巴克兰（William Buckland，1784—1856）与惠威尔向罗伯特·皮尔爵士示好的那种方式。简言之，大约在1870年以后，存在一种科学式文化（a scientific culture），而非科学本身纳入了文化之中（science in culture）。从这个有利位置进行观察颇为有益，因为它容许存在以下观点：在19世纪早期，科学是一种边缘性活动，人们必须对它做出定义，因此产生了一定程度的元科学争论。

二、"科学"与科学先生

19世纪早期，科学未能享有文化和制度层面的安全性，这种安全性后来容许智识思想史家梅尔茨等人将科学视为19世纪的主导特征。科学的声望低于作为其对手的智力活动方式，例如神学和古典学，即使后者没有努力对自然界做出解释，但它们以强大之势成为已获文化认同的多种知识体系的典范代表。尽管有些科学门类在19世纪早期已具有普及性，但现有证据表明：在科学探究与其

---

① Turner 1978；MacLeod 1972；Alter 1987, ch. 5.

他智力探索之间，存在一种差距。例如，1840年，卡罗琳·福克斯（Caroline Fox）在她的日记中记载："约翰·斯特林正在把地质学当作供他的心灵在其中游弋的一股逆流，这门学科通过这种方式移除了人文性，因此，他认为这是人文科学中最乏味的一门。"① 于是，凭借这种便利，坎侬所谓剑桥网络中的先生们，曾游走于科学、自然神学、政治经济学之间，而且德国著作② 现在也不必然意味着所有这些学科曾拥有同等的文化地位。③

"科学"（science 或称 scientia）一词，未曾完全失去它在早期作为系统性知识的意思，对一些人来说，逻辑、神学和语法仍是"科学"，这个词仍与"哲学"同义使用，即使英国科学促进会努力使"科学"表示自然知识之意。"自然哲学"可能通常指对自然界的研究，或更专门地指那些以牛顿为典范、体现量化和实验路线的探究；因此，它可能唤起传统"科学"概念的权威性。另外，"自然志"刚刚开始逃离它在18世纪早期所属的低级地位。莱斯利·斯蒂芬指出，在这个时期，自然志"早已被好气又好笑地认为是对臭虫、甲壳虫、干尸之类雕虫小技的追求……现在它开始得到承认，认为这种探索可能是人类能量的一种可靠投入"。④

不过某种意义上，一些新词源于已经实现专门化的学科，它们的定义已经明确，从而使对这两个通用术语——自然哲学与自然志——所做的任何专门化定义变得多余。1781—1840年间，颠覆英国皇家学会垄断局面的是新成立的大约24个专门科学学会。⑤ 到

---

① Pym 1882, 11, 60.
② 对应梅尔茨的德裔英国人身份。——译者注
③ 参见 Rupke 1983 关于地质学的论述。
④ 转引自 Gascoigne 1989, 233。
⑤ Morrell and Thackray 1981, 546; Alter 1987, 14-17; Emerson 1988 对苏格兰情境的论述。

19世纪早期,这些通用术语在重要百科全书中设立的条目,被基于独立学科的详细文章所取代;如果论这些术语根本上包含的内容,它们总是把读者指向专门学科所做的条目解读。① 同理,那些研究自然界的人士,正在逐渐被认定为天文学家、化学家、植物学家或地质学家。1851年,巴贝奇抱怨:"我们的语言本身包含的不是单个术语",通过这些单个术语,可能将科学先生们的职业表达出来。② 1833年,惠威尔阐明这个观点。他们观察到的这种现象意味着,为"科学"做出定义——必须与具体学科区别开来——是一个严肃问题。

这个未经定义的词汇本身,未能确切昭示科学的地位,但在类似坎侬和罗伯特·扬运用的编年史体系内,它确实提供了一种替代性解释。相较于科学在19世纪末的地位,在维多利亚时代早期,科学的地位相对弱小,尽管此时它与自然神学联系密切。这种状况并不意味着科学无足轻重,相反,它突显了一套社会与智识条件,这些条件曾经要求并鼓励对科学实践的性质做出广义的思考。现在有必要分别对这两个要素——社会与智识——做出评论。

1919年,马克斯·韦伯发表题为《科学作为一种志业》的著名演讲,他在其中对比了以下二者的差异:一是当时德国和北美提供的分工清晰的科学职业,二是较为古老的"把科学作为内在志业"的观念。③ 但在19世纪早期,只有后者才是一种真实的可能。这一点记录在1830年巴贝奇发出的著名呐喊中——不曾有这类东西可以作为一种科学职业,而且衰落派运动抱怨这种情况在英国特别真

---

① Yeo 1991b.
② Babbage 1851, 189.
③ Weber 1989, 8.

实地发生着。① 现在人们非常认同的是，不同个体逐渐成为科学家的方式曾经存在重要差异。一个人如果离开一些独立的支持手段，或来自继承的财产，或来自担任一所大学或教会的职位，几乎不可能常规且实质性地投身科学研究。1830 年，布儒斯特向青年詹姆斯·福布斯建议，一份得心应手的合法职业，可以为有充足的金钱和时间从事科学研究提供最佳机会。② 法拉第，这个时期最著名的实验科学家，幸运地执掌着一个稀缺的专门研究职位，即 1825 年后他在皇家科学研究所（Royal Institution）③ 担任实验室主任。但他的同代人把他视作例外，这部分缘于他的贫寒背景。1835 年，萨默塞特爵士（Lord Somerset）致信巴贝奇，评论法拉第体现在"贫寒出身与科学热情之间的联系"，并将此描述为颇具"浪漫性"。④ 的确，如今已经观察到，整体上妇女和低阶层男人被排除在属于科学的这类社会环境之外，因为这类环境允许科学作为一项个人职业而存在。⑤ 这意味着，选择在科学领域谋生活必须经过每一位"科学先生"验明正身。由此造成的一个结果是元科学反思不能与科学事业相割裂，元科学反思是科学事业得到公众承认的一个必要条件。

与科学事业这种社会不安全感共存的，是一些重大智力成就的发展。这些成就的重要意义，已经引导一些作者论及这段时期——介于法国大革命与拿破仑战争结束后那十年之间——出现了"第二次科学革命"。如今，已经运用多种方式来构思这段历史。托马

---

① Babbage 1830, 14–39.
② Shapin 1984, 18.
③（英）皇家科学研究所，1799 年成立，旨在普及科学知识。——译者注
④ Berman 1978, 174。可见此时法拉第已具备稳定的财务状况。作为科学学会的一名会员，培育科学需要付出相对昂贵的成本，例如，地质学会会员每年需缴纳会费 3 几尼（英国旧金币，值 1 镑 1 先令。——译者注），参见 Cantor 1991b, 108。
⑤ Abir-Am and Outram 1987, 2–4.

斯·库恩写道,"培根式物质科学的数学化"是对早期智识版图的一次重要改变,这个版图被以下二者割裂开来:一方是牛顿式的天文学、力学和光学;另一方是一系列有赖于观察的学科,通常将其归类为自然志的组成部分。① 当时有些人相信,他们正在见证科学智识领域的革命事件,它们与政治领域的革命事件并行不悖。② 现在,我们可以把这些事件解释为自然哲学的坍塌与一种新智识地理学的形成,后者包括拉瓦锡的化学,居维叶和拉马克的生物学与生理学,拉普拉斯的物理天文学,菲涅尔和托马斯·扬的光的波动理论,詹姆斯·霍顿(James Hutton,1726—1797)和查尔斯·莱尔的地质学,以及法拉第的电磁学。另一些人一直从组织化层面看待这个关键转向。罗格·哈恩(Roger Hahn)认为,专门科学机构与期刊的增长,构成"19世纪初的第二次科学革命"。③ 在体制发展与智识发展之间建立联系是由所谓"衰落派"完成的,例如巴贝奇和布儒斯特,他们认为英国科学已走向衰落,鉴于以下事实:许多新近的科学进步发生在法国,法国给予著名科学家财政支持已成为常规之举,这远超英国之上。

这种国家之间的对比值得做出相应评论,因为它关系到为什么科学要在公开领域进行讨论。人们现已注意到,在19世纪早期的几十年间,相较于英国,法国的科学先生们诉诸自然神学的迹象不太明显。④ 除却英国和法国具有不同的宗教传统和政治安排之外,对这种比较的一个可能解释是法国不太需要为科学做出公开辩护。鉴于法国可以提供更大量的科学职业,精英科学家,例如巴黎

---

① Kuhn 1977, 220.
② Coleridge 1817; Cohen 1985.
③ Hahn 1971, 275; Cantor 1982; Cohen 1985, 92.
④ Crosland 1975, 8; Knight 1986, 30—31.

科学院①的那些科学家，可能会从这些基督护教论中退出。如果人们认为，这种解释暗示：科学在公开争论中占有一席之地，这仅仅在英国是必不可少的，因为专业化在这里仍是空白，那么这种解释就正在误导人们。基于这种法国情境做出推论需要倍加小心：自然神学因素相对较少，并不意味着科学可以免除公开争论式思考。居维叶，法国科学界最有权势的人物之一，可能不愿承担忽视民众对待科学观念和程序的态度的代价。正如多琳达·乌特姆（Dorinda Outram）主张，居维叶同拉马克（Jean-Baptiste Lamarck，1744—1829）和加尔（Franz Josef Gall，1758—1828）的冲突，揭示出对以下问题的关注：用恰当方式来运行科学、科学权威性的基石，以及科学与不同受众的关系。居维叶竭力在好的科学与坏的普及之间划定边界，这不应被解释为是专业统一性得到巩固的标志；相反，这可能揭示了他对以下问题的理解：在拿破仑时代的法国，精英寻求对科学的运用加以控制，因为这些精英自身感觉并不安全。②

而真实情况是，一些领域，例如天文学、力学以及光学中依赖数学的部分，外行是无法入门的；科学知识观念及其智识论断，属于公开争论议题的一部分；法国和英国都是如此。其实，当时已经有人自觉认识到，科学可能会受到这两个国家不同政治和社会条件的影响。《爱丁堡评论》中的两篇文章描述了这种情形，二者都把科学进步同关于科学的公众意见联系起来。约翰·普莱费尔③审慎思考了法国大革命对科学的影响，强调国家对科学机构的支持与不断强调统一性密不可分。这在为科学创造更广泛受众的同时，还意味着公众需要在以下方面接受教育：一是了解科学史，二是了解自

---

① 即法国皇家科学院。——译者注
② Outram 1984, ch. 6.
③ 约翰·普莱费尔（John Playfair，1748—1819），苏格兰地质学家和数学家。——译者注

由探究的重要性及其在科学史上的教训。① 十年后，另一位评论者将一系列英国科学胜过法国科学的刻板印象传播开来，并且声称科学知识在英国得到更广泛的扩散，由此造成的结果是在"博学者与非博学者"之间，形成一个不太具有戏剧性的鸿沟。②

　　这些案例昭示：围绕科学性质问题，曾经有一场重要的公开争论，在这场争论中，受众的观念、交流以及公共舆论，具有决定性作用。进而言之，正是在科学共同体内部被严控进行的争论，甚至是鼓励将科学与社会—政治议题割裂开来的那些争论，都不可避免地卷入这场公开争论中。尽管如此，在英国，普遍接受由一种广义自然神学提供的颇具价值的理论基础应当继续存在，科学的目标、方法和文化内涵并非不言而喻的主题，而且当论述这些主题时，并非总是能产生共识。这种情境蕴含着一种强意义：科学成果的交流不能与对科学本身的提倡割裂开来。当普莱费尔为詹姆斯·霍顿的著作《地球论》担任公共关系协调官（Public-relations officer）时——用他自己的著作《霍顿地球论图解》（1802）解释这个理论——他领悟到，科学中的全新路径和理论，不只是在为它们自身而言说。因此，1838年，当查尔斯·莱尔鼓励达尔文接受从哲学家变成公众演说家的必由之路时，他正在承认此时主宰科学生活的那些条件之一。③ 以下事件突显莱尔对此问题的敏感性，即他努力为地质学定义一种文化空间，因为它在大学课程体系中尚无固定的一席之地。④ 这表明，莱尔自觉认识到需要让科学接触到大量受众——

---

① Playfair 1810, 396–398.
② Chenevix 1820, 409，388–389, 415–417.
③ 莱尔致达尔文的信，1838.9.8，收录于 Lyell 1881, 11, 45。
④ Rupke 1983; J. Gascoigne 1989.

第二章 科学与公共领域

1826年他告诉吉迪恩·曼特尔①："我必须书写将来能被众人读到的内容。"他还向赫歇尔吐露心声，《自然哲学的数学原理》得以成功销售，有力证明了他尝试用"一种大众风格"写作的正确性。②

在英国辉格党通过首部议会《改革法案》前的那段时期，这个适当开展科学交流的议题，交织着更普遍的关于智识与政治权威的问题。1831年，在对"这个时代的精神"做出诊断时，密尔论及介于传统权威衰落与新智识阶层出现之间的空窗期，后者有能力向公众传授如何在普通常识与知情判断之间做出区别。几位作家把知识普及化视为一个问题，1833年，爱德华·布尔沃·李顿③非常独特地强调，需要组建他所谓的"知识政府"。④关于科学的这些问题都是严肃的。1829年，罗伯特·骚塞⑤在《季度评论》上发表文章，列出一系列科学门类，其中一些门类新近已经被"创造出来或得到广泛拓展"，他由此得出结论：作为外行的公众不可能掌握它们。这个评论属于"公众教育"争论的一部分，在这场争论中，亨利·布拉姆⑥和一些功利主义作家提倡将科学向工人阶级拓展。骚塞和其

---

① 吉迪恩·曼特尔（Gideon Mantell，1790—1852），英国产科医生、古生物与地质学家。——译者注
② 莱尔致赫歇尔的信，1836.6.1，收录于K. M. Lyell 1881, 1, 464; Porter 1982, 48。
③ 爱德华·布尔沃·李顿（Edward Bulwer-Lytton，1803—1873），英国爵士，政治家、诗人、批评家和多产小说家。——译者注
④ Bulwer-Lytton, 1833, 11, 122。托克维尔（Alexis de Tocqueville，1805—1859）的著作《论美国的民主》（1835）把政治与智识权威联系起来。对这段时期"公众意见"观念的其他处理方式，参见Yeo 1984, 7-8。关于公众理解科学与民主价值观之间的联系，参见Ezrahi 1990, 81。
⑤ 罗伯特·骚塞（Robert Southey，1774—1843），英国作家，湖畔派诗人，秉持消极浪漫主义。——译者注
⑥ 亨利·布拉姆（Henry Peter Brougham，1778—1868），苏格兰人，英国律师，辉格党政治家和法制改革家。——译者注

他保守主义者预言,这将导致肤浅知识广泛传播,并且会使科学著作中利于深刻思考的适洽内容变得缺失。① 这个观点得到一些科学先生的接受。正如詹姆斯·福布斯向英国科学促进会会员发出警告,通常保障科学进步的,并不是向公众传播扩散科学进步,尤其在这种情况下,如果这些受众更多地被科学发现的实用性和事实结果而非理论内涵所吸引。② 科学需要一种受众,而且科学的支持者必须对科学的社会关联性发表主张,但这里存在一种危险,即由此产生的科学形象,可能不是科学共同体领袖想要的。③

现在的疑问是"普及化"(popularization)一词,是否足以描述发生在这个时期的那场关于科学的公开争论。进入20世纪,普及化被认为是专家科学知识与外行受众的交流;但这个概念在专家科学家与外行受众之间有一个清晰区分,因此它不适用于维多利亚时代早期。④ 许多关于科学的解说,见于那时的期刊和百科全书中,把目标指向正在从事科学实践的一线科学家,同样还指向更加广泛的外行读者群体。⑤ 此外,19世纪上半期,关于科学的公共话语至少服务于两个目的:不仅把科学发现传达给公众,还要将科学合法化,使其成为文化话语的一部分。这种关于科学及其价值的详细阐释,是在什么地方、通过何种方式,得以成功实现的?

---

① Brougham 1826, 197; Bowring 1827; Southey 1829, 496–497.
② J. D. Forbes 1834, xii-xv.
③ Yeo 1981, 75–78.
④ Shapin 1990b, 991–993.
⑤ Yeo 1991b.

三、维多利亚时代的期刊与公共领域

上述问题有一个颇具影响的答案,从 20 世纪 70 年代初起,罗伯特·扬的"共同智识语境"概念提供了这个答案,凭借自然神学的支持,此概念可以涵盖科学争论以及与它相关的那个普遍疑问——"人在自然中的位置"。通过把这个概念定位在重要的维多利亚时代期刊中,扬更具体地考察了坎侬的"真理复合体"观念,并且能够昭示:在科学与其他文化活动展开的智识对话背后,存在多种制度性条件。因此,扬赞同坎侬的观点,认为这种对话自 19 世纪 70 年代起开始趋于消失,与此同时,他在一个更广义的框架中阐述达尔文的影响,特别指向当时在新专业期刊上讨论科学思想的方式,例如《自然》《心灵》和《脑》这些专业期刊,而较少在一流普通期刊上讨论科学思想,19 世纪早期的几十年间,一流普通期刊构成这种共同智识语境的论坛空间。① 这可以导向选择另一种解释路径,它的重点较少放在坎侬关注的达尔文的影响上,而是更多强调诸如知识拓展与专门化等因素,这类因素使一种普通争论变得颇不可行。但是,杨确证了坎侬的信念——自然神学为科学融入普通文化话语之中提供了特定的共同观念框架——就是说,直到自然神学变成"一场冲突中的一种观点",② 它作为共同观念框架的情形才开始发生改变。

1894 年,赫胥黎在文章中坚信,这场冲突在 1869 年已变得显而易见,这也正是《自然》杂志创刊之时。他说:此时,科学先生们正生活在一种培根式的礼仪名教中——它涵盖宗教和哲学两个领

---

① R. M. Young 1985, 127–128.
② R. M. Young 1985, 135.

域，而且他们被称作"两国公民，在这两个国度，说的是相互之间无法理解的各自的语言"。① 这段评论可能确认了与较早时期的对比，因为在较早时期，那些普通季刊把科学评论带到远比科学共同体更广泛的读者群体中。但赫胥黎还强调，此时，"即使对于最配得上盛名的科学工作者来说，极少有人能超出他们投身的专门领域的限制而看得更广远"。这表明，科学已无缝嵌入了一种共同的智识思想对话——这种观念和对话需要具备某种资格门槛。

19世纪早期的读者可能会从阅读宗教或文学文章过渡到阅读那些科学文章，对此不需要怀疑，现在关键是要承认，科学议题为一种共同话语设定了一些困难。这类争论有赖于一种共同语言，特定学科的技术概念可能会被翻译成这种语言。由于这些重要季刊吸引着一批有教养的读者，上述情形通常会成为可能。② 即使在政治经济学领域，也必定有一套技术术语，但公共讨论之所以成为可能，原因在于这种讨论从整体上关注该学科，而非关注不同学说之间的复杂差异。③ 但现有证据表明，曾经认为科学对一种通用的共同语言断言构成了威胁。赫歇尔在《自然哲学研究初论》中认识到这一点，并强调指出："当然，像各种事物一样，科学有它自己的独特术语，有它自己的习惯用语。"离开这些术语和惯用语，科学就不可能运行。有鉴于此，令赫歇尔担心的是，任何"倾向于为科学罩上奇怪且令人厌恶外衣"的事物，将卓有成效地发挥作用。④

这种关切体现在一篇文章的描述中，文章名为《论诗歌、科学与哲学术语的应用》，发表在《每月丛报》(*Monthly Repository*)

---

① Huxley 1894, 1.
② 关于对这套循环过程的评价，参见 Cross 1969, 2; R. M. Young 1985, 154.
③ Checkland 1949, 41.
④ Herschel 1830a, 70.

上。① 这篇文章的标题本身昭示出，当时对不同智识领域已有自觉的自我认知。这就提出一个问题，即为科学找到适用语言的问题：是否存在新增词汇可以用来表达持续增长的科学概念？或者说，对于已投入使用的术语的意思，是否能够做出更确切的区分？这位作者坚信，第一种替代方案应当付诸应用："说到一门新科学，例如化学或地质学，它们的研究对象，或所包含的各种关系定位，全都已经超出先前那些应对策略赖以生存的普通思想和观察圈。"② 就是说，各门科学中的概念被认为是从寻常经验中转移过来，因此，需要建立一种特殊的专门语言。这个观点与以下信念共存，即"科学"一词仍然可能应用于非物质性知识中。该文对比了科学与诗歌的异同，但未能洞察以下问题的理由：为什么不应当有一门"形而上学科学、道德科学、法理科学、政治经济科学，就像天文学、力学和化学科学那样"？③ 针对一门共同语言存在诸多困难所做的这些具体反思，发生在"共同智识语境"本应具有浓厚氛围之时，因此，有必要呼吁围绕"共同智识语境"展开某种补充式考察。

"公共领域"（public sphere）概念，由德国政治和社会理论家尤尔根·哈贝马斯（Jürgen Habermas，1929— ）提出，在这里可能颇为有用。这个概念力求囊括介于国家与公民社会之间的地带，18世纪期间，它开始出现在法国、德国和英国。正如哈贝马斯的解释，这是一个新生的争论领域，在这个领域中，正在勃兴的资产阶级可能会批判一个绝对主义国家的行为和价值。不同于参加政治和社会领域的事务，投身公共领域活动，不是想当然地凭借出身、地

---

① 匿名，1834。
② 匿名，1834, 323。
③ 匿名，1834, 329。

位或特权来行事，而是基于对普遍理性规范的接受。^①其实，这是一种群体间的对话，这些群体拥有财富和权力——拥有土地的贵族和新兴的资产阶级。哈贝马斯认为，这个公共领域的运行首先在英国可见端倪，部分原因在于绝对君主制的倒台以及上述两个阶级结为同盟，后者体现为 1688 年"光荣革命"。作为这些群体间达成文化共识的凝固剂，期刊发挥了这个功能，例如理查德·斯蒂尔^②主编的《闲话报》(*Tatler*)，约瑟夫·艾迪生^③主编的《旁观者》(*Spectator*)，这些期刊主张在文学、科学、政治和哲学方面坚持一种批判话语。艾迪生说，这个目标旨在"让哲学走出私闭密室和图书馆，走出经院和大学，从而植根于俱乐部和集会论坛，进入茶桌旁和咖啡屋"。^④这些期刊的编辑风格，以及利用订阅费出版的图书，都鼓励秉持"作者—读者共同体"理念。^⑤由此建立的公共领域有形实体，不仅存在于俱乐部和咖啡屋中，而且存在于 18 世纪英格兰兴起的外借型图书馆以及文学和哲学学会中。沿着哈贝马斯的理论，德国学者彼得·霍恩达尔（Peter Hohendahl）把这些空间都视为文学公共领域的组成部分，在该领域，阅读的公众是喜好品位与审美标准的仲裁者。这代表了一种与先前断言的坚定决裂，先前认为这类判断是贵族和上流社会的特权——它们现在属于一种通行于有教养的私人个体中间的公共话语，这种话语构成一种政治性——也是文学性——公共领域的基础。^⑥

---

① Habermas 1989; Hohendahl 1982.
② 理查德·斯蒂尔（Richard Steele，1672—1729），英国散文家、剧作家。——译者注
③ 约瑟夫·艾迪生（Joseph Addison，1672—1719），英国散文家、诗人、剧作家和辉格党政治家。——译者注
④ Wolf 1938, 41.
⑤ Eagleton 1984, 29.
⑥ Hohendahl 1982, 52–53; Habermas 1989, 51–52.

第二章 科学与公共领域

这如何能够帮助我们理解科学争论发生的语境？首先，它允许我们用一种历史视野来观察这些维多利亚时代期刊运用的话语，进而以此视野对这些期刊进行定位，即关注它们与18世纪晚期以来公共领域所发生改变的关系。哈贝马斯强调，公共话语领域从它产生之日起，就基于对"财产所有者"和"普通人"身份的确认，就是说，它以虚构的"一种公众"概念作为基础。他解释道，这对于"把公民社会从重商主义规则和绝对主义统制中解放出来"具有积极效果。公共话语领域允许以公共性原则为指针来反对既定权威。①然而，到18世纪末，多种意义重大的紧张关系不断出现，进而导致公共领域发生他所谓的"结构性转型"。首先，"同质性阅读公众"的观念被两种群体间与日俱增的鸿沟搞得紧张，一方是有教养读者组成的小众群体，另一方是大众群体——他们在文学市场上表明与小众群体具有不同嗜好。即使在德国——那里的中产阶级读者群体规模相对小于英国——席勒、奥古斯特·威廉·施莱格尔（1767—1845）、歌德有时称这类受众为"乌合之众"，并且强调他们自己的作品是写给少数高雅读者的。威廉·冯·洪堡（Wilhelm von Humboldt，1767—1835）说到好作者及其读者时，将其视为严格排外的共济会成员。一位造访英格兰的德国访客看到这种对比，并且惊呼：英国的重要作者"就在人人手中，而且由所有民众都来阅读"。②华兹华斯和其他英国浪漫主义作家，正在努力进入这群更广大的受众当中。③其次，到19世纪中叶，民主改革开始从根本上削弱了由共同的政治和社会价值观构成的"统一公众"概念。此时，

---

① Habermas 1989, 56.
② 转引自 Ward 1974, 128–129.
③ Hohendahl 1982, 55.

"公共性原则"不再被认为是社会批评的代名词;相反,这个议题的意思是通过拓展公民权来扩大公众的范围。因此,密尔在《论自由》中认为,"公众意见"不是理性争论的特定担保人,相反,它对个人思想和自由构成一种威胁。①

维多利亚时代的期刊,是18世纪启幕的公共领域的最后堡垒之一。无疑存在这样一种情形,这些期刊为文化争论提供了主导论坛,而文化争论却是在受过良好教育的上层中产阶级和统治精英中间展开。正如海伊克(T. W. Heyck)现已表明,在1867年《改革法案》出台前那段时期,这些精英的言说只针对少数英国选民和所有"被计入决策领域的人民"。②即使公共领域在18世纪头二十年已纷纷建立,但支持先前公共领域的那些条件早已开始坍塌。上述症状中,有哪些症状可以在由重要季刊——罗伯特·扬的"共同智识语境"概念以此为媒介——支持的话语中辨明?显然,至少有三点可以辨明:

第一,重要的是,每种重要评论都擎着一面政治或意识形态旗帜。众所周知,《季度评论》创办于1809年,而1802年创办的《爱丁堡评论》当时已成为广受认同的辉格派平台,因此前者成为反对后者的托利派平台。《布莱克伍德杂志》(1817)、《威敏寺评论》(1824)、《弗雷泽杂志》(1830)、《英国北部评论》(1844)和其他杂志,都以某种方式与政治和文化光谱中的不同立场联系起来。这个重要观点与以下情形——这些内容都忠诚地体现在上述期刊的字里行间——不一致,但事实是:这种有教养的话语领域,当时是一个竞技场,而非共识场。《爱丁堡评论》的编辑们认为,自己决定

---

① Habermas 1989, 133.
② Heyck 1982, 36–37;进一步分析参见 Shattock 1989。

性地打破了 18 世纪期刊的桎梏，他们把 18 世纪期刊的策略概括为具有"体面乏力"的特质。① 不过，这是在有财产的先生大人中间展开的一种有礼貌的对话，《旁观者》《闲话报》和《绅士杂志》是展示这类对话的平台——这些媒体是哈贝马斯所说的"资产阶级公共领域"，当时这类对话代表的是理性和郑重有礼的声音，以此反对绝对主义的非法侵入。到 19 世纪早期，这些引领时风的期刊代表了对一种新政治环境的不同回应，工业主义和工人阶级的激动言论，成为这种新政治环境的标志。

第二，作为这种正在改变的社会秩序的一个结果，有教养阶级的期刊文学不是政治和文化争论的唯一论坛。如今，伊格尔顿强调爱德华·汤普森②记录的那种大众文化，并且表明曾有一种"反公共领域"（counter-public sphere），存在于当时的激进出版物中，存在于相应的学会中，存在于威廉·科贝特③主办的《政治纪事报》（*Political Register*，1802—1835）中。④

第三，这些重要期刊尽管由一群有教养的上层中产阶级受众阅读，但需要依靠它们的评论者，运用一种普通、综合的风格来撰写文章。的确，鉴于最频繁的供稿者所能涵盖的学科范围，所以这种风格是必不可少的。但有迹象表明，这种基于广泛学科且普遍可读的文章策略，正在被许多领域与日俱增的知识专门化趋势搞得十分紧张。早在 1810 年，作为《爱丁堡评论》创始人之一的弗朗西

---

① H. Cockburn 1874, 124.
② 爱德华·汤普森（Edward Palmer Thompson，1924—1993），英国历史学家、作家和社会主义者。——译者注
③ 威廉·科贝特（William Cobbett，1763—1835），英国记者、众议员，倡导资产阶级政治改革，内心秉持保守主义，主张恢复被工业革命破坏的英格兰田园生活。——译者注
④ Eagleton 1984, 36.

斯·杰弗里①警告道，力求紧跟所有学科的做法可能意味着，深刻的知识可能会被基于不同主题的肤浅信息所取代，"各式各样的肤浅知识，现在不仅如此寻常可见，以致人们感到想要这种知识是不体面的事，而且获取这类知识的工具如此强大有力，以致我们几乎不可能保护自己免受它的入侵"。②

到19世纪30年代，事实已清晰表明，不再有只受过单一教育的读者。1836年，当威廉·汉密尔顿爵士在爱丁堡大学申请逻辑学教席时，他的反对者指控他的哲学著作颇为晦涩。他发表在《爱丁堡评论》上的两篇文章遭到引用者的指责，认为"普通读者无法理解它们"。汉密尔顿的回复是：《爱丁堡评论》的新主编马可维·纳皮尔③强调"这本期刊的科学特质"，这意味着它不能忽视欧洲著作，例如法国哲学家库辛④的著作，因此它可能需要内容艰深的文章。为什么一位形而上学家，远胜过数学家或语言学家，应当将他撰写评论的目的指向让"普通读者"可以理解，汉密尔顿找不到这种做法的理由，因此他强调"形而上学家想要的是少数哲学公众，这类读者不会发现他们写的文章晦涩"。⑤《大英百科全书》将目标锁定在中产阶级，而非瞄准日益增长的廉价字典和类书市场，作为主编的纳皮尔，区分出两类受众。1827年，纳皮尔在写给新主编的信

---

① 弗朗西斯·杰弗里（Francis Jeffrey, 1773—1850），苏格兰法官，文学评论家。——译者注
② Jeffrey 1810, 168-169.
③ 马可维·纳皮尔（Macvey Napier, 1550—1617），苏格兰律师和主编，爱丁堡大学首位物业转易学教授。作为主编创新出版《大英百科全书》第4、第5和第6版之增补版，并担任第7版主编。据《大英百科全书》电子版词条。——译者注
④ 维克托·库辛（Victor Cousin, 1792—1867），法国教育家、哲学家和历史学家，在哲学上以"折中主义"自称，试图将洛克的经验论、苏格兰学派的常识哲学、谢林和黑格尔的观念论调和起来。——译者注
⑤ Hamilton 1836, 1-2.

中，这样激励他：第七版应当扩充到 24 卷，使之既服务于普通读者，又服务于"科学先生"。纳皮尔设法收录"各样性质不同的事物，它们更能特别适合普通读者的愿望和口味"，这样做，在对待具有重要意义的主题时，不会运用"太过简略和肤浅的方式，以致无法满足那些更高层次人士的需求"。① 虽然这些期刊可能会免受一部百科全书期望的那些技术细节之苦，但现在有一个问题需要对专家和普通读者说明。1830 年，柯勒律治在著作《政教宪法》中认识到这个问题，因此，他发出"平民化"存在危险的警告。在这样做的同时，柯勒律治倡导的"知识阶层"概念——这个群体由负责培育知识的神学家、学者和科学先生组成——表明：这种想法是公共领域走向分裂的一个征兆。相比 18 世纪，在有教养人群中间表达的通俗话语，现在需要有一个专门群体将它们整合起来。②

四、公共领域的科学

在由重要期刊占据的论坛上呈现的这些紧张关系，既然已经被我们依次陈明，那么，现在需要重新思考科学在它们中间的位置问题。在这类评论中，现在没有理由不同意坎侬和罗伯特·扬关于科学议题重要性的论述，但前面的讨论将他们的分析做了广义化处理。科学议题的呈现，不只作为一种普通智识话语的构成要素，它更加剧了上述论及的那些紧张关系。

哈贝马斯的某些观点，作为一种导向性观点，这里再次可见它们的助益。哈贝马斯考察了古典公共领域的兴衰历程，我在后续研

---

① Napier 1879, 53.
② Coleridge 1972, 53.

究中，讨论的是他所谓的"政治科学化"议题，这种趋势出现在20世纪，就是技术性的知识和方法取代了关于价值和方向的讨论。他提出一条建议：现代公共领域必须经过重构，这样才能在一个理性社会中，"使科学技术和通过公民心灵对生活的有效掌握获得协调发展"。① 如今，这个议题已在多个领域——例如科学政策、技术教育、环境政治学——变成一个严肃的争论主题，在这些领域，科学研究的动能与资助它的民主程序之间的鸿沟，日渐受到人们的关注和认识。

回到19世纪上半期，运用这种方式构建科学议题可能是违背时代的，因为科学机构自主性极低，且很少得到国家的充分资助，而且科学与科学公众之间的鸿沟还不严重。科学先生们必须通过与外行公众进行更直接的对话，来证明他们的活动和文化影响的正当性。罗伯特·扬的"共同智识语境"概念的优点之一，是它力求将上述情形发生所依赖的那种框架描述出来。在扬看来，科学是一种持久性力量，它隐藏在一场论域广泛的争论背后，这场争论围绕"人在自然中的位置"问题展开，这个问题包括科学、道德和宗教关怀，直到19世纪末才走向解体。但是，通过在一个承受压力的公共话语语境中观察这个科学案例，现在可能会提出以下主张：在科学走向碎片化的过程中，科学是那些重要主体中的一员，而且在远早于坎侬和扬表明的那段时期之前，就可以发现这种迹象。回到前面关于维多利亚时代期刊所阐发的观点——公共领域紧张的政治关系，一种可替代传统方式的新兴的争论媒介，以及专家讨论与大众讨论之间的冲突——我们发现：科学既受到这些情形的影响，又可能加剧这些情形昭示的紧张关系。

---

① Habermas 1970, 74; Hohendahl 1982, 269–271.

（1）默瑞尔和萨克雷现已表明，英国科学促进会的领袖们怎样为科学培育一种无争议的形象，同时证明：如果卷入政治和宗教议题，科学已经弱小的地位将会变得更糟。但这使那些期刊成为极其危险的疆场，因为正如我们已经所见，它们内秉政治性。在某些情况下，这径直影响到一些学科，例如文学。弗朗西斯·杰弗里攻击浪漫诗歌，认为它威胁到社会秩序，就是一个著名实例。对科学著作做出有政治偏见的评论，这是不常发生的事，但如今清晰可见的是：科学事业的性质曾是一个议题，它确实与当时的社会和政治议题变得密不可分。在《爱丁堡评论》中，亨利·布拉姆使科学成为他发起的"有用知识运动"确定无疑的组成部分，并将科学作为扭转工人阶级不满的秘籍。布儒斯特利用《爱丁堡评论》和《季度评论》的版面来普及一种科学观——将科学作为技术应用和社会改革的主导力量。他评论的书籍——显然都是颇富争论的作品，例如巴贝奇的著作、论自然神学或各种科学的著作，它们似乎都在传达这条信息。这些高产评论家提倡的科学见解，与另类评论家——例如惠威尔、赫歇尔或塞奇威克——的科学观点存在冲突。在第四章，我们将会看到，对科学来说，这些期刊是一个不可或缺的论坛；但这里的关键是要强调，科学主题无法免除这些期刊当时表达的各种政治分歧的影响。时至1832年首部《改革法案》出台之际，公共领域不再公开表现公民中间那种自成体系的话语，公民在政治立场和话语口味的基本原则上保持共识，正如哈贝马斯所称公共领域在18世纪的运行那样。相反，这里所说的公共领域，是一个反对派群体要在其中斗争出更广泛支持的领域。当然，巴贝奇早已感知到这种新情况，那时他正在攻击皇家学会，并且在给赫歇尔的信中写道："在公众意见的支持下，我将使他们痛苦难堪，如果他们不对皇家学会进行改革的话。"①

（2）在这些重要期刊之外，甚至还有更加歧异的科学观念，探讨科学的政治隶属关系与社会目的。伯曼论述"功利主义者卷入皇家科学研究所事务"的著作，库特论述"颅相学"的著作，戴斯蒙德论述"工匠与激进的进化论思考"的著作，描绘出另一个对科学进行定义和调用的论坛。②英克斯特对1817年颁布的《煽动集会法》的解说表明，当时科学可能已被视为一种对既定公共文化的威胁。③尽管该法令涉及的领域已超出本书论述范围，但现在可以感受到，该领域的出现，就是惠威尔和其他一流科学评论家被迫应对的那个领域，他们经常通过捍卫自己的科学观念，来抵抗该领域的入侵。

（3）如今，罗伯特·扬已恰当地极力主张：在维多利亚时代早期的争论中，科学与我们现在所谓的艺术之间，不是一种牢不可破的固化分离。④但无论如何，专门化是一个与科学联系密切的议题，而且在19世纪初的几十年间，它也卷入公共领域。杰弗里再次成为这个问题的优秀监督员，就是说，在面对与日俱增的智识专门化现象时，必须在文化方面保持一种通俗话语。杰弗里对这个问题之于当代观念——确立恰当适用的"普通知识"体系——的寓意进行了反思，于是他抱怨："如今啊……一个人如果对政治经济学、化学、矿物学、地质学和词源学不略知一二，在博闻多识的社交圈中，他几乎寸步难行。"⑤重要的是，在这个学科名单中，科学学科居于首要地位，这个名单要打破可实行的"普通知识"中的那些限

---

① Hall 1984, 49.
② Berman 1978; Cooter 1984; Desmond 1989.
③ Inkster 1979.
④ R. M. Young, 1985, 132.
⑤ Jeffrey 1810, 168.

第二章 科学与公共领域

制,当然,还要有力量推翻非专家评论者的种种能力。科学的快速进步,尤其在法国,也导致一些科学先生开始批评英国的科学争论标准。当赫歇尔把一个饱受争议的脚注加入他在《大都会百科全书》中论述"声音"的文章时,他可能正在评论这个公共论坛的种种局限,他抱怨道,那里不存在能理解原创性科学成就的专家型听众。他对比了以下两种情形:一方是欧洲大陆科学期刊的标准,另一方是"粗疏且尚未消化的科学问题,它能满足我们自家这些乡下人每月、每季度哗众取宠的需求"。① 时至 1844 年,围绕匿名著作《创世的自然志遗迹》引发争论之际,外行公众与专家的需求和兴趣陷入冲突之中。几十年前,这些期刊主办了一场一流科学先生之间的对话,在他们看来,公众可以受邀作为参与者;1844 年,公众是一种媒介,在这种媒介中,专家们宣布:公众对科学文学的口味令他们感到惊愕。②

尽管在这个四分五裂的公共领域中,存在与科学密不可分的紧张关系,但必须做到有效掌控并捍卫科学,尤其重要的是,在公共领域必须如此。在这些压力之下,诉诸一种可以给予柔性安慰的自然神学,是可以理解的,但这件事本身作为一种定义和捍卫科学的方式,则无法堪称充分完备。一流科学先生必须说出比自然神学更丰富的内容,而且必须在由各路群体竞逐的公共场合中说出,这些群体对科学怀有不同的行动方案和不同的用途。当他们确实开言表达时,他们自身之间对以下问题的认识存在分歧:自然神学本身是什么、它的方法如何、如何进行组织研究;如何认识科学的历史,以及其他议题。这样一来,由此引发的元科学争论,不仅探讨科学

---

① Herschel c. 1830, 810.
② 参见 Yeo 1984 和本书第四章。

的性质,而且更加关心在各种论坛上言说这个问题的最佳方式。

这些只涉及科学事业特定议题中的一部分,它们促使惠威尔要为元科学家担当一种时代角色而上下求索。但在19世纪30年代,惠威尔开始进入公共论坛之际,元科学角色还不具有一种稳固主流的智识思想功能。甚至在惠威尔的重要著作完成后,如今显然可见一些评论者,特别是非科学家,发现这些著作很难归类,因为《哲学》表明与康德的对比,但它对物质性科学的关注被认为非同寻常。一位评论者表明,惠威尔提供了对科学历史的"一种鸟瞰"式观察;① 另一位评论者则把他的著作与"诗歌批评"联系起来,但强调指出,对于当前这个时代来说,"科学的各种历史和哲学"可谓奇谈怪论,只是最近归纳科学本身才变成"一门归纳学科"。② 惠威尔逐渐认识到,为了定义科学,他必须先把自己的角色定义为一位批评家。下一章将对这条道路进行考察。

---

① [Ulrici] 1847, 4.

② [Butler] 1841, 194–195.

第三章　元科学：作为一种职业

……这位哲学家不是理性领域的一位熟练工，相反，他本人是人类理性的立法者。

——康德[①]

如果这个过程教育一个人能够做任何事情的话，那么，它确实把这个人教育成一位哲学体系的法官；只有如此，将来才必定会出现少数几位英国人，来永远填补这个职位。

——惠威尔[②]

不同于约翰·梅尔茨在1896年表达的观点：大约五十年前，赫伯特·斯宾塞（Herbert Spencer，1820—1903）坚信，科学定义不过是一件直截了当或已经完成的事。其实，在一篇评论"科学天才"的文章中，斯宾塞对这个时代两位重要科学评论家——孔德与惠威尔——的许多结论提出质疑。开始，斯宾塞断言这二人都在确认一个主流观点，即"科学知识在性质上略不同于普通知识"。在他看来，这个绝对的比较，移除了把科学成长理解为一种基于进化

---

① Kant 1933, 658.
② Whewell 1838a, 49.

路线发展过程的可能性。在欢迎孔德为评论科学做出多种努力的同时，斯宾塞拒斥孔德所谓各门科学"持续"进步的观念，他认为，科学进步是"从特殊到一般的过程，同样也是从一般到特殊的过程"。① 进而言之，斯宾塞主张，虽然孔德承认各门科学有一个"共同源头"，但他错误地把这种后续对科学做出的区分表现为相互隔离的学科，同时忽视了这些学科拥有多种方式进行互动，进而可以形成新的综合。关于这一点，斯宾塞似乎在惠威尔的著作《历史》中找到了佐证。他表明，这种"各门科学的相互影响，一直以来都非常独立于一切人为设计的等级秩序之外"，并将矛头指向惠威尔对以下现象的解释：最新的化学进步如何依靠生理学来产生电流作用。但另一方面，斯宾塞抨击科学分类是人为造作的结果，并敌视在科学与技艺——或科学与常识——之间做出区分，这必须被解读为是对惠威尔事业的反抗。②

这些极具火药味的实例表明，斯宾塞有许多理由主张反对惠威尔的事业，而且这种情况昭示，科学的性质以及科学与其他知识形态的关系，在当时仍是一个极具争议的主题。这个观察恰好契合以下认识：在 19 世纪上半叶这段时期，对科学做出的是相对哲学化的反思——这是一种尚未脱离真正科学实践的话语。正如拉里·劳丹③一直以来强调，这段时期对科学方法做出了最具重要意义的评论，其中一些评论来自正在一线实践的科学家——赫歇尔、布儒斯

---

① Spencer 1854, 108, 161.
② Spencer 1854, 138, 152–159.
③ 拉里·劳丹（Larry Laudan，1941— ），美国科学哲学家，著有《科学与价值——科学的目的及其在科学争论中的作用》（1984）。——译者注

特、惠威尔，在英国；雷萨吉①、伯尔纳②、庞加莱，在法国。③ 再增加一些人物，例如巴登·鲍威尔、德·摩根，这个名单的范围可能还会扩大。

我在第一章主张：维多利亚时代早期，科学的社会和智识思想条件支持一种元科学话语。这种话语通过不同媒体来发挥作用，且不被束缚在形式化的哲学文本中，哲学文本后来逐渐成为这种评论的主要阵地。19世纪早期的英国科学先生们知道，他们必须在公共论坛中确保科学的地位，而不仅限于专门化的科学学会中。这需要确信科学事业的价值，同时还要为特殊的科学理论和发现进行辩护。在此意义上，大多数科学先生也曾投身元科学讨论中。但是到1830年，孔德正在为元科学活动开出一个专门化角色的药方。

孔德在《实证哲学教程》中强调，科学过度专门化具有潜在危险性，并对以下现象提出警告：从更加广义的普遍化研究中，选择特殊的研究碎片，并将这些碎片从智识思想上孤立起来。尽管孔德认为这个问题是科学劳动分工的产物，但他提出的建议恰恰是科学劳动进一步分工可能会解决这个问题：

> 总之就是必须创造一种更伟大的专门性，它由对一般科学特质的研究组成。我们需要新一类得到恰当训练的科学家，他们不是自愿献身于对科学的特定分支学科进行专门研究，而是将以他们当前的状态，完全独立地对不同门类的实证科学进行

---

① 雷萨吉（Georges-Louis Le Sage），瑞士科学家，1748年提出"引力的微粒子碰撞理论"，发展了万有引力理论。——译者注
② 克劳德·伯尔纳（Claude Bernard, 1813—1878），法国生理学家，现代实验生理学奠基人，提出内环境概念，后来发展成内稳态理论。——译者注
③ Laudan 1981, 7, 13.

思考。①

50   显然，孔德对这项任务有一种非常独特的观点，因为他建议基佐②设立一个科学史教席，并且推荐自己是唯一合适的人选。③与此同时，但基于不同视野，柯勒律治也认为科学专门化确实是一个问题；然而，他的解决方案不是在科学共同体内部创造一种特殊功能，而是复兴古典时代的"哲学家"概念——他拒绝使用这个词描述聚集在约克郡参加英国科学促进会首次会议的那些科学先生。在柯勒律治看来，哲学在重要性上仅次于神学居第二位，它可以作为"科学的补充"，并为科学效力。④

无论法国还是英国的科学共同体，都未正式采用这个如此清晰的"元科学阶层"概念。现在看来，可能在法国，科学曾被更加安全地与国家管理的教育系统联系起来，这里有一个更加明确的角色，可以适用于定位孔德的比较性评论——针对各门科学，它们之间的边界以及最优研究秩序做出的评论。尽管如此，孔德对科学事业日益专门化问题做出的诊断，在英国科学促进会成立之际的那些讨论中，找到了相应的独立声明。英国科学促进会的大多数领袖型成员，接受了必须对自然知识的当前状态进行仔细考察的要求——这是一幅"科学地图"，赫歇尔对促进会首任秘书威廉·哈考特（William Vernon Harcourt, 1789—1871）做出如此描述。⑤恰恰是惠威尔最慎重地对这个问题做出回应，他建议委任专人写出各门

---

① Comte 1970, 17.
② 弗朗索瓦·基佐（François Guizot, 1787—1874），法国著名政治人物和历史学家，1847—1848年任法国首相。——译者注
③ Lepenies 1988, 21.
④ Levere 1989, 86 and 1981, 73; Corrigan 1980, 403.
⑤ 赫歇尔致哈考特的信，1831.9.5，收录于Morrell and Thackray 1984, 55。

科学的报告。① 在这个做法上，惠威尔正在追随他早些时候给皇家学会秘书彼得·罗杰②的建议，即应当鼓励对各种科学领域展开批判性调查，例如居维叶、傅立叶、贝采利乌斯（Jöns Jacob Berzelius，1779—1848）开创的那些领域。③ 虽然惠威尔说的这些内容"有些通俗风格"，但他从未设想要引导这些内容超出一位科学受众的接受范围。最终，各专门领域的专家为英国科学促进会撰写出本领域的报告，但惠威尔撰写的报告——关于地质学，以及关于电学和磁学——远不止于对当前成就的概括：它们试用比较历史分析纲领，提出一种通用的科学进步模型，基于这个模型，可以对具体学科的发展做出评价。④

现在几乎可以毫无疑问地认为，惠威尔可以被视为这样一位英国人：他用最佳方式回答了——甚或预见到——孔德为科学家角色开出的药方。不同于他在科学领域的同事，惠威尔正在探寻为科学提供评论和批判的道路，而不是践行科学本身。惠威尔的角色有别于惯用的角色判断方式，基于这种方式，科学共同体中的领导型成员，可能会被视为柯勒律治式知识阶层中的一员，与他们一起的还有其他身处法律、医学、建筑学、音乐和神学领域的学者。更可能的判断是，惠威尔的活动更接近柯勒律治的理念——哲学家站在各种不同专业和知识体系之上。默奇逊爵士似乎在一种消极意义上认识到这一点，因为他在1843年说过，惠威尔是一位远离"科学先生"的"高级科学牧师"。⑤

---

① 惠威尔致哈考特的信，1831.9.1，收录于 Todhunter 1976, 11, 126—130。
② 彼得·罗杰（Peter Mark Roget，1779—1869），英国医生和语言学家。——译者注
③ 惠威尔致罗杰的信，1831.3.22，RS Domestic MS. 1, no. 30。
④ Whewell 1832b and 1835.
⑤ 转引自 Morrell and Thackray 1981, 430。

到这个时候，惠威尔已经坚定地认识到，他与科学共同体的关系，以及他在更广阔的智识思想共同体中所处的位置。但他不经常考虑这些内容，而且在此前二十多年中，他一直关心的是他的职业性质问题。随后，在一篇论及实质的传记文章中，莱斯利·斯蒂芬对惠威尔为他自己和同代人设定的谜题进行了反思，正如斯蒂芬所述，"惠威尔开始是一位科学先生"，但后来"罕见地变成一位哲学家"。① 惠威尔如何理解他在这段时期采用的元科学角色，本章对这个问题进行了思考。接下来，还需要领会两个问题：惠威尔为什么对自己作为一位科学先生的地位表示怀疑；他从事的多种活动具有一种可替代传统通行做法的观念，为什么这种观念很难在当时的现实中行得通。

一、科学的旁观者

早在1818年，惠威尔似乎已经把自己塑造成一位科学观察者——而非科学创造者——的角色。在就光学研究近况写给赫歇尔的信中，惠威尔说这是一个富集潜在发现的领域，并且评价了布儒斯特、毕奥与赫歇尔在"这场发现竞赛"中的地位。他直指关于光的属性的研究成果正在快速累积的事实，并且毫不怀疑以下情形："一些幽闭在这些事实中的通用法则"将会落入赫歇尔囊中。但惠威尔把自己定位在这项活动之外，并说他是"那些旁观者中的一员，我们不做一项单一实验来增进科学进步，而是让自己致力于把其他人的成果转化为所有可能关于数学、物理和形而上学的沉思"。②

---

① Stephen 1885—1890, 20, 1, 371.
② 惠威尔致赫歇尔的信，1818.11.1，收录于 Todhunter 1876, 11, 28-29。

如果现在把这当作惠威尔早年对自己科学潜力做出的负面评价，确实就会惊奇地发现惠威尔本应早已阐明了这一点。作为三一学院毕业数学考试二等成绩的获得者，惠威尔拥有的这些文凭使他得以主要参与科学研究工作，人们可能已经期望利用他在1817年获得的稳妥的学术教席职位，作为他从事科研活动的基础之一。惠威尔确实走上了这条路，从1818年担任助理数学导师，到1823年担任三一学院首席导师，1828年担任地质学教授，他足以胜任他的同事们从事的那种科学职业，例如塞奇威克从事的地质学、乔治·艾里①从事的天文学。1823年，惠威尔告诉赫歇尔，在被皇家学会接纳时，"我心想，如果可能的话，我要避免成为由绝对不活跃成员组成的那类人中的一员，而且从那时起，我一直在自己遇到的深思熟虑的思想中，仔细寻找一些可能值得呈献给皇家学会的思想"。在回应对一篇基于数学层面的结晶学文章做出评论的请求时，赫歇尔笃定地说：这件事"适合作为世界上任何学会进行的事业"。②

比彻（Becher）和鲁斯（Ruse）最近对惠威尔从事的科学研究工作做出解读，这提醒我们注意，他在多个领域曾有过相当可观的表现。惠威尔从1819年开始撰写的力学教科书，体现出他的教育兴趣而非研究兴趣；从1821年起，他与塞奇威克加入地理探险行列，1825年终于在柏林、弗莱堡和维也纳找到最先进的地质学和结晶学教育方式。1826年6月，他与艾里同行到康沃尔考察，并用几周时间在一座矿井做实验，测试地球的准确密度。这项计划旨在对比重力效应——一是地表不变钟摆的情形，二是地下1200英尺③深

---

① 乔治·艾里（George Airy，1801—1892），英国第七任皇家天文学家（1835—1881）。——译者注
② 惠威尔致赫歇尔的信，1823.10.15；赫歇尔至惠威尔的信，1823.10.15，HP, vol. 18, nos. 163-164。
③ 1英尺约等于30厘米。

度的情形。① 这项实验未获成功，两年后，他再次尝试另一项实验。1828 年出版的《康沃尔多尔科斯矿井实验记述》，描述了惠威尔努力从事的科学研究。同年，惠威尔成为矿物学教授，这个职位的任命将他置于一个平台上——把数学研究应用到结晶学中，并且提升矿物分类学研究水平。此前，他在该领域已发表五篇论文。②

惠威尔最具重要意义的科学贡献是他对潮汐的研究，并用 14 篇论文记录下来，从 1833 年到 1859 年，陆续提交给伦敦皇家学会。因此，在向罗杰和哈考特提出建议——他计划绘制出国际科学研究状况的地图——后不久，惠威尔与他以前的学生约翰·卢伯克③一起，探索将世界洋流运动表现在航海图上。这个目标旨在绘制一幅"全球等潮线地图"，可以把"同时发生高水位"的地理点位标示出来。④ 为此，惠威尔必须招录观察员，同时还要利用许多科学学会和海岸警卫队人员，他甚至向《传教士杂志》(*Missionary Megazine*) 和他的妹妹咨询与这项运动有哪些联系，以此作为他的一种信息源。⑤ 尽管惠威尔对他从事科学研究的多项成果并不十分满意，但在 1837 年，皇家学会授予他一枚皇家勋章。不过，他在两年前表示：潮汐研究主题是"为了满足我自己的个人喜好"，其他人的判断丝毫不会打扰到他。现在重要的是，当惠威尔告诉赫歇尔将把"我的余生"奉献给元科学探究事业时，他还补充道："我总是把潮汐研究留给自己，我将在这个物理学角落继续生活且努

---

① Todhunter 1876, 1, 37–40; Stair-Douglas 1881, 101–104.
② Whewell 1828b; Becher 1991; Ruse 1991.
③ 约翰·卢伯克（John Lubbock, 1834—1913），第一代艾夫伯里男爵，英国银行家、自由统一派政治家和博物学家，并以撰写的考古学和昆虫学著作闻名。——译者注
④ Becher 1991, 13; Morrell and Thackray 1981, 513–517.
⑤ 惠威尔致玛莎的信，1835.2.13，收录于 Stair-Douglas 1881, 171。

力耕耘。"①

这些活动足以让惠威尔在 1820 年入选皇家学会，1827 年进入地质学会，并在 1837 年被提名担任地质学会主席。整个 19 世纪 30 年代，惠威尔对莱尔和法拉第的科学术语学产生了深刻影响，而且在法拉第的研究中，这种影响与他那些危在旦夕的基本概念存在密切联系。② 有鉴于此，在接受惠威尔对自己的低科学成就做出的各种评论时，我们必须保持警觉；但是，我们还须深刻体悟在做出这种评价时，他基于的独特视野。

惠威尔评论中的有些内容是指以下事实：他不把自己视为一位重要的科学发现者。他在矿物学和他所谓"潮汐学"方面做出的贡献是重要的，但皆不符合他自己设定的标准——科学领域真正具有重要意义的进步，而且也无法同朋友当中他认同的那些一流科学先生的成就相比。就地质学研究而论，惠威尔认为这是投身错误的科学领域招致的必然命运。于是在 1827 年，惠威尔向赫歇尔解释道，他对自己曾为地质学提出的那些改革建议感到欣慰，但令他痛心的是："现在我几乎没有机会在科学领域做出那些原始发现和进步，而这可以赋予一位科学先生用来调控科学外衣的权力和力量。"③ 就潮汐研究而论，惠威尔感到自己的研究很不充分，因为不能将仔细观察提升为一种"流体动力学理论"的进步。他向福布斯坦陈，由于我"一直以来都没有运用这种重型分析武器的习惯，所以我不敢对一个如此强固的问题发起攻击"。④ 赫歇尔似乎正在对朋友的自我感知进行补偿，他后来这样评论惠威尔的几本力学教科书："它们

---

① 惠威尔致赫歇尔的信，1836.4.9，收录于 Todhunter 1876, 11, 235。
② 惠威尔致法拉第的信，1835.9.25，WP, O 15. 47[148] and Schaffer 1991, 226–230。
③ 惠威尔致赫歇尔的信，1827.11.23，收录于 Todhunter 1876, 11, 85–86。
④ 惠威尔致福布斯的信，1838.4.2，收录于 Todhunter 1876, 11, 269。

优质而纯正的价值,将确保它们能够获得一种评价——甚至远远高出对许多原创科学发现的评价。"①

惠威尔的科学研究成绩,使他获得了几个令人尊敬的一流科学学会的会士身份,在这些学会中,他被认为是一位颇具权势且政治机敏的组织者;他关于命名学的观点,被莱尔和法拉第奉为圭臬;作为一位科学评论家,他被众人追随。此外,他在学院与大学管理以及教育改革中担任过重要角色。不过,尽管他公开宣布对三一学院及其传统心怀同情,但我们通过惠威尔本人在私人信件中承认的事实可知,他努力寻求一个更宏大的角色,它远在大学学术角色之上。他不缺少教职,但他仍然孜孜以求地要清晰定义一种职业。

1840年,默奇逊爵士努力吸引惠威尔担任英国科学促进会主席,但他设法拒绝了这份美意,此时他低估了自己科学成就的价值,他说:"从来没有一个如此特别的标志性职位,是我一直都在努力追求的目标,它足以让人们认为我是一位著名的科学先生。"②这不单昭示出惠威尔近来的兴趣已从科学转向道德哲学,正如托德亨特表明的那样,相反,这显然是一种科学立场的组成部分,正如我们现在所见,这个转向最早出现在1818年,因此在时间上先于他成熟的科学哲学思想。1826年,当惠威尔深入思考出现空缺的卢卡斯数学教席时,他告诉琼斯,他将利用这个教席"就归纳原理做非常重大的演讲"。③

这里的问题不是看到惠威尔缺少科学成就,而是需要关注他

---

① Herschel 1841, 217;在这几种科学领域,由于惠威尔不断做出修正,所以他的研究缺乏"稳定性和持久性",可对照阅读 Todhunter 1876, 1, 20。
② 惠威尔致默奇逊的信,1840.9.18,收录于 Todhunter 1876, 11, 286。
③ 惠威尔致琼斯的信,1826.10.13,收录于 Todhunter 1876, 11, 72;转引自 Becher 1991, 16。

的重大计划——归纳哲学——的性质。现在的问题是这项归纳哲学活动的精确性质是什么，及其在当时已广受认同的多种社会与智识功能中处于怎样的位置。科学是惠威尔批判性关注的对象——通过强调这个事实，我们可以深入领会上述问题。当时，在与诗歌和虚构文学、与戏剧、与历史和传记著作、与旅行有关的问题上，存在一种广受认同的批判性角色。但是具体到科学问题，情况就大相径庭，部分原因在于它无法提供一种根基稳妥的职业路径。我们只需看看当时最具影响的两位科学先生的情形：居维叶，1832 年逝世；此时，达尔文开始了他在科学领域的深思人生。多琳达·乌特姆和詹姆斯·摩尔（James Moore）的研究表明，这两位人物如何通过不同方式，共同为获得一份科学职业的理想而奋斗。关键在于，他们要做到这一点，必须对科学与其他领域活动的关系进行反思。至于居维叶，在为政治和国家效力进程中，他度过了现实的一生；至于达尔文，在教堂担任"道恩村牧师"，围绕这个反思，他则度过了想象的一生。[①]

相比他们，惠威尔的情形更加复杂，因为他力求定义作为一位科学的批评家、仲裁者和立法者的角色，但他自己又不是一位重要的科学实践者或发现者。这使他的处境迥异于赫歇尔或布儒斯特，因为后者可能评论的科学方法或理论议题，经常与他们自己的原创性考察存在联系。惠威尔也能这样做，我们不应忘记他做的矿物学和潮汐研究；但他似乎怀疑这些研究是否足以作为他的言说基础。另一个问题是惠威尔关心的元科学问题已超出数学—物理科学领

---

① Outram 1984; Moore 1985。在"绅士"理想主宰英国文化的时代，关于当时的"学者"理想问题，更体现一般意义的论述，参见 Shapin 1991。"科学先生"这项职业，经常通过援引功成名就的角色来定义，例如学者阶层的著名人物。本书第五章将分析与科学理想相连的道德期待问题。

域，在该领域，他有资格对作为该领域有机组成部分的全系列学科发表评论。

现在已有两条思路可以用来构画惠威尔的行迹和他是怎样一个人。迄今为止，他一直都被视作一位全能博学之士，他痴迷于全系列的物质科学，同时还迷恋古典和人文准则，后者通常令其他普遍主义者——例如托马斯·麦考莱①——感到满意。这幅形象还不够充分准确。另一方面，现在还有一种解读，认为惠威尔是"现代科学历史哲学"之父（modern history and philosophy of science）。这个判断太过具体，如果不对这个资格展开认真细致的考察，它同样也是不合时宜的。本章剩余部分将努力对上述两种极端形象做认真考察，并由以下问题切入：惠威尔如何逐渐接受了作为一位元科学家的角色。

二、惠威尔：作为博学之士

1859年9月4日，卡罗琳·福克斯在她的日记中记载，惠威尔承认，他眼下仍然努力"在西德尼·史密斯的妙语——科学是惠威尔的强项，博学则是其软肋——中坚持活下去"。②这个妙语泛泛而论的知识观，现在经常出现在多种关于惠威尔的讨论中，但人们很少对它进行拷问。对于惠威尔的自我感知和智识思想方向，它发挥了怎样的作用？它在当时的含义是什么？

现在有充足的证据表明：惠威尔认为博学多识是一个诱人的目标。在他最早从三一学院发出的信件中，包含两种内容：一是经

---

① 托马斯·麦考莱（Thomas Babington Macaulay，1800—1859），英国辉格派历史学家、政治家。——译者注

② Monk 1972, 228.

第三章 元科学：作为一种职业

常引用"普遍知识的魔王"这个说法，二是坦陈自己有"某些不确定的理想，最大可能是想成为博学之士"。① 进入这个主题的一条路径，就是把它视为一种表达兴趣的手段，它远超出数学荣誉考试（Tripos）中那些狭窄的数学限制条件。现在的关键是，惠威尔在致乔治·莫兰②的信中说的这些内容，正是要表达他对形而上学的兴趣——由此，他意指贝克莱③、里德④和约翰·密尔的著作。惠威尔声称这是一项"非常有用的研究"，但他可能已经明白，这不可能决定他的数学荣誉考试等级。1814 年，惠威尔写的一首关于布狄卡女王的英文诗荣获校长奖章，此时他给家人写信说：他现在没有忽视自己的学习。约瑟夫·罗利（Joseph Rowley），作为最早发现少年惠威尔的数学天赋并全力引导他走上剑桥之路的尊敬恩师，对他的获奖不感兴趣，并且说：

> 他现已不在我的门下，而且因为那么一首歌功颂德的诗，可能名为"布狄卡"，或者就是那种类型的诗，得到校长金质奖章；此时，他本应正在坚持数学学习。我现在决定放弃他。我猜测，他正在照顾他那贫穷的母亲呢。⑤

这个博学主题可能还昭示出，一位快速蹿升的青年——从一个兰开夏手工业者家庭来到伦敦学术型学习中心——做出的那种令人激动

---

① 惠威尔致莫兰的信，1815.8.10，收录于 Todhunter 1876, 11, 8, 10。
② 乔治·莫兰（George Morland），惠威尔就读兰开夏文法学校时的教师。——译者注
③ 乔治·贝克莱（George Berkeley，1685—1753），爱尔兰人，近代经验主义重要代表，开创主观唯心主义，提出"存在就是被感知"经典命题。——译者注
④ 托马斯·里德（Thomas Reid，1710—1796），苏格兰启蒙运动时期哲学家，常识学派创始人，以此反对休谟创立的怀疑论和观念论。——译者注
⑤ Stair-Douglas 1881, 4.

且略有困惑的反应。惠威尔告诉莫兰,他"被一个难以置信的理想缚住全身,他要迅速读遍各式各样的书";他令人印象深刻地认识到,他现在有"多种方式可以得到已经写出的几乎每一本书"。^①

但是,惠威尔做出这番表述时所处的特定语境,正在不断得到揭示。1815 年,惠威尔首次来到伦敦,他向两位妹妹承认,他仅从"外部"看到这座城市,在这里他不认识任何人,因此无法"看到这个城市社会的丝毫内容"。^②四个月后,他仍在回味这段经历,并向莫兰坦陈心曲:

> 开始对看到的世界感到厌恶,在这里,除我自己之外的每个物体似乎都有事可做;这里的社会似乎由许多定式组成,没有留下任何我可能填补的真空;因此我要远离他们,我知道他们都在意自己的差事,这就好像如果我在剑桥穿着大学礼服时那样。在哲学的帮助下,我非常迅速地克服了一种羞辱心理,在这种心理之下,我发现自己不是……这些事物体系中必不可少的一分子。^③

与上述心理并进的,是惠威尔认识到人们把他视为例外之物,确切地说这是因为他具备智识思想能力,却没有社会地位。因此他告诫自己:"为了越来越接近可能是我的朋友们欣悦地寄予我的期望,现在必须比以往任何时候都要拼命读书。"^④这里可能还强烈地包含以下意思:惠威尔与博学多识的联系,是个人与社会合法化过程的

---

① 惠威尔致莫兰的信,1815.1.3, 8.10,收录于 Todhunter 1876, 1, 5; 11, 8。
② 惠威尔致妹妹的信,1815.4.14, WP, Add. MS. a. 301²。
③ 惠威尔致莫兰的信,1815.8.10,收录于 Todhunter 1876, 11, 7。
④ 惠威尔致莫兰的信,1814.1.15,收录于 Todhunter 1876, 11, 6。

第三章 元科学：作为一种职业

组成部分。

博学理想与身份情况可能如此，但现在需要注意，甚至在惠威尔初入大学的时代，这种博学理想已被认为是站不住脚的。托马斯·皮考克①在他的小说《匆促讲堂》(*Headlong Hall*, 1816)中，讽刺了一位博学之士的前景，此时他在描述广角先生（Mr Panscope，可能指柯勒律治）：

> 这位全才是化学家、植物学家、地质学家、天文学家、数学家、形而上学家、气象学家、解剖学家、生理学家、电流学家、音乐家、绘画家、文献学家、批判哲学家，他的博学早已贯穿（由各门科学构成的）整个科学圈，而且对这些学科都同样了如指掌。②

最特别的是，科学圈或知识圈的理想，惠威尔在一些信件中提到过它，当时正在几部百科全书中受到质疑——那些以前曾体现过这种理想的文本。在约翰·密尔提交给《大英百科全书》第六版的学术论文初稿中，他对各门科学中系统分类法的价值深表怀疑。他建议，由于现代知识处于复杂且不断变化的状态中，因此单凭一人之力，不可能掌握不同学科之间的复杂关系。③ 1815年，《大英百科全书》第一卷问世，就是这年，惠威尔正在向莫兰坦陈他关于普遍知识的种种梦想。

因此，现在有必要更仔细地看待惠威尔享有的博学盛誉。为有

---

① 托马斯·皮考克（Thomas Love Peacock，1785—1866），英国小说家和诗人，雪莱的朋友。——译者注
② Peacock 1893, 68.
③ Yeo 1991b, 30-32.

助于认识这个问题,现在先来对比惠威尔和麦考莱,因为他们二人同柯勒律治一起,被视为当时最伟大的言论家——这种能力需要持续保有广博多样的知识。1832 年,约瑟夫·罗米利在参加完一场晚宴后特别强调说:"麦考莱和惠威尔有许多非常睿智的对话——完全没有论及政治内容。"① 但是,麦考莱的博学是否类似惠威尔的博学?麦考莱首先承认自己缺乏数学和科学知识,并且随意地向惠威尔坦陈,这种情形部分因为"在剑桥读书时的愚蠢无知",他当时"深深卷入"了剑桥生活,但这个缺陷使他未能在多次参议院考试中获得一席之地。他早年钦佩赫歇尔的著作《自然哲学研究初论》,对于这部著作劲健有力的"风格"和评论,他向惠威尔表达了惊奇之意,他说:"赫歇尔必定是一位文士,同样也是一位科学之士。"②

这表明两种观察视角:其一,像麦考莱那样,无须表明具备科学资格可能也会被视为博学多识;其二,人们认为,具备广泛的科学知识,就是将以同等程度掌握其他学科排除在外。博学在此时有一些限制条件。人们惊异于惠威尔的博学,是因为他不仅了解科学,而且深谙古典和现代文学;他似乎正在超越当时对博学的种种限制。几年后,当麦考莱收到惠威尔与赫歇尔完成的一卷英文六步格诗作时,他回信说:"你们一直都令我深感满意……现在一位诗歌天才和一位更加严厉的科学天才完美地融合在一起。"③

---

① 1832.10.6,收录于 Bury 1967。
② 麦考莱致惠威尔的信,1838.7.3,1831.2.5,WP, Add. MS. a. 209[159 and 150]。
③ 麦考莱致惠威尔的信,1849.3.25,WP, Add. MS. a. 209[156];另见他们关于柏拉图对话的通信,WP, Add. MS. a. 209[164]。论及亨利·布拉姆,麦考莱说:"我没有这位内阁大臣的百科全书志向,他确实是那种具备半个所罗门睿智博学之才的人,对各种事物都略知一二。"(麦考莱致纳皮尔的信,1830.12.17, BL, Napier MSS. 34, 614, f. 460);另见 Robinson 1872, 11, 226,他承认,惠威尔在 1840 年践行的道路是"非常多样的";Herschel 1867—1868。

第三章　元科学：作为一种职业

其实，尽管如此，惠威尔有着清醒的自知：对于由各门学科构成的整个科学领域，他不具备全面综合的知识。在惠威尔的著作《历史》中，涉及生理学和比较解剖学领域具体的问题，他依靠理查德·欧文① 了解详情；他向内兄詹姆斯·马绍尔（James Garth Marshall，1802—1873）坦陈："我能充分掌握的，仅有物理科学中的两个分支学科，它们是结晶学和光的波动理论。"②

惠威尔执着追求一种元科学角色，不能认为这个追求是对他早年博学理想的简单拓展，现在更有益的做法是：把它阐释为是对科学扩张与多样化趋势的一种回应，这种趋势致使那种18世纪的博学已成为不切实际的空想。当惠威尔和琼斯概述他们的归纳哲学广义研究计划时，外界认为此举将是一种百科全书式冒险，为此各种警告纷至沓来。例如，1824年，苏格兰哲学家亚历山大·布莱尔（Alexander Blair）否认个体心灵可以掌握一种横跨百科全书范围的学科整体。他进一步宣称，知识进步是通过专家研究——而非通过践行各种统一理想——实现的。③ 同年，托马斯·德-昆西④ 承认，"每个时代都有少数莱布尼茨式人物"会帮助其他人掌握不同方面知识之间的某些联系，但他主张，努力恢复过往思想家那种更具综合性的知识范围，或恢复古希腊那种全面完整的文化，是毫无意义的做法。现代时期已失去这些东西，但"分支化"智识研究已经创造的成就，是早年时代无法企及的。⑤

---

① 理查德·欧文（Richard Owen，1804—1892），英国动物学家和古生物学家，退休后任职大英博物馆，致力于将博物馆向普通公众开放。与惠威尔从小就建立起密切的友谊。——译者注
② 惠威尔致詹姆斯·马绍尔的信，1854.8.19，收录于Stair-Douglas 1881, 436。
③ Blair 1824, 26, 32。
④ 托马斯·德-昆西（Thomas De Quincey，1785—1859），英国散文家和批评家，英语语体文大师。——译者注
⑤ De Quincey 1824, 26-27。

现在的重点是，这两位作家都论及一个问题：在个体博学者式微的新趋势下，科学是促成这种趋势的主要因素之一。的确，作为这类人物的最后典范之一，1817年，柯勒律治在给《大都会百科全书》写的"导言"中，已经强调了这个观点。不同于约翰·密尔，柯勒律治认为：对于科学工作的组织来说，构画一张涵盖各门科学的地图，是必不可少的基础工作。① 他的分类学在纯粹、混合、应用科学之间做出区分。因为只有纯科学能够基于第一原理提供令人信服的确定知识，所以科学的其他分支在某种程度上都不稳定。这里的相关性在于大多数科学知识持续处于变动中，尤其在磁学、电学、电流学、化学学科中，据他评价，目前这些学科在各自的"第一观念"方面都缺少清晰性。相比之下，还有更确切的科学，在这类科学中，当前知识"不可能被任何新的发现超越"，这些学科的理论通常都不完美，因为它们"需要不断进步"，通常可能的情况是，某种新发现可能会改变特定理论。因此，地质学和化学"正在不断扩大它们的边界，甚至它们的一些基本原理也处于不断变化中"。② 各门"进步"科学的这个特点，使它很难保持住一位百科全书式人物，同时此人还应当博学多识。

因此，虽然惠威尔可能被认为是"剑桥的莱布尼茨式人物"，但他不是正在寻求复兴一种过往理想。③ 惠威尔深谙柯勒律治描述的那种情形，并且认识到他需要依靠专家才能获取最新科学知识。1828年，他告诉赫歇尔，他对"声学"一无所知，正等待阅读他在《大都会百科全书》中论述声学问题的文章。④ 惠威尔认识到，没有

---

① Yeo 1991b, 33-34.

② Coleridge 1817, xiii, 35-40.

③ Butler 1841, 197.

④ 惠威尔致赫歇尔的信，1828.10.14，收录于 Todhunter 1876, 11, 95。

个人能够做到对整个科学圈全部知晓，有鉴于此，进而有必要对不同分支学科进行对比和分类，以便探寻它们之间的相似之处。

三、惠威尔：作为科学哲学家

虽然在惠威尔逝世后不久，一些学者认为他是研究归纳科学的"第一位历史学家和哲学家"，但只有20世纪的评论家才唯独关注这个维度。[①] 惠威尔的朋友和敌人还认为，他是一位神学护教论者，是二十余家科学和学术机构的活跃成员，是希腊和德国诗歌的翻译家，是教育理论和实践的强力倡导者，并担任两届剑桥大学副校长。无疑，他的重要著作现在可以被视为科学史与科学哲学学科的基础文本，但重要的是，不能把这些论著从他关心的其他问题中抽离出来。一直以来，一些关于惠威尔如何逐渐投身科学哲学事业的解说正在这样做：这类研究把惠威尔全神贯注投入的神学、道德和教育事业推向边缘，或者把他建构为一位被盛行的经验主义激怒的英格兰康德主义者。正如费什近来指出，对于通向惠威尔重要著作的那条道路，至今鲜有展开严肃记述的种种尝试。费什的重构性研究很有价值，因为它把惠威尔的成熟著作与他此前专注的几部力学教科书写作，进而与他后来关注的教育问题联系起来。惠威尔在1819年和1823年相继出版《初等力学教程》和《动力学教程》；随后编辑其他著作并出版了几本更深入的教科书——1837年出版的《力学欧几里得》是最后一本。正是通过这类活动，惠威尔"初次遇到科学，并把它当作一个研究对象"，这恰好发生在他开始着手

---

① Carlisle 1882, 144.

整理那些笔记——作为他撰写重要著作的先导——之前。①直到 1831 年，惠威尔才开始就一般科学议题出版论著，此时他在评论赫歇尔的著作《自然哲学研究初论》，但在阅读这部著作过程中，通过撰写几部力学教科书，为他后来投身元科学事业奠定了基础；②也可能是这种情况：正是在数学领域获得的学术声誉，才允许惠威尔站在科学哲学这个更高的有利位置上。

然而，现在的关键是要记住，在太多地方，惠威尔把他的事业称作一项"知识哲学"，它谋求对哲学进行改革。19 世纪 20 年代，惠威尔与琼斯设想了一种"归纳哲学"研究，它超越了一切具体科学。力学、矿物学、气象学和政治经济学，都是它们各自磨坊中有待研磨加工的谷物，但是，当惠威尔指出"比你们这些具体学科更高的哲学，它为各门科学立法"时，他表达出主导这些学科的满腔热情。相较于进行稳妥推理，这项为各门科学立法之学存在更多危险。琼斯认为，"许多存在明显恶作剧和不道德的知识系统"早已吸引到它们的听众，因为没有足够的公众能够理解归纳哲学及与它相关的道德和社会主题。③他们创立一本涵盖"道德哲学、政治经济学和科学"的期刊的想法，是这项哲学改革计划的组成部分。到 1830 年，在他们看来，为这项事业做出贡献的前景，至少要像科学发现一样新奇。琼斯希望他的朋友将会：

> 成为学问史上临近培根和洛克的一尊神龛，而且在我们看来，他的地位远在我们之上，但他还能看清我们的道路。然

---

① Fisch 1991a, 41.
② Fisch 1991a, 8, 14, 15.
③ 惠威尔致琼斯的信，1825.10，收录于 Todhunter 1876, 11, 61；琼斯致惠威尔的信，1827.9.27，WP, Add. MS. C. 52^{15}。

而，我期待赫歇尔①能做出伟大创举，如果他现在还活着并且最终不会让天文学将他吞没，那么，我对这个设想怀有种种担心。②

正如第一章论及，现在有一种阐释由托德亨特首先引发，他认为1840年之后，惠威尔工作的关注点从物理科学平移到道德科学，或是把他关于方法和认识论的观点，应用到这些新增领域中。不过，这两种兴趣早已体现在他与琼斯的早年通信中，我们将在第七章以惠威尔投身哲学为起点，重点论述这种道德关切与科学关切的互动关系。因为尽管费什现在正确地强调，1831年之前，惠威尔没有出版任何关于科学哲学的资料，但他确实在这些早期讨论中，开始直面科学的道德和智识思想地位问题。在这方面，他与琼斯的对话非常重要，因为这些对话把对归纳方法的思考同道德、社会和形而上学议题结合起来。然而，无论惠威尔执着追求成为博学多识者，还是致力于探索对出色的物理科学做出一种哲学解释，这两种形象皆无法把握住他探求的作为一位元科学家的职业维度。

62

四、定义一种角色

通过提出一个疑问，上述问题可以在此得到定位：惠威尔作为一位科学批评家，有哪些榜样模式可以供他获取？为了避免做出有违时代真实的失时论述，我们必须清晰知晓，在某些方面，惠威尔正奋力追求一种确实不存在的角色。当时在法国和俄国，兴起一种

---

① 指威廉·赫歇尔（1738—1822），约翰·赫歇尔之父。——译者注
② 琼斯致惠威尔的信，1831.11，WP, Add. MS. C. 52[42]。

特有的知识分子阶层观念，而这时的英国没有与此类似的观念。正如现在有各种学者主张，作为这些另类知识分子的特质，过去对反派群体所表达意思的揭示一直都是空白。①在惠威尔最直接的环境剑桥大学中，把毕生从事学术教职的观念视作知识分子职业的一种可能基础，直到19世纪中期才得以完全建立，这恰好在他的两部重要著作出版之后。②一旦剑桥的院士和导师前往教会或政府任职，他们便成为一所教会机构的成员，该机构并不期望研究成为它的一项功能。在这所大学之外，从1800年起，尤其在浪漫主义思潮影响下，开始出现作家作为文学和社会批评家的观念，而且这些作家与具备阅读能力的公众是一种依赖关系。③那么，19世纪早期，在科学领域是否存在任何对象，可以与华兹华斯、柯勒律治或卡莱尔的文化批评相对应？

　　一个可能的答案是苏格兰常识哲学学派。斯图尔特，作为这种启蒙运动传统依然健在的代表，确实利用他的讲座和著述来反思科学的性质。在1814年出版的著作《人类心灵哲学原理》第二卷中，斯图尔特对归纳逻辑做出一种解释，正如培根那样条分缕析的解读。他的首要关注对象，不是真实的科学实践或科学史，而是要厘清从亚里士多德逻辑学带入培根式归纳法中的那些术语和概念——例如分析、综合、归纳。他还为"假说方法"辩护，反对培根信徒那种"不分差别的热忱"。④

　　惠威尔阅读斯图尔特的著作是在他大学时代的最初几年，那时

---

① Kent 1978, xi-xii; Heyck 1982.
② Robson 1967, 318; Rothblatt 1981.
③ Gross 1969.
④ Stewart 1854, 111, 307-314; Yeo 1985, 263-266; Corsi 1988, 42-45。斯图尔特著作第一卷1792年出版。

第三章 元科学：作为一种职业

他在对剑桥课程之外的"形而上学"领域进行探索。这无疑是一次接触更广泛哲学议题的重要机会，但这并不意味着存在一种现成模型可以供他利用，就像惠威尔开始把他的职业设想为一位科学批评家那样。斯图尔特著述中有较小一部分处理物质科学问题，这部分从属于他认为的"这位哲学家"的首要关切——人类心灵的性质，这是一种理解社会行为的基础。斯图尔特将"这位哲学家"的知识与"用来指导尚未受过教养者的那种精明伶俐"进行对比，他还讲授道德哲学——这是苏格兰所有大学的一门基础课，进而把这种学科化的反思带到其他活动中。① 这条路径在剑桥的缺失意味着，之于身居学院导师或院士职位的惠威尔，获得哲学评论家的角色绝非易事。

然而，巴登·鲍威尔的情形与惠威尔更为接近。同惠威尔一样，鲍威尔是一位接受过数学训练的大学教师，但不是一位重要的科学研究者。然而，不同于惠威尔，鲍威尔在与克拉彭圣人② 联系密切的国教福音派圈子中长大，这至今仍被视为维多利亚时代知识贵族形成的基本要素之一。他被送往牛津大学奥里尔学院（即国王学院——译者注），由院长考普斯顿（Edward Copleston，1776—1849）、惠特利和纽曼亲自培养，这些所谓智者群体培养出一种传统，即当前的哲学观念需要由他们来督导。作为这种角色的成果，鲍威尔发表了多篇关于科学及其神学内涵的报告。③ 相比之下，惠威尔同一种评论传统没有如此密切的联系，这种传统以家族联系和确实可证的忠诚作为基础，并且可以使他的活动具有合法性；他也没有接受细致的《圣经》文献学和神学训练，而这种训练恰恰支持着

---

① Stewart 1793, 3; Davie 1964.
② 自诩具有高尚道德与伟大抱负，成为英国国教中福音派的侧翼。——译者注
③ Annan 1955, 244; Corsi 1988.

鲍威尔就科学问题进行写作。因此，当然，惠威尔拥有无可匹敌的科学史知识，作为他发表各种通识评论的基础，但这未体现在他的职业生涯早期阶段，这也无法等同于神学，从而作为一种公开争论的工具。用另一条途径阐述这个问题，或者可以这样说：惠威尔边缘化的社会背景，使他很难实现他正在为自己塑造的那个角色。

这些实例昭示，采用一种与科学哲学相关的批判性角色，与几种特定语境密不可分，斯图尔特身处苏格兰的大学课程体系中，鲍威尔身处一种独特的宗教传统中。惠威尔的剑桥背景无法为他提供这些条件，他必须为关于科学的批判性评论阐明自己的理由，而且他做到这点是通过利用其他文化资源：浪漫主义以及智识为教会服务这个更根深蒂固的观念。在这个问题上，至关重要的是他与朱利叶斯·黑尔、休·罗斯的关系，其次是他与威廉·哈密顿的关系。本章最后一节思考惠威尔投身的浪漫主义事业，因为它提供了一种观察途径：惠威尔从早年阶段开始对科学寄予的哲学兴趣，是一种更广义的道德和文化争论的组成部分。通过表明惠威尔如何把他的科学哲学构想为道德改革的组成部分，第七章将会回到这个主题。

五、科学与浪漫主义

这两个主题现在常被认为是反神学的，但在19世纪最初二十余年间，它们之间存在一些引人入胜的联系。此时，浪漫主义诗歌和发展程度尚且较弱的科学，都属于主流文化和学术圈之外的角色，都必须确证它们之于当时社会的意义。浪漫主义诗人和科学先生正在寻求为他们的活动创造一类受众；有些时候，他们认为自己正在为吸引相同的追随者而激战争吵。1805年，汉弗莱·戴维在皇家学会发表的开场白，招致华兹华斯和柯勒律治的批判，因为它看上去把科学具备的社会和文化益处置于诗歌之上。① 浪漫主义诗人和科学先生还将自身定义为彼此反对的双方，于是留给我们现在熟知的这个反对的双方，但他们之间有趣的对话，至今仍然有待深入研究。奈特、利维尔等人的研究已经开始复原这些联系，尤其是隐藏在戴维和柯勒律治著作中的联系。② 惠威尔情形的不同在于，浪漫主义概念没有直接包括在他写作的诗词或他创造的科学成果中，但是，对于把他的元科学路径正式嵌入这些科学议题中，可以说，这些浪漫主义概念具有重要意义。

1833 年，当年轻的约翰·密尔在《每月丛报》的一篇文章中发问"什么是诗歌"时，他发现自己正在谈论科学。③ 这是因为他依赖英国浪漫主义建立的框架，正如华兹华斯坚持的观点：在这个框架中，诗歌的"逻辑反题"不是散文，而是"重要事实或科学"。④ 1800 年，在《抒情歌谣集》第二版前言中，华兹华斯对比了科学先生与浪漫诗人的异同。他写道，科学先生"探求的真理，是一位遥远且未知的恩主；他在独处时，珍视并且喜爱它"；浪漫诗人吟唱"一首歌，在这首歌中，所有人类都与他一道，欢欣地面对真理的呈现，它就是我们看得见的朋友和无时不在的伙伴"。⑤ 与此密不可分的，是科学与诗歌之间的一系列二分法：科学，具有理性、抽象、冷静超然的气质；诗歌，处理有关情绪、情感以及特定

---

① Siegfried and Dott 1980; Sharrock 1962.
② Knight 1967; Levere 1981; Cunningham and Jardine 1990.
③ 1833 年，密尔就这个主题写了两篇文章"什么是诗歌"和"诗歌的两种类型"，都发表在《每月丛报》上。这类文章被合成一卷，1859 年以密尔之名重印出版。作为文化批评家的密尔，参见 Lepenies 1988, ch. 3。《季度评论》和《爱丁堡评论》不受浪漫主义诗歌的欢迎：前者经常为奥古斯都的诗歌辩护，而且弗朗西斯·杰弗里在后一本杂志上评击华兹华斯。参见 Sullivan 1983, 11, 359, 141 and Gross 1969, ch. 1。
④ Mill 1833, 344.
⑤ 转引自 Furst 1980, 74。

共同体的价值观问题。这些对比预知了小说家皮考克与浪漫主义诗人雪莱①之间的交锋。1820年,皮考克在《诗歌的四个时代》中挑衅地表明:诗歌属于文明幼年期的产物,现在必须让位给科学。1840年,雪莱在《为诗辩护》中主张:诗人反对机械论思维的侵蚀,为社会发出道德之声。②后来,华兹华斯在接受杜伦大学授予的荣誉博士称号时,仍将这些对手铭记在心,他说:"这些事情现在不值得提倡,但有迹象表明,想象文学虽然配不上现在给予科学的那种尊崇地位,但它也不是完全没有尊严。"③

惠威尔关于科学价值的早期讨论,就是在这种浪漫主义思想框架内发生的。罗伯特·普雷尔(Robert Preyer)现已注意到三一学院的朋友网络,它把古典派和德国学者同科学先生连接起来:前者例如朱利叶斯·黑尔、休·罗斯、瑟沃尔(Thirlwall)、F. D. 莫里斯、斯特林;后者例如皮考克、艾里、赫歇尔、塞奇威克、惠威尔。④罗斯和黑尔,同惠威尔的关系特别密切,而且至少从1817年起,他们就开始同惠威尔讨论浪漫主义诗歌和柯勒律治的形而上学。由于普雷尔着重关注这些人中间的共识性观点,所以这里关键要说明的是:惠威尔的最初形象非常不受浪漫主义者欢迎。惠威尔记下两件事:一是1817年他对柯勒律治著作《文学传记》的反应,二是这位作者"独特地感受到他的独特性"。⑤在同罗斯一起争论柯勒律治的形而上学观点时,惠威尔将其描述为"裹挟在他们自身的乱流

---

① 雪莱(Percy Bysshe Shelley,1792—1822),英国浪漫主义诗人、作家,也是政论作家和改革家。——译者注
② Brett-Smith 1947.
③ 华兹华斯致亨利·克莱布·罗宾逊的信,1838.12,收录于 Morley 1927, 1, 374.
④ Preyer 1981.
⑤ Todhunter 1876, 1, 350–351;1817.7.25 日记,WP, R 18. 9².

中"。惠威尔公开表示,《文学传记》的唯一优点是它批判了华兹华斯的诗歌。① 在对柯勒律治的诗歌《教友布道》做的一条注释中,惠威尔探测到"一种把热情设定在理性之上的努力",这是一种为理性准备自杀而设计的理论:

> 柯勒律治的理性,仿佛可以从他的语言莫名其妙的神秘主义中制造出来,它看起来就是这条热情原理——根据该原理,那些无法被证明的事物,现在可以做出坚定断言;那些无法做出坚定断言的事物,现在可以被人们相信;那些在脑海中浮现的事物,既无法被证明,无法被坚定断言,也无法被相信。②

在接下来的三年中,这种敌意对抗变得冷静下来,惠威尔开始同浪漫主义学派建立联系。1821年,惠威尔到英格兰西北部的湖区旅行,还带着一封给威廉·华兹华斯的介绍信,信是由诗人的弟弟克里斯托弗写的,他已在1820年被任命为三一学院院长。这产生了一个积极效果,惠威尔对罗斯说:这位诗人其实"不及他的崇拜者所谓那种华兹华斯风格之半"。惠威尔甚至引用华兹华斯的"湖畔诗歌",并把一些充满遐思的作品推荐给妹妹玛莎,他说:它们是一种令人钦佩的知识来源,"其中的原理和情感体现在人类本性中"。③ 这可以同他在1815年提出的建议做对比,当时他说:如此"标准化的作品,就像蒲柏翻译的'荷马史诗',弥尔顿创作的《失

---

① 惠威尔致罗斯的信,1817.7.31,WP, R 2.99⁶;Stair-Douglas 1881, 29。
② Todhunter 1876, 1, 349, 350–351。
③ 惠威尔致 H. 维尔金森的信,1821.9.5;致妹妹的信,1821.10.21,收录于 Stair-Douglas 1881, 66–67, 69。

乐园》(而且首先最像惠威尔创作的诗歌《布狄卡》)!"①黑尔后来自信地认为,惠威尔可能会赞同他的观点,当时他写道:"现在的事实确实令我们俩感到高兴,因为随后我们将把这些湖山水色,以及我们在其中的行迹,同我们人生中最具批判性的时刻密切联系起来。"②

　　这里突显的不是惠威尔赞同浪漫主义的程度,而是一条独特途径,即他们提供了正反两方,由此形成惠威尔的早期科学讨论。这种对话的进行基于以下假设:罗斯与黑尔是"华兹华斯式"学派成员,惠威尔不是。③根据诗歌理论,诗人们认为惠威尔是蒲柏的辩护者,惠威尔则怀疑诗歌批评的地位——例如施莱格尔、柯勒律治或任何人的诗歌批评。惠威尔告诉罗斯:通过仔细考察,你会发现:"大多数你见到的好批评所产生的效果,与其说在哲学方面,毋宁说在辩才方面——它激发诗性情感,而非激发人们去分析这些批评。"④这个判断在当时具有重要意义,因为它似乎已经同一种关切——在任何知识领域得出特定结论的可能性——连接起来。当时有这样一种感觉:朋友们与惠威尔展开辩论,是把他看作一位剑桥大学从事数学和自然哲学研究的实践者。这种感觉在惠威尔1819年写的信中清晰可辨,他在信中将黑尔的信念与他深信的观点做了对比,黑尔相信"在品位爱好问题上,确定性终将获胜成为现实",他自己则深信:

> 你必须允许科学是一种更令人满意的研究;你的知识是无

---

① 惠威尔致妹妹的信,1815.1.11,收录于 Stair-Douglas 1881, 15。
② 黑尔致惠威尔的信,1841.11.2, WP, a. 77[139]。
③ 惠威尔致罗斯的信,1822.9.22, 1823.12.16,收录于 Stair-Douglas 1881, 93–94。
④ 惠威尔致罗斯的信,1817.8.30,收录于 Stair-Douglas 1881, 31。

法否认的，而且它的累积具有永久性和不朽性。你知道什么是真理，而且你确信：当你拥有真理时，情感变化也无法阻止你紧握真理，并且把它传至未来时代。①

这可能恰恰是一位青年人的自信，他早已决定编纂一部力学教科书，作为一种成功科学的典范。但如果这个尝试——用费什的话说——允许惠威尔直面作为"一个研究对象"的科学，那么，它确实以惠威尔先前卷入过一场争论作为条件，在那场争论围绕的一组二元概念中，科学代表的是一种可替代二元对立的方案。

在这场讨论的始终，惠威尔不想让科学被建构为明显的反对派——反对诗歌，进而反对由想象、感受和情绪构成的世界。罗斯与黑尔，追随柯勒律治，早已在理性与情感之间建立起一种哲学对立，对于这条道路，惠威尔颇为抱怨。他质问："为什么你不愿看到以下事实：在审慎推理事件中，如果没有我们更好的情感引导，理性可能会走向错误，尽管如此，你离开她（指理性——译者注）则寸步难行。"此处的危险在于："你们发现单凭理性不能创造一种令人满意的道德或政治系统，你们正在一起与她争吵……并采纳了一些意见，因为这些意见是非理性的，难道不是吗？"②

另一个争论领域，围绕科学被定义为对统一性和创新性的探求而展开。1826年，在《当前盛行知识观的发展趋势》布道会上，罗斯指责：当前实用功利主义学说的巨大力量，是通过"实验哲学"的流行来维持的；客体对象已变成这些学说的直接结果，公众意见则变成知识价值的仲裁者。他还断言：科学基于其自身考量而有失

---

① 惠威尔致黑尔的信，1819.2.25，WF, add. MS. a. 215^2。
② 惠威尔致罗斯的信，1823.12.29，收录于 Stair-Douglas 1881, 95。

准确地强调创新，认为进步是"为了支持新观点，而持续拒斥当前信念"。① 惠威尔坚决抵制这些科学观念。首先，他告诉罗斯，你被科学与实用的等同性迷惑了，这昭示出"我们在这里（剑桥）学到的全部科学，完美地缺失了科学的所有实际用途"。其次，他驳斥道，创新性本身不是一种科学进步的标尺，"如果这种哲学一直具有归纳性，那么，这种创新性就包括旧真理和用新观点来咀嚼深思旧真理"。② 这番与罗斯的争论可能促使惠威尔在 1827 年撰写出四篇布道文，它们力求表明：科学及其智识过程与宗教观点具有和谐一致性；这些布道文形成他 1833 年撰写桥水论文集的起点。但现在的关键在于这些对科学及其价值的早期思考，源于必须回答以下问题：科学作为浪漫主义的代表，需要用科学来反对诗歌和那些价值领域。长期来看，惠威尔的反应旨在确认价值思考应在科学哲学内部进行，并且表明科学必须具备一种道德态度（参见第五章和第七章）。

惠威尔遇到浪漫主义，并非不寻常之举。其实，爱尔兰数学家哈密顿通过与浪漫主义诗歌观念进行协商，似乎已经解决了他的科学认同问题。③ 哈密顿的情形为惠威尔提供了一个颇具启发性的对比。哈密顿在都柏林三一学院接受数学训练，他的早年岁月，则是在协商诗歌与科学的双重吸引中度过。1827 年，哈密顿见到华兹华斯并开始频繁通信，讨论这两种职业的价值和需求问题；从 1830 年 2 月起，哈密顿同他的贵族学生阿代尔子爵（Viscount Adare）多次谈论这个问题。同汉弗莱·戴维一样，哈密顿感到自己很适合这两种高尚的召唤，并开始把自己的诗歌习作发给华兹华斯，请求他给出评论。这位伟大诗人不仅看到这些习作饱含的真心认同的信

---

① Rose 1826, 12, 17.
② 惠威尔致罗斯的信，1826.11.19, 12.12, 收录于 Todhunter 1876, 11, 75, 79。
③ Graves 1882—1885, 1, 193–194, 216–217, 271.

念，而且也给出严厉批评。到 1829 年，在华兹华斯帮助下，哈密顿逐渐得出结论："诗歌——以类似科学的方式——与科学都是缪斯女神，她们拒绝让同一位求婚者能够求婚成功。"① 然而，哈密顿继续把科学与诗歌视作自己智识世界的双极。他在 1832 年 3 月造访伦敦，为的是首先拜望柯勒律治，其次探访赫歇尔。②

直到 1832 年 4 月，惠威尔与哈密顿才首次会面，但这位更年轻的数学家参与到浪漫主义事业中，为我们提供了一种视角，可以观察惠威尔先于他投身这项事业的情形。不同于惠威尔，现在看起来哈密顿似乎已经接受了浪漫主义者构建的那些二元概念。19 世纪 20 年代中期，哈密顿把诗歌视作一种"对立原理"，这种原理有效地平衡了他的科学热情；诗歌热情与想象和感受投缘，科学热情则需要严格推理。许多女性是著名诗人，但鲜有数学家。③ 华兹华斯告诉哈密顿，"逻辑学者"要处理许多诗歌问题，但哈密顿继续说道：这种联系却是反对诗歌的种种活动。华兹华斯告诉哈密顿，"为了科学而放弃诗歌"是一项至尊伟业，由此强化了他做出这种选择所具有的戏剧性效果。④

现在进入可展开深入对比的一点。惠威尔从未认为自己要撕裂诗人和科学家这两种职业。他与浪漫主义者的争论，或至少是与华兹华斯派的争论，不是关于这样一种选择，而是关于科学在他们的知识哲学中的形象问题。因此，在这方面远胜哈密顿一筹的是，惠威尔认识到科学与诗歌之间的对比，更多体现在浪漫主义书写要求

---

① Graves 1882—1885, 1, 315; Graves's wording.
② Graves 1882—1885, 1, 552, 538–542; Hill 1978—1979, v, 535.
③ 哈密顿致劳伦斯小姐的信，1825，收录于 Graves 1882—1885, 1, 193; 216。
④ 华兹华斯致哈密顿的信，1829.12.23，收录于 Hill 1978—1979, v, 183；关于哈密顿的认识论，还伴有一种动态二元论，参见 Fisch 1991a, 65；更具普遍性的论述，参见 Hankins 1980。

对科学性质做出一种哲学和道德辩护。现在可能的情况是：这种科学与浪漫主义的互动，可能已向惠威尔表明如何做一位"批评家"。

惠威尔投身浪漫主义事业，可能为他提供了感知批评的机会，并且把批评当作一种与众不同的智力活动。依据浪漫主义理论，诗人既是批评家，又是创造者。① 起初，惠威尔怀疑诗歌批评的价值，1817 年 9 月他为自己写下一条笔记"批评只能玷污诗歌"，并且告诉罗斯：柯勒律治"有一个近乎太过形而上学的头脑，所以无法成为一名好诗人"。② 这个阶段，惠威尔正在阅读蒲柏和施莱格尔的作品，但两位诗人相互对立的批评原理仍令他深感困惑。后来，1828 年，他告诉华兹华斯："一个人可能是一位极好的诗歌作家，以致无法成为一位好的诗论批评家，或者——我想说——更无法成为一位好的诗歌解析家。"③ 他现在面对的是批评与实践的关系问题——这关系到科学，也关系到他可能在科学领域做出的贡献。此时，哈密顿早已选定方向，承认将科学作为召唤自己的事业。惠威尔的处境变得更加艰难：他审慎设想了一种职业——做一名科学批评家。

除了这种同英格兰浪漫主义者的联系，惠威尔还熟悉德国诗人和批评家席勒④的作品。正如谢弗的最新研究表明，1795 年席勒在德国古典派哀歌名作《散步》中表达的智识和社会进步形象，可能同惠威尔的科学的历史发展观存在联系。1842 年，他与赫歇尔讨论席勒的种种美德，他们翻译的《散步》这首诗，出现在 1847 年惠

---

① Eagleton 1984, 41–42.
② Todhunter 1876, 1, 352；惠威尔致罗斯的信，1817.8.30，收录于 Stair-Douglas 1881, 31 and WP, Add. MS. R 2. 99⁷。
③ 惠威尔致华兹华斯的信，收录于 Hill 1978—1979, IV, 681。
④ 席勒（Friedrich Schiller，1759—1805），德国 18 世纪诗人、哲学家、历史学家和剧作家，德国启蒙文学的代表。——译者注

第三章 元科学：作为一种职业

威尔编辑的那卷英语六音步诗集中。① 现在看来可能的情况是惠威尔在更早的时候已开始阅读席勒。1817 年，他写下多条关于施莱格尔的笔记；1821 年，又从斯塔尔夫人② 对德国文学的解读中摘录了笔记，这本书中有一章专门论述席勒。③ 关于这个时间，我现在尚无证据支持更精确的日期，或掌握席勒对惠威尔的具体影响，但是，关于当时可及的英国典范人物对惠威尔正在自觉寻求的那种批评角色的影响，最晚始于 1830 年。现在可能做出如下推断：席勒可能一直是影响惠威尔的重要人物。

1794 年，席勒在《审美教育书简》中对理性官能与情感官能的分裂做出诊断，认为这是文明人正在面临的问题。正如德 – 昆西那样，席勒断言知识进步需要专业化："经验知识的增长以及更准确的思维方式，使各门科学之间日益严格的分界变得不可避免。"由此造成的一种结果是，"现在，直觉与推理式理解都退回到在它们各自的领域内占有一席之地。"但致命的后果是，在个人品质中，缺少了一种和谐性。④ 正如此前已经表明，这种理性与情感（或想象）的二分法，是惠威尔同黑尔和罗斯对话的特定主题。席勒将它构想为一种文化问题，且与科学专业化密不可分。此时，席勒可能为惠威尔提供了一种视野：一位科学批评家如何合法地将关于理性与情感的研究呈现为——承载社会和道德关怀的研究。

---

① Whewell 1847b; Schaffer 1991, 231.
② 斯塔尔夫人（Madame de Staël，1766—1817），法国浪漫主义文学先驱、评论家和小说家。——译者注
③ 关于施莱格尔，参见 WP, R 16.14[18]；关于斯塔尔夫人，参见 R 18.9[8]。
④ Schiller 1967, 33–34.

六、角色定位：是一位批评家吗？

1836 年，当惠威尔致信赫歇尔时，他似乎已经厘清了他的职业选择。他预言："在一年或两年内，我期望自己成为一名哲学家，舍此无他。"① 这不是拒绝使用他在三年前创制的"科学家"一词，而是要确认：他已选定的哲学家角色，有别于赫歇尔全力投入的科学研究，甚至不同于他自己的那些学术使命和他"积极办理的三一学院事务"。不过至关重要的是，对于科学和大学教学来说，它们二者就是"对我们的哲学进行改革"。惠威尔宣布，对这项工作"我抱有最强烈的职业感，如果我必将一试的话，我注定无法放弃它"。② 八个月后，他说他的计划是"为所有物质科学写一部历史"，正如赫歇尔欣赏的那种科学史，因为他说："你们现已形成并且正在执行一项计划，它与我的著作同属一类。"在此，惠威尔承认受到赫歇尔著作《自然哲学研究初论》的鼓励，但他补充道："然而，我们不可能有更多共同基础。我的体系太宽广，因此现在按规定分配给我的那方生涯，对于彻底贯彻我的思想体系来说，将会变得非常微不足道。"③ 这段时期，惠威尔也向黑尔和罗斯吐露心声，他确实证明这个角色具有道德性，而且与他所处的地位——在一家英国国教会下属机构任职——相匹配（参见第七章）。

因此，直到 1837 年，针对惠威尔撰写的行动方案，大多数他的科学界同代人只做出一小部分解释，认为它出自一位元科学家之手。赫歇尔认为，这套方案对各门归纳科学做出培根式的考察和分析。黑尔和罗斯自觉地认识到，这套方案关心功利主义道德准则

---

① 惠威尔致赫歇尔的信，1836.4.9，收录于 Todhunter 1876, 11, 235。
② Whewell 1876, 11, 234。
③ 惠威尔致赫歇尔的信，1836.12.4，收录于 Todhunter 1876, 11, 248–249。

和浪漫主义哲学,并且二者都与物质科学密不可分。可能只有琼斯——19世纪20年代初与惠威尔一起讨论政治经济学是他们交往的开始——对这项雄心勃勃的计划具有更全面的感受。1834年,惠威尔向琼斯概要地讲述了这套方案,但正如前文所述,他们的讨论到此时已经发展得非常深广。

在《历史》出版之前,惠威尔作为科学批评家的公共形象,其实是一位评论者和一位报告作者,即他为英国科学促进会就科学在不同领域的发展状况撰写的报告。布儒斯特颇为欣赏惠威尔对矿物学做的批判性考察:

> 对于我在您的矿物学报告中付出的劳动,您已做出令人钦佩的正确解说,对此,我不知该如何感谢您。有些人的观点必定要为与他们生活在同时代的人提供指导,我的辛苦劳动得到这种伟人的理解和欣赏,就是对我至高无上的回报,现在没有任何回报可以堪比这种回报。①

在更广义的层面,也是读过那份矿物学报告之后,查尔斯·莱尔说:对于惠威尔无法在科学的"某个部门"变成一位"巨擘",他不再感到遗憾;或者说,至少他一直以来只对"艺术和科学领域的二三人"感到满意:

> 近年来,我逐渐转而接受这种信念:你一直都在践行一种召唤,那是自然传达给你的心意,而且为此她赋予你力量和

---

① 布儒斯特致惠威尔的信,1833.6.10,WP, Add. MS. a. 201[82];关于他支持惠威尔竞逐矿物学会主席的情形,另见他们在1825年7月的通信,no. 74。

72　　　天才；你现在已经对我们中间的科学进步给予了更强有力的推动，通过让你自己成为一位普遍主义者，并且掌握多门科学，例如化学、矿物学、天文学、地质学和其他分支学科，这项事业远胜过——如果把你局限在任何单一学科中追求完美——你可能应做的那些事。①

但重要的是，莱尔然后说："我知道，相较于接受（地质学会）主席职务，没有其他职务能让你更加高效地得心应手，这只因为一点，那就是你掌握的才能具有多样性。"这可能是一个暗示，对于像惠威尔这样的元科学批评家来说，不存在一种确定的角色——除非他们身居一种自愿的非永久性职位。

支持上述观点，也无法确保惠威尔作为一位科学评论家的角色。他不愿接受地质学会主席职务，因为他在这方面缺乏精细的专业知识，而且他告诉塞奇威克："对于你需要的最高统帅来说，我不是那个合适人选。"② 但是，塞奇威克的建议颇为有趣：

切勿做片刻迟疑，候任的主席先生。1820 年，你难道没有捡拾过我眼中的地质学垃圾？在康沃尔矿山中，你难道没有想过这个问题？……你难道没有给出我们语言中存在的唯一关于矿物学的哲学观点？对于如今已在我们语言中出现的莱尔体系，你难道未曾写过那篇最佳评论？诸如此类，不一而足。你确实就是我们想要的那个人。③

---

① 莱尔致惠威尔的信，1836.10，WP, Add. MS. a. 208^{124}；Todhunter 1876, 1, 112。
② 惠威尔致塞奇威克的信，1836.10.6，收录于 Todhunter 1876, 11, 246。
③ 塞奇威克致惠威尔的信，1836.10.12，收录于 Clark and Hughes 1890, 1, 464。

第三章 元科学：作为一种职业

这一系列反问表明，塞奇威克认为惠威尔早年从事的元科学活动，使他可以公平称职地担任一个科学学会的领袖。1838 年，新当选主席莱尔在答谢辞中感谢前任主席惠威尔时，也提到上述内容，他没有称惠威尔为科学先生，而是称他为一位"写作者和科学工作者"。① 正如我已给出的线索，惠威尔孜孜以求的事业远比这个更加宏大，但是，直到他的著作《哲学》在 1840 年出版，他才对自己的抱负做出全面的公开陈述。

接下来的四章，考察惠威尔在不同论坛上通过不同文学体裁，对这个元科学角色的矢志追求。第四章认为，在有教养的读者数量远超出科学学会成员数量之前，维多利亚时代的期刊是讨论科学的一个重要论坛。对于科学来说，有教养的读者当然不是唯一外行受众，但是，对这些"高智商"期刊中科学评论的关注，恰恰突显了论述科学在公共话语中引发的多种紧张关系。惠威尔首次重磅介入科学批评就发生在这些期刊上，正如塞奇威克强调的那样，他在这里曾写出过对莱尔著作的"最佳评论"。

---

① 查尔斯·莱尔致霍纳（L. Horner）的信，1838.2.24，收录于 K. M. Lyell 1881, 11, 38。

第二部分

第四章　评论科学

一位英格兰人的存在，没有伟大的轮回，而是将在摇篮和坟墓之间完成：他经历的时间最长的革命，正在那些季刊登载的评论所引发的争论之间进行。

——约翰·斯特林[①]

一、科学与各种评论

现在恰好可以确定，沃尔特·霍顿（Walter Houghton）的名字与维多利亚时代期刊研究密不可分，因为他正在将这些期刊呈现为 19 世纪最惊人的文化现象之一。这个论断包含三重基础：期刊的纯粹数量（几百种评论、杂志和周刊），群星闪耀的著名供稿人群体，以及特定的受众群体。[②] 乔治·扬将那些重要期刊描述为：由"能言善辩的知识阶层"主笔，且为这个阶层服务，"他们的写作和对话可以阐明观点"。[③] 这些重要期刊——1802 年创刊的《爱丁堡评论》和 1809 年创刊的《季度评论》——构成这个国家的智识思想论坛，它

---

① John Sterling 1848 [1828], 11, 45.
② Houghton 1982, 1.
③ G. M. Young 1936, 6.

是公共空间的一个方面,哈贝马斯一直认为,这是18世纪以来自由资产阶级政权的一种特质。如今,研究维多利亚时代科学的历史学家非常充分地认识到,科学在当时的重要期刊中得以呈现,尤其到《双周刊》(Fortnightly,1865)和《当代》(Contemporary,1866)出版之际已呈显著之势,这两本评论类期刊为时事评论家——例如赫胥黎、斯宾塞、丁达尔、刘易斯①——提供了至关重要的平台。现在承认,科学先生——例如普莱费尔和布儒斯特——在评论类期刊上写的文章涉及领域非常广泛,而且后者以此为生,尽管如此,现在还很少有对当时科学评论直指症结的分析。在观察惠威尔利用这种媒介之前,有必要先对以下几方面有所了解:评论体裁,那些支持评论体裁的主张,以及评论体裁作为元科学话语家园的重要意义。

期刊的重要文化功能与它们的风格和形式存在密切联系。最著名的首先当属评论类期刊,它们对一系列图书、小册子和演讲进行传播和评价。迈克尔·沃尔夫(Michael Wolff)现已表明,期刊是特定集合场所,"这场全国性争论中的所有第二次演讲都是在这里发表的"。②这些期刊取得了巨大成功,以致一些评论者认为:19世纪期间,期刊文章收获的优先性远胜过书籍。1882年,普尔(Poole)——维多利亚时代的期刊索引编写者——评论道:最优秀的作家现在写的是文章,而不是写书或小册子。③1846年,法国历史学家儒勒·米什莱④认为期刊是英格兰最能发声的渠道:"如今的英

---

① 乔治·亨利·刘易斯(George Henry Lewes, 1817—1878),英国传记作家、文学评论家、剧作家、科学家和哲学家。——译者注

② Wolff 1959, 270.

③ 转引自 Houghton 1966—1988, 1, xv。

④ 儒勒·米什莱(Jules Michelet, 1798—1874),法国历史学家,用文学风格的语言书写历史,近代史研究成绩卓著,有"法国最早和最伟大的民族主义和浪漫主义历史学家"之誉。——译者注

第四章　评论科学

国人几乎很少写作，除了在评论类期刊上写些文章。"①

从《爱丁堡评论》和《季度评论》发端以来，把几种相关（甚或不相关）的书籍放在一起思考，已经变成一种普遍做法。这使天赋卓越的评论者有机会将自己的权威强加在文章上，从而创造出一种印象：这个主题是他自己建构的，而且文章开头列出的那些书籍，不过只是他磨坊中的谷粒。几本重要季刊的主编，鼓励运用这种方式，将他们的明星作者推广出去。爱德华·考普斯顿在他精彩的讽刺性著作《给一位年轻评论家的建议》（1807）中，准确抓住这种由聪明的评论创造的权威性错觉，揭露了其中的诡计和花招，例如，有选择地利用一位作者的前言来攻击所评论书籍本身。② 直到19世纪后半期，这类文章的迷惑性在很大程度上都未受到挑战——时至1870年，大约有97%的评论类文章都不署名——这就鼓励评论者向文章作者开火。上述传统做法颇具吸引力，部分原因在于：当一位著名人物论及一个颇具争论的议题时，他可能无须顾忌特殊地位强加给他的限制。当然，在许多情况下，评论者身份是已知的，但这种权威性观念也被"文章代表期刊立场而非作者立场"的观念所强化，因此，在秉持不同政治忠诚性的期刊之间，长期延续着一种能量十足的对抗关系，例如代表辉格派的《爱丁堡评论》与代表托利派的《季度评论》。③

这些期刊的特点如何同科学事例相契合？通过第二章讨论，显然可知：由期刊文学占据的公共空间来倡导科学，是不能忽视的现象。1810年，托马斯·扬主张："把一种关于文学和各门科学的令人尊敬的分享式教育传播开来，这对于公众来说非常重要，远比发

---

① Kent 1989, 1.
② Copleston 1807, 6–7.
③ Maurer 1948; Shattock 1989, 15–17.

现新真理更重要。"① 十年后，《爱丁堡评论》认为，扬的主张正在现实中进行着，并且断言：科学知识向公众领域的拓展之势，在英格兰远比在法国更加明显，在法国，"关于每个种属的知识，更多被限定在一种等级制分类体系中"。② 虽然法国在精确科学方面领先于英国，但人们认为，相较于英格兰的上层社交圈，法国的这个圈子更缺少同科学的接触。③ 后来，在关于英格兰科学衰落的争论中，荷兰教授格瑞特·莫尔④称赞英国科学较少专门化，而更多地让公众可以接触到科学，在这方面英国超过了法国。⑤ 有人怀疑科学事业具有种种文化伪装性，甚至通过这些人，期刊出版的成功利用也得到科学领袖们普遍认可。对此，纽曼在著作《大学的理念》（1852）中，接受了期刊之于普及专业知识所具有的价值："肤浅地了解化学、地质学、天文学、政治经济学……期刊文学通过特定共同体，将这些专业知识扩散开来。"⑥

英国科学促进会章程吸纳了这种对更广泛科学受众的认同，尽管如此，促进会同时也在加强巩固专家群体。⑦ 促进会的批评家们有能力充分剖析以下断言——科学观念应当人人可及，因此，约克郡主教威廉·科伯恩（William Cockburn）教长以及教会地质学家中的捣乱分子——例如威廉·巴克兰和塞奇威克，通过以下文字表示抗议：

---

① T. Young 1810, 463.
② 作者匿名，1820, 508。
③ Chenevix 1820, 389, 411.
④ 格瑞特·莫尔（Gerrit Moll），荷兰物理学家，乌特勒支大学教授，以电磁学实验闻名。——译者注
⑤ Moll 1831, 14.
⑥ 转引自 Houghton 1982, 8。
⑦ Yeo 1981, 72–78.

> 我有权抱怨那些哲学家，因为他们用这些话语提出一种大众趣味（general interest）的主张，即认为一个有能力理解共性的人，无法表明自己言说的意思。我还有一种权力，就是在纽卡斯尔召集专门大会，针对这种晦涩表述的新发现，发表某种更加独到的解释。①

巴登·鲍威尔认为，科学先生必须接受一种教育角色；而且他在对光的波动理论的解释中——科伯恩此时的矛头所指——认识到："持续不断地需要一种警示性评论，时不时地把（理论中）……重述的要点联系起来。"② 不过，尽管这些期刊被成功地用来传播科学，但仍有一些特殊问题同科学评论密不可分。

1. 可供阅读的书籍

在重要供稿人——例如杰弗里、麦考莱和密尔——那里，评论文章是为他们自己关注的主题服务的一种工具。他们需要做的全部就是发现一本书或一些书，用书来托起他们的评论文章。在诸如神学和文学领域，这通常不是一个问题。但是因为许多作者在期刊上写作，确实是因为他们的著作无法出版——卡莱尔是最著名的例子——缺少图书出版配额在当时可能是寻常的事。在 19 世纪 20 年代的政治经济学案例中，约翰·麦克库洛赫③作为在《爱丁堡评论》上撰写这类文章的一流作者，他必须创造一些虚构标题，以便保持

---

① W. Cockburn 1838, 11.
② Powell 1841, 1; Corsi, 1988, 163.
③ 约翰·麦克库洛赫（John Ramsay McCulloch，1789—1864），英格兰经济学家、作家和编辑。——译者注

他的文章作为评论的形象。① 布儒斯特承认，他曾承诺为《季度评论》写一篇论述科学衰落的文章，"但一直都没这方面的书，直到巴贝奇的著作出版，这就为刊登这样一篇文章赋予了权力"。②

现在有理由期望以下事实：科学评论的范围，可能曾受到缺少合适书籍的限制。在解释之所以需要专业科学期刊这个问题时，1813年，《哲学年刊》承认新兴期刊《月度和季度评论》，但是强调：因为它们"完全限于撰写图书批评，所以几乎无法认为这些期刊是科学发现的记录者"。③ 就是说，关于科学的书籍非常稀缺，大多数关于实验和发现的报告，通过科学学会间交换的方式出版。莱尔评论说，"科学著作——甚至有潜力的研究成果——的销售十分有限"，同时宣告："出版商不愿自己冒着风险出版这类图书，即使它们出自著名的科学天才作者之手"。④ 1842年，布儒斯特论及出版深奥的物质科学书籍的困难，并且解释说：这就是许多原创性科学文章出现在各种百科全书中的原因所在。⑤ 甚至一位成功的出版商——例如约翰·默里⑥——也对科学图书的销售市场表示怀疑。当亨利·布拉姆建议将玛丽·萨默维尔（Mary Somerville，1780—1872）的著作《天体力学》印刷1500册时，默里实际只付印了750册，发现这些书全部售罄后，也只是欢迎萨默维尔多多留意让自己出版的下一本书"更受欢迎"。⑦

---

① Houghton 1982, 24.
② 布儒斯特致福布斯的信，1830.7.10，收录于 Morrell and Thackray 1984, 27。
③ 作者匿名，1813, 2。
④ C. Lyell 1826, 167.
⑤ Brewster 1842b, 53.
⑥ 约翰·默里（John Murray，1841—1914），英国海洋学家、博物学家，毕业于爱丁堡大学。——译者注
⑦ 默里致威廉·萨默维尔的信，1830.8.2，收录于 Smiles 1891, 11, 406-407; 408。玛丽的丈夫威廉负责对她的著作出版工作进行财务安排。

第四章　评论科学

现在很难对科学在这些重要的季度评论期刊中的表现做出评估。相较于政治和文学，科学的形象最为温和中立，科学评论者可能无法吸引下列知名供稿人，例如：托马斯·麦考莱，在1824—1844年间，为《爱丁堡评论》撰写了40篇文章。据布洛克的研究报道，1824年，在《季度评论》《爱丁堡评论》和《布莱克伍德杂志》的208篇文章中，仅有2篇清晰地关注科学问题；但是，正如他的评论，这在当时是一种不寻常的低占比状况。[1]1804—1819年之间，约翰·普莱费尔至少在《爱丁堡评论》上写了50篇文章，其中多数解决数学和物理科学问题，其余解决地质学、古生物学问题，或对提出科学议题的旅行类图书发表评论。正如默瑞尔表明"科学在通俗文学文化中占有重要地位"，这一论断至今仍被大多数研究这些期刊的历史学家所忽视。[2]

时至19世纪第二个25年，这些期刊对解读科学文章的需求，确实足以允许布儒斯特依靠撰写评论谋得大部分收入：1833—1844年，他在《爱丁堡评论》发表文章29篇；1844—1863年，他在《英国北部评论》发表文章77篇。作为这些努力的补充，他还为《季度评论》《外国季度评论》和《每月记事》(Monthly Chronicle)供稿。布拉姆可以轻松地成为布儒斯特的对手，1802—1854年，他为《爱丁堡评论》撰写文章320余篇。在布拉姆的系列文章中，科学不是它们涵盖的唯一主题，尽管科学问题已成为他论述教育文章的显著特点。惠威尔、赫歇尔、莱尔、鲍威尔、德·摩根——这里指的是最重要的科学评论家——发表的期刊文章远非数量可观，但这少量文章产生的集体效果的确颇具实质性。

---

[1] Brock 1988, 48.
[2] Morrell 1971a, 56.

根据统计学标准，上述情形的重要意义何在？这个衡量标准部分有赖于什么可以算作是一篇以科学为基础的文章。在这里，例如旅行文学、医学、机械工艺等学科，属于边缘学科案例，因为尽管它们确实包括科学议题，而且有些作者——例如普莱费尔和布儒斯特——的文章也涵盖了这些议题，但相较于天文学、化学、地质学或生理学，它们属于不同的文化单元。英国科学促进会的领袖们非常明白，后面这些学科更迫切地需要进行认真细致的公众普及。尽管如此，通过检查"科学"类文章从1830—1840年间在三本最重要期刊中的占比，现在可能会形成某种印象（见表1）。

表1 "科学"类文章占重要期刊文章总量的比例（1830—1840）

刊名	文章总量	"科学"类文章量	占比
《爱丁堡评论》	473	45	9.5%
《季度评论》	450	53	11.8%
《西敏寺评论》	576	25	4.3%

相比政治和文学主题，科学类文章的比例确实不高，但重要的是，我们现在开始思考科学图书之所以数量较低的原因。一直以来，有这样一种估计：1816—1851年期间，英格兰共计出版了大约45000册图书，其中数量最大的显然是神学/宗教类（10000册），其次是历史/地理类（4900册），它们都超过了虚构类（3500册）。[1] 因此，不足为奇，科学图书在当时是归属在两个大类之下的极少数。有鉴于此，与科学相关的评论在这几本重要季刊中的占

---

[1] R. M. Young 1985, 134–135; Cruse 1930。Kelly 1966, 519, 524 的数据指出：1876年之后，在英格兰的借阅参考类图书馆中，科学图书所占比例为11%，即使当时将科学与艺术、教育类图书归为一组；相比之下，历史/地理/传记类占23.5%；文学类占17%；截至此时，有代表性的神学书籍只占5.4%。

第四章　评论科学

比,可能会高于预期。若是如此的话,现在可能将把这些期刊视作一个至关重要的论坛,通过这个论坛,科学——一种处在文化边缘的活动——在寻求提高它的地位。正如我们将要看到的,这当然是一种可行的阐释,阐释对象是像惠威尔和布儒斯特这样的作者,以不同方式,通过他们的科学评论文章,正在做的事情。

2. 匿名性

虽然科学主题在这些期刊中被非常理性地表现出来,基于多个理由,现在可以预期曾存在以下情形:在评论文章的体裁与特殊的科学案例之间,存在多种紧张关系。第一,如前所述,有些作者对存在争议的主题发表言论,按传统,他们的身份可能是匿名的。但这有赖于存在公认的争论和已知的立场,例如关于谷物法、天主教解放或大学录取持异议者的争论。这种争论传统在19世纪早期可能延伸到科学领域吗?因为当时科学机构的目标是确保自身的事业得到承认——科学事业是一种无威胁的文化实践。第二,匿名性得到这种信念——文章代表期刊立场——的支持。但是,这种信念如果不能同政治与社会议题联系起来,进而甘冒风险卷入矛盾与争论的漩涡,期刊评论文章如何可能应用到科学事业中?在一个实质性科学问题上,期刊几乎不会持有一种编辑立场,尽管必须指出布拉姆用《爱丁堡评论》公然抨击托马斯·扬的光学理论,但《爱丁堡评论》和《西敏寺评论》都在攻击剑桥和牛津缺少科学课程。坎侬曾发出警告,关于这个议题切勿做简单预言,并且表明:在对待科学问题上,相较于辉格派的《爱丁堡评论》,政治上保守的《季度评论》坚持更加"自由"的立场。① 诚然,布儒斯特写的"科学的衰

---

① Cannon 1978, 229.

落"发表在《季度评论》上,莱尔用它来推进科学制度和大学的改革;但另外,布儒斯特在《爱丁堡评论》上也把科学附着在一项改革计划中。对于这个观念,惠威尔在为《季度评论》撰写文章时,则小心谨慎地避开或抵制它。

3. 风格问题

评论的意思是为了娱乐,最优秀的作家以"商标"式的风格照此而行。然而,说到科学,就有一些具体问题,即需要在技术性说明、批评与可读性之间找到平衡。一些科学主题很难生动愉悦,其他主题则太过煽情。例如,在一篇论述单性生殖的文章中,包含一张描述蜜蜂的"繁殖经济学和器官"的图表,理查德·欧文为此而征询默里的意见。① 但在主编看来,更具长期性的问题是缺少有意愿且有能力胜任的评论者。约翰·洛克哈特②,1825—1853 年任《季度评论》主编,和他的出版商默里,都对科学、地质学和探险感兴趣。二者都是莱尔和默奇逊爵士的朋友,并且希望期刊能涵盖多种科学主题。③ 但洛克哈特对默里抱怨,很难找到一只"科学的手":

> 哦!如果我们只有一位一流能干人,他能够并且愿意清晰简明地写作,或是一位普莱费尔,或是一位戴维,或是一位布拉姆,带着他全部的失误和肤浅!我们需要的是有能力指挥读者注意力且寓教于乐的任何一个人,无论这个人有多么不完美。我们的惠威尔、布儒斯特、莱尔,不一而足,都是非常笨

---

① 转引自 E. Richards 1989, 258。
② 约翰·洛克哈特(John Lockhart, 1794—1854),苏格兰批评家、小说家、传记作家。——译者注
③ Smiles 1891, 11, 390–393.

第四章 评论科学

拙的行动者；他们都只是教授，热衷于无关紧要的微小争论，但无力带领世界跟随他们综合全面大量且简要地了解真实的科学进步——由他们本人和他们的所有对手共同努力实现的那种进步。①

这表明，那时很难把科学转化为易于接受的评论风格。洛克哈特暗示：相较于一位专业的科学评论家，一位优秀的通俗作家写的科学评论可能更受欢迎。然而，这里的危险在于，正如1807年考普斯顿警告的，这种标准的评论技巧将会遭遇失败，如果评论者努力"对深入研究和原创深思的著作进行干涉的话……因为不能肤浅地对待这类著作，并且无惧这种拙劣的做法被发现"。② 这可能解释为什么科学评论需要具备洛克哈特发现的那些如此稀缺的特殊能力，因为科学评论的作者必须能够理解特定主题，然后通过一种有趣的方式，把特定主题同一位非科学受众联系起来。因此，1834年，洛克哈特致信惠威尔，这封信在文字上很难说是雄辩的："我现在确实陷入了困境，如果下期《季度评论》不能对萨默维尔女士的新书刊出某种通知的话；赫歇尔正在远离《爱丁堡评论》，布儒斯特曾为这里的事情全力投入，我知道现在不能向他们求助，因此只能向你本人求助。"③

在科学领域内，洛克哈特愿意依靠他了解的作者，而非去寻找那些具备特殊才能的人。在构思一项传记计划时，他提议赫歇尔

---

① 洛克哈特致默里的信，1839.10.26，收录于 Smiles 1891, 11, 454。惠威尔推测："在洛克哈特看来，我们这些新手评论者太过严肃：如果我过去也做过评论，我将知道我现在干这行能比过去做得更好。"（惠威尔致默奇逊的信，1833.4.28，收录于 Todhunter 1876, 11, 164）

② Copleston 1807, 7.

③ 洛克哈特致惠威尔的信，1834.1.24，WP, 266 c. 80 1499[24a]。

是撰写居维叶传记的最佳人选。① 但在论及惠威尔作为一位期刊作者的能力时，他那结合得恰到好处的语调和内容，体现出他怀有一种微妙心理。洛克哈特不相信惠威尔对赫歇尔著作《自然哲学研究初论》的评论"可能会受到读者欢迎"，并且请默里对"普通读者"的反应做出评论。随后，他建议惠威尔更多运用"有趣人物"的名言，为说明这一点，他说：通过把你的书评"写得更清晰且更具娱乐性，当然，这样你将会扩展这部著作的读者圈"。② 莱尔承认更难的是为"普通读者写作，这远胜过为科学界同行写作"，而且他对一种观点深感困惑，因为有些人认为："用通俗手法写作可能是一种谦恭殷勤的做法，他们可能会为此而屈就，如果他们愿意的话。"③ 有一种判断认为：评论的读者想读到与更广泛的哲学或宗教议题相关的科学主题。这也可能是一些科学先生的观点，因为威廉·巴克兰抱怨对他的著作《论证地质学：对地理与宗教存在联系的解释》（1820）使用的评论手法，他希望运用"更高深……更哲学的手法"写评论，而不是用此前约翰·巴罗（John Barrow，1764—1848）的那种技术和科学方式写评论。这里追求的那种平衡，很不容易实现。④

4. 科学先生对评论的态度

尽管主编与供稿者之间存在上述紧张关系，但 19 世纪早期的这些领袖型科学人物已经认识到期刊的重要性。这种认识采取了多

---

① 洛克哈特致米尔曼的信，1831.7.1，收录于 Lang 1897, 11, 99。
② 洛克哈特致惠威尔的信，1831.3.1, WP, O 15. 46¹¹。
③ 莱尔致弗莱明博士的信，1830.2.3，收录于 K. M. Lyell 1881, 1, 260。
④ Shine and Shine 1949, 84。布儒斯特断定"时下的喜好倒向大众化和激动人心的文章"，这种文章很不好写，但不得不探索如何真正将它写出来，因为"没有科学作家需要期待公众对深奥的科学感兴趣"（布儒斯特致纳皮尔的信，1833.2.5，BL, Napier MSS. 34, 616, f. 21）。

第四章 评论科学

种不同的方式。正如我们将要看到的,多数科学人物懂得,一篇令人喜爱的评论具有的价值是它不仅作为一种手段,可以把他们的著作向广大受众拓展,而且作为一种公开裁判,由他们同行中的某人来发表评论。赫歇尔、琼斯、莱尔和萨默维尔都以这种态度对待惠威尔为他们的著作写的书评。从另一层面看,据塞缪尔·斯迈尔斯①记载,莱尔认为:为《季度评论》撰写文章,"有助于让他的心灵为写作《地质学原理》做好准备,而不需要耗费他的物质材料"。② 马克·帕蒂森③后来评论道:"现在的书籍很大程度上是由再版的评论文章构成。"④ 但正如普及或推进科学观念传播一样,评论类期刊也被认为是可以谈论不同事物的一方空间。乔治·斯科普⑤是《地质学原理》的书评作者,莱尔教训他说:"你应当比我更清晰地指出摩西的'道德',因为现在正是打动人心的时候,同样也是令人愉悦的时候,《季度评论》现在就对你这样的上帝罪人开放。"⑥但是,这种对匿名评论文章——作为反对教会的论辩者手中的一种工具——的热情,无法在科学先生中间广受欢迎。

这个利用期刊空间的理想当时得到普遍认同,因为期刊可以提供一种手段,促进公众理解科学和科学家的地位。像惠威尔、布儒斯特、鲍威尔、赫歇尔、德·摩根这样的作者,都认为对期刊的需求是当务之急。他们可能会对一封默里在 1824 年的通信深感震惊,

---

① 塞缪尔·斯迈尔斯(Samuel Smiles,1812—1904),英国作家、社会改革家,成功学鼻祖。——译者注
② Smiles 1891, 11, 267.
③ 马克·帕蒂森(Mark Pattison,1813—1884),英国神职学者和教育家。1876 年 10 月在利物浦社会科学协会发表《论英国大学改革》演讲。——译者注
④ Houghton 1982, 21.
⑤ 乔治·斯科普(George Poulett Scope,1797—1876),英国地质学家、政治经济学作家和批评家,皇家学会会士。——译者注
⑥ 莱尔致斯科普的信,1830.6.14,收录于 Lyell 1881, 1, 270-271,300; Porter 1982, 39。

默里感到科学进步是无法被打断的,对期刊的需求不过是"为公众提供一些确定事实"而已。①1831 年,布儒斯特在评论赫歇尔的著作《论声音》时,他对科学早已"被排除在有资格进入公共生活的那些成就之外"的道路深感哀叹,建议必须提高"有教养阶层"的科学知识水平。因此,"这将促使我们的评论、杂志和期刊贡献出部分版面,用来对现代科学发现进行阐发和简明化"。② 在布儒斯特的整个职业生涯中,他引用许多科学失败的实例来提高公众对科学的理解,例如对彗星的恐惧、骨相学、历书、反牛顿主义、各种科学遗迹,不一而足。1838 年,他报道说,运用这种非科学的方式,一场"水恐慌"曾席卷伦敦,各种水被污染的谣言,催生出大量的过滤机器和小型过滤装置。因此,他得出结论:"布兰德③在皇家学会对水做了分析,法拉第努力通过演讲促使伦敦人复归理性,但这些做法皆徒劳无功,因为科学知识未能转变成真实的力量;哲学已然失去它作为智识权威的地位。"④

这个智识权威议题,深得科学的重要支持者的认同,他们中的大多数人都赞同必须抓住一切机会,积极确认科学作为智识权威的地位。的确,一些作者——例如巴贝奇、鲍威尔、艾里和德·摩根——并未把他们的活动局限于重要期刊,而是为广受欢迎的各种百科全书写作,为皇家学会发起的"传播有用知识"系列丛书写作,并且针对各类听众发表演讲。《教育季刊》是皇家学会为"传播有用知识"创办的一本短命的独立期刊,德·摩根和鲍威尔都为

---

① 弗朗西斯·科恩致默里的信,1824.8.26,收录于 Smiles 1891, 11, 161–162。
② Brewster 1831a, 475–477.
③ 威廉·布兰德(William Thomas Brande,1788—1866),英国化学家,1813 年继汉弗莱·戴维担任皇家科学研究所化学教授,1821 年,运用戴维发明的电解法,首次从氧化锂中分离出锂。——译者注
④ Brewster 1838b, 76.

该刊撰写匿名文章,他们在文中主张,科学应当是大学教育的组成部分,抨击剑桥和牛津的种种保守态度。1837 年,鲍威尔还为《通俗科学杂志》(Megazine of Popular Science)担任编辑并撰写文章。①几位家喻户晓的科学家为迪奥尼修斯·拉德纳②编纂的《内阁百科全书》撰稿,虽然拉德纳告诉赫歇尔,他出版的科学文章,要比《大都会百科全书》中的文章更加"通俗化和大众化",但是,由于他对合适的科学作者进行攻击,导致这个通俗化目标受阻:"我在科学领域的主要困难,就是现在很难找到像你这样的博学先生,有能力且愿意撰写一部通俗著作。"③然而,关于科学进步与科学传播之间的紧张关系,当时还存在一些疑问。托马斯·加洛韦④想知道:相较于赫歇尔主动创作通俗易懂的科学读物,如果他受雇从事深入的天文学研究,是否可能不如从事前一项工作做得更好。⑤

二、惠威尔的早期评论

本章第二部分——篇幅最大——对惠威尔的早期元科学评论进行解析。惠威尔在 1831—1834 年间的评论文章中阐述了这些论点,它们或早于或同时于他向英国科学促进会发表的演讲或提交的报告,因此,现在认为:这些开创性的演讲和报告,对于树立他作为权威科学评论家的地位具有重要意义。1831 年,惠威尔在几本一

---

① De Morgan 1832b; Powell 1834b; Corsi 1988, 5-6, 311.
② 迪奥尼修斯·拉德纳(Dionysius Lardner,1793—1859),爱尔兰人,数学家和科学传播奠基人。——译者注
③ 1828.7.28, HP, vol. 11, no. 108.
④ 托马斯·加洛韦(Thomas Galloway),《大英百科全书》第八版《概率论》一文的作者,华蘅芳与傅兰雅将其翻译为《决疑数学》。——译者注
⑤ Galloway 1833—1834, 165; 另见 Yeo 1981, 1984.

流期刊上撰写了四篇重要评论：评论科学在英国大学中的地位，评论莱尔著作《地质学原理》第一卷，评论琼斯著作《论财富的分配和赋税的来源》，都发表在《英国评论家》(British Critic)杂志上；对赫歇尔著作《自然哲学研究初论》的评论，发表在《季度评论》上。他还在1832年和1834年分别对莱尔著作第二卷、萨默维尔著作《论物质科学的联系》做出评论，均发表在《季度评论》上。在这些评论中，他能够充分利用评论体裁倡导的通俗化和比较批评方法。为确认这种实践，惠威尔告诉纳皮尔——《爱丁堡评论》主编——他不反对以下做法：一篇评论"通过利用我的著作（论大学教育）的标题，并以此为契机，发表一篇论文——其主题与我的论题只有微弱的联系"。① 这是一种特许权，在惠威尔自己评论其他人著作的文章中，他能够利用这种特许权。相比之下，考普斯顿用他的讽喻式建议发出警告：一位评论者必须经常追随"公众喜好"，惠威尔则力求对"公众喜好"给予指导。② 这是惠威尔在1831年努力获取的角色，有几个重要主题为此提供帮助，例如：科学在大学中的地位；两门新科学——地质学和政治经济学——的进步；赫歇尔对自然哲学目标和方法的论述。这些主题极易支持对科学性质展开一般性反思，而且惠威尔的评论构成一种强有力的自我呈现——使他成为当时科学写作者中的领袖人物。在解读这些文章之前，现在有必要思考，他对一些议题——期刊及其与科学的联系——的态度。

　　早在1817年，惠威尔和罗斯已经讨论过成立并编辑一本期刊的想法，用期刊来表达和践行他们及其青年朋友们——例如黑尔、

---

① 惠威尔1836年致纳皮尔的信，收录于Whewell 1838a, 187。

② Copleston 1807, 3.

赫歇尔和琼斯——的观点。但惠威尔有理由认为：一群青年人可能没有广博的知识面，因此他们无法涵盖当时最佳评论中包含的那些主题，他对罗斯坦陈："现在只有极少数主题，我没有将其置于濒临忽视的边缘，因为它们将来可能颇为有用……因此，我现在应当努力学习，而非向人传授知识。"他还批评了期刊的实际效果，他告诉罗斯："人们现在阅读评论，是为了让自己从阅读原著和形成自己观点所需付出的繁琐劳动中脱身。"①

在这些担心之外，惠威尔——同加洛韦一样——疑虑重重地看待科学通俗化的益处，或至少怀疑地看待那些让科学变得通俗的方式。惠威尔当然拒绝了兰登力邀他担任百科全书系列丛书供稿人的各种努力，他对其他期刊也无所作为，而这些期刊让他的同事——例如鲍威尔、赫歇尔和德·摩根——得以接触更广泛的受众。②惠威尔告诉琼斯，赫歇尔将会取得重大科学成就，"如果他能放弃为满足像拉德纳那种人的要求，而将自己的科学成就写入各种百科全书中"。③惠威尔把自己的作品限制在书籍和重要期刊上；他不发表通俗演讲，直到他的职业生涯晚期，才打破这个限制。1854年，他在皇家科学研究所的一次演讲中承认："我不常光顾这个大都会，因此我不知道此时有哪些思维训练正在经过绝大部分我的听众的头脑，这些听众生活在一种刺激之中，这种刺激源于现场的意见与争论的相互交锋。"④现在重点是要强调，30年代，惠威尔向几本一流期刊投稿，这是他首次骤然进入一个新领域，期刊的受众数量，远

---

① 惠威尔致罗斯的信，1817.9.14，收录于 Todhunter 1876, 11, 17, 18–21; 惠威尔致琼斯的信，1817.10.16，收录于 Todhunter, 11, 22–24。
② 兰登致惠威尔的信，1831.5.31, WP, Add. MS. a. 208^4。
③ 惠威尔致琼斯的信，1830.11, WP, Add. MS. c. 51^{91}。
④ Whewell 1854a, 3.

超出阅读大学教科书和布道词的人数。1833 年，随着他讨论自然神学的桥水论文集出版，这种情况开始发生改变。但即使惠威尔身处一种运动状态时——他与琼斯谈论归纳哲学时确实可能如此——他仍拥有一种颇具选择性的"特定大众"（the people）观念，正如西蒙·谢弗的解释，《季度评论》的读者，不是正在力学研究所参加骨相学和其他主题讲座的那些大众。①

因此，在阅读惠威尔的早期评论时，我们需要认识到：他至少已经自觉意识到与期刊这种重要的现代方式密不可分的一些特定条件。在分析这些评论文章的内容时，本节也会努力思考"利用期刊媒介来讨论科学"的问题。

惠威尔并未发明以下做法：提出关于科学性质的议题，或普及科学事业的特质，并且为普通读者定义它。早在惠威尔之前，其他科学先生已经通过以下方式利用了评论文章，例如：普莱费尔在 1808 年和 1810 年评论了拉普拉斯，在 1811 年评论了居维叶；莱尔在 1826—1827 年间评论了科学机构和英国大学；普莱费尔在 1826 年评论了科学与大众教育，1823—1825 年，鲍威尔从在《英国评论家》杂志上也探讨了这个问题；布儒斯特在 1831 年和 1833 年评论了科学衰落与英国科学促进会的关系。这些评论都是具有重要意义的介入科学事业问题的研究。然而，惠威尔集中在 19 世纪 30 年代的这段科学评论时期，为期刊媒介做出了独特贡献，或许最具影响的方式，就是他关于科学性质与科学形象的讨论。因此，现在可以恰当地指出：用这种方式写作的一些最重要的实例，其实是由其他人对惠威尔的著作做出的解读，例如：在 1841 年的《季度评论》上，赫歇尔发表了那篇惊人力作，对惠威尔的两部重要著作《历

---

① Schaffer 1991, 213–214.

史》和《哲学》做出评论；布儒斯特评论这两部著作的那些名声不佳的文章，发表在 1837 年和 1840 年的《爱丁堡评论》上。

对于正在评论中的具体著作，惠威尔会再次发表评论，这类评论也包括在惠威尔的文章中，但他的文章运用著名文学和政治评论家——例如杰弗里、布拉姆和麦考莱——的风格，他们的评论具有更强的反思性。惠威尔通过几个反复出现的主题，延续了这种强反思性特质，这些主题围绕科学的"意义"展开，这种"意义"既体现在科学共同体内部，也体现在为广大公众服务的层面。强调这两类受众，是一项重要且颇具挑战性的任务，惠威尔在致赫歇尔的信中认为自己是"这个时代最幸运的人士之一"，因为他能在同一年既评论惠威尔的著作，又评论引起纷争的琼斯的著作。① 再看对莱尔著作《地质学原理》的评论，我们可以从中体悟惠威尔感受到的那种责任，因为当时的情况是：关于科学探索目标和方法的一般性论述，和关于两种最新科学实例——政治经济学和地质学——的理论著作，已共同走入有教养读者公众的视野。共有三本评论刊物出现在保守派期刊中：托利派的《季度评论》和高教会派的《英国评论家》；凭借同休·罗斯的友谊，惠威尔与后者建立了联系，罗斯也是国教期刊《英国杂志》的几位主编之一。正如前文昭示，这些期刊中的科学评论，不存在任何不寻常之处。然而，这确实意味着这些科学评论可能会被一位保守派受众读到，并且认为这是一位颇具影响的剑桥导师对现代科学的智识和文化立场做出的判断。

自觉地认识到存在这类受众，可能为惠威尔在 1831 年 1 月发表的一篇文章提供了条件。这篇文章以《科学与英格兰的大学》为题，刊登在《英国评论家》杂志上，看起来是一篇关于剑桥哲学学

---

① 惠威尔至赫歇尔的信，1831.2.10，收录于 Todhunter 1876, 11, 115。

会事务的评论。作为这种论题背景的组成部分,《爱丁堡评论》也刊出一些攻击英格兰古典时代大学的文章,其中包括一种断言式指责,认为它们忽视"现代知识"。① 此前,考普斯顿特别要为牛津辩护,所以他给"北部三巨头"——纽曼对普莱费尔、史密斯牧师和弗朗西斯·杰弗里的称呼——回信反驳。② 到惠威尔从事写作的时代,《西敏寺评论》刊出另一项对大学的指控。③

作为对考普斯顿的回应,惠威尔解释道:"我们这些大学中更出色的成员"未曾回应过那些指控,并且感到如此公开喧哗有失体面。惠威尔认为,在这个"激愤时代",对大学进行公然指责,是一种无端的多事之举,因此,他公开宣布:这些大学在英国"科学性格"中的地位,应当更广泛地让更多人了解。④ 针对英格兰的大学机构已经落伍的指责,存在一个颇具效力的回答,惠威尔建议观察以下现象:两门"最新"的科学——地质学和最近提出的光的波动理论——是剑桥和牛津两所大学的成员潜心探索的结果。论及地质学,他宣布:这两所大学是英格兰仅有的学生可以师从该学科的现代一流研究者学习的地方。⑤ 到他逐渐论及剑桥哲学学会成员——例如艾里、卢伯克、威利斯——从事的物质科学研究时,惠威尔感到他早已批驳过"一代任性荒谬的评论家发起的那种毫无基础的攻击"。⑥

---

① Smith 1810; Hamilton 1831a and 1831b.
② Copleston 1810; Mansbridge 1923, 152.
③ 作者匿名,1828。
④ Whewell 1831b, 71.
⑤ Whewell 1831b, 74.
⑥ Whewell 1831b, 90.

1. 惠威尔 VS 布儒斯特

惠威尔之所以能够形成这个论辩主题，还有另一种刺激因素，那就是巴贝奇在1830年出版的著作《关于英格兰科学衰落的反思》引发的最新争论。惠威尔未引用这部著作，但现在认为可能的情况是，巴贝奇对英格兰缺失了一种"专业性"科学发出的哀叹，促使惠威尔去厘清科学研究在一位剑桥院士的多种活动中所处的位置。1830年，布儒斯特在对巴贝奇著作的评论中说：在遍布英格兰的八所大学中，无一人"亲身经历过关于原创性科学研究的任何训练"。① 惠威尔对此持不同观点，并专门致信布儒斯特，他还在一篇文章中公开厘清以下事实：英国大学的首要功能是学术教育，而非去发现"新"真理。尽管如此，惠威尔指出，一些教授不仅致力于"交流现有的知识储备"，而且还从事"原创性"科学研究。② 布儒斯特对此颇为不满，因为在他看来，"原创性科学研究训练"的说法有一种社会性含义；它意味着在知识的多种边界处从事全职探究，因此这恰好符合一位剑桥教授担当的多样化使命。③ 他建议，应当对以下两种角色做出定义：其一讲座教授，其二致力于科学研究的哲学家。④ 惠威尔嘲笑这个方案中关于大学财务的乌托邦设想，但他还怀疑这个方案对英国大学理念——以对大学生进行精神和道德训练为中心——的寓意。无论如何，《英国评论家》刊出的一个议题，其地位不足以促动人们思考以下这种可能性：一家由英国国教赋予其身份的教育机构，可能应当把首要注意力放在生产创新科学研究成

---

① Brewster 1830, 327.
② Whewell 1831b, 74–75.
③ 布儒斯特致惠威尔的信，1830.11.4, WP, Add. MS. a. 201[79]; Morrell and Thackray 1984, 29–30。
④ Brewster 1830, 328.

果上，特别因为在当时，原创性尚未注定成为一种适用因素，被纳入青年绅士的教育中。① 至迟在 1826 年，时势已要求惠威尔为创新性（novelty）做出辩护，因为罗斯认为，在实验探究中强调创新性是不恰当的。1834 年，鲍威尔请求牛津大学为物质科学开辟更多空间，但他是在一本功利主义者支持的期刊上表达这个请求的。将惠威尔的受众铭记在心，我们现在可以说，为在剑桥大学内部确认科学的形象和价值，他曾经竭尽全力走到了最远。②

惠威尔与布儒斯特的对比，对于揭示科学评论的各异风格非常有用。期刊的政治平台不是决定评论风格的唯一因素：这方面的差异，更多取决于文章作者及其普及的科学形象。针对各种科学议题，惠威尔可能说些什么，这受到两方面的约束：一是他在剑桥大学的处境，二是他为发表评论文章所选择的期刊。因此，即使他希望通过强调科学具有的实践、技术或商业价值来普及科学，但他也不可能这样做，因为这样做将会引发社会各界迅速关注大学博雅教育的性质问题（参见第八章）。另一方面，布儒斯特是一位从事自由职业的科学先生，他的写作，部分是出于经济原因，他还通过改变宗教信仰，认为秉持科学观念的自己是一项进步的社会和文化事业中的行为主体。他在任何期刊上总说同一件事，例如他告诉《季度评论》的读者：在大学机构方面，英国是一个三流科学国家；③ 他在《每月记事》上发出警告：如果科学必将变成大众文化的组成部分，那么科学家就必须面向公众解释科学。④ 但是，他也有能力把这

---

① Rothblatt 1985, 69.

② 1828 年 12 月 9 日，惠威尔向英国议会上院议员们陈词，建议在剑桥大学众多的博物馆中，为科学收藏开辟更多的空间（WP, 266 c. 80[49]; Becher 1986）。

③ Brewster 1828, 15.

④ Brewster 1839, 113; 1858, 179.

场普及科学运动同《爱丁堡评论》和《西敏寺评论》发起的反对古典大学运动联系起来，这就是惠威尔正在《英国评论家》期刊上回应的问题。

2. 评论归纳哲学

赫歇尔、莱尔和琼斯的评论，为惠威尔提供了最初的机会，得以把自己的科学观点置于科学和大学共同体之外的一个公共平台上。每次评论都赋予他机会，得以向外行受众讲述各门科学的智识思想和文化价值，同时让科学远离布儒斯特提出的那些社会和政治议题。同时，他还能坚守自己关于科学方法和科学哲学的观点，以此来反对其他评论者的主张。

1831年7月，在评论赫歇尔《自然哲学研究初论》的文章中，惠威尔坚信他正在努力做的，不过就是对科学的意义做出一种解释，他认为，其中的关键词就是——归纳。在另外两篇评论中，他称赞了地质学和政治经济学的科学身份。正如我们将要看到，在这种普通科学观念与它体现为不同学科的特殊例证之间，存在一种潜在的紧张关系。

（1）赫歇尔的《自然哲学研究初论》

惠威尔评论《自然哲学研究初论》（以下简称《初论》）的文章很难写，而且他承认自己对这篇评论并不满意。一个原因在于对英国读者来说，赫歇尔的著作代表了一种全新体裁——大概是一种论述"物质科学的历史和哲学"的通俗文本。相比之下，在欧洲大陆国家，像居维叶、贝采利乌斯这样的科学先生在考察科学进步的历程，但是，没有与他们具备同样权威地位的个人曾做过如下探索——把科学成果向"更广领域"拓展，或把科学成果与"普通知识体系"联系起来。然而，惠威尔强调，《初论》包含的内容，不仅有对自然知识状态的考察，还有对自然知识赖以存在的那些法则和原理的解读，以及对"自然知识研究者一直以来必须成功掌握的那些至理名言"的解读。进而言之，它还尝试运用了一种新的论述方式。许多论述"人类知识性质和人类思维法则"的著作早已"连篇累牍"地写出，与此相比，科学进步中体现的精神心理过程，一直以来却很少受到关注。因此，赫歇尔的《初论》是从一切细节上对成功科学方法的规则和学说做出详细解释的首批尝试之一。[1] 有鉴于此，这是一本颇受欢迎的著作，因为相较于普通逻辑论述中那些对归纳法的处理方式——例如理查德·惠特利的做法，《初论》提出另一种可以取而代之的解决方案。

这个对比存在可争论的一面，因为惠威尔与琼斯，对惠特利的两种观点深感困惑：一是他的政治经济学，二是他坚持把归纳法纳入他的三段论逻辑内。[2] 但是，基于更普遍的意义，惠威尔正在论及以下事实：关于科学方法议题，一直以来都未能展开单独或细致的研究；相反，它被并入更具普遍性的关于形而上学和认识论的论述中，例如那些苏格兰哲学家的论述。惠威尔眼下面对的任务是，围绕他视为新领域的这个主题，而非围绕早已确定为共识的主题，为广大普通受众撰写一种论述科学的通俗文章。

现在可能的做法是，将惠威尔的评论文章分为三类，即分别表达认同型、差异型、沉默型观点。并不出乎意料这些评论的总基调是积极正面的，惠威尔称赞《初论》是补救培根式方法及其关键术语——例如"归纳"——含义的良方，因为在他看来那些术语的

---

[1] Whewell 1831a, 374–377.
[2] 琼斯致惠威尔的信，1831.2.24，WP, Add. MS. c. 52[20]；Corsi 1987。

含义是一种令人生厌的难解困惑。一些苏格兰写作者——例如托马斯·里德——先前通过论述"归纳原则",为那些术语含义做出过贡献,这类论述表达的意思是,人们本能地相信自然法则具有永久同一性。其他人则把归纳法拟想为简单地搜集资料。然而,赫歇尔为归纳法提供了一种拓展式解读:第一,他认为,归纳是"对一类或两类密切联系的现象进行思考的过程,并由一种普遍法则——或单一的精神概念——来表征"。第二,通过为这种调查方法提供具体实例,赫歇尔能够表明,在此过程中"归纳法与演绎法具有相互依赖性和对比性",凭借这两种方法,"广大的科学结构"得以建立。通过这些细致的案例,惠威尔希望,赫歇尔能够尽可能少地使公众混淆以下二者的情形:一是纯粹的演绎科学——或那些"由少数公理的结果构成"并且由三段论逻辑统治的科学;二是那些名副其实的归纳科学。第三,赫歇尔的讨论准确地强调数学的重要性,即能够表达精确的量化法则。第四,赫歇尔的讨论部分地认识到这条道路,即一种"独特的术语学"可以形成系统的科学语言,并且使科学劳动得以代代传承。[①]

《初论》的前两部分,赫歇尔全部用来对此前促进自然科学进步的方法进行分析和梳理:"我一直以来最热切希望留给学生的印象是:自然哲学实质上统一存在于它的所有学科门类中,通过所有这些门类,有一种精神贯穿其中,有一种探究方法应用其中。"[②] 这种可辨识的方法,被确认为通往科学成功的特定线索,可以说,它避免了充满纷争的种种认识论问题,而且从惠威尔的反应判断,赫歇尔对归纳方法潜在特性的解读,至少提供了一种普遍认同的观

[①] Whewell 1831a, 380–391.

[②] Herschel 1830, 219.

点。然而，在赫歇尔与他的友好兼评论者之间，还存在多种紧张关系。

如果现在能清晰呈现赫歇尔的研究路线，惠威尔的立场可能会更容易理解。赫歇尔在其著作的第三部分表明，鉴于"一种探究方法"遍及全部科学领域，因此，有必要"透过物理学的子学科，来深入观察这些各具特色的分支学科，以及它们之间的相互关系"。① 如今对《初论》第三部分各章进行组织架构，主要以自然界中的研究对象作为依据：从各种力和物质结构到声光运动，进而到宇宙现象，再回到地球的元素构成，最后基于难以估量的物质形式得出结论。这种架构产生了一种争论，它围绕关于这些自然现象的各门科学而展开：始于气体力学和流体静力学，经过光学、天文学和地质学，终于热学、磁学和电学。但是，如今显然可见，赫歇尔认为牛顿式天文学——和与它配套的可证明的动力学法则——在各门科学中是最完美者，不过，这种等级观在他对科学分支学科的考察中体现得不明显。当这种形象确实出现时，它成为一种意料之外的形态。于是，赫歇尔指出："在所有各类科学范畴中，根据其研究对象的重要性和崇高性，地质学无疑在学科等级上仅次于天文学。"②

赫歇尔不是在各门学科之间做出严格的区分划界，他更关心的是要表明，如何将不同科学领域的探究方式叠合起来，进而生成更具普遍性的法则。他为磁学与电学的统一性而欢呼，认为这是一个伟大事件，尽管"它们长期以来都是一种不同的存在"。他还表明：在植物学与化学、植物学与地质学之间，将来会出现利于实用的互动。③ 赫歇尔强调："没有自然现象可以单凭自身就能得到充分研究，

---

① Herschel 1830, 221.

② Herschel 1830, 272, 287.

③ Herschel 1830, 324, 345.

但需要理解的是，必须基于以下立场来思考：自然现象代表的是与全部自然的联系"；他同时期待，这种统一观念，将会在囊括几门科学的"更高层级"的普遍化中得以实现。①

相比之下，惠威尔呈现的科学形象，强调的是各门学科存在的差异性，而非统一性或互动性。他认为，读者的兴趣将是看到各门科学按照它们各自的成长顺序进行排列，从刚开始形成归纳普遍化的学科，到早已得出赫歇尔所谓"基本法则"的学科；或用更形象的比喻说，"从蹒跚学步的女孩，到完全成熟定型的女舍监"。②尽管惠威尔解释说，空间的限制妨碍了与赫歇尔对自然考察展开细致对比，但如今可以明显看到，不同学科之间确实存在一些有趣的对比。因此，在"幼儿园与拼写课本"阶段，植物学、化学和矿物学占据主导地位，这些学科只是刚刚走过"它们归纳生涯的起始阶段"。冠以"物理学"之名的那些科学门类——例如磁学和电学——已经得到进一步发展，因为它们取得的一部分发现已被还原为"数学公式"。光学，作为惠威尔钟爱的"现代科学"，此前已取得快速进步，并且接近这种等级制的顶点。当然，力学和天文学高居这种等级制的顶点，它们是代表曾经成功实现归纳法和演绎法共同作用的仅有的两个实例。至于天文学，当时确实不存在可能"颠覆"其核心理论的机会。③

现在可见，这种分类背后的标准——规律法则的范围与量化——当然体现在《初论》中，但赫歇尔没有用它得出对科学门类间的发展状态做出种种同类区分的结论。于是，当惠威尔把化学和矿物学贬入归纳事业的"未成年"阶段时，赫歇尔则认为它们具有

---

① Herschel 1830, 174, 259, 360.
② Whewell 1831a, 390.
③ Whewell 1831a, 390–397.

基础性，而非低等，因为它们处理的是最基础的"世界物质构成"问题。① 这两门学科都关心最基本的自然"物质，这类知识必须位于许多其他科学门类之前"。② 惠威尔将地质学从他的等级阶序中删除，并解释说地质学滋生出一些多余的疑问；相比之下，赫歇尔高度称赞地质学，甚至从这种"理所应当受欢迎的科学"中——特别是从莱尔的实践中——选取典型实例，来描绘真正原因（verae causae）的意义。尽管赫歇尔与惠威尔在成熟科学的几种特定标志方面意见一致，但在学科分类问题上，他们各自遵循不同的重点，赫歇尔更关心揭示学科之间的"相互关系与彼此依赖性"。③

惠威尔这篇评论最惊人的特点，是对赫歇尔关于"归纳逻辑"的解释保持缄默。他认为，《初论》是自培根以来提出一种相互联系的方法论规则体系的首次尝试，却几乎未论及赫歇尔修饰润色或重新阐释培根方法的那种方式。正如劳丹和其他学者已经注意到，相较于大多数当时或同时代的作者，赫歇尔曾对假说角色给予超乎寻常的支持，他甚至表示，如果表明猜想最终是用来解释现象的，现在这些现象与最初表明猜想的那些现象是互不相涉的两回事，那么猜想的确定来源就是无关紧要的。④ 这是一次具有重要意义的对先前正统学说的远离，像里德这类作者一直坚持正统论，他们拒斥一切不基于谨慎归纳的假说。此外，以下二者之间也存在紧张关系：一方面，对假说抱有极宽容的自由度；另一方面，赫歇尔显然坚决支持探索真正原因的牛顿原理，因为理论——例如光的波动理论——

---

① Herschel 1830, 290.

② Herschel 1830, 143, 290–299.

③ Herschel 1830, 144–147, 94.

④ Herschel 1830, 164–170, 197, 203.

第四章 评论科学

为无法观察到的实体赋予了因果状态。①

惠威尔后来在他的重要著作中阐发了这个立场，针对大多数培根主义者的反假说态度，他也做出强烈批判。然而，在这篇评论中，他未给予赫歇尔的自由主义任何支持；确实，人们很少关注培根对"预言方法"发出的警告，惠威尔质疑过这种情形。在讨论道尔顿（John Dalton，1766—1844）的原子论时，赫歇尔说它的发现者曾经宣布："这是根据对几种典型实例进行深思的结果，无须经过极其费力的一系列次级低阶的归纳提升。"惠威尔担心这篇文章可能"极易招致错误的阐释"，它可能会把这种观念——科学发现是不需要准备的天才创思结果——普及开来。为反击这种观念，他引用塞奇威克——一位健在的"培根学派"成员——刚刚告诉地质学会的观点："人类留下的地质学记录，没有提供任何一种实例可以说明一切伟大的物质真理只需凭借猜想和推测预言实现。"同理，惠威尔援引过往的教训，旨在强调"预言"的危险性，他断言："迄今以来，那部有用的物理理论史，一直都由层出不穷且脉络从未中断的预言占据着统治地位。"②

因此，现在可能看到的情况是：对惠威尔来说，为《初论》撰写评论不是一项简单任务，即使他对解释和传播这部著作的意义已经做好胸有成竹的准备。他认为，《季度评论》的版面为发表文章提供了机会，这可以"引导公众进入一条正确途径来思考归纳法"。③但他用两周时间才写完这篇评论，惠威尔告诉琼斯，他确实"很不喜欢赫歇尔的那番评论，因为我用冷静的态度阅读它，而且我还有一腔强烈谏言：这部著作的全部哲学内容将赶走大多数人，并且令

---

① Herschel 1830, 144, 203, 152–153; Laudan 1981, 129–131.
② Whewell 1831a, 399–401.
③ 惠威尔致琼斯的信，1831.2，收录于 Todhunter 1876, 11, 115.

其余的人都陷入困惑之中"。① 这里的问题是，在努力针对科学考察的过程提出一种清晰观点之时，这部著作包含的那些关键术语，却正在被人们以多样的方式使用着。惠威尔和琼斯已逐渐对这种情形的诊断达成共识，并且欢迎把《初论》视为向广大受众厘清科学性质迈出的重要一步。但是，如果不从根本上摧毁赫歇尔著作中存在的这类问题，那么在公共论坛上，惠威尔确实很难阐明赫歇尔立场中的那些细节，即使琼斯建议：惠威尔的评论将更受读者"欢迎"，如果他愿意"四面出击并且冒犯某人"的话。②

因此，《初论》的一些全新特点——正如后来的作者所见——未被惠威尔的评论充分注意到。现在重要的不是把惠威尔1837年或1840年发表的观点解读为他在1831年的立场，现在看来可能的情况是，他赞同赫歇尔在假说问题上告别了占统治地位的培根式正统观念。确实，两年后，惠威尔在英国科学促进会发表的演讲中，通过主张理论在观察中具有控制性角色，比赫歇尔更进一步批判了极端"培根式"经验主义。③ 然而，任何对这个问题的思考，可能都会同惠威尔的以下做法产生冲突：他努力使培根式术语的意义以及这种对归纳法所做解读的普遍效力变得稳定化。惠威尔还选择不评论赫歇尔那些"令人钦佩的告诫和格言"——"十二条规则"——但他告诉琼斯，现在仍需要有更多著作——希望由赫歇尔撰写——论述"可用来指导实践的规则和警示，以便为创制科学实验并且从中汲取规律服务"。④ 现在可能这样认为：令惠威尔感到焦虑的是，把科学发现的方法还原为容易掌握的典型案例，例如苏格兰医生威尔

---

① 惠威尔致琼斯的信，1831.7.15，收录于 Todhunter 1876, 11, 117, 123。
② 琼斯致惠威尔的信，1831.3.4, WP, Add. MS. c. 52²⁵。
③ Whewell 1833a, xx; Yeo 1985, 267, 274。
④ 惠威尔致琼斯的信，1831.7.15，收录于 Todhunter 1876, 11, 124。

斯对露水的考察——赫歇尔用到这个案例，而且惠威尔在对赫歇尔著作的评论中暗示地提及这个普遍出现的问题。密尔的著作《逻辑体系》借鉴了赫歇尔对露水案例的描述，当惠威尔读到这部著作时，他立即提出，琼斯应当"告诉赫歇尔，他必须对自己的做法——劝导民众通过一个单独实例，能够如此充分全面地理解科学发现的过程——做出解释"。①

惠威尔在1831年评论中遇到的麻烦，或许更能昭示他后来对赫歇尔的评论，这篇文章也是通过评论密尔著作的方式完成：

> 在这类新书中，存在一种可能令你我共同满意的地方。我的意思是：那些概念和表达方式——在我们开始写作时，它们还是新奇之物——现在已被娴熟地当作无争议的物质世界真理的组成部分。②

因此，尽管密尔、赫歇尔与惠威尔在认识论方面存在差异，但惠威尔感到，自19世纪30年代初以来，科学事业已经取得了一些进步，不过，在此时，甚至科学方法讨论中运用的那些基本术语在意义上仍然是不确定的。在此意义上，密尔的著作——尽管它批评惠威尔的观念论——属于惠威尔共同话语的组成部分，因为先前不存在这类话语。惠威尔在1831年面临的问题是他必须为广大普通受众评论《初论》，尽管这些术语——例如归纳、演绎、实验、假说、事实、理论、证明——的意义早已被确定地描述为指称实践中成功的科学范例。这是《初论》在当时取得的成就。但是，进而言之，

---

① 惠威尔致琼斯的信，1843.4.7，收录于Todhunter 1876, 11, 314。
② 惠威尔致赫歇尔的信，1843.4.8，收录于Todhunter 1876, 11, 315。

惠威尔在围绕归纳法的意义努力普及一种共识的同时，针对一些观点，他与赫歇尔陷入意见分歧中。

（2）莱尔与地质学

对莱尔著作《地质学原理》（以下简称《原理》）的评论，使惠威尔有机会公开谈论这门当时最受欢迎的科学。然而，他的观点指向一种反常事物。当时，虽然公开性和在民众中间流传是"所有进步的标尺"，但英国地质学家"对所有通俗性都表现出一种强烈的怀疑态度"，因此，"区区大众读者"已经不可能从最新出版的地质学著作中获得任何与众不同的独到观点。① 某种程度上，这反映出地质学家们在巨细靡遗地搜集资料，并早已创造出辉煌的成果，然而惠威尔担心的是这条道路无法帮助到"普通读者"。他公开宣布："这些普通人需要一般性主张，因为对他们来说，一般性主张是唯一具有知识味道的主张。"公众寻求比较宏观的观点，而非细小琐碎的事实。这里的问题是有些著作"基于这种一般性观点提出理论性推测"，但没有希望它们之间具有一致性，因为它们不是出自"任何成就卓越的地质学家"之手。② 因此，为使更广泛的受众得到教育，惠威尔请求专家践行通俗化之路。这就是惠威尔在两篇对莱尔的评论中着手要做的事，他后来告诉妹妹，他希望《季度评论》上的那篇文章"不是非常难懂，因为它是写给普通读者的"。③

在此背景下，惠威尔介绍莱尔是这个时代的一位先生，也是一位哲学家，因为他能够用明智审慎的理论眼光，审视地质学家现在

---

① Whewell 1831c, 180–183.

② Whewell 1831c, 183–184.

③ 惠威尔致妹妹的信，1832.3.13，收录于 Stair-Douglas 1881, 144。

搜集到的大量事实。① 他说，针对詹姆斯·赫顿②的经典地质学说，莱尔是一位新阐释者，赫顿论述了当时各种力量的效力，它们历经漫长的地质时代，引发了所有过往的地质现象。的确，莱尔比赫顿更加大胆，他偶尔求助于其他成因，而非总是用"常见的火山喷发"来解释地质现象："莱尔先生抛开所有那些拐杖；他独自行走在这条沉思之路上；他需要的不是激发论，不是非常时期；他现在乐于认为，是他发现了燃烧着的火山。"③

惠威尔有能力把这篇对莱尔著作的评论当作一种工具，用来对地质学这门相对较新的科学的历史进行一些反思。同年，为满足《爱丁堡新哲学学报》更多专业读者的需求，惠威尔在一篇论述"地质学的进步"的文章中，沿用了上述做法。在这两篇文章中，惠威尔竭力表明：尽管地质学是一门新兴科学，但这个学科充满历史和英雄，其标志是与这部著作对四种地层的分析连在一起的四个阶段。惠威尔把这些阶段同几位伟人的贡献联系起来：亚伯拉罕·维尔纳④、威廉·史密斯⑤以及乔治·居维叶⑥。居维叶把他的"神奇权力"带入第三纪研究中，他正在创造一门新科学即比较解剖学，揭示出"一系列不同种群的动物"，并且表明各种地质

---

① Whewell 1831c, 183–184.
② 詹姆斯·赫顿（James Hutton，1726—1797），苏格兰地质学家，经典地质学奠基人，火成论学派创始人。——译者注
③ Whewell 1831c, 185.
④ 亚伯拉罕·维尔纳（Abraham Gottlob Werner，1750—1817），德国地质学家、矿物学家，水成论学派创始人，"磷灰石"的命名者。——译者注
⑤ 威廉·史密斯（William Smith，1769—1839），英国地质学之父，生物地层学创始人，发现了地层层序律和化石层序律。1815年，编绘出最早的英格兰和威尔士现代地质图。——译者注
⑥ 乔治·居维叶（Georges Cuvier，1769—1832），法国动物学家、地质学家，提出灾变论主张，比较解剖学和古生物学奠基人。——译者注

"革命曾经以一种至今无法猜测到的方式和顺序发生"。①地质构造中的第四层——惠威尔称作"倒数第二层"构造——属于的"那种物质状态,终究早于我们生活其中并将其纳入地质学的那种物质状态"。②没有伟大的科学先生曾经与这些内容联系密切,但需要指出,莱尔为此提供了大量新事实,惠威尔表明莱尔对自己的研究踌躇满志。正如《英国评论家》杂志上那篇评论揭示的,显然,莱尔以一位英雄形象的地质学理论家自居,这基于他的观点取代了居维叶关于地球历史的灾变论主张。

惠威尔表明,莱尔超越了描述性或基于现象的地质学,转向努力对古今地质时期——从地球演化的倒数第二纪到当前的地质状况和有机生命——做出一种解释,旨在表明显然的不连续性可能源于自然起因,例如持续变化着的海洋之于陆地的关系。因此,如今埋藏在山区的化石,先前是生活在海洋中的生物。惠威尔详细阐明莱尔所描述内容背后的策略:如果从地球演化的倒数第二纪到地球当前状态的这段时期,可以由历时久远、缓慢作用、至今依然存在的那些起因做出解释的话,那么,从"第三纪向倒数第二纪"的转变,就不可能是"同类地质事件链条"的组成部分,③不是吗?莱尔通过以下方式努力证明这一点:他坚称,"在宏大尺度上,自然具有一致性",他重新构建了当前地质成因——主要是水成论和火成论——的种种结果,这些结果都源于在一种拓展的时间尺度上渐进发生的地质作用。④惠威尔怀疑,莱尔可能会使"普通读者"相信,安第斯山的形成源于太平洋海床抬升,与现代可观察到的那些地质

---

① Whewell 1831c, 189 and 1831e, 245.

② Whewell 1831c, 190.

③ Whewell 1831c, 193.

④ Whewell 1831c, 202.

现象，是"同属一类"的现象。但惠威尔承认：在论述这个问题时，莱尔早已开始把"地质动力学"描述为一门独立科学，这门科学针对自然界无机部分发生的那些持续改变进行分类和分析。①

当得知这篇评论的内容时，莱尔给惠威尔的妹妹写信说："一直以来，剑桥的惠威尔为我做的决非小事，他在剑桥大学宣布，我已经发现自然界中存在一套全新的巨大力量，可以将它们称作'地质动力学'。他是三一学院的头牌导师，其影响力远在任何个人之上，如果不与塞奇威克相比的话。"②然而，惠威尔主张，莱尔关于地质动力学的重要论断，可能无法支持他的推测性观点，即"相同类型的改变是一种永久往复的循环"。③莱尔指责先前理论家的错误断言——主宰过往的规则"迥异于现在建立的那些规则"，但惠威尔的回答是，莱尔本人的完全一致性假设也是可疑的。莱尔指出以下事实——不同地层之间常见各种不连续的关系，这类关系表明的是灾变而非渐变，除此之外，他还错误地断言自己的观点具有逻辑优越性。惠威尔质问：我们对各种火成之力究竟知道什么，竟敢藉此断言——它们在整个地质史上不可能发生变化？④另一方面，如果承认各种火成之力的起因具有一致性，那么，理论连贯性将会要求莱尔提供"某种方式，通过这种方式，我们可以从一个充满某类动物形态的世界，转入另一个世界……在此过程中，可能不存在某个共性物种"。⑤

惠威尔对莱尔著作第二卷的评论，发表在1832年3月的《季

---

① 关于这个观念的详细阐述，参见 Whewell 1838b, 13–28; 1857a, 111, 450–495。
② 莱尔致惠威尔妹妹的信，1830.11.14，收录于 K. M. Lyell 1881, 1, 312。
③ Whewell 1831c, 202.
④ Whewell 1831c, 201–204.
⑤ Whewell 1831c, 194.

度评论》上,他由此介入这场地质学争论,这是他平生最重要的一次干预行动。惠威尔创制"一致论者"与"灾变论者"两个术语,分别指称莱尔与论敌的立场。这样做,就容许他刻画两种理论视野之间的冲突,其实,就是对比莱尔与居维叶的立场差异。惠威尔断言,这种灾变论立场——它拥护居维叶的观念,认为在不同地质时期之间,存在革命式的不连续性——是当时的统治学说,也最符合诸如"连续创造出巨量属种"之类的观察。① 如果这些现象——它们没有可观察到的现代等价物——曾经发生在有机界,那么可能的情况是:正如灾变论者相信的那样,"机械式的地质活动"迥异于当前仍在发生着的那些活动。在惠威尔看来,莱尔可能逃脱这个困境的唯一途径,就是对新物种的出现做出一种自然主义解释。莱尔已在他的著作第二卷中抨击了拉马克的蜕变理论,因此,惠威尔知道这是一个重大问题;但通过揭示这个困境,他有能力向读者表明,灾变论提供了一幅同样宏大的创世论图景,它与当时盛行的宗教信条相匹配:

> 我们确信创世论是无法否认的……因此,由一类动物聚居的地球,转变到挤满全新形式有机生命体的同一类地球,在这个转变过程中,我们看到创世力量的一种独特表现,它超越了已知自然法则的运行。②

惠威尔说,地质学运用这种方式,曾经"为自然神学之路点亮一盏新的明灯",但在两篇评论文章中,他力求确认地质学家拥

---

① Whewell 1832a, 126.
② Whewell 1831c, 194.

有考察地球历史的自由，具体说来，就是希望他们像莱尔那样，秉承"一位哲学家的尊严"，去探索地球的历史。① 他质疑道："那些地质学家曾竭力基于《圣经》话语来巩固他们的各种物质理论，当时他们可能旨在为宗教或科学事业而效力。"② 在这个阶段，惠威尔没有清晰地把物种起源问题从归纳科学领域清除出去，正如他在《历史》中的做法。但他强调地质学的重要性，作为一门学科，它横跨物质领域和道德领域的边界。此外，惠威尔坚称：地质学家拥有在公共场合普及综合性观点的权利。③

（3）政治经济学

对琼斯著作《论财富分配与赋税来源：第一部分——1831年的租金》的评论，使惠威尔有机会针对另一门新科学——政治经济学进行写作。然而，由于琼斯是惠威尔的密友，所以他个人在撰写评论方面投入很多精力。这部著作第一部分得以问世，主要缘于惠威尔的支持——有时也会感到失望——当时琼斯正在通往竣工的路上艰苦跋涉。人们认为，1831年问世的这部分是一项合作成果。1831年4月，琼斯为此致信惠威尔，其中昭示了他的感激之情："而且现在我倾心相爱的人们确实记得，你在这个世界上抱了一个领养儿童，尽管它在成长，但长势缓慢，它还许诺最终要为我们二人带来荣誉。"一个月后，琼斯发出"这个孩子的好消息"④。这部著作的第二部分——论述工资问题——从未完成，尽管部分内容刊登在琼斯

---

① Whewell 1831c, 205–206.
② Whewell 1832a, 117.
③ Whewell 1857a, 111, 625; Corsi 1988, 147。关于对惠威尔地质学观点的分析，参见 Hodge 1991。
④ 琼斯致惠威尔的信，1831.4.22, 5.19, WP, Add. MS 52$^{34\text{ and }36}$。

逝世后由惠威尔编辑的琼斯文集中。①

作为力学教科书作者和矿物学教授,惠威尔为什么会关心租金、财富和赋税研究?一种答案注意到,惠威尔自身对财政的兴趣与三一学院的财产密不可分,因为三一学院是极具权势的土地所有者,它从《谷物法》确保的国内高物价中获取巨大利益。因此,李嘉图主张,这些法律产生的高租金可以被视为一种对个人利益的捍卫。②这个问题无论基于哪种证据——实质性证据至今依然阙如——现在很难充分解释以下疑问:惠威尔的智识思想,以怎样的程度参与到琼斯著作的撰写过程中。

有一项研究细致考察了惠威尔与琼斯自1821年以来的通信,进而表明,他们都认为当时关于政治经济学争论的结果,对于归纳哲学和科学形成一种恰当的视野至关重要。他们对重大攸关的危险状况的评价,体现在琼斯的战斗计划中。琼斯的目标是:"为一门学科建立稳妥的政治观和道德观,因为该学科为了强化那种最有害的正统哲学,一直以来只是自称为一门科学——我们切勿太过大胆地谈论这种举措。"③琼斯关心的问题是,李嘉图及其追随者倡导的主流政治经济学学说,为使由错误方法得出的结论变得合法化,早已使用了"科学"一词。简言之,惠威尔和琼斯主张,李嘉图主义者的学说不能任意声称自己具有"科学"地位,因为这些学说建立在不充分的经验基础上。在提交给剑桥哲学学会的两篇文章中,惠威尔践行的策略是,把李嘉图的那些原则转变为数学方程,并推导出方程结果;进而在第二篇文章中表明,这些结果与李嘉图的结论

---

① Jones 1859.
② Checkland 1951, 43–70; Ruse 1991, 104.
③ 琼斯致惠威尔的信,1827.9.27, WP, Add. MS. c. 52[15]。

格格不入。①惠威尔认为，这为挑战李嘉图学派的推理和预设留出了空间。然而，琼斯担心这种战术可能会产生强化所谓李嘉图公理的效果，因为惠威尔的写法——出于展开争论的目的——会让这些公理免受挑战。琼斯告诉惠威尔：再补写一个段落，正式表明你只把那些租金公理当作假说，以此昭示这些结论的正确推理本应成为武断提出它们的那些人的指导方针。你不能太我行我素地做这件事，因为说老实话，这些公理曾经在出租行为中得到普遍应用，尽管现在它们已毫无价值，而且它们至多也只能适用于非常有限的租金类别。②

琼斯表明的最后这点，也体现在他的著作论租金那卷中，惠威尔发表在1831年7月《英国评论家》杂志上的那篇评论，对琼斯要求的澄清做出精准区分。在概论这部著作的材料时，惠威尔强调指出：这些材料给我们的教益是，财富分配发生在"世界的不同领域，因此，与它相应的是不同的原理和规则"。③这个教益可以应用到具体的租金案例中，琼斯将租金类别划分为：劳动地租、农奴租金、收益分成的佃农租金、佃农租金、小佃农租金，他引用的典型实例来自不同国家。随着李嘉图主义者进入惠威尔的视野，他惊奇地发现："我们的现代政治经济学家"本应努力把普遍原理建立在农民租金这个单一基础之上。他说，这昭示出一种不负责任的方式，运用这种方式，这些政治经济学家构建起他们的理论体系，这类体系提供了"最耀眼的实例，就是用这种错误方法树立起一门科学，自从世界上持续拥有各种真方法的典型实例以来，这种情形至

---

① Whewell 1830b, 1831f.
② 琼斯致惠威尔的信，1829.4.18, WP, Add. MS. c. 52¹⁶。
③ Whewell 1831d, 42.

今仍在发生着"。①

惠威尔从上述各类错误包含的某个细节入手，但一个突出问题是：李嘉图及其追随者先前颇不成熟，因此，他们要赋予政治经济学一种演绎推理形式。由于政治经济学必须以人类事物的实际问题作为基础，因此它无法希望像几何学那样，从"几种定义和规则"中推导出那些实际问题的结论。惠威尔强调："政治经济学原理的获得，必须通过大量事实进行上向推理；然后通过公理或定理进行下向推理，将这些原理付诸应用。"② 现在的重点是要认识到，惠威尔没有排除政治经济学普遍原理运用演绎法的可能性，但他强调，只有最成熟的物质性科学早已实现了演绎推理形式，大多数科学仍在等待它们的"牛顿"。因此，作为处理最复杂主题的一门新学科，政治经济学不可能迅速达到力学或天文学的水平。惠威尔所谓"他们方法的种种缺点"，是指李嘉图主义者不愿给这门科学建立充分的经验基础。相比之下，琼斯通过对"分布在世界上的不同区域、处于不同时期"的证据进行搜集和考察，已经开始为政治经济学建立坚实的经验基础。③

惠威尔为琼斯著作提出的最后一点建议，也需要与他的对手进行比较才能认识清晰。这里关心的是"道德语调"。惠威尔声称，现在盛行的政治经济学学派，将人表征为只是用于生产财富的一种工具，而琼斯在思考经济活动时，离不开人与社会、道德和宗教诸因素的联系。琼斯并不认为，人们必然要置身于彼此之间以及人与各种非人力量之间的冲突中；相反，他主张，"每个阶级的共同福

---

① Whewell 1831d, 51–52.

② Whewell 1831d, 52.

③ Whewell 1831d, 53, 55–57.

祉，永久地存在于所有阶级的共同进步之中"，①并且认为，上帝为人类进步设计了一种道德经济学。无疑，惠威尔愿意把李嘉图主义者的方法论错误与功利主义者——他们拥护前者的政治经济学——采取的人类低下的道德观联系起来。正如我们在后面几章将要看到，惠威尔坚信：在正确的科学方法与稳妥的道德观念之间，存在一种密切联系。然而，在这件事情上，惠威尔坚信的情形被一种现实问题搞得复杂化了，因为牛津大学的学者，例如理查德·惠特利和纳索·西尼尔②，不容易受到各种基于非宗教动机的指控，但他们也陷入这些严重的方法错误中。

如今，皮埃托·柯西已经表明，1831年4月，琼斯和惠威尔自觉认识到这个问题，而且针对牛津学者的立场，惠威尔专门发表了几次间接攻击。其中一次攻击是在对琼斯著作的评论中，他没有引用西尼尔的一篇文章，而这篇文章发表在1829年出版的惠特利的逻辑论著中。③西尼尔早就惊奇地发现，政治经济学家中间存在太多观点差异，这远远超过数学家之间的分歧，因为这门学科的基础是"几个普遍性命题，它们从观察或意识中演绎推导得来，而且这些命题一旦表达出来，就会立即得到普遍承认"。④令惠威尔惊骇的是，牛津学者们十分确信李嘉图的错误方法，即他们妄想通过"某种瞬时且草率的方式，引用几种源于观察或意识的事实"，可能就会得到普遍性原理。⑤

惠威尔和琼斯一致认为，牛津"逻辑学家"的那些公开宣言，

---

① Whewell 1831d, 60.
② 纳索·西尼尔（Nassau Senior, 1790—1864），英国古典经济学家，对当时的政治事务具有极大影响力。——译者注
③ Corsi 1987, 125.
④ Whewell 1831d, 56.
⑤ Whewell 1831d, 53.

对他们向广大公众解释归纳方法的性质构成严重威胁。但当时更难做到的是清晰地指出他们的名字，尤其在《英国评论家》杂志的字里行间，因为虽然惠特利决非一位顺从的英国国教会会员，但他确实在 1831 年已升任都柏林大主教。同年，琼斯真心奉劝惠威尔："切勿不必要地去激惹那几位牛津先生——可以劝说他们去做事和提供帮助——这些伦敦佬现在已经无可救药。"① 这里突显的问题是以伦敦为基地的功利主义者，已经从与惠威尔、琼斯、惠特利和西尼尔具有的共同基础中，被远远地移除出去。就是说，确认教会与大学之间的现行关系，确认一种基督教框架体系之于知识的重要性，这种做法违背了正在持续增长的世俗化力量。可以说，惠威尔想说却不能说的是，那些牛津学者正在允许李嘉图主义者和功利主义者领会"科学"这个名称，以便为他们方法错误且道德危险的学说服务。这种困难可能会很好地解释以下问题：为什么惠威尔——甚至在 1830 年，他仍在压抑琼斯对一本新期刊抱有的持久热情——应当在一年后与琼斯合作，共同复兴这个曾经欲言又止的观念。②

（4）几篇书评中的科学观念

我们现在可以进一步来认识，惠威尔在这些书评中传达的某种对科学形象的评论。也许其中最惊人的特点是，惠威尔强调科学内部存在各种差异的程度，这表明不同学科在当时正处于各不相同的发展阶段。这个观点最清晰地体现在他对赫歇尔著作《初论》的评论中，在这篇书评中，他论及一种科学等级制，与其相应的是学科成熟度——成熟度取决于普遍法则可以用数学方式表达的程度。因

---

① 琼斯致惠威尔的信，1831.3.7, WP, c. 52[26]。
② 惠威尔致琼斯的信，1830.1.10, 1831.4.24, 收录于 Todhunter 1876, 11, 106, 118。

此，在惠威尔的文章中，"科学的"（scientific）这个术语就产生了一种含混之义。例如，在《初论》的书评中，对于化学或地质学现状，或者说其实是对任何远离这些物质科学——天文学、力学和光学——的学科现状，并未呈现出一幅正面形象。由此传达的信息是，这些物质科学是唯一成功和确定的科学，而其他学科或是范围极其有限，或是被各种争论撕裂。另一方面，透过对莱尔著作的评论，现在清晰可见的是，惠威尔确实认为地质学正处于进步中，而且地质动力学——正循着天文学模式——也有可能成为一门科学。他在此使用"科学的"一词，是基于第二种意义：它指称的不是成就，而是过程；不是已经证明的法则，而是恰当方法的使用。

在所有这些文章中，惠威尔强调，如果各门归纳性科学能够遵循由科学史证明的那种方法，那么，这是它们取得进步的唯一可能。广义而言，这是培根主义者开出的药方——对材料进行观察、搜集和分类整理，而且只有这样，各门学科才能力求实现普遍化。这还需要有充分的可比较的材料。因此，在讨论地质学史时，惠威尔称赞德国地质学家维尔纳——能够合格地把他的理论体系建立在十分有限的证据基础之上：

> 他先前只考察了德国的一个小省，并且自负地认为……我们这个星球的整个表面，以及世界上的所有山脉……都是依照他自己考察的那个小省模型进行构造的。①

这当然不是一个发明出来只是用于攻击李嘉图政治经济学演绎模型的标准，相反，它是惠威尔推广普及的标准，用来反对以其他方式

---

① Whewell 1831e, 254.

对一门科学特定属性的解读。

这种标准的一个属性体现为以下观念：拥有确切的定义是成为一门科学的特定标志。在围绕政治经济学的广泛争论中，这种方法已饱受争议地流行开来，因为李嘉图主义者充分利用他们对租金、工资、资本做出的严格定义，让政治经济学可以同几何学形成对照。1833 年，惠威尔在《语言文献学博物馆》杂志上写了一篇文章，对他认为的这种观念已得到广泛接受的状况进行批驳，但他还尽力为《英国评论家》杂志的少数专家型读者厘清这种观念。他的头号观点是与数学和几何学进行类比是不恰当的，因为在这些学科中，各种定义本身是"我们推理基于的第一原则"。① 然而，在各门物质科学中，只要这些科学能够对已经在自然界中发现的各种关系做到准确把握，那么，它的定义对于解决外部世界问题就颇为有用。通过从力学和光学这两门成功的物质科学中选取实例，惠威尔主张，在这些学科中对术语做出了清晰定义，那么接下来，一场争论将会迎刃而解，或一种理论得以稳固建立。他的结论是："一直以来，确切的定义不是我们知识进步的起因，而是它的结果。"因此，拉瓦锡推动改进化学术语命名法，与他对理论认识的贡献联系密切。惠威尔暗示，有人荒谬地认为，单凭定义将会助力化学进一步发展，其实，不可能把确定的意思强加在科学术语之上，例如"酸"和"碱"的定义，因为"在最高权威人士中间，围绕他们各自学科的边界线问题"，正在发生持续的争论。②

这种情形使政治经济学的拥护者变得更加荒谬，因为他们不断推出确切定义，以此作为这门学科具有科学地位的证据。但是，为

---

① Whewell 1833b, 264.

② Whewell 1833b, 264, 267.

了强化确切定义作为一门科学特定标志的观点，惠威尔必须从根本上摧毁由李嘉图和几位牛津作者描绘的、在成熟的演绎性科学与政治经济学之间所做的那些类比。此外，他还必须强调政治经济学与解决自然界问题的那些学科之间存在明显差距。恰恰社会领域的复杂性是经验研究必不可少的根本需求。直到这一点得到落实之际——惠威尔认为这只是刚刚起步迈向科学——强加牢固定义的做法依然是极端草率的不成熟之举。进而言之，政治经济学议题还包含道德和政治价值。惠威尔强调指出，与线和圆的定义不同，关于租金和税赋、工资和资本的命题，其中包含着激情和利益。① 这种做法具有强调科学之间存在差异的效果，因此它很难在公共层面呈现一种整齐划一的科学观。

惠威尔信息中存在多种张力，这种情形与以下事实相伴生：他的评论包括两类受众，一类是有教养的公众，另一类是著作得到评价的专家。惠威尔的文章总是针对"普通读者"或"每日每时不断拓宽的具备智识素养的读者圈"而写，而且他认为——正如我已经指出——专家有责任为公众提供方便可及的科学解释。如果专家不这样做，那么可能的情况是：无知的普及者将会制造出各种误导性的颂扬之词，进而对公共理解科学造成破坏。但这些评论，以及那些由其他重要评论者——例如布儒斯特——做出的评论，皆以专家共同体为目标。因此，赫歇尔感谢惠威尔："你的两篇书评对科学在英格兰大学中的状况和莱尔的地质学做出了高度评价——特别是第二篇书评，我读过好多遍，我现在对它几乎了然于胸，而且我对它的思考，比我相信自己将表达的意思要丰富得多。"② 第二篇书评

---

① Whewell 1831d, 56.
② 赫歇尔致惠威尔的信，1831.9.29；琼斯致惠威尔的信，1831.3.20，分别收录于 Todhunter 1876, 1, 57; 1, 61。

是应莱尔之邀为《地质学原理》第二卷而写，而且莱尔表明，惠威尔的一条文字——说他已经开始撰写这篇评论——真正"激励我精神饱满地投入研究工作"。① 同样可以证明的是，专家希望自己的著作能有一篇生动可读的评论，因此可以吸引期刊读者。在这一点上，例如莱尔认为，惠威尔写的第二篇书评非常好，但不像第一篇书评那样"具有精神饱满的风格"。②

另一方面，这昭示了科学以及诸如神学、政治学等学科在公共论坛中的地位。但与此同时，这意味着一些确定的议题，例如归纳逻辑、不同科学门类之间的恰当类比、术语学的角色，都得到公开讨论，同时这些议题也是引发专家争论的重要问题。赫歇尔、莱尔和琼斯的原创性著作——为他们各自的领域做出了开创性贡献——也提出类似这样的议题，因此很难为上述两类读者写出相应的书评。相比之下，1834 年，玛丽·萨默维尔出版的《论物质科学的联系》是一部深思熟虑的通俗化著作，尽管它也是一部要求颇高、充满苛求的著作，但惠威尔在《季度评论》上对这部著作的解读，使他有机会思考：通过怎样的方式，才能将科学呈现给更广泛的读者大众。

（5）萨默维尔与科学通俗化

这不是惠威尔写出的一篇最佳评论，可能因为洛克哈特此前突然通知他，现在迫切需要在这篇评论中引用原作。因此，这篇评论的大部分内容由萨默维尔著作的节选片段构成，尽管如此，它仍然包含一些足以揭示问题的评论。惠威尔开门见山地表明，现在有"两种不同途径，可以使物质科学（Physical Science）变得通俗智慧

---

① 1831.11.12, 12.2 期刊目录，收录于 Lyell 1881, 1, 351, 355。
② Lyell 1881, 1, 359。

且充满趣味",或将科学呈现为实质性内容,或针对科学更加广泛的关系和关联性展开讨论。惠威尔承认,后一种选择可能有些含糊不清,但它具有潜在用途,因为"它可能看似有些奇怪,但它无疑具有真实性,因此基于这个过程的通俗面相来关心科学,可能会得到一些人的理解——他们非常模糊晦涩地理解这个过程本身的性质"。①

通过表达这个观点,惠威尔捍卫了萨默维尔著作的宗旨,但更广义而言,他对这项任务做出解释,即尝试运用"一种通俗观点来表达当前的科学状态"。他将这种做法与绘画做类比,在渲染描绘主题和背景时,不需要依赖具体的细节表现,因此惠威尔确认,"可能为这种目的服务的语言将为我们呈现这样一幅科学图景,它具有一种范围广阔且丰富多彩的视野,在这种视野之下,我们可以看到科学事业许多组成部分现在所处的相对位置及其承载的内容,尽管我们不去追溯任何组成部分的确切细节。"②在复杂的数学和物质科学领域,萨默维尔成功做到了这一点。惠威尔评论,这是公众无知程度很高的一个领域,并且引用萨默维尔论及的那个实例:当预测到一颗彗星将接近地球轨道时,巴黎发出警报。法国物理学家阿拉戈③写了一篇文章,力求驱除这些恐慌情绪,并且解释地球轨道不是一种可以被这个事件摧毁的物质实体。惠威尔引用这个实例来描述这种"观念困惑",像萨默维尔这样的著作可能会厘清这种观念困惑。

然后,惠威尔从科学法则通俗化问题转向如何定义科学形象

---

① Whewell 1834b, 54–55.
② Whewell 1834b, 55.
③ 阿拉戈(Fransois Arago,1786—1853),法国物理学家、天文学家,精于光学和电磁学实验。政治上属于资产阶级共和派。——译者注

问题。萨默维尔的著作架起一条可以通往其他主题的桥梁：一个主题是科学的统一性，另一个主题是女性在科学中的地位。《论物质科学的联系》允许惠威尔提出以下问题：科学被"分离和肢解"的凶兆，是过往的普遍主义者——例如霍布斯和歌德——被相互漠视对方研究的专家所取代，"数学家远离化学家；化学家远离博物学家……现在可能是一位研究电化学的化学家；若是如此的话，他如今把具有共性的化学分析留给其他人去做。"沿着这条思路，惠威尔得出结论："物质科学"现在甚至丧失了"统一性的全部痕迹"。惠威尔解释道，萨默维尔的著作对这种情形做出一种可能的回应，这是因为，萨默维尔表明，被肢解的科学现在如何"通过普遍原理的发现被统一起来"，并且发现了不同现象之间——例如"电力和磁力的相互影响"——的关系和类比性。惠威尔补充道，萨默维尔的著作还清晰表明各种物质科学之间存在的另一种联系，即"科学共同体认为他们都要使用数学语言"。① 随后，麦克斯韦对这部著作的大部分内容做出评论，这番评论表明："现在有一种广泛的渴望，那就是能够形成某种将物质科学作为一个整体看待的观念。"②

但是，鉴于萨默维尔已清晰提出科学统一性议题，惠威尔则利用这篇书评，将该议题置于一个更广阔的行动议程中。他没有将自己束缚在物质科学的专门化问题中，相反，惠威尔坚信：整个科学事业正在陷入丧失其整体性的危险中。他说："对此现象有一个惊人的描述，即我们需要任何一种名称，利用它，我们可以通过集合的方式，为学生标识出物质世界的知识。"③ 于是，在1833年英国科学促进会年会上，由于"没有通用术语"，所以掌握自然知识的

---

① Whewell 1834b, 59-60.
② Maxwell 1890, 11, 401; Yeo 1986a.
③ Whewell 1834b, 59.

学生无法用这类术语来描述自己。接着,鉴于柯勒律治拒绝承认用"哲学家"一词指称掌握自然知识的人,因为它"太过宽泛且太过高大",惠威尔把这种做法与"某位天才绅士"——就是他本人——如何建议用"科学家"(scientist)这个术语作为称呼联系起来。在建议使用这个术语的同时,惠威尔不仅有效地把"科学家"与"艺术家"(artist)区分开来,而且着力突出天文学家、化学家、地质学家和植物学家皆参与其中的科学共同事业。"科学家"术语的提出,是防止"科学帝国或科学联邦"——惠威尔和洛克哈特对科学事业的称呼——分裂策略的组成部分。现在需要强调的重点是,惠威尔选择在期刊媒体上提出这个议题,并且把他创制的新词"科学家"公之于众。因为通过这条途径,他为元科学评论描画出一方空间,他的远大抱负远超出萨默维尔的主张。①

在这篇书评中,惠威尔用相当大的篇幅来反思以下事实:《论物质科学的联系》的作者是一位女性。其实,惠威尔告诉洛克哈特他现在的目标是针对"萨默维尔女士和她的著作"表达观点。② 现在可以不算太过推测地认为,惠威尔此举关系到科学统一性的重大主题,因为他含蓄地表明,在各种偏见普遍存在的背景下,科学无须被性别分隔开来。很大程度上,这不是因为他相信不存在特质鲜明的男性或女性精神特征。他说,存在一种"心灵中的性别":在女性心中,行动是感受的结果,是看得见的思想;当男性完成理论化研究时,他们不会——像普通男人那样——受到各种实际应用的烦

---

① 有些作者遗漏了惠威尔在这种语境下创制"科学家"一词的事实,因为他们根据《牛津英语词典》(OED)索引词条,解释惠威尔后来在《归纳科学的哲学》中使用的"科学家"一词。在法国,当时甚至不存在"自然哲学家"(natural philosopher)的同义词,因为"savant"一词通常指的是学者;因此,法国人早已开始在言论中用到"数学家"(mathématicien)和"化学家"(chemiste)的称呼(参见 Paul 1980, 105)。
② 惠威尔致洛克哈特的信,1834.1.29, NLS 924[41]。

扰。但由此带来的结果是："当女性作为哲学家时，她们表达的思想可能是清晰易懂的。"①

这里包含存在严重歧义的信息，它似乎是：萨默维尔表明一位女性可以理解物质科学，因此她的潜在受众不单是男性。其实，在评论她先前出版的著作《天体力学》时，惠威尔早已更加清晰地表达了这个观点。1832 年，在惠威尔的著作新版《动力学教程》中，他告诉一所大学的读者：她的著作（her work）表明，这些更加严格的研究，确实"同女性在优雅和成就方面接受的所有更加温柔的训练是可以和谐相融的"，而且不能再把这些更加严格的研究表征为——"它们有悖于一种精致文雅的品位，也不熟知古典和现代文学"。②萨默维尔曾强调，《论物质科学的联系》是写给她的"乡村女性"同道的；但惠威尔评论道，这里包含的丰富内容将会令一些人感到惊异，因为他们认为："女性自夸式地卷入了唯独属于确切科学的领域。"③科学将拥有大量受众，包括男性和女性，这个前景对惠威尔和其他科学事业普及者极具吸引力。然而，在惠威尔对萨默维尔的赞誉中，丝毫没有表明女性可能成为具有创造性的发明者，成为可以做出思辨分析的科学阐释者。萨默维尔本人当然可以感受到前一种角色超出了她的能力。她后来回忆道："我自觉地认识到，我本人从未做出过一种发现，因此我根本没有原创性禀赋。我有坚韧的耐力和智力，但确实没有天才禀赋，天才源于天堂开启的智慧，它不会赋予我这种性别。"④此处最大的反讽是：惠威尔本人也认为，自己缺乏萨默维尔说的这种天才禀赋的能力。

---

① Whewell 1834b, 65.
② Whewell 1832e, v.
③ Whewell 1834b, 56.
④ Patterson 1969, 318.

3. 科学与公共领域的危机

这段密集评论期（1831—1834）过后，惠威尔未在期刊上撰写其他关于科学的文章，尽管他在《麦克米兰杂志》上发表了一篇关于孔德著作《实证哲学教程》的书评，这是他最后发表的几种作品之一。如前文所述，惠威尔长期以来对期刊价值持怀疑态度，到他撰写《历史》之际，他对各种评论扮演的角色——作为公众科学态度的向导——颇为不满。他表明，托马斯·扬的光学理论出现了传播不畅的现象，这说明"在英格兰见不到一种科学先生群体——他们的知识和性格适合对科学问题做出公开判断，或者说，适合对公众意见给出恰当的激励和引导"。"单说'几本评论杂志'的作者，他们自做决定且秘密裁决，甚至声称自己具备这样做的权威"。① 与这些评论紧随的，是惠威尔确认的科学评论者的角色——他们是严肃的召唤者，如果这个角色遭到误用，将会产生破坏性后果。最迟在 1857 年，惠威尔向福布斯说明以下做法的危险性：英国科学促进会的主席们和《爱丁堡评论》的评论家们宣传的仍是推测性理论，就是说，"他们宣传的理论具有一种判决性立场，他们给普通读者提供了一种错误的科学进步观念"。② 然而，惠威尔自己写的评论，不仅努力裁定新科学理论，而且竭力普及科学事业本身。他一直不敢确信这些评论能获得成功，他在 1856 年回忆："在我的人生历程中，到目前为止，我写的评论文章屈指可数；而且那些文章至今仍未流行，除了一篇或二篇论述科学主题的文章。"③

在这种背景下，今天看来具有重要意义的是：惠威尔并未致力

---

① Whewell 1857a, 11, 346.
② 惠威尔致福布斯的信，1857.9.19，收录于 Todhunter, 11, 411。
③ 惠威尔致凯特·马尔科姆的信，1856.4.18，收录于 Stair-Douglas 1881, 470。

于撰写疾劲短暂的评论，紧随评论的是对科学共同体权威性造成的一种最具公共性的威胁——1844年，罗伯特·钱伯斯的著作《创世的自然志遗迹》（以下简称《遗迹》）问世。的确，惠威尔认为这本书的成功昭示了：在向更广大的受众解释好科学方面，科学评论家——或许包括他本人——的失败。塞奇威克在《爱丁堡评论》上发表了长达85页的猛烈攻击，他用这种形式践行他所认为的自己的责任。但惠威尔不同，他同福布斯和欧文一起，认为直接回应只会使科学共同体的权威断言成为一种具有合法性的科学传闻。后来，惠威尔劝告塞奇威克："让普通读者对这类主题真心满意的最大困难是你必须反对颇具吸引力且积极正面的通俗化著作，更不必说还要反对那些否定和怀疑地质学的言论。"① 纳皮尔似乎颇为欣赏《遗迹》提出的问题，他告诉惠威尔：他已要求塞奇威克针对这部著作撰写评论，因为其中"那些地质学推论，把这部著作更多纳入了他选择的领域，而远远超出你的领域"，但随后纳皮尔认识到：一篇好文章"需要在科学和哲学方面皆有所建树——甚至地质学及其相关领域如今也许特别关心这方面的内容——这几乎就像你本人的事业那样广博多彩"。② 因此，纳皮尔——他的身份定位介于专家和有教养的读者之间——能够看清惠威尔的独特角色。有趣的是，至少在身处精英科学共同体之外的那些人看来，可能会采用一种综合性通俗著作的方式——例如钱伯斯的著作——来强调惠威尔元科学批评事业的重要性。然而，塞奇威克谢绝了这个撰写评论的要求。

相反，1845年，惠威尔那两部重要著作中的部分内容得以再版，名为《创世者的昭示》。在该书序言中，他指责《遗迹》的作者先前犯下一种严重的智识和道德错误。在"星云假说"——这个术语

---

① 惠威尔致塞奇威克的信，1849, WP, O 15. 48[69]。
② 纳皮尔致惠威尔的信，1845.2.8, WP, Add. MS. a. 210[10]。

是惠威尔在他的桥水论文集中创制的——案例中,钱伯斯已经把试验性科学假说从安全的科学专家圈子中移除出去,并且"向世界"宣布这是一个正统教条式学说。① 反讽的是,某种意义上,钱伯斯正在践行惠威尔早期建议的一种重要功能,即为公众创造有趣的大众化内容。专业科学家在提供这类内容方面的失败,确切地说,就是源于钱伯斯在论证其著作正确性时阐述的那种观点。② 在同弗雷德里克·迈尔斯(Frederick Myers)——《遗迹》全面综合的磅礴气势给他留下深刻印象——讨论这个重要问题时,惠威尔似乎承认了失败:

> 如果事实是,只把化学、地质学、生理学以及类似学科合成一个名义上的系统,同时,在你的假说的每一步,你都违反每个学科的特定原理——它们被奉为一种哲学成就,因为这位思考者正在寻找一种比万有引力涵盖更广的法则;那么,我无法明白,我们——这些人钦佩万有引力的发现是源于它自身蕴含的真理,以及通向这种真理的每一步都是稳妥无瑕的——现在必须做什么,除了去努力寻找另一种读者受众。③

布儒斯特把关于《遗迹》的争论解释为一种威胁,矛头直指科学与宗教结成的"神圣同盟",自然神学为这个同盟提供保障。④ 但从第二章采用的视角看,它也是在公共领域发生的、与这场科学争论密不可分的、多种紧张关系的累积。本章已经表明,维多利亚时代的重要期刊如何提供一种精致的文化空间,科学先生们在这个

---

① Whewell 1846a, 25.
② Chambers 1846, 179; Yeo 1984.
③ 惠威尔致迈尔斯的信,1845.3.16,收录于 Stair-Douglas 1881, 318。
④ Brewster 1845, 471; Yeo 1984, 11.

空间中评论彼此的著述，但他们这么做是基于一种文章体裁——著作评论的撰写，这势必给他们带来机会与危险。惠威尔的早期评论特别有趣，因为它们没有囿于解决实质科学理论问题。相反，它们的目标是进行元科学反思，对以下问题做出一般性评论：科学的性质、方法、术语学；不同学科之间的种种关系；实现一种社会性科学的可能性；对统一性与专业化存在竞争性的感知。惠威尔准备在这种公共论坛上提出这些议题，由此昭示出这些议题唤起的回应将超出专家圈子。但由钱伯斯创造的这场争论，突显了这类活动内秉的重重困难。

期刊上的科学评论通常拥有双重受众，因为既由同行对著作做出评价，同时这种解读还要面对范围更广的外行读者。钱伯斯主张，他没有低估任何已经由专家"确立的真理"，而是把这些真理融入这类受众现在尚未接受的"通俗化"过程中。① 那么，某种意义上，他的主张不符合论文和专家著作层面的实质性科学要求，而是符合期刊文学中围绕科学目标和方法做出更广泛评论的要求，也与这些评论发现的更广泛的意义相契合，简言之，与惠威尔这样的博学多识者倡导的元科学相契合。

尽管如此，到19世纪30年代中期，至少在同行眼中，惠威尔——作为一位科学发展的评判者——的声誉已经得到巩固，这凭借的是他的评论文章、他为英国科学促进会撰写的学科发展报告、他对科学术语学做出的贡献；而且在另一条路径上，凭借的是他在"桥水论丛书"《天文学和普通物理学》中，对科学存在的宗教和道德方面问题的处理方式。我在下一章考察惠威尔的这项工作，将它作为一个实例，说明通过这条途径可以探讨：19世纪早期那场关于科学性质的争论突显的科学家的道德特质问题。

---

① Chambers 1846, 404; Yeo 1984.

第五章　道德科学家

> 我从未听说过任何数学家是一位天文学或物理学的怀疑论者；不过，知识体系现在出现了几种分支，它们处于更加开放地面对形而上学无聊争论的位置。
>
> ——杜加尔德·斯图尔特，1827①

> 与惠威尔混在一起时，遇到了（法国物理学家）阿拉戈……他告诉我们一些拉普拉斯的逸事……（其中一件是他驱逐了一切神性假说）。拉普拉斯曾去拜访阿拉戈，乞求他不要声张这件逸事，因为这种措辞可能确实会对他造成伤害，然而，他不愿意否认这件逸事。
>
> ——约瑟夫·罗米利的剑桥日记，1834年9月26日星期五②

这项发生在19世纪期间巩固科学地位的事业，具有一个标志性事件，那就是高尔顿指出，英国的科学先生是一个适合作为心理学研究对象的独特群体。1874年，高尔顿对这个群体的先天和后天情况做了考察，并且感到一种理性的自信，坚信他已经从这类个

---

① Stewart, D. 1854–60, III, 207.
② Bury 1967, 61.

体的共性中，分离出一系列具有重要意义的态度和天资。然而，他并未"尝试定义'科学先生'"，如其所言，因为这类群体通常都已融入其他群体之中。因此，早期有问题的科学先生形象留下一些痕迹，例如，高尔顿评论说："我的一些读者可能会感到惊奇，因为在大英联合王国现在能发现如此之多的三百余人，他们生来就享有科学先生这个称号。"①

如第二章所示，正是部分因为科学先生具有这种相对缺乏定义的社会形象，它促使一些特定的科学价值观变得如此必不可少。但它也意味着：有一类人选择了这种无确定性的职业，对于这类人，当时存在一种特殊的关注。恰好在高尔顿的研究之前，对于呈现这种科学特质来说，各样科学先生传记是一种至关重要的媒介，通过这种方式，既可以表明这种科学特质符合当前通用的美德行为模型，又可以用来解释它与众不同的特征。②1896年，智识思想史家梅尔茨评论道："19世纪前半期的英国科学史，由一系列传记或专题论著构成，它们都基于各种单一的观念和观点。"③梅尔茨把这种情形同英格兰科学较弱的制度基础联系起来，因为法国或德国的科学制度与英国形成鲜明的反差。相比之下，在这些国家，学校是争论的主导者，"唯独在英格兰，现在那位属于思想家的人士几乎天天宣称公众关注可以带来更巨大的分享空间"。④

然而，把这种对个体科学家的强调，仅仅视为一种对强制度体系缺失的反思，可能是错误的做法。例如，默瑞尔至今仍然主张，

---

① Galdon 1874, 6–7.
② Theerman 1985 and Yeo 1988.
③ Merz 1896—1904, 1, 278.
④ Merz 1896—1904, 278–279.

第五章　道德科学家

英国科学的这种"个人主义"还同其他关于自助的文化主张有关。①进而言之，英国关心的不仅是个人自由，而且还关心研究自然的学生的道德品质，而且这顺理成章地关系到以下事实：道德品质与责任感被认为是内秉于个体而非内秉于机构的素质。当然，存在一个与上述事实相对立的主题，即科学具有与众不同的特征，围绕这个核心，越来越强调更加具体的概念，例如科学方法。②这个趋势的巅峰体现为以下观念：科学真理的实现，需要能够将多种程序付诸应用，这些程序可以编纂成一套系统，在此过程中要避开特定科学家个人的情感、利益和偏好。罗伯特·默顿③引用过这个观念，当时他拒斥的观点是科学中罕见的欺骗行为应当归咎于科学家的"道德操守"，他认为这种情况反而表明科学共同体的社会规范具有影响力。④但在维多利亚时代早期，科学家——同科学过程一样——是一种权威之源，而且这些相互竞争的科学形象之间的紧张关系，仍处于持续争论的状态。

惠威尔未写过全面完整的传记，但是在他的几部重要著作中，可见渗透于传记体裁中的特定议题。在惠威尔早期撰写的归纳法教科书中，作为论述科学发现之路的第一步，他会引用"与此联系密切的特定人物"。他强调指出：剑桥先生们为皇家学会发起的"传播有用知识"运动撰写的多部科学史著作，树立起"最佳科学史和科学伟人智识思想传记"的典范。⑤这种科学观——它有赖于英雄人物做出的贡献——明确地体现在惠威尔的著作《历史》中，例如，

---

① Morrell 1971b.
② Schuster and Yeo 1986.
③ 罗伯特·默顿（Robert Merton，1910—2003），美国社会学家，结构功能主义代表人物之一，科学社会学奠基人。——译者注
④ Merton 1973, 276.
⑤ WP, R 18. 17$^{5(1)}$; Whewell 1831b, 88.

书中对开普勒、牛顿和菲涅尔大加称颂。尽管有些记者认为，惠威尔正在撰写一部牛顿传记，他却没有创作出一部独立的科学传记。①一位评论者——对惠威尔著的《论发现的哲学》中的一节发表了评论——说这本书对伟大的科学和哲学人物的解说"无法使他们栩栩如生"。②

尽管在严格意义上，科学传记属于极少运用文学形式的传记，惠威尔在这方面也未试过手，但在他关心的那些关键议题中，有一个议题持续启发着大多数与他同时代的传记佳作，那就是智识与道德特质之间的关系。本章着重勾勒下述启发的实现方式：对科学先生群体性格特质的关注，启发了关于科学性质的多种讨论，论题包括科学与自然神学的联系；个体与机构的道德责任感；理论家与观察者的劳动分工；科学探究的精神气质。本章主要聚焦1831—1837年这段时期，并对一组共性议题做出辨析，这些争论的主题包括：英国科学促进会、惠威尔的桥水论文集，以及对牛顿与弗拉姆斯蒂德争论的阐释。

一、自然神学与道德科学家

现在众所周知，惠威尔为自然神学学科做出了重要贡献。《天文学和普通物理学》，作为《桥水论丛书》中的一卷，是他第一本

---

① 关于惠威尔对牛顿信徒的认识，参见弗朗西斯·贝利致皮考克的信，1834.1.11，WP, Add. MS. a. 200^{206}；麦考莱致惠威尔的信，1837.12.2，WP, Add. MS. a. 209^{152}。关于他对牛津大学收藏的牛顿档案的考察，参见惠威尔致巴克兰女士的信，1831.10.10，RS MS. 252^{45}。他大约在1821年的记录：朴次茅斯收藏中的牛顿手稿，包含许多关于炼金术著作的注释（WP, R 18. 9^9）。这是否成为惠威尔写一部传记的阻碍，就像此举后来给布儒斯特招来麻烦一样？参见 Yeo 1988, 270-278。

② 作者匿名，1860, 366。

第五章　道德科学家

论述科学议题的著作,写作对象则是超出剑桥师生之外的广大受众。① 正是1833年首次出版的这一系列著作,而且是最受欢迎的大众图书,因此,时至1864年,它已经出到第七版。现在关于这些著作的讨论,通常基于以下两个主题:一是它如何将物质科学应用到自身观点的设计中;二是它构建的世界图景,是由那位神圣设计师——上帝——的力量和仁慈,从灾难边缘挽回的一幅世界图景。② 这方面内容对惠威尔的声誉来说当然至关重要,但他的密友兼批评家认为,这部分——论述归纳和演绎的思维习惯造成了不同的道德后果——是最具创造性,也最具争议性的内容。罗斯公开宣布,"你在发现者与纯粹数学家之间做出的区分",确实"像真理本身一样真实"。③

对于自然神学传统来说,这个主题并非完全陌生,在最广义的层面,它主张自然知识会使它的学生在道德上受益。惠威尔的"第二本书"认为上帝的伟大体现在自然之中,这个观点得到最频繁的引用,但有些作者的观点更为具体。例如,在为科学辩护的两篇重要文章中,赫歇尔和布拉姆都坚决主张,科学探究对科学耕耘者的心灵会产生一种道德效应。赫歇尔在他的著作《初论》中建议:伟大的科学发现者,通过理解造物主的作品,通过允许他们的人类同伴与他们一致认同这种与造物主的关系,从而提升了这些同伴的尊

---

① 他的另一本通俗趣味著作,论述德国教堂建筑,1830年出版。
② Glisserman 1975.
③ 罗斯致惠威尔的信,1833, WP, Add. MS. a. 211[143]。惠威尔说:"我最想知道,包含归纳法和演绎法比较的那部分内容,给读者留下了什么印象。"(惠威尔致琼斯的信,1833,收录于 Todhunter 1876, 11,161)早在1827年,针对形而上学家、数学家和诗人具有的"不同智识特质",约翰·密尔做过与惠威尔类似的分析,参见 Stewart 1854—1860, IV, 185—249。关于惠威尔设计的论证方式,参见 Brooke 1991a。

严。① 这些主张使科学地位密切地依赖于这类作者——他们的著作体现了这些主张——的性格。1827 年，布拉姆在其著作《论科学的对象、优势与乐趣》中，已经对这类主张做出极致阐发：

> 现在确实的情况是，我们的劳动没有得到公平回报：人们已经熟知惊人的天才，他们就是把人本性提升到高出其天生注定领域的那些人；而且……人们知道这个观点是如何逐渐超越了那种普遍共识，这种共识认为：这些惊人的天才秉持着一种分裂的身份，他们正在超越人类的所有伟大导师，而且他们用虔诚的方式言说，仿佛牛顿和拉普拉斯不是凡人的名字。②

这就引出一种敌对反应，它来自牛津大学的高教会派神学家，牛津运动的拥护者，他们畏惧一种建立在科学基础之上的世俗道德的成长之势。1834 年，威廉·西维尔③发出警告："一个由异教徒组成的国家，可能会创造出一位基督徒，与此相比，一个由牛顿们组成的国家，不会更多地生产出一位绅士。"④约翰·亨利·纽曼评论道：托利党首相罗伯特·皮尔先前也接受了这种科学观念，认为科学是提升道德的一种方式，在说到牛顿和拉普拉斯时，"仿佛他们根本就不是凡人"。⑤

因此，当惠威尔着手撰写一部自然神学著作时，科学的道德影响已成为一个争论颇多的议题。在强调这个议题时，惠威尔对"一

---

① Herschel 1830, 16–17.

② Brougham 1827a, 47.

③ 威廉·西维尔（William Sewell, 1804—1874），英国神学家和作家，牛津埃克塞特学院院士、导师（1827—1853）。——译者注

④ 转引自 Corsi 1988, 123。

⑤ Newman 1841, 6.

些著名的科学先生不信宗教"的指控做出回应,并通过以下方式达到这个目的——他使性格特质问题成为关于科学性质争论的核心议题。在评论赫歇尔的《初论》时,惠威尔将其描述为用最佳方式诠释了"道德对智识的主导力",他引用的段落是赫歇尔对以下指控的回应:"自然哲学"以及确确实实的"全部科学",强化了科学先生们的自负感和对宗教的漠视。① 在反击这种指控时,赫歇尔指出,科学开启了那些"构造完美心灵"、面对一切真理的能力,并且教导哲学家们认识到:"做到谦虚,以及毫不逊色地做到充满希望的自信,这两个要求现在最好应当变成哲学家的性格特质。"惠威尔似乎反转了这种司空见惯的回答,他主张:如果科学先生具备高尚品德,那么,他们的科学成就将会同样具备这种品质。

二、惠威尔的桥水论:道德先生与道德方法

《桥水论丛书》第三册名为《宗教观点》,惠威尔在这册文集的第五章和第六章讨论:人类心灵的归纳和演绎习惯所具有的道德和宗教内涵。紧随这个讨论,他断言:物质世界存在的设计、秩序和法则的证据,在人们心中造成一种确信——把一位"智慧且自知的神"当作宇宙的特定作者。② "物质世界的目标"是要发现这个由神设计的世界的定律和属性。惠威尔先是鼓励人们,科学地理解自然可以增强对一位智慧神的信仰,随后他努力表明,宗教信念与最伟大科学人物的性格特质并不矛盾。

这里的问题是对这些最伟大科学人物的性格进行特殊化处理。

---

① Whewell 1831a, 400; Herschel 1830, 7.
② Whewell 1834a, 301-302.

惠威尔确认，他们是"伟大发现者"，他们已经探查到具有综合性的自然法则，但由于能够得到揭示的这类法则屈指可数，所以"伟大发现者"的名称数量确实十分有限。惠威尔力求对这些伟大头脑获取自然知识的独特思想过程进行分析，因此他承认这项任务颇为艰难，因为可供参考的"成功实践的例子极其稀少"。尽管如此，惠威尔仍然指出：这类特殊个体的思维习惯，鼓励人们信仰一位仁慈的造物主。他认为，如果我们对归纳型发现者的智识路径进行追溯分析，就可以找到这类做法的理性所在。面对大量看似毫不连贯的事实，这些探究者通过不懈的奋斗，才能辨识出事实背后存在的某种形式的秩序。因此，开普勒曾经同已知行星轨道的周期性时间和直径展开较量，直到突然间——用惠威尔的话说——先前毫无联系的观察数据主动呈现出"运行规则相互联系且明白易懂的一面"。① 在全部科学领域最为人称道的发现中，牛顿感知到开普勒定律与"所有其他已知的太阳系属性"之间的关系。在惠威尔看来，这里的决定性因素是，这种转向——从无序事实逐渐转向感知到其中存在一种定律——的性质：

> 这个步骤非常类似一种智能生物理解和掌握另一种智能生物的特定概念的方式，因此，如果在那些人的心中，这个过程已经发生，而且他们已经完全准备好，要对一直在监测中的情报的存在和运行方式进行确认，那么，我们不必对此感到惊讶。②

---

① Whewell 1834a, 304–305.
② Whewell 1834a, 307.

第五章 道德科学家

在对伽利略、哥白尼、开普勒和牛顿的伟大科学成就做出微缩式解读之后,惠威尔转而强调他们的虔敬之心,以及他们从事的科学研究对这种虔敬之心的强化方式。① 不幸的是,这里存在一个棘手的问题:惠威尔承认,"在一位神圣的物质世界立法者的印象中,观察型科学的操作具有很强的可观察性,相比之下,实验型科学的操作则没有那么强的可观察性"。尽管如此,惠威尔可能在论及波义耳、道尔顿和布莱克时,认为他们是认识到自然巧思本质的实验家。

从这个立场出发,面对高教会派批评家坚称的观点——现在有自然哲学家做出缺乏宗教信念的表现——惠威尔能够做出让步。但是,他反驳道,这些自然哲学家中间没有一位是伟大的科学发现者。这个观点对以下两种行为做出严格区分:一是原创性地发现自然法则,二是对这些法则的结果和应用做出解释。前者包括"归纳提升",后者包括"演绎推理",这两种做法蕴含着"不同的思维习惯"。② 从广义层面看,惠威尔把演绎法描述为这样一项任务:对由极少数重要发现者勾勒出的那些普遍法则进行验证和阐发。相比之下,这是一种"相对卑微的职位",绝大多数致力于科学实践的人皆以此为业。③ 在此必须强调,这是一种怪异的方式,因为它将科学共同体分隔为两叉,具体说来是因为:惠威尔当时卷入了关于观察者与理论家劳动分工的争论——这是一种更明显的培根式二分法,并且当时在英国科学促进会中得到应用。这迫使惠威尔在归纳思维与演绎思维之间做出上述对比,采用的方式是在他的研究中提出一些带有歉意的要求,就是说:必须从他的研究中清除"物质科学不

---

① Whewell 1834a, 309–317.
② Whewell 1834a, 324, 326.
③ Whewell 1834a, 304.

利于宗教信仰"的说法。通过把两种独特的思维方式分隔开来,惠威尔能够提出以下建议:科学实践者逐渐形成了不同的道德和宗教态度。这个观点远离了他在 1827 年发表的宣言,在那些宣言中,对于有人指责"现代物质和道德科学"都存在不少危险,他做出回答,但他没有对比归纳与演绎这两种思维。①

在把演绎分析描述为一种相对卑微的职位之后,惠威尔从 18 世纪最著名的自然哲学人物中间选出一些人,用来说明他的观点。惠威尔说,例如达朗贝尔、欧拉、拉普拉斯和拉格朗日,这些科学先生早已智慧地揭示出牛顿理论衍生的那些支流,但他们的成就是"数学天赋"的产物,无论这种天赋多么罕贵,它都不属于那种"能够预言普遍自然法则的天才"。②确切地说,就是因为这些演绎推理者没有亲身投入这项划定普遍原则的艰苦斗争中,因此他们有时漠视宗教印象。这些数学家总是解决最高水平的普遍化问题,因此他们经常认为,运动和重力定理具有"不言自明性,而且当然是一种先验性公理,就像那些几何学真理一样"。由于从来不需要思考这些定理可能"并不是我们发现它们所是的那种情形",所以他们忽视获得这些定理所依赖的一切证据,进而"用确定的公理和第一原理替代神性上帝,作为万物的起因"。③

惠威尔用一种重要的方式拓展了上述诊断。描绘完演绎式思维习惯在科学中产生的积极作用之后,惠威尔断言:这种习惯可能会阻碍人们对获取知识的其他方式的认知。有趣的是,尽管惠威尔正在与牛津学者就科学方法问题展开争论,但他仍然发现,惠特利的《逻辑学》可能会为他的目的服务,并对该著作的断言做出解释:

---

① WP, R 6.17^{14}; R 6.17^{13}.
② Whewell 1834a, 329.
③ Whewell 1834a, 331–332.

该断言声称演绎法阐明并且详细解释了那些真理,但此断言已经包含在被它当作一种前提的那些第一原理中,演绎法不是一种生成新真理的方法。另一方面,归纳法是在科学领域、在"人类经历的总体进程中"获取新知识的特定方法。这里的危险在于:演绎型思想家无法深刻领会深思推理(speculation)在道德和政治领域的价值所在,数学的精确性并不适用于这两个领域。①

惠威尔的论点蕴含着非凡的寓意。在一本专心确认科学的宗教价值的书中,惠威尔把科学共同体分隔为两类思想家:大多数属于演绎类,拥有这种思维习惯,剥夺了他们的宗教情感,剥夺了他们深刻领会道德证据与诗意美感的能力。因此,惠威尔提出一种观点:这类哲学家的一些特定官能经历过非同寻常的培养,使他们"比普通人更容易……错失通向多种真理的多条道路,这些真理蕴含在极端结果中"。②惠威尔力求平衡他的尖锐批评,他赞美由归纳型发现者组成的精英群体体现出的智识和道德优点,尽管如此,这已经使他很难把科学先生呈现为不折不扣的道德典范。作为一位揭穿科学自负姿态的批评家,罗斯几乎难掩他对惠威尔观点的惊奇叹佩之情:"你说纯数学家不重要,这种表达方式源于一个人具有你这样的科学地位,这个人确实非常重要。"③

在巴贝奇自主编辑的《第九种桥水论文集·散论》中,他对惠威尔的观点表达了惊奇之情,他指出,这些观点将援手施与那些认为从事科学对宗教无益的人。④正是惠威尔撰写的桥水论文集中的这部分内容,使他能够代表"属于更抽象的数学分支学科的其他耕耘

---

① Whewell 1834a, 334–337.
② Whewell 1834a, 338.
③ 罗斯致惠威尔的信,1833 WP, Add. MS. 211[143]。
④ Babbage 1838, iv-v, x.

者"做出回应。巴贝奇评论道：惠威尔似乎拎出这个非宗教态度的指控，不仅用它来反对这些人——他们从事抽象科学的分支学科研究，处理纯粹的数的属性问题，而且用它来反对"所有为演绎推理过程辛勤耕耘的人"。① 巴贝奇没有转而投身一场关于特殊科学先生道德立场的历史争论，而是在努力打断那种联系——惠威尔正在探索的在智识风格与道德态度之间建立的联系。巴贝奇质问，谁曾梦想"要对欧几里得或亚里士多德的道德或智识特质进行考察，以便确证或推翻该梦想者对这两位先贤所得结论的信念"？②

惠威尔阐明，他认为支持宗教的最佳论证，不是建立在自然法则数学化的基础上，而是建立在不同类型法则之间相互关联的基础上。③ 虽然惠威尔没有更普遍地援引"数学和物理推理"，对归纳和演绎思维进行重复区分，但鉴于巴贝奇的质问，他坚持认为：深入探究科学先生的"智识和道德特质"是必须之举。可以推测，在免除爱尔兰数学家威廉·哈密顿遭受的"反对演绎型数学家"指控之前，惠威尔已游刃有余地做出上述分析。无论如何，关于免除哈密顿遭受指控的事实是：哈密顿擅长写颇具分量的十四行诗，为此，惠威尔询问琼斯，能否选择这些诗印在他即将出版的桥水论文集中，这样做是否合适。④ 凭借惠威尔的巨大影响力，他的请求足以化解哈密顿遭受的这个指控。

如今已经正确地认为，惠威尔的桥水论文集为自然神学拥护论

---

① Babbage 1838, x-xii.
② Babbage 1838, xiii.
③ 惠威尔致巴贝奇的印刷体信件，1837.5.30, WP, 266 c. 80. 149[16]。黑尔说："你对巴贝奇那本可恨的书做出了回答，请给我一份这个回答的复本。"（黑尔致惠威尔的信，1837.12, WP, a. 206[170]）
④ 惠威尔致琼斯的信，1833.2.2, 收录于 Todhunter 1876, 11, 154; 惠威尔致哈密顿的信，1833.3.18, 收录于 Graves 1882-5, 1, 162; 554, 559。

做出了一份贡献。然而，刚才讨论的这几部分内容，惠威尔等人认为它们最为重要，因为它们把重点从科学和造物主设计自然之论转向了科学家的道德特质。但这可能是自然神学内部出现的一种新动向，有鉴于此，现在可能承认的是：在19世纪30年代关于科学的实践、价值和建制的多种争论中，惠威尔撰写的桥水论文集所关心的是科学先生的形象和道德特质问题。

三、个人 VS 机构

从1828—1829年，几乎就在一年内，英国科学共同体失去三位领袖成员：汉弗莱·戴维、威廉·沃拉斯顿①和托马斯·扬相继逝世。具有重要意义的是，威廉·哈考特——作为英国科学促进会首任秘书——在论及这些人物时，特别强调个人在小共同体中扮演着决定性角色。②不过，就在同时，这个新科学机构正在对一种不同的科学事业观进行定位——诚然，一种观念强调个人的重要性，但另一种观念强调共同规范、合作以及群体共识。

促进会内部的批评家探查到一项旨在广泛传播全体一致性的计划。1845年，威廉·科伯恩教长（约克郡主教）抱怨："一直以来，英国科学促进会成员总是习惯于严格一致的行动，他们不赞成观点中的所有差异。"③他承认，这导致英国科学共同体很难发起攻击。

---

① 威廉·沃拉斯顿（William Hyde Wollaston，1766—1828），英国科学家，出身于科学宗教名门世家。通过强化粉末冶金学技艺，最早生产出可锻造的延展性纯白金，并实现市场化。在许多科学领域做出基础性发现，1803年从粗铂中发现并分离出元素钯和铑。——译者注
② Harcourt 1831, 22。关于与法国科学界重要人物有密切联系的研究项目可能具有的脆弱性，关于门徒弟子和追随者的重要性，参见 Outram 1980, 34-36。
③ W. Cockburn 1845, 34.

然而，正如促进会的领袖们所知，这种一致性策略的基础是将社会和道德问题排除在外，关于这类问题，个人可能会有不同意见；在这类问题内部，不存在指导推理的规范。1833 年，惠威尔援引一份结构出乎意料的统计内容，他说这类结构是一种不规范的做法，并且提醒读者："道德和政治这两门科学"关心"我们道德天性中的激情、爱情和感受"。如果将这种探究的对象限定为"重要事实"，它可能才会得到承认。①

各类评论者都在争论这项行动议程。像默奇逊这类管理者认为，英国科学促进会的会议内容必须受到认真细致的监督，他还告诉哈考特："我们应当尽可能少之又少地引发争论主题，因为经验已经教育我们，这类主题经常在嘲笑声中被搬弄出来：我的意思是指一般的夜间演讲和展览。"② 作为一位很少参与评论的科学家，德·摩根对促进会第一次会议做出评论，并且建议：这个机构不仅需要对"什么议题应当讨论"形成一致意见，而且需要对以下问题达成共识——"所有人都可以诉诸应用的推理原则和方式，（以此作为武器），就不必害怕喋喋不休的争论，或囿于门派的恶毒创造"。就是说，需要避免让无法管理的争论延伸到合法的重要科学问题中。他希望这个建议有可能化作现实，因为"正在争论的大多数哲学问题，如今已被还原到不可能发生暴力冲突的社会情境中"。如果科学先生旨在追求"我们可能称作的一种专业目标"，那么，这依靠的不是任何"我们同时代人先天具有的卓越禀赋"，而是有赖于严格限制这些科学内部的争论，因为"这些科学为愤怒的争论提供不起丰盛的给养"。③ 德·摩根后来重申："现在对于一个科学学会

---

① Whewell 1833, xxviii; Morrell and Thackray 1981, 291–292; Whewell 1841c, xxxiii.
② 默奇逊致哈考特的信，1838.4.6，收录于 Morrell and Thackray, 1984, 304–305。
③ De Morgan 1835, 154–155.

来说，没有任何东西比保持安静更加重要。"①

此处的危险是：在个人的身份和价值、机构的身份和价值之间，存在多种竞争性主张。英国科学促进会正在努力避免这种冲突，皇家学会改革运动引发了对"个人在科学学会内部的角色问题"的清晰关注。在《关于英格兰科学衰落的反思》中，巴贝奇请读者连同他本人的性格一起对他的评论做出判断，他在此寄予的希望，在这个"极其微小的……科学世界中"可谓完全众所周知。他有一个论点认为表面采用一种统一的机构形象，是为了对应受谴责的个人实施保护提供支持。"近来日渐形成对个人性格抗议之势，这是为了防止对科学的错误治理问题展开全面调查"，通过引用这段内容，巴贝奇坚称"每一位公共知识分子体现在公共领域的性格特质"，都是一个可供讨论的合法主题。②在围绕皇家学会改革法案展开激烈争论之际，同样的议题也正考验着英国科学共同体。在何种意义上，科学机构可以代表其个体成员的观点？英国科学促进会和皇家学会，究竟是私人机构还是公共机构？它们的社会和道德责任究竟是什么？③

四、牛津运动者对机构科学的批评

当英国科学促进会的领袖们正在为公私责任之间的恰当关系进行斗争时，它最恶毒的批评者恰好把这个问题制造成他们发起攻击的关键靶点。针对促进会，牛津运动者有几个攻击目标，例如：作为一个世俗教会，促进会颇具威胁性，它把科学和哲学——而非宗

---

① De Morgan 1842, 438.
② Babbage 1830, x–xi; De Morgan 1842, 436; also Miller 1983.
③ Brougham 1827b; Macleod 1983.

教——宣讲为一种联合会式的纽带，它把科学限定为物质性探究。①但这个批评还有另外一层意思，它尚未得到足够的注意，就是反对把个人身份同化为一个机构的身份。在纽曼授权《英国评论家》杂志发表的一篇重要文章中，威廉·鲍登（William Bowden）抨击科学机构生产知识的方式，并且重申个人主导型探究方式的价值。他不是畏惧科学进步，但像人类追求的所有目标一样，个人主导型探究具有"与它自身相伴的道德危险"，而且鲍登相信，这些危险被现代科学组织夸大了：

> 在整合制公司、联营制公司、联合股份制公司逐步发展运行的这些时日里，自然科学业务，像其他公司业务一样，必须——作为一件理所应当的事——由机构而非由个人来执掌运行。②

由此引发的是将这些批评者的观点与那位"形单影只的学者"进行对比，例如罗吉尔·培根修士③，通过多年单独一人辛勤工作，创作出百科全书式的《大著作》。相反，近来的科学事业风格是录取许多更加心胸狭窄的人，让他们进入一项计划，这项计划在一种日常基础上探寻表格式的结果。这里似乎关心两个问题：第一，令人深感焦虑的是，把不确定或存在争议的发现展示在公共论坛上，而非把它们限制在学者的私人话语中。几年前，科伯恩教长——他批判

---

① Bowden 1839, 18-19; Morrell and Thackray 1981, 231-233.
② Bowden 1839, 14.
③ 罗吉尔·培根修士（Friar Roger Bacon，约 1220—1292），英国方济各会哲学家和教育改革家，是中世纪重要的实验科学支持者。他研究过数学、天文学、光学、炼金术和语言学。——译者注

巴克兰和塞奇威克的地质学——在《关于逍遥派哲学危险性的劝谏书》中阐明了这个观点，这是他向诺森伯兰公爵和英国科学促进会主席发出的劝谏，当时他们正在纽卡斯尔聚会。科伯恩申述道：这个机构早已遗弃了孤独问学的安全方式，遗弃了根深蒂固的正统大学，在这类大学中"那些科学之子是永久居民"；相反，这个机构正在"良莠不齐、鱼龙混杂的众人集会上"，努力向大众确认真理。①

第二，鲍登发出警告，在绝大多数人中间存在的"矮人比例"，可能会对伟大个体造成限制。他声称，这可能会阻碍科学进步，因为现在几乎不可能出现以下情形：机构研究"应当开创或承认的推理方式，是与这个时代当前的观念和偏见相反的推理方式，而一位孤独的哲学家，只为他本人而行动，应当有勇气和洞察力去践行后一种推理方式"。② 根据这个立场，现在看来有趣的是在1827年，布拉姆将怀疑抛向英国各类学会的宣传能力，认为它们因循法国对已故学者进行褒扬溢美的传统，援引这些已故学者的偏好，将议题变得个人化。③ 但这确实是牛津运动批评家们暴露的必然之举，部分原因在于他们畏惧现代科学机构表现出的群体型外在形象。

因此，确切地说，在惠威尔撰写桥水论文集的那个时代，个人知识与科学知识的关系，确实存在更广泛的分派和见解。围绕组建英国科学促进会展开的争论，提出在个人与机构的科学实践之间，需要对比其利弊的问题。英国科学促进会的管理者希望，将道德和社会议题——它们最有可能导致个人之间产生分裂——排除在外，这种做法将为科学保存一种高度一致的声音。德·摩根甚至认为，这种观点可能必须应用到科学争论本身。另一方面，当时对未进行

---

① W. Cockburn 1838, 5–6, 24.
② Bowden 1839, 16–17.
③ Brougham 1827b, 352–365.

改革的皇家学会的批评，突显了皇家学会成员的个人化身份。作为科学机构中具有最强敌意的反对派，牛津运动者谴责以下做法：在一个公共组织内部，个人的成就和责任可能都会被稀释。

五、理论家的道德角色

其实，关于个人的性格特质与权威性议题，当时已进入英国科学促进会的内部争论。培根遗产——深受促进会领袖们尊崇——主张对科学劳动进行分工。这个主张具有双重诉求，它鼓励业余耕耘者广泛参加科学活动，这可以用来证明精英理论家的角色或"大师精神"（master spirits）的重要性，后者是哈考特对精英理论家的称呼。① 哈考特强烈支持这种劳动分工，他认为通过这种方式，视野狭窄的业余耕耘者的活动可以得到支持，而且在促进会成立之前，赫歇尔已经认定这种做法特别适用于新学科，例如地质学。惠威尔没有反对这种策略，如果说这是因为存在恰当的理论指导的话——他的潮汐研究有赖于这样一种安排。但是，在1833年科学促进会剑桥年会的致辞中，对于过度热切的培根主义者提出的那些哲学断言，惠威尔发出质问。他拒斥这种断言——"单独的事实在科学中很有价值"，他主张"理论与事实之间存在对立"的观点具有误导性，"因为只有通过某种理论观点，或通过其他对事实关联与关系的认识，我们才能知道，哪些情形是我们应当注意和记录的。"② 实际上，这意味着，在一种可行的理论得到这些精英认可之前，很难教导视野狭窄的业余耕耘者去观察什么，尽管惠威尔可能对赫歇尔

---

① Hankins 1980, 139.

② Whewell 1833a, xx; Yeo 1986a, 264–271.

论著中的一系列观点怀有某种同情。①

惠威尔规定了理论家与资料搜集者之间的关系，这使擅长数学的剑桥学者具有了合法性。正如默瑞尔和萨克雷表明，惠威尔此举当然树立起一种规则，就是在任何高等的物质科学领域，无数学专长且视野狭窄的业余学者属于二流角色。②但惠威尔绝无以下意思，即所有科学门类中的理论家就是致力于细致阐释数学定理的那些人。其实，在惠威尔撰写的一份报告中，他建议，在有些学科中，这种细致的数学阐释可能并不适用，例如在矿物学和地质学中，首要必做的是进行艰苦细致的资料搜集与分类整理。③进而言之，正如前述讨论，本章探讨的惠威尔撰写的桥水论文集——默瑞尔和萨克雷将其引用为惠威尔庆贺数学胜利的证据——很大程度上是一种针对特定道德效应做出的批评，即科学领域存在由极端的演绎和数学式思维习惯造成的道德效应。关于科学劳动分工问题，惠威尔的主要观点是理论与观察存在密不可分的联系，而非演绎数学比事实证据更具有优越性。④

惠威尔对培根式科学劳动分工的批判，包括针对为理论专家大量注入权威性的做法。与这种做法存在联系的，是对重要个人角色的确认，而且当作为领袖的科学先生们讨论这个问题时，他们运用的语言类似于牛津运动批评家的语言，这种语言反对个人和机构的利益。因此，1835 年，爱尔兰数学家哈密顿询问惠威尔，科学界是否可能爆发"凶猛的民主制"，就是说："是否大量科学界的普通

---

① Herschel 1830, 134; 1849, iii.
② Morrell and Thackray 1981, 270–271.
③ Whewell 1832b.
④ 在电学和磁学案例中，惠威尔警告过度数学处理的危险性，他说这种做法"长期在那个深邃迷人的迷宫中徘徊游荡，在时间长度和研究深入性上，它远胜过物质科学必需的那些要求"（Whewell 1835b, 29）。

成员将继续满足于他们相对默默无闻的角色，而极少数人必须占据人们的主要注意力。"①在英国科学促进会召开首次年会之前，赫歇尔告诉惠威尔他强烈反对促进会的那些必备的前提条件，他坚持认为，设立可以对政府产生影响的目标、编纂年度报告、促进科学进步，这些目标都可以通过每个人的努力获得以更好的方式实现，而不是靠着宣布"从一具尸体身上获取权威"的方式来实现。最糟的是，哈考特的建议可能会产生一种"民主暴政"或"暴民"，在这种体制之下，作为个体的科学家将会遭到束缚，因为"完美的自发式思想自由，是科学进步的精髓"。②1834年，英国科学促进会年会在爱丁堡召开，作为惠威尔在爱丁堡的弟子，福布斯在大会致辞中阐述了这个议题，显然他曾深受惠威尔观点的影响。福布斯满腔热忱地对待促进会，但他确认了惠威尔与赫歇尔做出的那种区分。因此，他深知只有极少数人能够"毫无保留地献身那些伟大事业，它们需要的是那位人格完整能力全面的人"。然而，如果这项活动由"一个善于巧思运筹的头脑"指导，那么，一种科学劳动分工体现在"智识思想"方面的实践性，无异于它体现在机械科学方面的实践性。③这些理论领袖在道德与智识特质方面的投入程度，可以通过牛顿与弗拉姆斯蒂德的争论来阐明：围绕与月球运动相关的数据，二者各有主张，由此引发了一场争论。可以认为，这场争论是检验惠威尔断言——伟大的科学发现者具有非凡的道德特质——的一个典型实例。

---

① 哈密顿致惠威尔的信，1835.4.6, WP, Add. MS. a. 205[107]。
② 赫歇尔致惠威尔的信，1831.9.20, 收录于 Morrell and Thackray 1984, 66–68。
③ J. D. Forbes 1834, xxii；与哈密顿的对比，参见 Graves 1882–5, 1, 315。

六、冲突性格：弗拉姆斯蒂德 VS 牛顿

1833年，弗朗西斯·贝利[①]偶然发现约翰·弗拉姆斯蒂德（John Flamsteed，1646—1719）的一些佚文，后者是首任皇家天文学家、首任格林尼治天文台台长。1835年，贝利将这些佚文结集出版，名为《可敬的约翰·弗拉姆斯蒂德的一段叙事》（以下简称《叙事》）。这些佚文曾归亚伯拉罕·夏普先生[②]所有，而且贝利解释说：这些佚文"是多年前发现的，当时它们装在一个盒子里，这个盒子储藏在一间装满图书和文件的古老木屋中，它们一直被视为无用之物，所以人们常把这些文件拿出屋外，用来点火"。[③]夏普曾担任弗拉姆斯蒂德的助手，后来显然成为其遗产保管人，保管着120余封信件、未出版的自传，以及与围绕他的著作《天体的历史》出版所引发争论相关的各种文章。这套档案中最具爆炸性的部分，是弗拉姆斯蒂德与牛顿在1704—1710年间的通信，当时令弗拉姆斯蒂德不得安宁的是"牛顿爵士聪明才智的另类点滴"。[④]这指的是以下事实：皇家学会的特定成员曾由英国女王任命，根据牛顿的建议，这些成员可以成为皇家天文台的访客。这群人进而通过运作，出版了弗拉姆斯蒂德亲自完成的观测星图，但他们未经作者本人授权和校对。在这175张观测星图中，有关于"月球运行不同位置"的记录，1694年，弗拉姆斯蒂德满怀信任地把这些记录亲手交给了牛顿。[⑤]

[①] 弗朗西斯·贝利（Francis Baily，1774—1844），英国皇家天文学会发起人及主席。——译者注

[②] 亚伯拉罕·夏普（Abraham Sharp，1653—1742），英国数学家和天文学家。——译者注

[③] Baily 1833, 462; 1835, xii-xv; also Galloway 1836, 359-360.

[④] Baily 1835, xliii; Baily 1836, 89 中的引文。

[⑤] Westfall 1980, 541-550, 655-656，是对这场争论的解读。

在展示这些资料时,贝利解释说:它正在重新阐释弗拉姆斯蒂德的性格特质,将会校正其他解读中那些使他不受欢迎的形象,例如由诺斯勋爵①与布儒斯特做出的解读。②贝利没有淡化这场争论中关于牛顿行为的那些令人尴尬的证据,尽管他表明:"在如此卑鄙的一场较量中,我毋宁是哈雷阴谋的受骗者,也不愿做这场阴谋的始作俑者。"③但点燃这个议题的是约翰·巴罗发表在《季度评论》上的一篇文章,这篇文章表明,贝利的新材料是对牛顿无瑕声誉的重磅一击。④正是从此开始,惠威尔加入这场争论,其实,他持续受到牛津大学天文学教授斯蒂芬·里戈(Stephen Rigaud,1774—1839)的鼓舞,已经准备这样做。里戈认为,这样做的风险非常高,他告诉惠威尔:"如果牛顿的性格特质被拉低,那么,英格兰的性格特质就被拉低,进而使这项宗教事业受到伤害。"⑤其实,透过这些重见天日的通信,惠威尔可能已经意识到其中存在极具破坏性的内容,因为贝利已经请乔治·皮考克⑥去探询惠威尔是否知道:三一学院保存的任何牛顿文献,"在这场争论中,可能会把牛顿的性格特质设定在一种更为公允的观点上"。贝利之所以这么做,是因为先前的一次对话让他相信,惠威尔现在正有意撰写一部"牛顿生平传记,或与此有关的一些内容"。⑦惠威尔先前复信布儒斯特,或至少是起草了一封回信,回答他探询的关于牛顿的问题,惠威尔说自

---

① 诺斯勋爵(Frederick North,1732—1792),托利党党首,1770—1782年任英国首相。——译者注
② Baily 1835, xvi-xvii.
③ Baily 1835, xxii.
④ Barrow 1835, 96, 108.
⑤ 里戈致惠威尔的信,1836.1.25, WP, Add. MS. a. 211[79]。
⑥ 乔治·皮考克(George Peacock,1791—1858),英国数学家,抽象代数先驱,学生时代在剑桥大学是巴贝奇组建的"分析学会"成员之一。——译者注
⑦ 贝利致皮考克的信,1834.1.11, WP, Add. MS. a. 200[206]。

己正在欣然撰写着一部牛顿生平传记,并且告诉他自己所使用资料的来源,其中包括亚伯拉罕·普莱姆(Abraham Pryme)的手稿和朴次茅斯收藏的牛顿手稿。①

惠威尔在1835年撰写的《牛顿与弗拉姆斯蒂德》,是对《季度评论》刊载的那篇文章做出的回复。他坦陈:这批新档案必须由那些"负责指导公众做出判断的公职人员"做出评价,这是一个他现在似乎准备担当的角色。在这种情况下,这个议题探讨"伟大人物的那种美好名声",同时,《季度评论》的主编正在要求读者"抛弃他们所有的崇敬之心,去面对我们国家最备受尊崇的那位人物"。②其他评论者一致认为,这是贝利出版这些佚文的深刻内涵,而且在一篇态度更加平和——惠威尔这么认为——的评论中,托马斯·加洛韦解释了这批关于牛顿的新材料带给人们的强烈震撼:

> 波波相继的写作者皆从远距离观察牛顿,崇敬之情普遍聚焦于他在数学和哲学方面的伟大发现,这种崇敬极易转向他的个人品格。在牛顿丰富多彩的伟大思想中,那些与人性相伴的普通弱点,则至今仍然无人留意。③

加洛韦利用这个机会,呼吁出版朴次茅斯伯爵家族拥有的牛顿档案,从而使牛顿的性格特质——作为"一类国家财富"——有可能得到全面评价。

惠威尔的回复昭示:当时面临危机的,不只是牛顿作为一位科学先生的声誉,更有这位理论家的地位——它与那位观测者的地位

---

① 惠威尔致布儒斯特的信,1828.10, WP, R 18. 9¹⁴, pp. 13–14。
② Whewell 1836, 3–4.
③ Galloway 1836, 392.

相关。多数对惠威尔这篇文章的回应，都关心这个尴尬事实——皇家学会利用强权把持并出版了弗拉姆斯蒂德的著作，牛顿在其中扮演了重要角色；惠威尔同样还关注，1694 年，围绕获取月球观测数据问题引发的争论。为此，他在牛顿与弗拉姆斯蒂德之间建构了一种对比：前者是优越的理论家；后者是卑微的天文学观测者，他无法领会牛顿竭力要把月球运动纳入"万有引力"理论统摄之下的强烈欲望。① 在设法寻求这些观测数据时，牛顿告诉弗拉姆斯蒂德，如果这些数据能够与万有引力理论联系起来出版，它们的价值将会远远超出现在，因为这将构成"一次对它们确切性的证明，并且使你获得人们的欣然认可，成为世界上迄今为止出现的最伟大的天文观测者"。另一方面，如果离开一种理论的引导而将这些观测数据公开发表，它们将会被认定是"对先前天文学家观测数据的大量累积"。惠威尔毫无保留地支持牛顿的这番评估，并且通过自己的主观臆断——"他从未完全接受过牛顿的理论，也从未理解牛顿理论的本质"，② 说明弗拉姆斯蒂德的固执己见。

在惠威尔看来，弗拉姆斯蒂德同其他"单纯的实践型天文学家"一样，认为理论"只是表达现象运行法则的一种形式，而非一种新的普遍化，通过新的普遍化，这些法则得以指向一门探究物质之理的事业"。因此，弗拉姆斯蒂德在论及自己提出的月球理论时，指的是以日积月累长期观测为基础的那些事业："我把它叫作我的理论，是因为它包括我通过观测得来的日月星表，它们已经过我的亲自校正；在牛顿先生通过这些观测数据公平地拥有了他现已拥有的那些理论之前，我这里不拥有牛顿先生的丝毫劳动。"惠威尔告

---

① Whewell 1836, 5.
② Whewell 1836, 6–7.

诉《季度评论》的主编：这里的区别体现在以下二者之间，一方是"发现发生的现象是什么"，另一方是"发现这种现象为什么发生——这是一位观测者与一位哲学家的区别所在"。① 弗拉姆斯蒂德未能掌握这种区分。

与惠威尔介入这场争论紧随的，是关于理论家在英国科学促进会中的角色问题反思，当我们注意到上述情况时，现在可能就会明白惠威尔此举具有更加广泛的重要性。为牛顿辩护不仅是保护一位国家英雄，而且是对"这个智识与道德卓越联盟"的确认——几位评论者把这个断言视为这场争论的核心。② 同赫歇尔、哈密顿和福布斯一起，惠威尔认为：坚称理论家具有智识思想的权威性，部分基于他们具备正直完善的道德，因为——正如福布斯的评论——最高深的科学活动需要由这类"人格完整能力全面的人"来承担。惠威尔承认牛顿的有些评论似乎颇为严厉，但他把这种严厉与以下三种情形联系起来：一是牛顿不遗余力地投入确立万有引力理论的稳固地位，二是牛顿缺乏管理各种争论的技术，三是牛顿担当的公共职务对于英国女王的事业必不可少。作为补充，惠威尔还进一步贬低弗拉姆斯蒂德的性格：这位皇家天文学家，尽管正直谨慎和虔诚尽责，但具有"多疑、易怒和自我折磨的本性"。③ 惠威尔的解说传达的信息是，在这场争论中，这位观测者无法配得上这位哲学家的智识和道德标准。

因此，贝利在1835年出版的《叙事》，引发了密集的观点交锋。里戈，曾劝导惠威尔做出回应，认为这场争论是某些"弗拉姆

---

① Whewell 1836, 21–22.
② 惠威尔致《剑桥纪事报》主编的信，收录于 Whewell 1836, 28。
③ Whewell 1836, 9.

斯蒂德主义者"对"牛顿主义者联盟"的控诉。① 对于这个反应，贝利坦陈颇感惊讶，并在1837年为《叙事》撰写一篇补论，对书中的重要主题做出详细讨论，以此反对里戈和惠威尔的立场。贝利对相关证据的掌握给人留下深刻印象，因此他主张，这场争论的复杂性已经扰乱了人们对《叙事》的接受。例如，那两次不同议题的争论——1693—1694年，关于获取月球观测数据的争论；1710—1711年，根据英国女王指示的方向，由哈雷出版弗拉姆斯蒂德的观测星表，由此引发的争论——通常被混为一谈。但最重要的是，贝利表明那些错误观念源于"未能注意把那个时期英国科学的精确状态纳入评论当中"。②

此处的核心点关注弗拉姆斯蒂德对牛顿理论的理解——这件事遭到惠威尔的严肃质疑。贝利承认，他的解释直接反驳了"某些人，他们的天赋令我高度尊敬，但透过他们的判断，我几乎无法认为凭借这种判断可以安全地辨别异同"。③ 贝利的意思指向惠威尔。惠威尔断言，万有引力理论不是迅速得以建立的，而且"没有一位持有牛顿立场的先生完全彻底地接受他的观点"。这个断言是贝利论述的起点，但他转而用这一点来反对惠威尔的立场：如果牛顿的理论在1694年未能得到充分理解，那么，弗拉姆斯蒂德几乎不可能被指责漠视"理论"，如果他确实没有接受牛顿理论的话。④ 进而言之，贝利质问：为什么要用"这个不确定的术语'牛顿的月球理论'"，因为最近这场争论在使用这个表达法时，没有充分考虑它

---

① 里戈致惠威尔的信，1836.2.25, 1836.6.24, WP, Add. MS, a. 211[82,84]。
② Baily 1837, 678.
③ Baily 1837, 676.
④ Baily 1837, 679.

"在当前评论的那个时期"所承载的准确意思。① 其实，贝利对历史的敏锐感知甚至走得更远，因为他断言：在弗拉姆斯蒂德的时代，"理论"（theory）一词，通常指的是用来建构天文学图表的"定理或公式"。这是一种"经验型"或"图表型"理论，它有别于"物理型"理论，后者为月球的行为提供一种因果性说明。贝利主张，在牛顿与弗拉姆斯蒂德争论时期，牛顿的月球理论不是它后来变成的那种完全的"物理"理论，之所以发生这种转变，得益于牛顿的后继者——例如欧拉、达朗贝尔和克莱罗——从事的艰苦的数学劳动。初次见到牛顿的月球理论时，这三位数学家无一人相信它，因为它无法"完全符合天文学观测数据"。②

这番历史争论的结论是：如果上述症结保持到18世纪，那么，所谓"牛顿月球理论"——这个名称由苏格兰数学家和天文学家大卫·格雷戈（David Gregory，1659—1708）在对《自然哲学的数学原理》第二版的注释中正式使用——必然远不及现在"被人们称呼和理解的这种牛顿月球理论"。"牛顿月球理论"的更早版本，其实是对霍罗克斯③用来构建月表的那些规则的发展。在此意义上，贝利——反对惠威尔——坚决主张：这里可能无疑的是，弗拉姆斯蒂德已经理解了"这部分内容，至少可以这么说，它现在已被称作新月球理论"。④ 哈雷和格雷戈曾经吹嘘，牛顿现在需要的不是进一步的月球观测数据，因为月球的位置可以从理论推导出来，弗拉姆斯蒂德对此做出强烈反应；当贝利说到这个事实时，他坚定地表示：

---

① Baily 1837, 689.
② Baily 1837, 690.
③ 霍罗克斯（Jeremiah Horrox，1618—1641），英国天文学家，1639年起在兰开夏郡的胡尔做一名副牧师，业余时间熟习天文学。他纠正了开普勒星表中的金星凌日数据，并准确预测1639年11月24日发生的金星凌日。——译者注
④ Baily 1837, 691-692.

这个愤怒的真实性已经得到确证。第一，弗拉姆斯蒂德以正确的方式抱怨，牛顿曾有承诺——在告知弗拉姆斯蒂德之前，不能将他的理论扩散出去，但牛顿现在已经违背了自己的承诺；第二，当他对牛顿的这种"理论"做出判断时，以它是否契合观测数据作为依据，这是正在遵行当时天文学的科学习俗。此外，如果弗拉姆斯蒂德没有"由衷地赞同牛顿的统一理论……那么就不应认为他的论点在当时是一种责难，因为当时有许多先生——他们具有很高的数学造诣——对牛顿理论有相当多怀疑"。① 作为唯一的实质性挑战，贝利细致入微的分析直指惠威尔对这场争论做出的裁定。关于这个论题，至少说来，贝利所做的一切是其他同代人难以企及的，他驳斥了惠威尔的历史和哲学权威——并且能够存活下来，因为惠威尔没有发表过一篇反驳文章。此外，贝利清晰有力地驳斥了惠威尔和里戈践行的策略，为了给牛顿辩护，"在公开意见中努力贬低弗拉姆斯蒂德本人的道德品质和科学特质"。② 这方面有一个清晰的实例：可能是里戈写的一篇文章，发表在《爱丁堡哲学杂志》上，通过引用一些言行来质疑弗拉姆斯蒂德的科学性："他深信占星学对司法的裁判（而且）……他的爱尔兰之行，得益于他的病弱之躯，将会令一批绅士深受感动，'他们的礼物'，他告诉我们，'是属于上帝的'。"③ 贝利坚定地重申，弗拉姆斯蒂德以至为高尚的境界对待他所处时代的科学，这就打断了那种源于智识和道德劣势的动向——它是惠威尔研究理论家与观测者相对优劣的一个关键部分。④

---

① Baily 1837, 699.
② Baily 1837, 676.
③ Rigaud 1836, 146.
④ Baily 1837, 692, 699–700.

七、另类科学观

关于牛顿与弗拉姆斯蒂德相对优劣的争论,暴露出在定义具备恰当科学特质的榜样时遇到的一些困难。它非常清晰地表明,尽管科学机构的重要性与日俱增,但当时确实存在一种习惯,即关心科学先生个人的道德品质和智识特质,尤其关心代表最高理论成就角色的那些人物。对牛顿与弗拉姆斯蒂德争吵做出的回应昭示:对道德品质的种种评价,开启了以下三方面的争论,一是关于研究风格,二是关于理论与观察的关系,三是关于私人知识与公共知识的关系。但这里对性格特质的强调并不意味着当时对于恰如其分的科学榜样存在共识。

在最通常的层面,对科学先生的价值观和身份认同的解释,需要基于两种主要传统,在这两种主要传统之间,当时存在意义重大的紧张关系。这种传统关系到最古老的名门谱系,它建立的基础是:在那些有知识的先生——学者或自然哲学家——与孤独之间存在一整套密切联系。这个概念与现代科学精神气质的交叉点,如今已由多琳达·乌特姆在她论述 18 世纪法国科学的著作中做出界定,夏平最近在关于 17 世纪英格兰实验哲学的讨论中也有论述。在这两个案例中——但它们具有重要的地方性口吻——将一种预设的联系设定在以下二者之间:一是那些学者或哲学家脱离了扰人的社会和政治生活,二是他们有能力揭示自然世界的真理。因此,经常把这类科学天才呈现为一位孤独个体。

相比之下,培根在 17 世纪初提出的颇具影响的科学事业观,强调科学共同体的重要性,因为个体探究者最适合集中在这里。的确,培根认为,孤独个体将成为他所谓"多种洞穴偶像"的牺牲品——这是独属于每个个体的精神特质。必须通过社交活动来纠正这些洞穴偶像。托马斯·斯普拉特①，在极度颂扬皇家学会的成就及其培根式事业时，把笛卡尔式方法描述为更低级的方法，因为它不具有社交性。斯普拉特对培根的解读是，在孤独中探索科学是不可靠的，甚至是危险的，因为它无法得到科学共同体的检验。②不过，培根观点的全部寓意是科学实现机构化无法为反对其他心灵偶像——各种市场偶像——提供绝对保障，例如源于科学争论中文字和术语交锋的那种心灵偶像。③关于科学的社会性话语有其自身的问题，而且在培根看来，这些问题只能通过一种方法的制约来克服，这种做法可能会使个人的天赋和秉性在很大程度上变得毫不相关。现在值得思考的是，在19世纪初期的英国这些传统的流行情况，因为此时它们代表的是另类传统，通过这种传统，像惠威尔这样的评论者寻求对科学价值和科学家的恰当行为做出定义。

乌特姆现已表明，法国学者怀着田园牧歌式理想，如何在个人的孤独状态中研究自然，如何通过这种与社会纷扰隔离的方式获得真理，这种方式体现在居维叶先后在巴黎自然历史博物馆和法兰西科学院工作时为缅怀逝者撰写的《颂词》中。因此，居维叶得以确认：科学先生智识权威的来源，独立于起伏不定的政治权力中心之外。④鉴于乌特姆对这些方式的分析——她指出这种观念体现在具体的科学争论中，并且与法国政治斗争有关，因此我们现在可以理解的是，这种情形不只在英国被原样复制。其实，现在有某种清晰拒斥的证据。1827年，在评论皇家学会主席致辞时，辉格党政治家

---

① 托马斯·斯普拉特（Thomas Sprat, 1635—1713），英国散文家，罗切斯特主教和威敏寺教长。皇家学会的创会成员兼历史学家，撰写《伦敦皇家学会史》。——译者注
② Shapin 1990a, 201–202.
③ Yeo 1985.
④ Outram 1978 and 1984, 91–92.

第五章 道德科学家

亨利·布拉姆批判一切效仿"法国为逝者歌功颂德撰写《颂词》的做法",确切地说,这是因为他们允许通过潜在方式决定性地关心个性。① 这不是说将孤独个人概念作为知识的捍卫者,因为这种诉求已不复存在。波义耳和其他自然哲学领域实验事业的创立者,针对哲学家与自然之间的互动关系,树立起为它确定一种世俗地位的理想,并且为此理想不懈耕耘。因此,这种传统在英国科学文化中得以根深蒂固地建立。的确,这清晰地体现在约翰·密尔的著作中,他是苏格兰启蒙运动传统的守护者,布拉姆深受这个传统的滋养。密尔在他的著作《行动与道德力量的哲学》中说:人类心灵的"自然方向",已经遭到商业生活人工性的扭曲。②

然而,到19世纪初,在孤独中研究自然的理想,已经失去正统严肃的资格,因此它在英国举步维艰。居维叶情愿把孤独概念当作一种呈现科学的方式,将科学呈现为一个客观中立且稳定的领域,可以使其免受混乱喧嚣的政治和社会观念的影响;有鉴于此,英国科学机构的领袖成员们认识到,孤独型科学存在诸多缺陷。1834年,福布斯——作为英国科学促进会秘书——在致辞中承认:"一直以来,国外有一种非常普遍但极其错误的印象,认为哲学家没有能力享受普通的生活社交,并且坚韧克己地认为自己远高于普通生活之上——这就使科学激情只能安居在那些孤独者的心灵深处。"对此,他的回答是:这个新机构组织的每次会议,都在证明许多科学家个体在通力合作,这种方式击碎了各式各样的孤独——那个国家的孤独,或是那种"更伟大的离群索居的知识分子,他们可以远离喧嚣嘈杂的商业城市"。③

---

① Brougham 1827b, 353.
② Stewart 1828, 11, 61, 85.
③ Forbes 1834, xxi–xxii.

1832年，哈密顿在都柏林发表天文学演讲，其中也论及这个主题。他坦陈，天文数学家可能似乎"终日身处他们斗室的寂寞中，逐渐取消了种种人间事务，过着远离尘世、孤家寡人的生活"。然而，在这个演讲和1835年在英国科学促进会的致辞中，哈密顿坚持认为："不过，处在极度孤寂、不断沉思状态中的天才们，确实是需要同情的。"① 这可能准确反映了他的导师威廉·华兹华斯的观点，认为诗人天才不是超然冷淡的，而是由社会"同情心"滋养的。因此，哈密顿断言，科学发现有赖于个人天才，但这类天才也"受到社会精神的影响"，它是一套多种情感的复合体，由科学共同体的同伴关系持续培育而成。② 福布斯与哈密顿在侧重点上略有不同，但他们把孤独之说调整到合作与共同体的培根式修辞上来。像惠威尔一样，虽然他们也想确认理论家的重要性，但是，如果这种观点没有暗含对科学机构价值的批判，那么，人们可能不会把它同一种孤独理想联系起来。现在的重点是，虽然巴贝奇和莱尔都引用居维叶，前者把他当作得到国家支持的科学家典范，后者把他当作反对文化适应论（transmutationism）的权威，但居维叶本人诉诸孤独理想的修辞话语，未能在英国的这些争论中焕发活力。③

现在看来可能的情况是，科学共同体率先规定了孤独理想的用途，通过这种方式，孤独理想获得了适用性并且发生了彻底转变。英国与法国的对比，现在仍具有教育警示意义，因为法国科学院在1793年被国民公会取缔之前，在它的一些批判文章中，过度使用了

---

① Graves 1882–85, 1, 650–655; 11, 152.
② Graves 1882–85, 11, 151–153.
③ Outram 1976, 103–104.

这种孤独理想。在法国贵族作家贝尔丹纳①——后来遭到雅各宾派拘禁——的著作中，他建议将乡间休闲和与自然为伴作为洞察自然界的方式——这种方式决不通向巴黎大都市各种学会的专家。② 从未受过教育的质朴天才会从乡间孤独处境中出现，到对专家的谴责，这些观念——在任何重要意义上——都未能在英国再次焕发活力，甚至在 19 世纪 20 年代的大众教育话语中都未能复活，虽然这是它可能唤起回响的领域。但无论如何，到此时为止，这种远离社会的观念，作为知识的基础，主要被浪漫主义具有创造力的个人观念所淹没，后者以攻击之势反对社会及其主流价值。这种反社会、反主流的品质，得到英国浪漫主义运动领袖作家们的称道，并将其奉为英雄主义，这种情形使科学先生对任何孤独之说的支持变得难上加难。

八、评论

本章的切入点是：对智识特质与道德品质的关心，构成 19 世纪初关于科学性质讨论的一个重要元素。我们看到，惠威尔认为归纳和演绎型思维习惯，都必须具备并且会塑造独特的道德态度，这使他很难支持科学先生本身是纯洁无瑕的道德榜样的观点。英国科学促进会内部产生的一些争论，也是由个人性格特质议题率先引发，与此同时，一些科学机构中的保守派评论家抱怨道：恰当地说，智识与道德方向的传承有赖于每个个体，此时却正在被这个新

---

① 贝尔丹纳（Bernardin de St Pierre，1737—1814），法国浪漫主义文学先驱，作品深受卢梭的影响，著有书信体游记《法兰西岛纪游》和《大自然研究》，田园牧歌式长篇小说《保尔和薇吉尼》。——译者注
② Outram 1984, 119; Hahn 1971, 138–139, 153.

成立的科学机构夺去主导权。在英国科学促进会内部，同样怀有这种焦虑心情的，是那些力求保护精英理论家具备正直独立秉性的人士。弗拉姆斯蒂德的佚文结集出版引发的争论，使这种不同科学模式间的紧张关系变得个人化，这个趋势同那些早期争论的主题一致。惠威尔与贝利把当前关于理论家与观测者角色的辩论，强行塞入牛顿与弗拉姆斯蒂德的争论中进行解读，他们采用的方式就是在科学与道德活动的等级体系中，将这些个人定位在相应的层级。

像惠威尔这样的评论者，力求确认一位理论精英的权威性，他们必须确保这些精英成员不会被认定具有成为"一名在孤独中沉思的法国学者"的理想。正如上文强调，通过认真细致的谋划，这种传统才得以在英国获得合法身份，进而确保理论家的角色不会同合作与联合的价值观发生冲突，这种价值观是培根式科学精神气质的核心。在经验丰富的护教论者手中，例如赫歇尔，这种培根遗产变成一种灵活的资源——它能够为观测者与理论家的角色赋予合法性。[①] 确实，在某些方面，培根主义提供了一种框架，在这种框架内，将会解决以下二者之间的紧张关系：一方是个人的科学追求，另一方是这种追求具有的更广泛的社会和建制面相。例如，通过强调方法论的角色——它有别于人物个性，培根主义避免了科学先生的个人性格特质问题。然而，正如我们将要看到的，有些领袖型科学评论者认为，对于伟大科学先生做出的具有重要意义的发现，培根的方法论未能提供一种充分解读，因为它忽视了其中的个人因素。

---

① Yeo 1985 and 1986a.

九、牛顿：作为一位典范？

很大程度上，孤独理想已经在培根主义内部得到吸收和中性化，正当此时，学术界关于牛顿的维多利亚式争论，又将适用于科学共同体的精神气质问题重新开启。1831 年，布儒斯特的小书《艾萨克·牛顿爵士生平》整合成一种奉承之语，将牛顿奉为科学教父，并且言辞激烈地拒斥培根方法，拒斥 18 世纪确信的牛顿对培根式方案的借鉴与感激。这种让牛顿脱离培根传统的做法产生的效果是，它确认了牛顿作为孤独人物的形象，某些浪漫主义者对这种形象大加赞美。进而言之，早年关于牛顿的逸事，总要说他颇为古怪的习惯和举止，在消除这些逸事方面，相关的档案研究无所建树。甚至在布儒斯特充分获取朴次茅斯档案之前，惠威尔已经对牛顿宣称自己陷入精神错乱时期有所了解。用这种方式关注牛顿，对于复原另类科学精神气质的不同观念之间的交锋，构成一种威胁，因为这里存在一种危险，那就是牛顿可能会被当作一种科学观——作为孤独的、反社会的浪漫主义英雄——的代表。

关于这位科学家的形象，形成一种颇为浪漫的天才说法，这种说法的内涵是什么？这种说法能够卓有成效地运行，基于两方面的驱动力：第一，英国的浪漫主义者在普及创造性天才的概念，认为它超越了诗歌、艺术和科学领域的规则和习惯做法；第二，他们鼓励一种观念，认为这类天才天生内秉一种非凡个性——就是有能力打破常规方法进而取得伟大发现，但也有可能僭越传统行为规范。① 正是在这里，不可避免地体现出牛顿的性格问题，因为尽管他的世界观被布莱克和柯勒律治斥责为是机械的，但还有另一种观

---

① 更多细节参见 Yeo 1988; Knight 1967, 71。

点，由华兹华斯和卡莱尔提出，与他基于孤独天才概念实现的英雄式凯旋密不可分。或许最令人浮想联翩的牛顿形象，恰巧出现在托马斯·卡莱尔1829年写的论述"这个时代的标志"的散文中：

> 不是牛顿，通过寂寞的深思，现在从一个苹果的坠落中发现了世界体系；而是某个安静的人——绝非牛顿——站在他的博物馆中，站在他掌管的科学机构中，并且在由蒸馏罐组、蒸炼器和电堆仪组成的一整套实验仪器背后，在发号施令地"审问大自然"——然而，这个人对答案没有表现出丝毫急切之情。①

在此，牛顿的地位及其做出发现的方式，被直接拿来同有组织且相互合作的培根式科学的价值进行了对比。六年后，在围绕弗拉姆斯蒂德佚文的争论中，即使以理论家与观测者的二分法为核心，这个对比也无法再看起来如此清晰。惠威尔可能已经意识到这里所说的另一套言外之意，当他极力提出以下观点时：牛顿必须不再被视作一位"具有某种哲学浪漫主义或科学神秘主义的英雄"，反而应当认为他是一位操控着国家事业运行的科学先生。② 如果这是惠威尔在努力解除牛顿与浪漫主义天才之说的联系，那么，这种说法是完全无效的。现在需要强调的是，1896年，智识思想史家约翰·梅尔茨仍在传播一种牛顿形象，认为"他必须遁入深深的孤独中"，这样才能逃脱培根主义者强调的实际应用，进而为"这种新研究奠定更永久的基础"。③ 但无论如何，惠威尔本人对培根式方法的批判——

---

① Carlyle 1829, 443.

② Whewell 1836, 14.

③ Merz 1896, 1, 95.

梅尔茨正在全力支持这种方法——暴露出这种方法无力解释的情形：通过想象力，对英雄式科学发现者——例如牛顿——的形象进行大力提升。

在维多利亚时代早期，布儒斯特、德·摩根与惠威尔是三位关于牛顿的重要评论家。他们都想把牛顿呈现为科学成就的典范，但他们通过对牛顿著作和行为的研究，再次激活了孤独天才与培根主义这两种精神气质之间的紧张关系。惠威尔与布儒斯特一致认为——他们几乎从未观点一致过——培根式方法论实质上无力解释像开普勒和牛顿这种重要人物的科学发现。布儒斯特抱怨，任何存在于牛顿与培根的方法规则之间的密切联系，只能最终"走向把牛顿从自然界高级教父位置上拉下来"的结局。在他看来，伟大发现的发生方式"与归纳方法完全相反"，但培根未能领会这个观点。他进而提出异议："天才缺乏耐心，因此踢开了机械化规则的种种约束，而且天才从未把自己的精力交给归纳型学科的沉重苦工。"① 正如我们将在下一章所见，惠威尔在《历史》中采用了与培根类似的路线，这令布儒斯特指责道：惠威尔从他前几年的著作《艾萨克·牛顿爵士生平》中窃取了对培根的批评。②

这样对培根式方法进行批评，其中存在的问题是，冒着把以下二者联系起来的风险：一方是承认科学需要想象力，另一方是深受浪漫主义者称道的孤独天才的理想。卡莱尔描绘的牛顿形象，是没有依靠任何科学机构，就做出了惊人的科学发现，此时，他显然已将这二者联系起来。在卡莱尔笔下，这个孤独理想变成一种积极的反对论，它反对各种社会习俗，甚至远离社会习俗中的反培根主

---

① Brewster 1831b, 330–337.
② 关于德·摩根的观点，参见 De Morgan 1915, 1, 75–84；Theerman 1985; Yeo 1988。

义，它可能无法获得英国科学共同体的包容。尽管如此，这个攻击性较弱的孤独理想仍然是无法接受的，因为人们感知到它同危险的个性和道德特质密不可分。赫歇尔的例子颇具教育意义。在《自然哲学研究初论》中，赫歇尔尽力把科学宣传为一种面向所有社会阶层全体民众开放的活动，此时，他把科学描述为"一种最快乐的休闲活动，它可以远离人世间的那些言论煽动与纷争不满"，因此他要从先前讨论的那种田园牧歌式传统中汲取营养。① 但是，赫歇尔的一些朋友后来感觉到，对他来说，偏爱孤独是一种个人问题。1843年，玛利亚·埃奇沃思② 致信哈丽特·巴特勒（Harriet Butler），并且说到赫歇尔羞涩敏感的性格，玛利亚表明："他总是处在可怕危险的边缘，这种危险遍及他构造精密的智力中——遍及他时刻兴奋的敏感力中。"在其他知识基础上，玛利亚做出以下分析：

> 在他的早年生活中，当爱情令他失望至极时，他把自己完全禁闭到黑暗中……而且即使到了后来，当他陷入恼人的友谊，或当科学上的事情出错时，他让自己专心沉入黑暗和孤独中，而且在抽象世界中，他完全超离了外部的大千世界。非常非常危险！孤独禁闭即便是无害的——也是一种非常危险的愚蠢实验！③

牛顿的仰慕者们如何尽力让他摆脱这种孤独天才之说？布儒斯

---

① Herschel 1830, 16.
② 玛利亚·埃奇沃思（Maria Edgeworth，1767—1849），英国儿童文学女性作家。——译者注
③ 埃奇沃思致巴特勒的信，1843.12.3，收录于 Edgeworth 1971, 596-597；Schweber 1981b, 1, 37-38。在评论惠威尔的著作时，赫歇尔为牛顿的道德特质进行辩护（Herschel 1841, 180-189）。

第五章 道德科学家

特没有做出这方面的努力,尽管他可能是对毕奥的论点做出答复的第一位牛顿传记作者,毕奥认为,1693 年,牛顿深受情感抑郁和精神错乱的折磨已有多年。① 事实上,布儒斯特几乎是在引用牛顿生活的孤独模式,作为反对一切性格特质问题的证据:

> 牛顿心中未被打破的沉静,他纯洁的道德特质,他温和适度、节制朴素的生活,他不受外界影响的虔敬信仰和行为,以及他极度缺乏强大的想象力,所有这些都昭示出的那个心灵,不可能被这个心灵可能遇到的苦恼困顿所打翻。②

德·摩根的研究路径则对灵感型发现的神话表示质疑,因为这种神话围绕牛顿的成就在不断累积。1837 年,他用一种讽刺口吻阐释了这个观点:

> 人世间的牛顿形象,主要就是坐在树下,看一个苹果坠落,经过一段高强度的幻想沉思,沉思多长时间尚未公开表明,然后起身,头脑中装着已经考虑完备的万有引力理论,如果它还不适合打印出来的话。③

在德·摩根看来,这是一个由牛顿本人构建的神话,但它也是一个牛顿与其他发现者共有错误的产物,他们将各种错误、质问和猜测

---

① Biot 1821, 25–37; Yeo 1988, 273–276.
② Brewster 1831b, 224–225。在布儒斯特关于牛顿的第二部、篇幅更大的著作中,他没有表明:牛顿已经从智识生活的孤独状态转入剑桥大学那种"文人社交圈"(Brewster 1855,1, 20)。
③ De Morgan 1837, 242–243.

全都掩盖起来，从而把他们的结论呈现为一种经过精致演绎训练的头脑结出的果实。这种被错误表征的发现过程，其中包括牛顿的发现，"更像一种书本中记录的操作过程，而非那种神话具有的诗意般的过程"。① 进而言之，德·摩根主张，牛顿作为一位孤独人物，作为一位未受过教育打磨的质朴天才——他在早期阶段可能会全然抛开欧几里得和笛卡尔的著作；这个形象可能忽视了剑桥大学对其天才进行塑造的那种方式。他说："这位少年被带到剑桥大学，而且他非常自负地认为自己的学识和判断随之都被带走了。"② 因此，这是一种对培根主义内在强调机构建制做出的回应，尽管德·摩根指出，这可能会对科学产生负面——同样也有正面——的影响。布儒斯特认为，牛顿转入皇家造币厂工作，是科学得到国家承认的稀有时刻之一；德·摩根的观点与此相反，但他没有隐藏自己的担忧："一位科学的高级教父，原本应当在哪里度过从生到死的一生？难道就是在造币厂吗？"③

惠威尔提醒那些人——弗拉姆斯蒂德佚文争论的追随者——牛顿的发现不是迅速做出的，而且可以把他在《历史》中的解说阐释为，它是对这种观念——牛顿是一位孤独天才——做出的另一种反击。虽然惠威尔在其他地方确实强调过剑桥语境对牛顿的影响，但他在此表明，无论牛顿的社交接触面多么有限，基于一种历史的理解，他并不孤独；相反，他的天才，或正如他所说的"明智"，使他有能力在由其他人已经准备好的基础上开展自己的工作。④

然而，这些评论未能对牛顿的道德特质问题做出有效论述，对

---

① De Morgan 1837, 242–243.
② De Morgan 1914, 8–12.
③ De Morgan 1855, 242–243.
④ Whewell 1836, 5；另见本书第六章。

于牛顿这位杰出的归纳型发现者来说,桥水论文集中的相关论述具有决定性意义。与此同时,惠威尔在这部著作中,正在针对归纳型和演绎型数学家的道德效力问题发表论断。他尤其坚信,在英国大学课程体系中,牛顿式的综合几何学具有无与伦比的价值,而欧洲大陆的分析几何学遭到他的反对。在这里,惠威尔竭力呈现的牛顿,不仅是归纳综合方法的一位卓越实践者,而且还是这种方法代表的各种美德的集中体现者,牛顿体现出清晰的基本概念,严格的论证说明,以及引人入胜的归纳普遍化。① 这段颇为倾情投入的论述,却无力支撑鲍威尔对牛顿评价表现出的正直坦诚,因为他接受了牛顿个性中充满困扰的本质:

> 这里的真实情况是:这位知识分子——拥有最安然无恙的内心并且深入探索外部自然的种种神秘性——有时被他自身体质中的神秘和虚弱搞得不知所措和迷乱困惑,而且在拥抱这个宇宙体系的过程中,牛顿有时失去了对自身的拥有。②

惠威尔在《历史》中重申牛顿作为典范的观念,其典范性基于"伟大的天才生来与美德密不可分"的事实,这里没有引用毕奥的批驳,也未引用他本人与贝利的争论。然而,针对先前多种争论提出的牛顿的性格特质议题,他确实做出了闪烁其词的回应:

> 经常可见,遁入沉思之中,他所知的不是他所做的,他的心灵看似已经全然遗忘它与这个身体的联系……即便用他卓越的先验性力量,去做他确实在做的事,这几乎与人类生活的普通状态格格不入;这还需要具备最大程度的奉献思想,能量十

---

① Whewell 1832e, vi, xx;另见本书第八章。
② Powell 1834a, 534.

足的努力，坚定的意志，最强有力的性格，同样还需要具备最高的天赋，天赋是属于人类的。①

不知不觉中，惠威尔的这番解读，成为对以下转变做出的一种雄辩反思：先前认为天才与美德相伴生，后来承认这种伴生还必须抵制性格缺陷与人性之恶。于是，这就提出了那个问题，即归纳型发现者是道德优秀的人，就是说：如果他们不是这种人的话，接下来会发生什么？惠威尔曾在桥水论文集中讨论过这个问题，并且请求学者研究它。如果认为发现者的成就是源于个人的想象力，而非源于方法规则，那么，它就特别关系到上述问题。在这种优秀道德基础缺失的情况下，是否就丧失了一些科学过程在智识上的安全性？在当时多种争论中，关于道德特质的论断，都同关于科学行为风格的主张存在联系，例如，英国科学促进会内部自负地认为，评价理论家的权威性必须依据道德与智识两个标准。牛顿与弗拉姆斯蒂德的关系，是在与此类似的标准内部做出裁量的。但无论惠威尔、布儒斯特，还是德·摩根，都未能毫不含糊地清晰复原智识天才与道德高尚之间的联盟关系。牛津运动者不愿接受让牛顿或其他世俗人物成为一名道德榜样，这样做导致的结果是，对于英国科学共同体来说，不仅使牛顿，这位最受推崇的科学先生，长期以来成为一位深具歧义的榜样，而且使这项事业——描述一种恰如其分的科学个性——长期成为一项内在具有争议的事业。惠威尔一直痴迷于探讨这些难题，当他在1837年出版首部重要著作时，他似乎是要表明：一种道德品质，或许可以在这部科学史中得到清晰分辨，而在这部科学史最伟大说明者们的性格特质中是无法做到清晰分辨的。

---

① Whewell 1857a, 11, 141.

第六章　运用历史

在北安普顿伯爵的业余日子里,他们扮演过一出动作表演型字谜游戏,这个游戏就是为纪念惠威尔而设计——他们开始表演"砍"一棵树,接着挖一口"井":在寻求真理的过程中,他们发现一本书(《归纳科学的历史》),在这本书中,名誉声望紧紧束缚着人们,并且身后可以获得不朽之名——然后,执政的辉格党为惠威尔佩戴上桂冠。

——罗米利的剑桥日记,1838.1.1[①]

1837年,因为惠威尔的潮汐研究成就,他荣获皇家学会授予的奖章,此时,皇家学会主席——这位苏塞克斯公爵——似乎更痴迷于新近出现的《归纳科学的历史》。在颁授嘉奖时,这位公爵特别强调惠威尔"最新也是最高的职业成就"——这位历史学家追溯了"持续进步的科学事业,或者说,认真核查了归纳科学的进步历程——从首次开启的古希腊哲学黎明,到19世纪这些科学的成熟发展"。[②] 但是,惠威尔不太相信这部著作能得到皇家学会的接受。他在1840年指出:"说到我的这部科学史著作,首先注意到它

---

① Bury 1967, 137.
② Todhunter 1876, 1, 87–88.

的是英国的科学先生们，他们至今仍怀着一种敌对态度；而且我认为，对于这样一个人——他一直敢于对所有这些归纳科学做出深思和推测——任何在具体科学领域亲身实践的耕耘者，将来都不愿听从或尊重这个人的观点。"① 在谢绝担任英国科学促进会主席的邀请时（他最终还是接受了），惠威尔祈请对方注意："我关于科学的两部著作《历史》和《哲学》，如今呈现在这个科学世界的面前，他们认为，这两部著作是不合格的，不是合格的。"②

一、历史：作为元科学

这些反思都关系到惠威尔已经为自己创制的——作为元科学家——特定立场。正如我们所见，在 19 世纪 30 年代初惠威尔发表的重要评论中，元科学家角色开始出现；但《历史》在很大程度上被认为是对惠威尔以下身份——通常赋予历史学家的那种法官裁判角色——的重要支撑。1836 年，在写给琼斯的信中，惠威尔坦言他的抱负并且说他"很乐于幻想在哲学化道路上要成就一番大事业，它将在人类世界历史上占有一席之地"。③ 莱尔领会到这种综合功能的价值，因此他告诉惠威尔"要做一位博学多识的通才"，而非做一名专家，他正在助力这项科学进步事业。④

惠威尔的两种重要出版物《历史》和《哲学》存在密切联系。1834 年 7 月，他把这二者描述为一项三阶段计划的组成部分。第三部分——论述道德科学的著作——从未完成，但前两部分——1837

---

① 惠威尔致北安普顿伯爵的信，1840.10.5，收录于 Todhunter 1876, 11, 293。
② 惠威尔致默奇逊爵士的信，1840.9.18，收录于 Todhunter 1876, 11, 286。
③ 惠威尔致琼斯的信，1836.7.4, WP, Add. MS. c. 51^{199}。
④ Todhunter 1876, 1, 112。

第六章　运用历史

年和 1840 年出版的两部重要著作——的写作完成于同一时期。第一部分旨在研究归纳科学，"运用一种新的、哲学化的历史编纂学方式"；第二部分更多关注"形而上学和先验论"。惠威尔说，当哲学模式成为这个问题的主宰时，"我开始撰写第二本书"。① 前两项计划的研究相互重叠，在这两部著作的序言中，惠威尔强调它们相互依存，并且共同关心归纳科学——"我们已经拥有的知识中最确定且最稳定的部分"——的历史发展。② 因此，本章在讨论惠威尔的历史视野时，有时必须引用《哲学》和 1837 年之后出版的其他论著，因为他的科学史观点表达在不同样式的文本中，并且有赖于表达这些观点时的特定语境。

在费什近来论述惠威尔科学哲学的著作中，他主张《历史》是尚未成熟的著作，因为它的完成未能从《哲学》呈现的得以充分阐发的认识论中受益。从精细水平的哲学细节来看，例如，在《历史》包容"另类理论化"的程度上，或在它充分涵盖"心灵发挥创造性角色"的广度上，两部著作的明显差异值得注意。例如，在《历史》中，观念有时被描述为可以"应用"到"具体和确定的事实"中，而非作为构成这些事实的成分。③ 但是，就惠威尔作为一位科学领域重要公共评论家做出的成绩而言，现在可疑的是《历史》深受这种不完备哲学之害。的确，费什认为，尽管惠威尔的原初计划很妥善，但这两部著作之间缺乏适配性，这表明，在对待《历史》这部著作时，必须基于它自身的标准。④ 毕竟，在论述同类著作

---

① 惠威尔致琼斯的信，1834.7.27，收录于 Todhunter 1876, 1, 90；1834.10.6，收录于 11, 193。
② Whewell 1874a, 1, 1.
③ Whewell 1857a, 1, 7, 181.
④ 参见 Cantor 1991a, 74。

中通常涵盖的大多数主题时，《历史》仍包含许多意义重大且不落俗套的观点。

在论及《哲学》时，惠威尔说，他正在撰写的这部著作，"与其说写给科学读者，不如说写给普通读者，或至少是写给喜好形而上学的读者"。① 可能也正是这类受众，其规模远大于科学共同体，在他们看来，《历史》没有运用那么多哲学的技术性写法，因此这本书也是写给他们的。惠威尔认为，《历史》可能会让更广泛的读者感兴趣，1837年，他在写给妹妹的信中报告："这本书一直都销售得出奇得好"，尽管有布儒斯特发表的负面评论。② 在将这本书敬献给赫歇尔时，惠威尔说这位朋友的著作《初论》广受欢迎，并且希望他自己的书可能"有机会在您的一些读者中间唤起兴趣"。③

决定撰写一部历史著作，对惠威尔的元科学评论来说，既意味着机会，也潜藏着问题。从正面来看，它为科学性质走向大众化提供了更广阔的领域，并且远超出那些评论性期刊的范围。在这些领域，这位评论者必须为专家群体对一个特定文本做出评价，同时还要努力抓住普通读者的兴趣。相比之下，这种历史方式早已被用来呈现关于科学进步的种种教益，例如，方法或实验的重要性。从负面来看，惠威尔的远大抱负是努力囊括所有自然科学，包括新近出现的学科，例如地质学和生理学，此举冒着无法令专家满意的风险，同时也使其他读者寻求的那种通俗故事变得复杂化。在更多的专家读者看来，这本书可能对他们直接领域之外的那些科学主题做出了定义。因此，乔治·皮考克称赞书中对矿物学、地质学、植物

---

① 惠威尔致卢伯克的信，1840.7.7，收录于 Todhunter 1876, 11, 284。
② 惠威尔致玛莎的信，1837.11.18，收录于 Stair-Douglas 1881, 189。
③ Whewell 1857a, 1, v。1840年，《历史》（而非《哲学》）由约瑟夫·冯·利特罗（Joseph Johann von Littrow，奥地利帝国皇家天文台总监——译者注）翻译成德文。

学、力学和化学的论述,并且说"形而上学部分"写得非常出色,但他认为,对天文学——最接近他的兴趣——的处理手法"最有失成功"。①惠威尔之所以无法确信,在这个日益专业化的科学世界里,他的这些努力竟然能够获得专家读者的接受,②皮考克指出的失败之处就是原因所在。

正如埃尔卡纳和康托一直强调的那样,《历史》是一项全新的伟大成就。③但在思考《历史》传达的信息和重要意义之前,我们需要知道为什么科学史如此重要。简言之,这是因为历史是那个时期的万能叙事。在惠威尔的著作问世那年,卡莱尔创作出《法国革命史》。当密尔评论卡莱尔的创作时——他的女管家先前把该书的初稿付之一炬——他称其为"一部时代史诗"。④这精准地表明《法国革命史》具有崇高的道德地位,因为它符合由各类当代人物确定的那种格调,例如,受苏格兰哲学型历史传统影响的那些人;由沃尔特·司各特⑤的历史小说入门的那些人;在德国受尼布尔⑥风格迥异的历史著作启发的那些人;或受英国作家——例如卡莱尔和麦考莱,他们断言历史书写是一门想象的艺术——启发的那些人。历史叙事也被视为一种基础,由此可以做出道德、政治和哲学判断。⑦

---

① 罗米利的剑桥日记,1837.5.21,收录于 Bury 1967, 119。

② Whewell 1837a, 1, xiii.

③ Elkana 1984; Cantor 1991.

④ Lepenies 1988, 103.

⑤ 沃尔特·司各特(Walter Scott,1771—1832),英国著名历史小说家和诗人,爵士,代表作《艾凡赫》(1819)。——译者注

⑥ 尼布尔(Barthold Niebuhr,1776—1831),德国政治家和历史学家,担任过普鲁士驻罗马使节,1810 年在柏林大学开设罗马史课程,并出版三卷本《罗马史》。他的史学思想和治学方法深刻影响了后来的蒙森、兰克、萨维尼等历史学家,为 19 世纪德国史学繁荣拉开序幕。——译者注

⑦ Collini, Winch, and Burrow 1983, ch.6.

这就是惠威尔表达以下观点时的真正含义，他认为"法官的裁判角色"属于"历史学家发挥的多种功能"之一。布儒斯特不赞同惠威尔以这种角色做出的上述判断，但他深知，历史是一种媒介，通过这种媒介，人们——例如惠威尔和孔德——可以合法地不懈求索，进而成为"科学的立法者、科学荣誉的评判者和科学命运的仲裁者"。①

赫歇尔在《初论》中表明，当下迫切需要惠威尔的这种历史解读。他解释道，这样一种对"各门科学的历史做出的规范分析"，超越了他自己著作涵盖的范围，他含蓄透露了惠威尔的计划："然而，我们现在并非不抱有一种希望，那就是，科学领域这个最迫切的需求，不久将由另一个领域提供的材料来满足，所提供的材料要千方百计做到公正。"② 当然，赫歇尔认识到，当时确实存在非常切实的历史考察，例如从 1815 年起，为《大英百科全书》增补卷撰写的概述型论文中，就包含对科学的历史考察，但他希望其他人能够分享更丰富的内容。在评论英国科学促进会的前三篇报告时，德·摩根指出："要想把哲学的不同分支的真实状态描述出来，离开对它们各自过往历史的充分认识，就无法恰当完备地做好这件事。"③ 正如赫歇尔所言，对于指引"（科学）发现进步"的那些"普遍原理"来说，要想充分认识它们，必须充分掌握它们的历史。④ 鉴于当时通行的历史叙事角色，以及对写出更细致的历史叙事的呼吁，如果惠威尔希望从事他的元科学职业的话，那么他可能无法避开这种历史的书写风格。不过，在惠威尔着手撰写《历史》之际，他能接触到的科学史论断和研究路径有哪些呢？

---

① Brewster 1838a, 273.

② Herschel 1830, 219–220.

③ De Morgan 1835, 156；另见 Powell 1837; Galloway 1844, 198。

④ Herschel 1830, 219.

二、维多利亚时代早期的历史意识

关于"历史意识兴起"这个议题,如今已有几位学者描述了1800—1830年这段时期的状况。或许,这个议题的研究,与其说需要答案,毋宁说更需要质疑。不过,这段时期历史编纂学取得重要发展的具体情形,得益于两个重要基础:第一,当时存在一种新风,就是批判性地利用研究材料,特别是原始档案文献;第二,当时存在一种更加强烈的敏锐感知,可以感受到不同历史时期之间存在的社会文化差异。19世纪初的几十年,还经历了新学科的兴起,例如地质学、考古学、人类学和语言研究,它们都具有很强的历史性框架。①

以这些发展作为参照,蒙比②评论道:"关于英国早期科学的研究,突然得到快速发展,对此丝毫无须觉得神奇。其实,如果这个议题未纳入研究视野,反倒是一件怪事。"③他强调指出,从19世纪20年代起,在科学先生中间,对于较早时期的科学活动怀有一种强烈的兴趣,尤其对于17世纪科学取得的革命性成就,以及与这些成就密不可分的伟大人物。当时甚至还出现了一个短命的"科学历史学会"(Historical Society of Science),1841年,20岁的詹姆斯·哈利维尔④创建了这个学会,此时距他作为大学生离开剑桥只有一年时间。⑤鲍威尔和德·摩根,而非惠威尔,是这个学会的理事会成

---

① Levine 1986.
② 蒙比(Alan Noel Latimer Munby,1913—1974),英国当代古籍专家、藏书家、大英图书馆托管理事,1947—1974年任剑桥大学国王学院图书馆馆长。——译者注
③ Munby 1968, 2.
④ 詹姆斯·哈利维尔(James Orchard Halliwell,1820—1889),在剑桥耶稣学院接受私人教育,致力于古物和早期英国文学研究,剑桥时期著有《古董遗物》。——译者注
⑤ Dickinson 1932; Hornberger 1949.

员，该理事会列出一套计划出版的著作名单。虽然这个学会成立当年就夭折，但它已建立起对这类考察型原始记录进行系统研究的计划，而且到19世纪中期，伽利略、开普勒、牛顿等重要科学人物传记；多种学术版本的培根著作；关于17世纪科学的通信和档案选集已经问世。① 至少潜在地看，关于科学过往的讨论，相较于18世纪，此时可能在组织结构上已经变得更加精细。1799年，休谟曾表明，因为现代天文学已经获得科学界承认，所以现在"对天文学首批著作家进行研究，只是一件单凭好奇心驱使的事"。② 相比之下，到19世纪初，关于过往科学的叙述，已经构成当代争论——关于特定理论和科学事业的性质——的重要组成部分。这意味着，在努力对科学原始文献进行分门别类研究整理的同时，还存在多种强大的压力，即利用这些文献，让它们为当前认同的观念服务。③

19世纪30年代初，当惠威尔着手撰写《历史》之际，存在两种主要的科学史研究路径：一是启蒙运动时期对科学进步进行历史考察，二是对特定学科历史进行考察。惠威尔的著作分别运用了这两种路径，但是，这部著作确实对主宰这两种路径的那些论断构成挑战。

三、启蒙运动时期的科学史考察

科学史存在的主要依据，基于以下信念：一种关于过往发现的记录，可以揭示适用于科学进步的方法。对一般科学的考察，通常以数学和物理科学中地位更加稳固的分支学科为对象，它总能阐明

---

① Rigaud 1838 and 1851.

② Hume 1948, 24.

③ Graham, Lepenies, and Weingart 1983.

第六章 运用历史

这种信念。《大英百科全书》第四、五、六版的增补卷——相继出版于 1815—1824 年之间——包括的概述型文章中就提供了对科学的历史考察,主编纳皮尔将其描述为——在努力追溯"哲学与科学的历史"。[1] 约翰·普莱费尔和约翰·莱斯利[2] 撰写了论述物理和数学两门科学的文章,托马斯·布兰德撰写了论述化学的文章,这些论著都包含两条关键信息:其一,真正的科学都在艰难中诞生,而且科学出错的可能仍然很高;其二,从培根和牛顿时代起,出现了一种成功的方法,连续运用这种方法将会产生不断地进步。普莱费尔从根本上摧毁了此处包含的这类说教:"相较于自然哲学,正如它现在的状态,古代物理学是粗糙且不完美的……科学在过去不仅是静止的,而且总是退步的。"不过,早期的科学观念现在仍然值得不断思考,因为它们"阐明了科学中出现错误和错觉的历史,人类心灵现在仍然受到错误的支配"。[3]

这就是一种逐渐被人们称作看待科学史的"辉格"视角。[4] 第一,将当前理论作为标准,用它来评价先前的思想家和理论,这种方式成为走进过往科学的主要路径。第二,过往通常被分割为两个毫无关联的时期——失败时期和成功时期——并且将从黑暗走向光明的这个阶段,归功于广受称颂的科学英雄们采用了正确方法。第三,这种转向的重要节点,例如与正确方法影响紧密联系的节点,或重要理论出现的节点,有时被称作"革命";随后的科学发展被设想为在一种通用理论指导下,一段稳定的经验数据积累期。沿着

---

[1] Prospectus, 1815.7, NLS, 1948. 63[50].
[2] 约翰·莱斯利(John Leslie,1766—1832),英国爵士,爱丁堡大学数学家和物理学家,首次创制出人造冰。——译者注
[3] Playfair 1822, 11, 67.
[4] Butterfield 1931; Oldroyd 1980.

这条路径，科学史书写形成一种关于连续性与非连续性的话语，这种话语是当代政治性历史编纂学的核心。

四、学科史

书籍、百科全书词条或关于特定学科的论述，是适用于科学历史叙事的最常见的工具。专业化的学科领域凝练成型，以及这些学科在相应的科学学会中实现建制化，这就为一些叙事的出现创造了机会和需求，需要通过这些叙事，为当前科学活动的谱系进行定位。时至19世纪头十年，受到青睐的是关于单一学科或领域的历史，而非对地位已经稳固的一般科学的考察。因此，在1812年出版的《皇家学会史》中，作者托马斯·汤姆森[①]表明，这本书是"为了让读者对各门科学产生更大的兴趣……现在看来，很有必要开始尽可能地从源头上掌握各门科学的历史，很有必要为读者提供一本关于科学进步的快速梗概"。[②]关于科学特定分支学科的教科书、百科全书、为各门类科学家取得的伟大成就撰写的颂词，都利用了历史叙事，这样做旨在突显当前的知识状态。18世纪90年代以来，

[①] 托马斯·汤姆森（Thomas Thomson，1773—1852），英国化学家、矿物学家和历史学家，发明糖溶液比重计，命名硅元素，任格拉斯哥大学化学教授和格拉斯哥哲学学会会长。——译者注

[②] Thomson 1812, 序言。加斯科因（R. M. Gascoigne 1984, 993-1019）对科学史文献的考察表明：1753—1837年之间的多数典型文献，关心的都是特定学科，仅有四篇文献的标题（不包括惠威尔的）涉及两门或多门科学，而且这些学科通常未能超出数学—物理科学范围。更普遍的是，科学史只关注一门具体学科或一组相关主题。惠威尔说，他从"那些专门型科学的历史和一般型哲学的历史"中受益匪浅，尽管布儒斯特斥责他没有充分引用其他类型的著作（Brewster 1837, 112-113）。关于历史上科学著作的文献学考察，当代历史学家雷切尔·劳丹（Rachel Laudan）的著作会带给我们比较观察的视野。

第六章　运用历史

在几门科学领域取得了意义重大且经常产生根本性突破的发展，有鉴于此，这些著述的序言或章节不再仅仅按时间顺序罗列一连串科学发现的名单，而是努力阐释一个案例，以便对特定理论和方法——它们与这个学科的某种特定观念联系密切——做出说明。每个学科在过去是如何锚固定型的，这是当时关心的一个问题，与此相对，当时还存在一种倾向，就是把学科史中的某些部分重新归入一门前史中——因为新科学曾经从这门前史中脱胎。在某种极端意义上，法国医生泽维尔·比沙①——提倡将生理学作为一个全新独立领域——认为过去在很大程度上与现在无关："我们的时代不再需要历史纪念碑。科学史必须被置于一旁，科学本身才是我们必须呈现的。"② 但是，作为比沙进行论辩的素材来源，历史具有极大价值，以致他无视自己正在把握着历史。更常见的是，新学科或新路径的辩护者提供了一部表明过往错误的历史，此举旨在描绘出这些陷阱，因为受人青睐的学说或英雄正是从这些陷阱中拯救了科学知识。

如何拿惠威尔的《历史》与这些当时存在的研究路径进行对比？除了它包括的科学范围之外，惠威尔运用历史来倡导一种非培根式的科学叙事，这使他完全与主流英国传统背道而驰。1848年，黑尔兄弟（Julius and Augustus Hare）在他们的著作《猜测真理》中，将《历史》描述为培根——"最受启蒙运动启发的门徒"的著作，此时的他们可能没有领悟这部著作的全部寓意③。其实，惠威尔正在自觉寻找合适的机会表明，这部历史记录揭示了一幅更为复杂和有趣的科学图景，它已超出培根的描述，至少超出培根最热烈

---

① 泽维尔·比沙（Xavier Bichat, 1771—1802），法国病理学家、解剖学家，组织学创始人，著有《论膜系统》《生命与死亡的生理学研究》和《大体解剖学》。——译者注
② 转引自 Outram 1986, 352。
③ Preyer 1981, 65.

的崇拜者们——包括赫歇尔——设想的科学图景。通过充分利用诸如进步、革命、传统等基本主题——它们是当代政治史中常见的主题——惠威尔把科学发展呈现为一出包含冲突与道德议题的戏剧，在其他人文事件中可以发现这些议题。惠威尔在运用这些主题时，针对自己在启蒙运动历史编纂学中表达的那些含义，他还展开质疑和论辩。因此，惠威尔的科学进步观有三个基本特点：其一，它不包含技术、商业主义或工业主义；其二，传统与蒙昧主义不是同义；其三，革命并不总是意味着与过往完全决裂，当然它也不是确保激进政治变革的一种正当理由。

这种显然具有限制条件的历史考察提供了一套主题，通过这些主题，我们可以对惠威尔的《历史》展开以下讨论：第一，辉格式进步观——在这个案例中体现为科学知识渐进、累积式进步，直到形成19世纪的科学学说；第二，历史研究观——历史研究是一种揭示真正科学方法的手段；第三，科学中的革命概念，及其与辉格式政治性历史编纂学的联系。

五、运用历史

现在很难追溯惠威尔所著《历史》确切具有的天才之处，部分原因在于他留下的笔记在时间上不连贯，但非常清晰的是，这些笔记的脉络与他的归纳法研究连为一体。他这段时期的笔记始于1830年，但是，甚至在更早些时候，他致信琼斯说："我仍在审慎思考要做一件大事，就是写一部《力学的形而上学史》，尽管现在它不过是个想法而已。"① 据他的早期评论显示，正是自然科学的历史性

---

① 惠威尔致琼斯的信，1822.9.23, WP, Add. MS. c. 51[15]。

第六章 运用历史

成功吸引了惠威尔的注意力，当时他正在努力定义和确认归纳哲学。有一些可以确定的写作者，特别是政治经济学家，在没有充分基于观察的情况下，提出把演绎原则当作他们学说的教条主张，惠威尔抨击了这种倾向。作为一种有别于传统的另类知识，物质科学的成功和进步提供了一种"新榜样和新希望"，而且惠威尔相信，先前获取科学知识运用的这种方法，"在道德和政治学科中应用时，应当同在物质学科中应用一样"，必须可以结出累累硕果。[1]

在这些最初的概要式文章发表后不久，1832年，惠威尔撰写的教科书《第一力学原理：以及历史与实践描述》出版，该系列教科书始于1819年。[2] 不同于政治经济学，力学是一门成熟的科学，并且可以被表现为，从充分完备的原理中演绎得出的一系列推论。但在这本教科书中，惠威尔主张，力学应作为一门归纳科学向学生传授，力学在先前的进步过程中，遭遇过一系列经验性问题。[3] 在此后岁月中，惠威尔看上去似乎遇到过把这条路径向其他科学门类拓展的可能。在一篇名为《进步科学的哲学》笔记中，针对"人类知识中最完备的分支学科的过往历史"，惠威尔设计了一项研究计划，同时阐明，正是缘于这种"完备状态"，才得以形成"关于知识的性质、人类心智的构成、发现真理的行动的重要教益"。这些评论，可能最晚记录于1833年，代表的是《历史》的思想种子；在1832—1837年之间，惠威尔将他的历史解读拓展到最完美的科学领域——天文学、力学和光学——之外，进而把不完备或不成熟的科学门类的成长过程包括进来。[4]

---

[1] 惠威尔未发表的笔记，WP, R 18. 17$^{6\ and\ 8}$；对他的归纳法研究计划和历史探究的评论，参见 R 18. 17$^{2\ and\ 8}$。

[2] Fisch 1991a, 51, 60–61.

[3] Whewell 1832c, iv–v.

[4] Whewell, Notebooks, WP, R 18. 17^{8}, p. 1; pp. 1–13; 1833.

在惠威尔的计划与他早期的科学史结论之间，当然存在并列关系。同普莱费尔一样，他认为，历史是揭示科学领域的过往方法与未来进步的一种手段。但现在有证据表明，惠威尔早期并不认同这种盛行的历史编纂学断言。① 例如，在他的日记中，1827年9月26日的一条记录，逐一列出"19世纪的粗俗错误"。这些错误包括：其一，"这个时代具有高出此前任何时代的优越性"的观念；其二，"功利性（与情感和想象对立）"与"现在引领科学进步的是由培根原则得出的归纳法"观念。② 1833年，惠威尔在英国科学促进会致辞时，他发现以下做法非常奇怪：透过这种观念——"当前这代科学家以及智识权力和人类进步，都是至高无上的"——一些现代科学批评家应当能够从中看出一种妄自尊大的骄傲之源。唯有在天文学领域，人类已经能够"胜利完成"他们的知识；在光学领域，同样的成功似乎指日可待。但其余学科的前景，现在仍处于"相对黑暗和混乱之中；规则仍存在种种限制，对规则的认知仍欠完美"。重要的是，惠威尔表明，这些过度骄傲的感受可能源于"人的自然狂喜，就是人们在看到成功艺术作品时的那种感受"，而且他强调，必须在以下三对概念之间做出区分：知识与知识的应用、理论与实践、科学与艺术。③ 这些划界是《历史》的前提条件，如果其中没有包含一种重要科学原理的话，它们允许惠威尔可以忽略实践术与机械术（技术）之间的区别。在这样做的同时，惠威尔为所有相互联系的概念都配上某种流行的科学颂词，并且坚决主张，科学的合法性不是一种功利性，而是道德性和智识思想性。④

---

① WP, R 18. 17^8, p. 5–6.
② 惠威尔日记，WP, R 18. 9^{14}。
③ Whewell 1833a, xxiii–xxiv.
④ Whewell 1857a, 1, 255；参见本书第八章。

第六章 运用历史

这些实例表明：在惠威尔阐明一种确定的反经验主义认识论之前，他对当时的科学编史学持批判立场。这种改弦更张，可能发生在他正忙于撰写一部建筑史的语境中。1830 年，经过两次欧洲旅行之后，惠威尔出版著作《德国教堂建筑笔记》，正如这部著作的副标题表明，他在书中对哥特式建筑风格的起源做了深入思考。① 显然，这项任务不仅远离他的力学教科书，更与他的科学评论相去甚远；尽管如此，这项任务迫使他直面不同文化系统之间发生变迁的实例。正如他对这个问题的阐述："源于古典风格的旧建筑体系，最终转变为一种不同且相反的建筑类型"，书中介绍的"尖拱"就是这个转变过程的组成部分。重要的是，惠威尔拒斥当时盛行的观念——"哥特式与野蛮是同义词"，并且力求理解"主导哥特风格建筑形式"的那些原则。② 因此，在开始撰写科学史之前，惠威尔敏锐地感受到以下做法：要尽可能深入领会一种智识现象的整体性，而非基于一种时下盛行的习俗，对它的缺点做出简单判断。距离《历史》出版七年前，惠威尔写下的这段文字，昭示出一种认识过往的独特路径：

> （古典时期）之后的建筑特点和细节正在被日益完整地呈现出来，这种呈现与那些比较新的建筑作品更讲究比例协调、统一和谐的内在原则。如今，这种统一和谐观念变得日益清晰和具有独立性，就像古典建筑中曾经流行的那些观念一样。③

此处使用"观念"一词，承载着某种重量，就是后来在惠威尔的科

---

① Becher 1991, 4–7.
② Whewell 1830a, iii, xvi–xvii.
③ Whewell 1830a, iv.

学解读中,它承载的那份重量。1835年,他在《历史》第二版中论及必须把哥特式风格理解为"一个有机联系的整体"。①惠威尔自觉认识到,先前的各种建筑风格在智识思想上是一个整体,因此,现在不足为奇的是,他不满意当时通行的对过往科学理论做出的孤立片面解读。

同样重要的是,我们现在认识到,惠威尔与三一学院其他学者之间存在联系,例如朱利叶斯·黑尔、奥古斯都·黑尔、康诺普·瑟沃尔,他们与托马斯·阿诺德②都深受德国历史学家尼布尔的影响。这些作为英国"自由派国教徒"的历史学家——邓肯·福布斯③一直这样称呼他们——正在竭力效仿德国学术的新标准,并且强调原始文献的重要性以及时间和地点的特殊性。他们的著作质疑18世纪理性主义的种种断言,及其对不可避免的理性进步持有的乐观态度。当这种视野被应用到包括科学在内的思想史领域时,它对一种看待过往的轻蔑态度发出警告,并且认为现在的进步是建立在过往成就的基础上。④

惠威尔的重要创新之一,是他对科学进步三阶段模型的运用。⑤天文学案例作为惠威尔科学史研究的起点,也是他的"典范"科学,他由此力求表明:科学领域或学科的运动,需要经过"序曲""归纳时期"和"续集"三个阶段。惠威尔解释说,正是这种

---

① Whewell 1842, 2–3.
② 康诺普·瑟沃尔(Connop Thirlwall),剑桥三一学院院士、牧师、希腊史学家,著有《希腊史》。托马斯·阿诺德(Thomas Arnold,1795—1842),英国教育家,拉格比公学校长,对改革英格兰公立学校教育产生过重要影响。其子为诗人和评论家马修·阿诺德(1822—1888)。——译者注
③ 邓肯·福布斯(Duncan Forbes,1922—1994),英国剑桥学派观念史研究的开创者之一,以休谟政治思想研究为专长。——译者注
④ D. Forbes 1952; Cantor 1991, 75–78.
⑤ Cantor 1991, 71.

视野，而非简单地叙述事实，才使他的研究独树一帜；1857年，《历史》第三版出版时，回望过往，他坚信：先前早已接受了这种体系，而且人们主要认为它可以"清晰准确地展示科学真理的进步"。① 诸如"时期"（epoch）和"续集"（sequel），以及与它们密不可分的"静稳时期"（stationary period）和"革命"，这些术语都不是新的，它们出现在此前由普莱费尔、布兰德、汤姆森撰写的历史著述中；但惠威尔将它们联系起来，运用到一种普遍的历史理论中，这种理论旨在成为适用于"各门科学的普遍哲学"的基础。②

惠威尔写作的修辞手法非常丰富——地质的、建筑的、政治的修辞——但《历史》的总体结构是戏剧性的。赫歇尔认识到这个特性，并且表明，惠威尔的全新路径通过突显科学史上最重要的时代，赋予"他的叙事一种颇具画面感的趣味，而非史诗般的趣味"。③ 这些情形属于"归纳时期"，也是他展开的这部戏剧的转折点，它们发生在这些时刻：当归纳过程以一种"更加能量充足、力量巨大的方式"发挥作用时；当独特的"事实"和清晰的"观念"——科学知识的两个核心要素——被一位伟大发现者的心灵整合为一体、从中提炼出一种新真理并将这种真理进行永远固定时。然而，惠威尔断言，令人激动的这些时期并非没有经过准备，更细致的研究已经表明，存在一个"序曲"阶段，在此阶段，相关的事实和观念早已"逐渐演变为具有了清晰性和关联性"。④ 归纳时期与一位或两位首要发现者的名字密不可分，这段时期之后紧跟着一个"续集"阶

---

① Whewell 1857a, I, vii.
② 关于研究路径的创新性，参见 Whewell 1840a, 1, 4, 8–11；关于静稳时期和时代，参见 Playfair 1822, 11, 58, 67, 441。
③ Herschel 1841, 187.
④ Whewell 1857a, 1, 5, 7, 10；关于这个主题的早期表述，参见惠威尔致琼斯的信，1834.8.5, WP, Add. MS. c. 51^{174}。

段，在此阶段，这个发现被其他科学先生接受，并且向更广的范围拓展。沿着这条路径，惠威尔把相互竞争的科学进步形象结合为一体：归纳时期具有断裂性，因为独一无二的突破性成就发生在这个阶段；"序曲"和"续集"阶段具有连续性，因为缓慢的准备和巩固过程发生在这两个阶段。接下来，我们在本章将会看到，一种与此类似的结合或紧张关系，这是当代政治史的独有特质。此时，我们可以再次回到先前的议题——惠威尔对待进步观的态度。

在向大家介绍《历史》时，惠威尔说"知识进步"是"我们这部戏剧的主要行动"，如今看来确定无疑的是，新出现的一般性理论成功地解释了以下论断：经验现象是科学研究的一个显著特征。[①] 有一种确定的相似性存在于以下二者之间：在处理光学问题时，惠威尔是光波动理论派的代表；他还是辉格式学科史——例如地质学史——的代表。[②] 但相较于大多数这类进步主义历史著作，惠威尔的视野不是远离过往蒙昧主义的持续进步观；相反，它表明的是漫长的"静稳时期"。[③] 科学史当然不是一种宣言，或宣示持续提升的心智能力，或宣示"漫长跋涉的心智历程"，正如讽刺作家托马斯·皮考克所谓那些"自以为是的他的同代人"。18 世纪的科学史写作者——例如普利斯特里[④]和孔多塞[⑤]——把最新的科学成就盛赞为从

[①] Whewell 1857a, 1, 4.

[②] Cantor 1983, 1–3.

[③] Whewell 1857a, 1, 11–12.

[④] 普利斯特里（Joseph Priestley，1733—1804），英国物理学家、化学家和神学家，自学成才，注重实验，出版《电学的历史与现状》（1764）和《光学史》（1772）。1774 年发现"脱燃素空气"（即氧气），但坚持燃素说。同情法国大革命，受到英国保守派强力反对，1794 年移居美国。——译者注

[⑤] 孔多塞（Condorcet，1743—1794），法国数学家、哲学家和科学院院士，启蒙运动代表人物。主张引入数理方法研究社会政治，在《人类精神进步史表纲要》中提出进步史观。——译者注

过往错误中获得了解放；与他们不同，惠威尔把科学中的失败当作一种案例，并且进行了严肃的研究，他认为，这些失败揭示了关于科学发现的重要线索。这样做的部分原因在于他写的《历史》不止于记录科学发现，而是对事实与理论、感觉与观念之间的辩证关系进行分析。他后来在《哲学》中对这种辩证关系做出详细解释，认为它是所有知识中的"基本反题（对立）关系"。[1] 由于事实与观念之间缺乏一种平衡或契合，所以这是导致科学错误产生的重要原因，现代科学同样潜在地易受种种失败的影响。[2]

惠威尔的历史编纂学，不赞同在现代科学与过往蒙昧主义之间做一种简单的对比。在坚信科学进步的同时，他的兴趣是探讨过往失败的原因，他不会认为错误学说是愚蠢的而将其抛诸脑后。正如埃尔卡纳指出，惠威尔在讨论科学中的失败现象时，例如古希腊人犯的那些错误，他说科学失败中包含的观念"确实总是含混不清的，正因如此，它们绝不是无意义的"。[3] 在写到过往科学的错误与成就时，惠威尔——不像启蒙运动中的理性主义历史学家——表现出对文化相对主义的敏锐感知，他承认社会因素与那种在特定时间和地点践行的科学具有相关性，正如琼斯此前在租金形式案例中表明的那样。这意味着，惠威尔所谓"西欧是科学中心"的断言，是基于历史做出的判断，而非简单的沙文主义。但不可否认，他确实坦言，如果他读到的资料表明，"阿拉伯人阿尔哈真"[4] 在光学领域

---

[1] Whewell 1847a, 11, 647–668；参见本书第一章。
[2] Whewell 1857a, 1, 5–7.
[3] Whewell 1857a, 1, 27；Elkana 1984, xviii.
[4] 阿尔哈真（Alhazen the Arabian，约965—约1040），中世纪阿拉伯杰出学者，成就广及数学、解剖学、天文学、工程学、医药学、物理学和哲学领域。建立光学综合入射理论，代表作《光学宝鉴》，1572年译成拉丁文出版，对欧洲科学家具有重要影响。——译者注

未做出过任何发现,他不会为此感到悲伤,"因为我拥有一种强大的欧洲民族性意识"。①

在古希腊人取得科学进步之后,中世纪时代是科学史上的一段沉寂期。如果这些世纪不是完全黑暗的话,那么它们必定是"静止的"。后来力求为这段时期的科学成就进行辩护的历史学家,必定要反驳惠威尔描述的中世纪思想家图景:他们未能把古希腊人在力学和天文学领域取得的进步继续坚持下去。②惠威尔解释说:中世纪思想家未能培育出清晰的"基本科学观念",反过来,这种状况与当时的教会权威密不可分。中世纪思想家还拥有神秘主义精神,这种精神在实践中表现为:或将特殊情形进行普遍化,或随意恣肆地进行普遍化。因此,"他们的物理科学变成魔幻术,他们的天文学变成占星术,他们对物体构成的研究变成炼金术"。③另一个负面因素是他们的"评论精神"——这是一种"完全通过书本来解读自然"的习性。这种习性后来固化为经院主义者咬文嚼字的本本主义和教条主义,在经院主义者看来,惠威尔颠覆了他们最严厉的判断。④

尽管如此,惠威尔仍然有别于绝大多数写作者——他们把过往科学的失败当作炫耀现代科学成功的一种手段。例如,当时化学史的开篇普遍是一段对炼金术耸人听闻的解读,这样做是为了庆贺化学的创立者们把这门学科从这种非理性主义中解放出来。但是,针

---

① 惠威尔致琼斯的信,1837.10,收录于 Todhunter 1876, 11, 261; Cantor 1991a, 78。

② Whewell 1857a, 1, 183–191。1860 年,在《意大利文艺复兴时期的文明》中,雅各布·布克哈特(Jacob Burckhardt,1818—1897,瑞士人,19 世纪最伟大的艺术史家和文化史家之一——译者注)继续沿用这种中世纪的负面形象,但这种形象后来遭到皮埃尔·迪昂的挑战,迪昂认为:从中世纪经院哲学以降,科学发展存在一条连续不断的脉络。参见 Rosen 1964, 80–81。

③ Whewell 1857a, 1, 215, 233。

④ Whewell 1857a, 1, 200, 203, 237–251。

对在中世纪炼金术与现代化学之间做出的一切简单联系，惠威尔严加拒斥，明确指出二者在智识方面不存在实质性联系，由此巧妙地从根本上斩断了这种化学史俗套。惠威尔绝不允许任由炼金术作为"化学之母"，由此剥夺了这门学科史讲述的解放故事。与此相反，他表明：作为反对经院主义权威的那场科学革命的一个要素，炼金术可能曾经助力过科学思想的兴起。①

莱尔和鲍威尔在他们的历史著作中，严厉谴责了过往思想造成的这种致命影响，并且描述了一场运动——从智识思想的黑暗时期到现代学说带来的光明时期。当然，在这条路线背后，确实存在一些战略性旨趣。因此，在莱尔力求讲述的科学故事中，作为新科学的地质学，与人类心智一起，得以从过往的迷信、拟人化认识以及神学偏见中解放出来。② 鲍威尔用同样方式对过往信念造成影响的解读，缺乏丰富多彩性，但它构成这项工作——他努力厘清科学与神学之间的多种边界——的组成部分。因此，他得以把神学思维呈现为早期缺乏科学思维阶段的一种遗迹。鲍威尔深受孔德"三阶段智识发展观"的吸引——神学阶段、形而上学阶段、实证主义或科学阶段——并且认为各门科学的发展，是一种"方向上众流归一"的运动，从而远离了"承认因果、法则和秩序"的形而上学观念。③

相比之下，惠威尔强调科学进步有赖于过往的那些争论和沉思，包括那些被莱尔和鲍威尔视作非科学的内容。当然，他确实说过，静稳时期的那种"评论精神"阻碍科学进步，因为它鼓励基

---

① Whewell 1857a, 1, 232–233, 246。对这种观点有一种约定俗成的解读，参见 T. Thomson 1830, 1；特里维廉（Trevelyan, George Macaulay, 1876—1962, 旧译屈维廉——译注）后来在他的著作《英格兰史》中，重复了惠威尔这条路径的实质。参见 Macaulay 1913–1915, 1, 400–402。

② Porter 1976.

③ Powell 1855, 63–74 and 1839.

于文本的训诂诠释而非实验,"批评取代了归纳;我们拥有博学的先生,从而取代了伟大的发现者。"① 但是,像神秘主义一样,这种"沉思倾向"表明专注于各种观念,并且促进了抽象思维,凭借这种思维,"科学观念"有别于"普通想法"。于是,开普勒的神秘主义启发了他的科学思维;尽管惠威尔迅速补充道:"这种效果可能源于开普勒拥有清晰的科学观念"。② 惠威尔强调这种沉思不可能与观察和实验相割裂——就像它在中世纪的那种状态——但他同样坚持认为科学争论必不可少,相比之下,孔德谴责科学争论是"形而上学"。惠威尔在《哲学》中继续坚持这个观点,他写道:"事物之理的发现者不同于贫瘠无果的沉思者,不是因为发现者的头脑中没有形而上学,而是因为他们拥有优质的形而上学。"③ 下面这个观点始终无法得到这类写作者的承认:他们"习惯于用轻蔑的口吻谈论所有过往的争论;而且对于过往科学家无法第一次就坚持最终得以建立的那种观点,他们颇感惊奇和难以理解"。这些形而上学争论把各式各样的争论主题带入"一种非常状态,在这种状态之下,错误几乎完全远离我们所及的领域"。④

惠威尔通过多种方式,让自己的作品符合约定俗成的进步论述,我们已经对这些方式进行了考察,现在的关键是,不能忘记这种观念——法则定律需要在更宽广的意义上涵盖经验事实——是他的工作核心。同他写的其他历史作品一样,惠威尔的叙事直接指向当前。其实,他坚持认为:"对于科学中存在的各种不完美尝试和局部进步,我们现在并未认识到它们蕴含的确切价值和恰当定位,

---

① Whewell 1857a, 1, 204.

② Whewell 1857a, 1, 12–13, 319–320.

③ Whewell 1847a, 1, x.

④ Whewell 1847a, 11, 377–378.

而只是在观察它们会导致怎样的后果。"①一种成功的科学理论一旦出现，人们可能就会领悟它与先前学说的联系，但这种联系的复杂性，远远胜过简单的进步主义科学形象——认为新理论是从过往蒙昧主义中解放出来的。这意味着惠威尔不可能接受，通常与科学进步史密不可分的那些论述方法所主张的观点。

六、方法

现在可以公允地说，惠威尔开始在科学史中尝试细致地描绘归纳法之前，他相信自己知道归纳是什么。19世纪30年代初，他预示了一种对各门科学分支学科的研究，该研究描述各门学科如何开启自身走向归纳普遍性之路——从观察（observation）到定律（laws）再到起因（causes）。②可以与上述内容形成对比的，是他在评论赫歇尔的著作时对科学方法的解读。惠威尔在《历史》中指出，对过往科学发现的考察，"可能不仅会提醒我们现在已经掌握了什么，而且可能会教导我们如何提升和增长我们的内在修养"，还"为我们昭示了一种最可信的方式，用来指引我们未来努力的方向，就是不断补充我们内在修养的广度和完备性"。③因此，对过往科学发现的考察，被视为一项新培根主义事业的组成部分，它旨在分门别类地研究各门科学、各门科学的发展以及未来进步的方式。

但在《历史》中，惠威尔删除了此前在笔记中设想的关于归纳法的正统培根式解读，并且为开普勒的推测性猜想辩护，认为这

---

① Whewell 1857a, 111, 135.
② Whewell, Notebook, WP, R 18. 17[5 and 15]；随后的情形参见本书边码第46页，时间为1831.7.2。
③ Whewell 1857a, 1, 4.

是更常见的伟大发现的方式。他对科学进步的研究为他后来在《哲学》中阐释的方法理论提供了素材。在这两部著作中，惠威尔运用"归纳"这个术语指称得出定律和理论的一般过程，但他强调，这个过程远不止于单纯源于特定事实的一般化，因为它包含一种附加成分，那就是来自科学家心灵的一种观念。在惠威尔为《历史》撰写的导论中，虽然他强调"科学体系"中包含的"事实和观念"，但他更直接地阐述这个哲学观点真实地存在于《机械的欧几里得》中，这部著作也于1837年出版：

> 某种观念超越了基于观察到的事实所做的归纳。在每个归纳过程中，都存在某种一般性观念，上文已做过介绍，这种观念并非基于特定现象，而是由科学家的心灵赋予的。①

这些理想的概念，例如开普勒天文学中的椭圆轨道概念，源于这些基本观念——例如，空间、数、相似性——可以适用于一门具体的科学分支学科。惠威尔断言，这些基本观念以及其他观念，"调控着我们的心灵积极主动地运转"，它们构成那些必然真理的特定基础，一些确定的科学分支学科现在已经建立起必然真理。②进而言之，能够从一种基本观念中提炼出特定的恰当概念，能够从搜集的一系列事实中提炼出一种定律，这需要具备"独一无二的睿智头脑，它属于一位伟大发现者独有的先天禀赋"。③基于这种立场的认识论，尽管直到《哲学》出版才得到充分细致的阐述，但《历史》已经率先表明它的方法论内涵。这些情形与当时关于公众参与科学的可能性

---

① Whewell 1837c, 178; also 187; Fisch 1991a, 101.

② Whewell 1847a, 1, 66.

③ Whewell 1847a, 11, 40.

的种种臆断之言格格不入。

启蒙运动时期，有些写作者，例如普利斯特里认为，科学史为探索新发现的那些人提供了精选的教益和线索。例如，1767年，普利斯特里指出，不同的科学分支学科应当得到"一种关于它们兴起、进步和当前状态的历史叙事"的帮助，因为这种历史探究"必然激励我们在努力前进的道路上走得更远，而且它揭示的方法和经验可以助力我们更加进步"。① 这种自信能够持续不衰，得益于以下信念的支持：一直以来，电学现象的发现更多源于"偶然"，而非源于"人的天才"；普利斯特里还将这种信念拓展到一项更普遍的计划中，他呼吁为各门科学分支编纂学科史，并且鼓励更广泛的专业人士参与其中。这种信念之所以务实可行，原因在于，"许多谦虚灵敏的人可能会投身尝试哲学考察，因为此前他们已经明白，发现新真理与其说需要睿智天才，毋宁说更需要他们本人成为自己所在领域的大师"。② 普利斯特里的历史编纂学教益基于人人平等的理念，通过对伟大发现进行更加细致的考察，消除人为加在这些发现之上的英雄品格，并且表明成功做出这些发现需要运用方法，这些方法平等地向所有人开放。

19世纪30年代，启蒙运动关于知识设想留下的遗产，体现在由应用知识图书馆（Library of Useful Knowledge）生产的著作中。在这里馆藏的科学传记图书中，有些传记继续遵循这种策略——把天才还原为方法或人人可及的一系列程序。③ 因此，在论述伽利略

---

① Priestley 1775, 1, vi.

② Priestley 1775, 11, 166; also 1, xviii; McEvoy and McGuire 1975, 325–404.

③ 斯迈尔斯在他最畅销的著作《自己拯救自己》（*Self Help*）中宣布："即使以人类探究的最高级分支学科作为追求目标，仍然可以发现，其中越具有共性的品质，越具备最高的实用性"；天才是"得到强化的常识"。（Smiles 1894, 94–95, 317）

的那卷著作笔下，伽利略是一位安全方法的说明者，对培根提出的实验和归纳方法做出说明。但基于这个视角，开普勒的成功颇为尴尬，因为它必须承认，"这位非凡先生一直都在探索且几乎未曾改变的就是假说式方法"：

> 他走过的人生，一直都在沉思由他设想的几条原理得出的那些结果，从非常不确定的各种类比出发……尽管如此，我们发现：不必顾及这是一种非哲学的方法，它确实取得了一些重要发现，这些发现至今仍在为一些最有价值的现代科学真理提供指引。①

在通过这个案例努力挽救一种道德关怀的过程中，这位作者含蓄地表明：开普勒经常抛弃假说，在它们无法契合事实的情况下；但现在只能认为，这种做法是对他长期不懈努力的小小补偿，这些努力是："透过最杂芜和最荒谬的重重理论，从中捕捉真理。"②

我们在上一章看到，在1833年英国科学促进会年会上惠威尔如何开始批评这种毫无限制条件地搜集资料的观念。四年后，他在《历史》中规定：想象在重大理论性科学进步中具有合法性角色。重要的是，他援引这部开普勒传记，做出如下评论：

> 在《道德》这部著作中，有几个人似乎已经被警告：他们的读者，通过这部探求知识的故事——其中描述的这位英雄，

---

① Drinkwater 1833, i.
② Drinkwater 1833, 2, 15.

第六章　运用历史

虽然充满幻想且任性倔强,但他的行为充满侵犯性——可能会得出结论,正如他们设想的那样:所有正确的规则和稳妥的哲学,都会得到最具标志性意义的巨大成功的回报。①

接着,惠威尔利用开普勒的实例做出坚定主张:通向伟大科学发现的特定过程,包含着想象和推测,而非一些培根追随者认同的那种"极其严谨或严格的过程"。② 人们经常引用牛顿说过的一句话,勤奋耐心的思考是他做出伟大发现的关键所在,惠威尔对这句话的解读意在表明,这句话是对科学中包含的"心智努力"(mental effort)做出的一种公允解释,但他对这种"心智努力"与"人类心智具有的那些天生力量"(natural powers of men's minds)做出区分:"根据这个解释,现在看来,这些天生力量不是略有差异,而是存在天壤之别。"③

同大多数写作者一样,惠威尔把历史视为一种教益的来源,因为它是做出进一步发现的最佳途径。但是,《历史》并不认为,这些发现可能源于应用了一种人人可及的方法,它把重大发现归功于那些非凡个体——哥白尼、开普勒、牛顿、拉瓦锡、菲涅尔、法拉第——在智识和道德方面具有的非凡特质。科学上的归纳时期——各类科学领域取得重大归纳跃迁的那些时期——以几位特定科学家在研究中取得的关键发现,或实现的一种"基本概念"普遍化作为核心。④ 尽管《历史》旨在对科学进步发生的方法有所了解,但惠威尔得出结论,真正伟大的科学人物,在他们做出贡献的时期,都超

---

① Whewell 1857a, 1, 317.
② Whewell 1857a, 1, 318;关于这个问题更广泛的争论,参见 Yeo 1985。
③ Whewell 1857a, 1, 140.
④ Whewell 1857a, 1, 9–10.

越了一切可具体化的特定方法规则。因此,他已做好准备,要描述一个伟大科学心灵的必备特质——"在追溯逻辑联系时,具备独特的直觉、韧性和能力,能够取得丰富的发明成就,具有很强的普遍化倾向"——但这几乎不可能构成一种平等主义发现方法的基础。惠威尔确实注意到发现者做出的不成功猜测,尽管如此,他也无意认同关于科学发现本质的民主观念,例如普利斯特里提出的那些民主观念。①

大多数当代科学史家认为,科学发现是基于恰当方法产生的特定结果,与此相反,惠威尔为超越于方法之上的个人品质赋予新的重要意义。赫歇尔认为,惠威尔此举打破了功利主义者秉持的18世纪启蒙运动的立场,此时,他当然根据以下标准看待此举:

> 当前非常流行的做法是,把基于归纳科学的所有进步——至少是所有现代进步——都归功于……"这个时代",仿佛这个词蕴含着某种魔力,仿佛通过使用这个词,可能会避开或削弱对个人杰出才能的承认。②

惠威尔赞同赫歇尔的观点,并且在1832年出版的一部教科书中,阐明了与此类似的观点,他主张:认为伟大发现者是"他们所处时代的产物",这种观念未能充分认识到像牛顿这种科学天才的价值。③但是,上一章讨论的问题表明,这些科学天才兼具美善的智识和道德,有鉴于此,现在重点要强调的是,《历史》坚定地把这些天才的工作都置于这类工作的智识思想语境内来认识。因此,牛

---

① Whewell 1857a, 1, 317–331; 11, 139 and 1847a, vii–viii.
② Herschel 1841, 187.
③ Whewell 1832e, x.

顿的成就需要具备前面论及的那些特殊品质，它不单是一种个人成就，更是一种历史成就——"那出哲学戏剧遭遇的重大灾难"。① 惠威尔把这种成就解析为五个彼此独立的步骤，在把这些步骤全部统摄到一种理论之下的过程中，他含蓄地表明，牛顿能够把他的前人建立的那些"定律"当作"事实"。②

惠威尔强调科学天才及其取得的独特成就的重要性，与此同时，他把这种重要性与建立一门"科学哲学"的目标结合起来。这种做法意味着将科学进步的性质提炼出一整套普遍化的观念和方法，就此而言，《历史》通常存在一定程度的歧义性。布儒斯特之所以在《爱丁堡评论》上发表令人不快的评论，就是基于这个原因。布儒斯特的攻击存在几个层次，这些层次的驱动力源于他对惠威尔的感知——他认为后者是一个敌视所有苏格兰人的剑桥小团体的头目。③ 有一个决定性观点，包含在围绕"发现术"（art of discovery）这个词的含义引发的一场争论中。惠威尔否认，存在任何一套简单、机械的规则，可以创造重要的科学进步，并且发出警告：不存在通向真理的"普遍道路"。④ 布儒斯特赞同这个观点，并且认同惠威尔对开普勒案例的解读，他甚至断言：惠威尔汲取的反对培根式方法的教训，源于他本人早在1831年出版的著作《艾萨克·牛顿爵士生平》。但布儒斯特认为，惠威尔确实正在力求为"发明和原创性头脑""上帝创造的天才"提供法则，他采用的方式是：针对事实与适当观念之间的关系，普及一种漫无目的的普遍化。⑤ 在

---

① Whewell 1837a, 11, 139.
② Whewell 1837a, 11, 117, 136–138.
③ Morrell 1984, 29.
④ Whewell 1847a, 11, 366；在惠威尔论述方法的观点中，存在多种紧张关系，参见 Yeo 1986a, 270–271。
⑤ Brewster 1837, 117–125, 150；另见 De Morgan 1840, 709。

布儒斯特看来，没有重要的科学发现可以被简化为各种规则，因为其中的相关要素——包括偶然发现（惠威尔不认可这类发现的有效性）——是无法预测的。现在还需强调的重要一点是：当布儒斯特在他论述牛顿的著作中攻击培根式方法时，他声称，如果科学发现的"普遍特质"必将被发现，那么这种发现无法从历史中获得，而需要从"杰出科学人物的传记中"获得。①

显然，布儒斯特的抨击令惠威尔颇感困惑，他甚至假扮身份为《历史》写了一篇评论，在这篇评论中，他抱着赞许的态度，并对布儒斯特的一些批评做出回答。②惠威尔的公开回应是：在天才科学人物——例如开普勒、菲涅尔，确实还有布儒斯特——创造的伟大成就中，包含发明天才的成分，但尽管如此，努力对"这种发现过程进行分析，从中提炼出普遍可行的方法"，仍是一件很有价值的事。③他还对以下二者的差异做出区分：一是基础性发现包含的各种能力，二是这门学科的智识体系建立后从事科学研究需要具备的能力。有鉴于此，《历史》在以下二者之间寻求一种微妙的平衡：一是伟大发现者做出戏剧性的归纳式飞跃，二是在与每个归纳阶段紧随的续篇中更加日常的科学研究工作。惠威尔认为这段时间至关重要，因为它决定了"伟大天才"所取得科学成就的命运：或与这些天才的一生相始终，或由他们的追随者来巩固强化。他说："这项工作需要付出时间和辛劳，因为它总是充满困难和冲突。"④赫歇尔将上述观念阐释为：续篇时期类似于"在特定征服者的统治下，对特定国家进行占领，并实施各种基本安排；对源于无知和偏见的各

---

① Brewster 1837, 126；1831b, 332–336.
② WP, R 18. 10^5.
③ Whewell 1840a, 11, 186–187；1837e；Brewster 1842a, 288–292.
④ Whewell 1857a, 1, 10.

种起义运动进行平息,并将其纳入新政权之下;将国家土地划分为不同的省份和领域"。① 在这方面,《历史》不仅关心天才人物无法预知的想象力,而且关心更易于编码化的要素,这类要素可以在科学共同体内部建立起一种归纳理论。或许可以这样说,惠威尔不是正在推行做出划时代发现的规则或方法,而是正在探索将一种模式进行普遍化,因为通过这种模式,可以将这些划时代发现转化为不同的科学学科。②

七、革命

伯纳德·科恩③ 已经指出,"科学革命"这个词发生在惠威尔对哥白尼、培根、哈维、洛克和拉瓦锡的评论中。但是,如果我们未能认识到科恩著作中围绕这个概念存在的那些紧张关系,那么,现在就很难认同科恩的以下论点:惠威尔运用"革命"这个术语,属于一种"已得到充分阐发的理论"的组成部分。④ 如果我们对比前述两节,就会发现以下二者之间存在一种紧张关系:惠威尔对科学进步有赖于过往贡献的强调,以及他对重要的归纳型发现中所包含创造性元素的解释。有鉴于此,在惠威尔看来,"革命"究竟意味着什么?

尽管"革命"这个术语的出现同《历史》中关于科学变革的讨论联系密切,但现在仍有几个议题源于惠威尔对该术语的用法。第

---

① Herschel 1841, 186; Yeo 1987, 32.
② Schaffer 1986, 387–420.
③ 伯纳德·科恩(Bernard Cohen, 1914—2003),美国当代科学史家,萨顿在哈佛培养的第一代研究生,曾任哈佛大学科学史系主任。著有《科学中的革命》《新物理学的诞生》。——译者注
④ Cohen 1985, 529–532.

165　一，现在的问题是这些革命是何时发生的。最显然的答案是在科学归纳时期，此时，会发生伟大的理论飞跃。但在物理天文学领域，惠威尔强调，在通向牛顿成就的序曲期间，与旧学说决裂的重大突破不断出现，这些突破的取得基于怎样的程度；因此，他为这种突破程度冠以"从质到形的根本转变"之名。①第二，现在的问题是这些革命发生的频率。现在有必要回忆的是，惠威尔当时处理的科学史问题，并非简单地把科学当作单一整体。因此，他所指的"革命"，可能是发生在天文学、光学和化学领域的革命。

现在有必要思考惠威尔言说革命的方式，即他在论及革命时，总是与科学方法或科学哲学相联系。在此，培根是科学英雄，因为他强化了反对经院主义态度的运动，同时公开宣布一种"新方法"，并且把"这种叛乱转变成一场革命"。②施弗里茨（Frits Schipper）最近断言，惠威尔使用"革命"这个术语的方式，把歧义性降到了最低。施弗茨表明，惠威尔对科学理论中存在的那些变革的异同做出区分：一类变革伴随着方法革命，另一类变革则没有。③因此，牛顿时代发生的物理天文学革命更具有戏剧性，因为它伴随着一种方法革命——这种方法的精神，如果不是通过文字的话，那么，它通过培根表达出来。相比之下，拉瓦锡的"革命"完成得更加平稳，因为它可能以先前的方法论变革为基础，或者正如惠威尔的阐述：在获得真理的方式上，这是一次"伟大的改进和提高"。因此，与先前"创造科学革命"的其他人不同，拉瓦锡认为自己的理论在很短时间内得到了接受。④

---

① Whewell 1857a, 11, 113–114, 116, 137.
② Whewell 1857a, 11, 40–41.
③ Schipper 1988, 44–45.
④ Whewell 1857a, 111, 119–120.

此处另一个问题是，现在不清楚惠威尔是否认为在培根和牛顿时代，方法革命已经一劳永逸地胜利完成。在知识理论中，相对来说，"观念和感受"成为强调的重点，围绕这个问题的争论经久不息，惠威尔在《哲学》第四册中追溯了这个争论的历史，他认为自己的工作就是努力实现这二者之间的恰当平衡。① 最后，现在最难解决的议题与惠威尔著作中"革命"的特质有关。这个问题的产生，是因为在《历史》中显然存在多处矛盾陈述。例如，他在导论中论及"智识世界的革命"时，认为这是"实现普遍化必经的步骤"，因此给人们留下渐进改变的印象——这与科恩讨论的革命戏剧性转变观念不一致。

我们已经概述了"革命"在惠威尔著述中的不同意义，现在需要把这些意义置于由一般历史著述构成的更广阔的语境中来考察，以下两种观察表明：第一，惠威尔大量运用政治史为他的各种隐喻服务；第二，当代历史编纂学也揭示了革命与渐进改变之间的紧张关系。

惠威尔需要谨慎地运用"革命"一词，因为在 19 世纪 30 年代，这个词的政治含义非常不受欢迎。这十年间，英国政治运行的重要背景是：1830 年 7 月，法国推翻了波旁王朝统治，当然还有法国革命本身具有的恐怖象征。甚至围绕 1832 年《改革法案》做出的那些妥协，恰恰符合英国强大的保守派反对党立场，而且人所共知的惠威尔的托利派倾向——至少当时他被托利党首相皮尔任命为三一学院院长——表明，他以一种缺乏热情的态度对待急促的政治和社会变革。但是，现在对于惠威尔的保守主义倾向，有些研究做出了夸大解读。作为《改革法案》的强烈反对者，华兹华斯坚

---

① Whewell 1840a, 11, 283.

称，惠威尔先前同情那份录取异议者的请愿书，因为他在1832年剑桥大学选举中支持过一位名叫约翰·卢波克的激进派候选人。① 五年前的1829年，惠威尔与华兹华斯讨论过天主教问题，他主张：尽管为了促进天主教自身进行变革，天主教现在应当遭到抵制，但"人文制度"必须"使自身适应持续变化的社会关系和形态"。② 不过，华兹华斯关心这个问题，并非出于伟大的事业心。作为院长，惠威尔非常细致地修订了主导三一学院的章程，此举并未引发激进变革，它卓有成效地将1846年的三一学院纳入1560年以来的各种规则之下——后来，皇家委员会在英国古典大学考察报告中专门评论了这种情形。

1826年，在与休·罗斯的争论中，惠威尔反对科学进步包括对"众所周知的新事物"的拒斥这种观点（参见第三章）。此后，在思考获得社会—政治知识的可能性时，惠威尔告诉内兄詹姆斯·马绍尔，寻找这种知识的起点，绝对不能秉持一种观念，即认为"我们这一代的各种条件"是"全新且无与伦比的"，而是要自觉认识到"现在已有大量真理存在于世界上，而且这些真理绝大部分都体现在特定的社会结构中"。无论教会，还是国家，它们的变革与更新应当循序渐进，这个过程基于"一种成长发展的精神，它使改革变得没有必要"。在反思自己的工作时，惠威尔指出："无论我多么极度渴求一种看待真理的新视野，让它能够契合我们这个时代……但是对于发现任何真理的视野，我从未怀有希望，这的确是事实，如果发现任何真理的视野这件事不包括、不依据以下观念的话：这件

---

① 华兹华斯致惠威尔的信，1834.5.14，收录于 Hill 1978—1979, v, 710。
② 惠威尔致华兹华斯的信，1829.1.20，收录于 Hill 1978—1988, 48—49；Schaffer 1991, 205。

第六章　运用历史

事到目前为止始终都是正确的。"①

因此,尽管惠威尔相信进步存在于政治和智识思想领域,但是,他颇为怀疑这种观念——激进变革包含同特定过往的彻底决裂。有鉴于此,在某种程度上,他与辉格派政治史家共同面临的困境是,在尊重过往奉若神明的价值和传统的同时,在赞同变革与赞同改革之间保持平衡。

观念史家约翰·布罗②在对维多利亚时代历史编纂学的研究中,已经恢复了辉格史形象的复杂性和细微差异。巴特菲尔德强调辉格史观的自信和乐观,布罗在接受这种视野的同时,将注意力转向辉格史家的另一个维度:他们对过往的敏感性。甚至在对当前成就最热烈的盛赞中,例如托马斯·麦考莱著作中的那些赞美之词,进步与连续性之间也存在一种紧张关系。虽然辉格史是一部成功的故事,但它不是一部嘲弄过往的故事:过往受到尊崇,因为它体现了传统,凭借这种传统,进步得以持续。③在这方面,辉格史家不能被轻易地等同于启蒙运动中的理性主义者,福布斯将后者定义为他所属的自由派英国国教徒的反对者。其实,根据布罗的解读,辉格主义者——正如自由派英国国教徒一样——可能汲取了"伯克式传统"④,并且以这种观念——"变化存在于连续性中"——作为其历史觉悟的核心,基于这种观念,他们对进步的强调受制于理想化的连

---

① 惠威尔致詹姆斯·马绍尔的信,1842.12.27,收录于 Stair-Douglas 1881, 281–283；另见 Whewell 1834d, 21–22; 1838, 132–133; Schaffer 1991, 206。
② 约翰·布罗（John Wyon Burrow, 1935—2009）,英国人文社会科学院院士,著名思想史家。著有《自由派的传承:维多利亚时代的史家与英国的过去》(1981)、《理性的危机:欧洲思想(1848—1914)》(2000)等。——译者注
③ Burrow 1981, 2–3.
④ 埃德蒙·伯克（Edmund Burke, 1729—1797）,爱尔兰政治家和哲学家,曾任英国下议院辉格党议员,支持北美等英国殖民地独立,名言"我从不让抽象的东西主宰自己"。——译者注

续性观念。①

沿着这种叙事开启的道路，可以对惠威尔的《历史》进行深入解读。无须否认的是，通过与倡导自由的英国国教主义进行对比，提供了许多洞见。现在的可能是，再充分利用布罗描绘的辉格式历史编纂学图像，来深入解读《历史》。例如，福布斯把一些写作者定义为自由派英国国教徒，这类作者的思考基于一种周期循环视野，相比之下，辉格派对进步的理解和认同——基于智识思想与社会层面——更接近惠威尔的视野。与此同时，调和这二者——一方面支持制度调适和政治改革，另一方面认同一种特殊传统具有连续性——的关系问题，看起来与惠威尔的科学变革观念存在类似性。在这两种情况下，"革命"概念都变得问题重重。因此，在阿克顿勋爵看来，伯克与麦考莱认为，1688年"光荣革命"后的国家制度安排，具有保守性而非革命性："这不过是对最近所犯错误的一种纠正，而且是对古典原则的一种复归。"②布罗注意到以下事实，恰恰是托利派和激进派，可能乐于看到英国历史上那些急剧断裂的形象；相比之下，辉格派需要连续性，以此驱动他们看清过往与当下之间存在的种种桥梁。③

自觉地认识到辉格式历史编纂学存在的这些紧张关系，为我们提供了一种视野，由此可见，惠威尔在对待"革命"概念时存在的矛盾心理。这不是为了表明，《历史》中的剧变和重要变革是无稽之谈。惠威尔认为，在一段归纳时期，归纳的普遍化得以成功实现，这是一种突破，因为它把相关科学置于一种新的智识基础上，并且

---

① Burrow 1981, 22–23, 47–48, 52；埃德蒙·伯克对自由派英国国教徒的影响，参见 D. Forbes 1952, 1, 6。

② Cohen 1985, 71。

③ Burrow 1981, 16–17, 34。

为意义重大的重新定向设定了具体场景,最终记录这种突破的,是术语学发生的种种变化——他把这个过程同与"伟大政治革命"相伴的"英国流通币制变革"进行了对比。① 正如上一节指出,惠威尔称颂科学家个人的天才禀赋——哥白尼、牛顿、拉瓦锡——他们掌握了这些发现必不可少的理想概念,并且在此意义上,认识到这些概念总是革命性地远离了先前的科学观念。在拉瓦锡案例中,有些人认为,这位法国化学家未做出任何实质性创新,惠威尔则拒斥这种断言,此举含蓄地表明:在此案例和其他案例中,一位伟大发现者的原创性"通过一种冲突得到证明",这种冲突是由伟大发现者的研究成果在科学共同体中引发的。②

但有些时候,对于政治剧变与科学剧变之间可能存在的类似情形,惠威尔会避而不谈。因此,他丝毫未触及以下二者存在的正面联系:一是17世纪英格兰内战中发生的意识形态剧变,二是牛顿、波义耳和胡克在智识思想上取得的进步。他表明,实际上,科学活动是远离那场政治动乱的一种逃避之举。③ 在革命的1848年,在讨论弗雷德里克·迈尔斯对伟人著作的论述时,惠威尔批判了"伟人高居规则之上"的观点,同时告诉迈尔斯:"这种观点导致你有时在言谈中,基于通常和抽象意义而言,仿佛认为叛乱、造反和革命都是伟大的好事。"④

因此,现在不足为奇的是:惠威尔限制了这种对科学变革的解读可能蕴含的意义,他采用的多种方式,都在强调过往与当下的连续性。因此,尽管在一段归纳时期内产生的重大发现,需要掌

---

① Whewell 1857a, 1, 9.
② Whewell 1857a, 111, 119.
③ Whewell 1857a, 11, 112.
④ 惠威尔致迈尔斯的信,1848.6.18,收录于 Stair-Douglas 1881, 351。

握"上一代人并未探明事实与观念之间的关系"这个事实,但惠威尔仍要强调,在何种程度上,"最重要的发现者"事先受到过"其他人试验、探索以及猜想"的影响。① 在思考重要科学家的性情偏好时,惠威尔会强调这个观点:"无疑,现在看来,这种对过往伟大科学人物的遵从——他们凭借卓然天赋,能够紧握他们使用的方法所蕴含的精神,尽管当他们的科学理论文字已不再那么可靠时——是发现者具有的真正精神素质。"② 科学不是由单一行为构成的,而是由长期以来一系列不断进步的变革构成,这些变革中包括不少"显然相互矛盾的"原则:

> 构成科学事业先前阶段取得重大胜利的那些原则,可能看似被后来的发现推翻并逐出科学舞台,但事实上,它们现在(只要它们依然为真)已被带入后来的学说中,并且成为这些学说的组成部分。它们继续是科学事业必不可少的一部分。先前的真理,现在没有被逐出科学领域,而是得到吸收利用;没有陷入矛盾之中,而是得到拓展延伸;而且每门科学的历史,可能因此看似是一部系列革命史,但如今,它确实是一部系列发展史。③

基于这种视角,对重要科学进步的称颂得以构成一个"时代",并且得以认识到这些进步有赖于过往的努力。正是从此开始,保存过往的基本智慧作为一种观念,显然体现在伯克和麦考莱的历史观中,这种观念颇为类似惠威尔所谓"科学拥有大量世袭财产"的形

---

① Whewell 1857a, 11, 99.

② Whewell 1857a, 1, 286.

③ Whewell 1857a, 1, 8.

象，真正的科学成就有赖这些世袭财产为生。

> 因此，每门科学的最终形式，都包含它先前点点滴滴修改润色过的内容；所有这些内容，都是在任何前期工作中被发现和建立的，它们有助于每门科学相应的知识分支获得终极发展。①

同辉格派历史学家一样，惠威尔探寻在革命性剧变与渐进发展、进步与连续性之间达成一种折中和解的关系。这种关系必不可少，因为他想承认科学中存在许多概念上的重大转变，同时还要强调新旧理论之间存在重要联系。但是，这种紧张关系可能无法完全解决，因为它源于惠威尔坚持的观点——在重大归纳性发现中，包含新奇和想象的因素。

八、这部故事的道德性

惠威尔在《历史》首版序言中表明，本书旨在从"追溯人类知识的过往历史中得到教益"，但现在看来，这个目标可能将在《哲学》这部著作中完成。②当塞奇威克建议这部历史叙事需要有一种道德关怀时，惠威尔说这部著作可能只是一部故事而已。但可能还存在这种情况，即《历史》没有传达任何简单易晓的教益。惠威尔确实逐渐认识到这部著作不能提供一种大众化的通俗教益，并在第二版中表明，如果对"大众读者"抱有同情，将会走上导致出现"伪

---

① Whewell 1857a, 1, 3, 8；这个观点的精致化表达，参见 Whewell 1851b。
② Whewell 1837a, 1, 5。

科学和科学失败"之路。①

这种做法可能与惠威尔使《历史》产生效果的那种方式有关，对于当时占据统治地位的历史主题——它们同进步观、方法观和革命观密不可分，他的著作颠覆了这些主题，或至少使这些主题变得复杂化。虽然这些主题是惠威尔展开的这部历史剧的重要元素，但每个元素代表了这部著作中的一个紧张点，部分原因在于：在每个主题中，他都为其赋予了合乎当时通行标准的意义。正如他在启蒙运动考察和学科史报告中表达的观点，惠威尔对进步观深信不疑，但在实际行动中，他并不支持把科学进步视为与一段蒙昧过往完全决裂的形象。科学史不是一部完全前后相继实现归纳普遍化、进而逐步走向现代学说的历史。与此相反，比较陈旧、错误的理论被新理论取代，总是通过一种突然且充满戏剧性的方式来实现。这种观察视角与惠威尔的两种立场有关：其一，他拒斥把一种严格的培根式方法视为重要科学发现的特定方式；其二，他强调，科学英雄人物在想象力上具备多种飞跃式发展。不过与此同时，他想普及一种哲学，它反对"术"，它适用于科学发现——就是围绕科学进步所凭借的那些程序，提炼出一套普遍化的哲学理论。

有鉴于此，惠威尔的革命观颇为复杂。他不支持这种观念——从某种科学的黑暗前史中获得了一种单一的、革命性的解放；相反，他强调，在一种特定科学门类中，出现首个具有决定意义的归纳性发现之前，存在许多阶段的重要智识思想准备期。在一门独立学科的自身历史中，经常存在远不止一次的重要变革。因此，甚至在规范的（具有定位意义）天文学领域，存在从希巴克斯到哥白尼

---

① Whewell 1857a, 1, 339；另见惠威尔致詹姆斯·马绍尔的信，1854.8.19，收录于 Stair-Douglas 1881, 435–436。

再到开普勒的革命性转向。这里的寓意是新近形成的学科——与天文学相比还不够成熟——不应主观地认为它们当前的理论是不可变动的。沿着这条思路，在惠威尔更具比较意识的科学史叙事中，论及许多其他科学分支学科，通过与它们进行对比，可以使这种学科历史的胜利主义变得平和。

惠威尔对科学变革性质的论述，没有以《历史》作为终结，也没有模棱两可的表达。其实，他强调的重点似乎跟着反对派的批评在不断变化。因此，在回应累进式经验论科学发展观时——例如，1846年，麦考莱在一次论述现代知识大获全胜的演讲中运用了这种观点——惠威尔强调，知识的发展通常无法通过"一部分一部分地重复叠加来实现，而需要通过经久不息的转型来实现"。① 为反对麦考莱案例中的渐进论形象，"转型"（transformation）一词在这里承载着深刻质变的含义。然而，两年后，惠威尔把"转型"观念当作一个砝码，用它来平衡激进或革命性的科学观念转向。与在《历史》中相比，惠威尔在此给予笛卡尔主义者更多正面评价，并且反驳了以下观点：牛顿主义代表了一种与笛卡尔主义的完全决裂。② 某种程度上，此举同他努力捍卫艾萨克·巴罗③和其他几位剑桥院士的权威存在联系，这样做可以使他们免受在拒斥笛卡尔主义问题上表现得迟缓的指责。④

---

① Whewell 1849a, 173.
② Whewell 1851b, 493.
③ 艾萨克·巴罗（Isaac Barrow, 1630—1677），英国古典学家、神学家和数学家，牛顿的老师。——译者注
④ 惠威尔强调指出，"笛卡尔对自然现象做出的力学和光学解释，是全世界在当时能够见到的最佳解释"（Whewell 1859, iv-vi），并且说英国哲学家都崇拜笛卡尔，"甚至当他们拒斥他的学说时"，这种崇拜之情依然不减。这不合时宜地与"从牛顿时代开始盛行的那种轻蔑语调"形成鲜明对比，"后者体现了一种粗俗的奴性"（惠威尔致德·摩根的信，1859.2.9, WP, O 15. 47[26]）。

惠威尔的论著有一个与众不同的特点，就是他努力把每门单独学科的历史纳入对科学的一般历史考察中。在前面提及的那篇假扮身份的评论中，他开篇指出："虽然从各种文体技法上说，我们自己未曾师从任何其他学问接受专业训练，但我们一定有可能写出这样一部清晰易懂、有趣可读的科学史。"① 不过，在持续加剧的专业化趋势之下，以一人之力，越来越不可能跟上他力求的那种历史分析所必备的细致标准的脚步。甚至在撰写《历史》首版时，惠威尔需要向童年好友理查德·欧文求助，因为生理学这门新领域已然超出他的能力所及。② 到第三版出版时，这些问题变得更加严重，尽管惠威尔告诉福布斯，他希望"针对第二版出版以来科学事业取得的进步，给出一些方向性的指引"；他还承认新版所做的任何补充，可能必定是"非常微小和一般性的内容"。③ 在读过乔治·康沃尔·利维斯爵士④撰写的《天文学史》之后，惠威尔对书中细节表示叹为观止。这表明他认识到，全面重写自己的著作《历史》已变得不再可能。⑤

惠威尔面临的问题，不仅是需要紧跟专门领域的进展，他还必须面对这项任务——让这些专门领域讲述具有普遍意义的故事。天

---

① WP, R 18. 10⁵.
② 惠威尔致欧文的信，1837.11.30，剑桥大学图书馆收藏，Add. MS. 5354 E 8。
③ 惠威尔致福布斯的信，1856.7.18 and 1856.10.8，收录于 Todhunter 1876, 11, 406–408。
④ 乔治·康沃尔·利维斯爵士（George Cornewall Lewis，1806—1863），英国 19 世纪中期著名政治家和文人，在巴麦尊政府任财政和内政大臣，研究主题广及哲学、语言学、政府形式和天文学，著有《古典天文学的历史考察》(1862)。——译者注
⑤ 惠威尔致利维斯的信，1862.1.29；1856.10.8，收录于 Todhunter 1876, 11, 424。惠威尔寻求专家帮助给出建议，参见 Brewster 1842a, 302。在神经系统感觉运动分支的发现中，惠威尔对查尔斯·贝尔（Charles Bell，1774—1842，英国外科医生。——译者注）和马戎第（Francois Magendie，1783—1855，法国生理学家，实验药理学奠基人。——译者注）角色的解读，饱受诟病。关于他的回应，参见 Whewell 1837b。

文学作为"典范式"科学，他以此为起点，尝试对其他科学门类的发展做出分析，并且关注以下问题：这些科学门类的发展阶段，与相关事实存在联系的清晰观念如何凝练与形成，一种科学术语学在每门科学中如何得到巩固。然而，这种历史记录通常无法提供支持他的普遍化主张的专门资料：十七门学科中只有六门学科可以纳入科学发展三阶段模型，大多数无法呈现属于那些成熟科学的成功的归纳法则。因此，这些归纳型计划——如同"一条河流地图"——旨在表明一条路径，通过这条路径，特定事实早已被整合起来，进而形成普遍真理，但它只形成两个典范型实例——天文学和光学。①

在评论《历史》最后一版时，福布斯认定其价值是一部恢宏的历史考察，并且说这部著作将会成为"英国各大图书馆的永久典藏"。但他认为，这部著作以学科为中心的组织结构方式，导致不同学科被迫脱离了一幅整体图景，它可能与惠威尔正在为《大英百科全书》撰写的那种论述现代数学和物理科学进步的论文属于同类。与此相反，福布斯建议把这部著作翻译成一部从1450年至1850年的四阶段科学通史，通过这条途径，可以消除惠威尔对单独学科的关注。②福布斯表明，源于这种对过去四百多年科学发展的全面概观，出现了两种日趋普遍的现象：第一，"伟大理论"在当时的稀缺性，正如它们在"初次进入现代进步时代"那样；第二，随着科学进步，"与日俱增的辛苦工作"变得必不可少。第二点对惠威尔的《历史》产生了直接影响，尽管《历史》有种种规定且主观地认为，个人的天才禀赋在科学研究中扮演着至关重要的角色。然而，在福布斯的叙事中，鉴于科学事业的长期发展——而非特定学

---

① Whewell 1857a, 1, 11 and 1847, 11, 118；关于电化学科学案例，参见 Schaffer 1991, 230。
② J. D. Forbes 1858, 287；更直接的批评，参见 Sarton 1936。

科内部发生的变化——是其旨趣所在,所以他的叙事看上去更像一种历史描述,而非一种方法论教益。就是说,在惠威尔的《历史》问世之前,福布斯的历史叙事可能已经抓住了人心,同时,它呈现的科学似乎有赖于一种另类机制:

> 在每个前后相继的发现阶段必须雇佣更多的人手——因为随着发现者声称他自己的研究领域已得到拓展,并以此取悦了人们的骄傲心理,但凭借个人卓越才能所能取得的科学成果变得越来越少,而更常见的做法是:对于自己取得的成功,发现者会感激那些先行者曾经完成的相关准备工作,感激他的当代同人的鼎力相助。①

惠威尔论述科学史的著述,还可以透过当代政治历史编纂学的视野来切入解析。我们现已看到,他为大多数当代叙事中的胜利主义赋予了合法性,这可以支持以下观点:《历史》受到坚信自由的英国国教教义及其对启蒙运动多种断言所做批判的影响。但这种语境化的拓展,可以通过采纳观念史家约翰·布罗对辉格式政治历史编纂学所做的分析来实现。这表明,学科化的科学史——它们为学科进步喝彩,并且将过往的观念抛弃——现在逐渐被视为"辉格"史的缩影,其实,相较于经典辉格式政治话语,学科化的科学史远没有那么难以捉摸。这就暴露出传统与进步、连续性与间断性、改革与革命之间的紧张关系,通过一种与惠威尔的《历史》并行不悖的方式。此外,通过调用这些源于一般通史的主题,惠威尔卓有成效地把科学事业与其他政治和文化活动关联起来。在此意义上,或

---

① J. D. Forbes 1858, 294.

第六章 运用历史

许可以认为，他从事的工作不是为具体的科学学科立法，而是为科学事业本身立法。

到现在为止，我们已经看到，惠威尔如何运用评论型期刊、运用他撰写的桥水论文集、运用各种演讲、运用科学史，来探讨科学的性质以及科学实践者的个人品质问题。赫歇尔在1841年撰写的那篇重要的文章评论中，愿意赋予《历史》的地位，正如密尔对卡莱尔关于法国大革命记述的褒奖；但赫歇尔认为，《哲学》在观念论的方向上走得太远。然而，正如下一章表明的那样，惠威尔坚信科学史本身不会证明科学具有文化价值，因此，针对科学的认识论和道德基础，必须有一种哲学解释。进而言之，惠威尔证明自己作为元科学批评家角色的方式，为做出这种哲学解释提供了机会。

第七章　道德科学

> 在孤独中,他(康德)凝神沉思自己的心灵世界;对自己思想的检视考察,为他提供了新的力量,这种力量可以支持他的美德。
>
> ——斯塔尔夫人,德国,1813

> 最近以来有几次,我都在持续地思考我的哲学;旅行的时候,总是单独一人,这样就会有许多进行这种沉思的欢愉时光。
>
> ——惠威尔从苏格兰威廉堡写给琼斯的信,1834.8.21[①]

惠威尔在为《哲学》撰写的序言中回忆,塞奇威克曾要求《历史》包含道德性论述,他的答复是:"这种道德将会与这部故事本身等长。"[②] 现在不能确定,惠威尔在 1840 年提供的内容就是塞奇威克心中的道德,但是,在敬献给这位三一学院伍德沃德地质学教授[③]的第二部重要著作背后,绝对存在着远超出同僚关系的更丰富内容。惠威尔把他的新书呈现为一场战斗的继续,这场战斗反对的

---

① WP,c.51[175].
② Whewell 1840a, 1, iii.
③ 塞奇威克在 1818—1873 年担任此职。——译者注

第七章 道德科学

是"极端洛克学派提出的种种谬误"——1833 年，塞奇威克通过他的名著《论剑桥大学的种种研究》，投身伦理和道德哲学领域，由此开始反对这个敌人。惠威尔公开宣布这场战斗继续深入到关于自然科学的哲学领域。①

本章表明，《哲学》作为惠威尔关于科学性质与科学发展思想的集大成之作，它如何被视为一种关于科学的道德话语的组成部分。在惠威尔所处的时代，"道德科学"指的是同人与社会研究密不可分的一套议题，其中包括对人的伦理行为的系统性分析，以及由心理学、语言学、人类学、社会统计学和历史学提出的一系列问题，例如人与动物、智力与本能、自由意志与决定论之间的区别——所有这些内容都可以暗示出人性观。在《哲学》中，惠威尔一直主张在另一种意义上，"道德科学"或妥善恰当的科学，有赖于一种特定的关于知识的认识论或哲学——它坚持用一种基督教视野看待人的智识和伦理特质。

为了复原这里存在的各种联系，我们需要对惠威尔自 19 世纪 20 年代以来从事的各项事业进行思考，进而分析它们之间的关系。正是这些早期关注议题之间的互动——归纳科学、政治经济学和伦理学——使《哲学》成为一部关于知识的恢宏论述，并将道德科学与物质科学囊括在内。这些联系为惠威尔从事的元科学职业提供了一种重要证明。这条路径需要适当远离两种现在通行的阐释：第一，对《哲学》的解读，主要以其批评者的反应作为依据；第二，将《哲学》抽象化，使其脱离了相关的社会和道德语境。

---

① Whewell 1847a, 1, iv.

一、经验论与观念论

　　一直以来，一种被广泛接受的观点认为惠威尔的《哲学》代表了一种观念论回应，它直指的对象是一种根深蒂固的英国式——或至少是英格兰式——经验论。最近有一篇文章声称，惠威尔由于"不赞同官方学说"——一种以培根主义、经验主义、归纳主义为特质的正统学说，他因此受到惩罚。赫歇尔和密尔，作为这种正统学说的捍卫者，力求埋葬惠威尔表述的异教思想，部分通过忽视这类异教思想具有的激进挑战的方法，来达到他们的目的。① 尽管现在有些作者能够同情地理解惠威尔的著作，但他们危险地把一些有违时代的区分强加给那些 19 世纪初的争论。在这段时期，构成这种正统学说的三种要素都还没有稳定的意义或内涵，甚至在密尔与惠威尔的争论中，它确实使被后来争论接受的那些二分法实现了具体化，但这场争论的清晰性至今仍很少被相关研究触及。例如，关于推理在观察中扮演的角色问题，曾有相当多相互重叠的观点，这个议题常被当作更广泛的哲学理论区分的鉴别器。② 正如下面将要提出的论点，培根主义没有同一种确定的经验主义认识论——作为笛卡尔主义的反对者，它源于自然领域——牢固地联系在一起。

　　为避免这类问题的出现，我们需要警惕以下做法：单独依据惠威尔的批评者的反应，来讨论他的著作。为此，现在当然有一个稳妥的先例，即密尔曾坦言，惠威尔的《哲学》为他提供了他需要的那个靶标：

---

① Wettersten and Agassi 1991, 345–346, 358.
② Buchdahl 1991.

第七章 道德科学

> 在我重新撰写《逻辑体系》这部著作期间，惠威尔博士的著作《归纳科学的哲学》问世；这种情形对我来说非常幸运，因为它赋予我的是我最热烈渴望的东西，就是由一位反对者全面充分地梳理了那门学科，而且使我能够用更大的清晰性和更突出的重点来呈现我的思想……通过反对确定无疑的客观对象来捍卫我的思想，同时让我的思想真正明确地迎战一种反对派理论。①

无疑，这种思想装满澳大利亚哲学家约翰·巴斯摩尔（John Passmore）的心中，他曾评论：如果惠威尔这个人不存在，密尔必定会把他发明出来②。但是，如果我们从先于《哲学》问世的那段时期切入这场争论，现在可能表明，那种反对派也是正确的，就是说惠威尔在阐发他的科学哲学的同时，还提出以下做法存在种种风险：通过发明一种牢不可破的关于科学的经验主义认识论，将它作为功利主义伦理学的特定分支——这个分支因而需要承担其功利主义同伴具有的一切道德丑恶。

让我们首先来考察经验论与观念论的冲突，一直以来，惠威尔的著作都被定位在这对冲突中。现在的常规做法，是把这对冲突视为 19 世纪重大哲学争论之一，并且认为惠威尔与密尔的争论是颇具代表性的时刻。尽管如此，现在的重点不是断言，在惠威尔的著作中，为这对冲突构建出一种已做好充分准备的语境。相反，现在可能做出如下判断：惠威尔部分地构建了这场争论的规则，我们现在对这些规则颇为熟悉。这当然不是说这对古典哲学区分在 1840

---

① Mill 1971, 133.
② Passmore 1966, 19.

年之前的英格兰争论中缺席,而是要表明直到惠威尔的两部重要著作问世,这对哲学区分与物质科学认识论的确定联系才变得清晰起来。

现在看来颇具启示和教益的,是将英格兰哲学著作中的几种关键性评论进行对比。正如我们所知,1831年,惠威尔和年轻的密尔都评论了赫歇尔的著作《自然哲学研究初论》。1835年,密尔又以非常不友好的方式,评论了塞奇威克的著作《论剑桥大学的种种研究》。1841年,赫歇尔在《季度评论》杂志发表一篇长达61页的文章评论惠威尔的两部重要著作。在早期评论中,重点强调方法论;在赫歇尔对惠威尔著作的回应中,认识论取代方法论而成为主要争论议题。这种先后对比颇为有趣。若要描绘出这番情形,可以通过将一组关键议题进行对比的方式,密尔与赫歇尔认为这组关键议题与塞奇威克和惠威尔各自的著作有关。密尔深感塞奇威克针对自然研究曾给出一种不充分的解读,同时表明他可能探讨了以下问题:"各门物质科学特有的方法",它们的逻辑与证据类型的异同,以及它们应用到其他学科中的能力。① 这些问题无一属于认识论议题。相比之下,我们现在可以发现在赫歇尔看来,惠威尔对待"科学哲学"的方式,确实提出一些疑问,"一般命题和全称命题的本质是什么?所有真实的全称命题都是必然真理吗?或者说,任何真理或所有真理,都具有必然性吗?"类似这样的一系列疑问,赫歇尔在文章中论述了两页篇幅,由此昭示赫歇尔坚持的是所谓"截然相反的知识哲学观点"。②

赫歇尔强调指出,惠威尔已经把科学争论带入一种需要进行"艰难棘手……和深奥难解思考"的领域。正如琼·理查兹(Joan

---

① Mill 1835, 38.
② Herschel 1841, 180–181.

Richards）最近出版的著作表明，这类认识论问题更常见地是由19世纪早期的数学争论提出。惠威尔是这些数学争论的参与者，因为在他撰写的教科书中，他为一种看待数学概念的视角辩护，认为数学概念是对关于空间和数的基本观念的描述，空间和数都与这个世界有关。基于这个视角，几何学中的各种定义，远非变化无常的任意概念，正如杜加尔德·斯图尔特和威廉·汉密尔顿表明的那样，它们是清晰易懂的，因为它们植根于外部实在。[1] 理查兹表明，尽管赫歇尔早年从事的运动代表的是分析传统，但他赞同惠威尔的观点——强调数学具有描述性特质，进而把数学用作人类探究所能实现的坚实真理的典范。

但赫歇尔1841年发表的长篇评论，确实指明一个新的争论领域。惠威尔已经使这场争论转向物质科学，同时确认了一种基于观念论的认识论，用它来解说成功获取自然知识的方式。[2] 这迫使赫歇尔从观念论层面做出回应，他在解释惠威尔的另类科学观立场时，依据的是那类"艰难棘手"的问题——它们与"人类信念的基础……真理本身的独特性质"有关。[3] 这迥异于赫歇尔在《自然哲学研究初论》中聚焦的那些更为实用、更注重方法论的议题，也迥异于密尔在评论塞奇威克的著作时论及的那些议题。四年后，作为英国科学促进会主席，赫歇尔似乎正在努力恢复某些早年情境。赫歇尔深知，在惠威尔的"独特先验论观点"与密尔的经验论立场之间存在着认识论争论，为此，他广为宣传自己所说的内容是他们三人

---

[1] J. Richards 1988, 20–23; Herschel 1841, 206–207.
[2] 当赫歇尔正在撰写这篇评论时，他说：《哲学》已经"引导我进入质疑的境界，对于我以前通过阅读获得的所有先入为主或习以为常的观点和知识，我现在都用怀疑的眼光看待它们"。（赫歇尔致惠威尔的信，1841.4, WP, O 15.46[19]。）
[3] Herschel 1841, 180.

一致赞同"这种归纳哲学"具有的"最本质的特性"。①赫歇尔的努力,旨在强调一种方法论共识,即使认识论议题当时正是一个竞相争论之地。

二、反击功利主义

1840年之前,英国的核心哲学争论,主要围绕伦理学而非科学议题展开。这是功利主义与某种版本直觉主义之间的冲突,它拓展到语言领域,并且被认为是源于人性观念产生的冲突。②这些议题是为认识论战斗划定路线的依据,也正是这些议题所在的领域,成为攻击洛克知识理论的火力集中点。密尔后来论及"19 世纪对 18 世纪的反击"时,他指的就是这场争论,柯勒律治和边沁是这场争论中的原型人物。③

在密尔的描述中,这场反击有一个阶段,它的争论议题围绕洛克对剑桥大学课程体系造成的影响而展开。19 世纪 30 年代,这个议题开始受到详细的审查;1832 年 12 月,塞奇威克发表的一段宣教式演讲,用最公开的方式突显了这个议题;1833 年,这段演讲得以结集出版,名为《论剑桥大学的种种研究》。惠威尔代表剑桥的大学生致信塞奇威克请求出版他的演讲,而且这部著作不断修订出版了四版,1850 年出版的最后一版伴有一篇名声不佳的序言和附录,全书篇幅已是首版的五倍,塞奇威克在书中对自己内心的坦言基于以下几种理论:文化适应论、唯物论、泛神论以及德国的观念论。首版《论剑桥大学的种种研究》引用的材料比较有限且囿于局

---

① Herschel 1845, xl; Yeo 1989.
② Aarsleff 1971; Yeo 1979.
③ Mill 1859, 1, iv–v.

部，就是说剑桥的大学生教育的内容和特质，集中在自然哲学、古典学和道德哲学领域。① 道德哲学主题是这部著作中最宏大的一节，也是这部著作成名的主要原因，因为塞奇威克针对剑桥课程的两部关键教科书发起一种激动人心的攻击——一本是洛克著《人类理解论》，另一本是威廉·佩利②著《道德与政治哲学原理》。1835 年，当密尔为《伦敦评论》杂志撰写《论剑桥大学的种种研究》的评论时，在他笔下，书中关心的问题被认为目光偏狭，书中对洛克的批判被斥为知识贫乏。密尔似乎没有认识到，塞奇威克的著作属于这种趋势——对于 19 世纪来说，洛克的被感知遗产遭到广泛厌恶——的组成部分；然而，对这部著作的赞誉之声，并不仅限于剑桥大学。因此，罗伯特·骚塞致信塞奇威克，感谢他运用"你那有力的大锤，反击功利主义者，并且对洛克和佩利迄今以来造成的伤害进行回击"。③

1785 年，佩利的著作《道德与政治哲学原理》出版，自 1787 年起，这部著作开始成为一套教科书。④ 在这部著作中，佩利质疑早年巴特勒⑤和哈奇森⑥提出的伦理学理论，认为他们讨论的那种本能

---

① 惠威尔致塞奇威克的信，1832.12.23，收录于 Clark and Hughes 1890, 1, 400–405。
② 威廉·佩利（William Paley，1743—1805），英国国教牧师、功利主义哲学家、自然神学代表人物，著作广及基督教、伦理学和科学领域，在《自然神学》（1802）中针对生物体的复杂精妙结构提出"钟表匠"类推法。——译者注
③ 骚塞致塞奇威克的信，1834.2.10，收录于 Clark and Hughes 1890, 1, 427。
④ Garland 1980, 57；J. Gascoigne 1989, 243.
⑤ 约瑟夫·巴特勒（Joseph Butler，1692—1752），英国主教、神学家和道德哲学家，皇家宫廷宣教士。以对自然神论、霍布斯利己主义、洛克个人同一性理论的批判而著称，深刻影响了休谟、里德、斯密、西季威克、纽曼和布罗德。著有《自然宗教与启示宗教之类比》（1736）。——译者注
⑥ 弗兰西斯·哈奇森（Francis Hutcheson，1694—1746），苏格兰启蒙运动奠基人，格拉斯哥大学哲学教授。著有《道德哲学体系》（1755），亚当·斯密的思想深受其影响。——译者注

道德情感，可能无法与习惯、偏见做出充分的区分。佩利运用的特定情境，与许多启蒙运动思想具有共性，例如一位"野蛮人""在幼年时期就断绝了与其同类的交流"，他预言这样的个体可能无法本能地感受正确与错误。① 在不同文化中可以看到，基于道德裁定的行为具有多样性，由此可以确认：所有的人具有统一的道德感受，这种情形是不存在的。因此，佩利得出结论，"不存在这样一些可以构成所谓道德感受的本能"，进而提出一种理论体系——将功利主义伦理学与基督教精神整合起来。他说，美德是"为人类做善事，奉行上帝的意志，这为的是获得永久幸福"，因此，需要遵循道德准则，根据各种行动产出上述永久幸福结果的倾向，对行动做出评价。②

塞奇威克对此提出异议：这样一种"功利主义道德理论"必须受到公开斥责，不仅因为它不正确，而且因为"它对接受它的那些人的性情和行为，造成一种持续退步的影响"。这里包含的一个议题是，这种理论具有相对主义内涵：如果权宜主义（expediency）是衡量正确的尺度，而且每个人都主张可以自由地做出判断，那么，美德与恶行可能不会"与人的道德状况再有任何固定关系，而会随着观点的起伏波动发生改变"。③ 令塞奇威克感到惊骇的，是有人引用洛克和佩利的理论，将其应用到具有跨文化多样性的伦理观念中。鉴于大学教育的目标既培育大学生的心灵，也同样培育他们的道德，因此，塞奇威克认为：必须对剑桥课程体系中的道德哲学课程进行刻不容缓的改革。但他坚信，如果不拒斥虚伪的洛克式人性观——它是佩利伦理学道路的基础，那么进行改革是不可能的。

---

① Paley 1809, 1, 10–11.
② Paley 1809, 12–16, 18, 42, 72.
③ Sedgwick 1834, 63.

这场争论的一个重要环节是：1833 年，面对自然科学在剑桥大学的应用情况，塞奇威克并未看到其中潜藏的道德问题。他称赞佩利的另一部名著《自然神学》，认为它是把好科学与目的论成功结合的典范，而且没有在物质科学与洛克的认识论之间做丝毫联系。正如惠威尔后来的做法，塞奇威克没有坚信洛克的知识理论是一种敌对的、反对有神论的物质科学观的基础。同理，密尔在评论《自然哲学研究初论》时，尽管他反对"直觉论"道德哲学，而为一种功利主义伦理理论（未必是边沁的理论）辩护，但他没有发展出一套经验论科学观，与塞奇威克提出的那套理论相抗衡。

三、方法 VS 认识论

现在看来，这种情形显然不同于已得到充分阐发、源于密尔与惠威尔的两种反对立场，20 世纪 60 年代，这两种立场吸引了科学哲学家的注意，因此得到充分阐发。这种不同的原因之一与培根式框架有关，19 世纪早期的科学讨论都要在这个框架内进行。在英国，对培根遗产的解读，主要关注其方法论，而非认识论。在法国，看到的则是另一面，狄德罗和达朗贝尔早已把培根尊奉为启蒙运动的守护神，"培根主义"已变成一种关于知识及其社会功能的争论平台。1740 年，孔狄亚克[①]在他的著作《论人类知识的起源》（1746）中，把培根确定为强调"一切知识皆源于感觉经验"的第一人。到

---

① 孔狄亚克（Etienne Bonnot de Condillac，1714—1780），法国作家、哲学家，自然神论者，启蒙运动中为《百科全书》撰稿，1767 年当选法兰西科学院院士。把洛克的唯物经验论心理学思想发展为感觉主义心理学思想。——译者注

19世纪早期，培根的事业被视为孔多塞、卡巴尼斯①和特拉西大公②分别倡导的感觉论哲学的始祖。1856年，当库诺·费希尔③努力将培根介绍给德国读者时，他把培根呈现为一种哲学传统的奠基人，这种传统体现在霍布斯、洛克和休谟的著作中。④

我在其他地方已经表明，在19世纪早期的英国，培根主义同这些更广义的哲学和政治阐释没有密切联系；培根在法国的形象——作为一种涵盖范围广泛的社会哲学的守护神——曾得到卓有成效的滋养。⑤与此相反，在英国，培根被浓墨重彩地强调是一位方法论家，特别在苏格兰哲学家的著作中，通过这种方式，就避免或绕过了关于认识论的直接争论。进而言之，这段时期，在培根与洛克之间，不存在具有共性的连接。培根没有被自动确认为提出了一种经验论的知识理论。事实上，在一些培根读者的阐释中，他支持一种与经验论相冲突的立场：一方面，托马斯·布朗⑥告诉马可维·纳皮尔，由于承认自然天性具有形式或"本质"意义，培根的

---

① 卡巴尼斯（Pierre Jean Georges Cabanis，1757—1808），法国资产阶级革命时期资产阶级理论家和生理学家，庸俗唯物主义先驱。——译者注
② 特拉西大公（Antoine Destutt de Tracy，1754—1836），法国哲学家和政治家，积极支持改革君主政府。在著作《意识形态的要素》中首创"意识形态"一词，定义它具有中立性，是为一切观念的产生提供一个真正科学的哲学基础的"观念科学"。——译者注
③ 库诺·费希尔（Kuno Fischer，1824—1907），德国哲学家、哲学史家和教育家，耶拿大学、海德堡大学教授。最初信奉黑格尔主义，后拥护"回到康德去"运动，成为新康德主义早期代表之一。著《近代哲学史》，以资料丰富著称，还著有《逻辑体系与形而上学或科学学说》《康德的一生及其学说的基础》《康德哲学批判》等。——译者注
④ Yeo 1985, 256.
⑤ Yeo 1985.
⑥ 托马斯·布朗（Thomas Brown，1778—1820），英国形而上学家，其著作标志着英国常识派哲学的转折点。——译者注

哲学因此受到损害；另一方面，1817 年，柯勒律治把培根称作"英国的柏拉图"。① 在这种背景之下，现在不足为奇的是至迟在 1865 年，大卫·梅森（David Masson）就不再相信培根与经验论之间存在联系。②

1837 年，《爱丁堡评论》刊出最具影响力的麦考莱论述培根的文章，此文没有把培根塑造为一位哲学经验论者，尽管它批评了培根方法论中的虚饰成分以及他性格中的所谓美德。③ 确实，麦考莱没有使用"经验论"（empiricism）这个术语或它的任何变体。现在关键是要认识到，在这段时期，"经验论"一词经常用来表明一种对事实胜过理论的偏好，而非表明任何精确的认识论立场。因此，1843 年，在《布莱克伍德杂志》上，一位作者批评英格兰思想中的这种反理论倾向，并且谴责"经验论者"唯独以实践中的第一手经验作为依据。④ 这种做法也被密尔使用，1836 年，他公开宣布：如果一门讲求术（art）的学问不以科学原理作为基础，那么它将不是"哲学，而是经验论"。⑤

当然，这段时期也有对科学的种种负面评价，它们背后都与培根有关。人们越来越认为，培根对实用性的渴求，逐渐滋养了 19 世纪工业和技术取得的成功，这些成功大部分归功于科学。这种倾向随即也招来批评，批评之声尤其来自浪漫主义作家，例如华兹华斯、雪莱和卡莱尔，正如我们将要看到的，还来自以保守著称的高教会派神学家。虽然这些批评植根于不同的行动方案，但它们当中

---

① Coleridge 1817, 27；Yeo 1985, 257.
② Aarsleff 1971, 403.
③ Yeo 1985, 271–272.
④ Grove 1843, 517.
⑤ Mill 1836, 4.

也存在一些反复出现的主题。科学具备新奇性和清晰可见性，而且还具备技术应用性，它们正在从那些讲求道德和形而上学的科学门类中转移注意力，分散其独享的殊荣。1829年，卡莱尔在《爱丁堡评论》发表文章《这个时代的几种标志》，传达出这种史诗性的抱怨气质。在此，他把当时的社会情态概括为一种"机械时代"的典型特征，在这种风气之下，对物质和实践知识的固恋，就会对精神和道德哲学产生不利影响。针对当时仍然存在的这些主题进行研究，其研究路径本身的主导者，就是源于物质科学的机械论和原子论观念。①1838年，另一位评论者发出警告，英国正在"陷入……自然和机械论哲学中"，而欧洲正在历史和艺术哲学领域培育激动人心的研究。②天主教神学家尼古拉斯·怀斯曼③赞同这些观察，并且做出预言：

> 现在有一种真实的危险，就是看到下一代人正在当前的许多观念之下成长，这些观念认为人是机器，灵魂是电力，情爱是磁力，因此生命是一条铁路，世界是一个共同市场，死亡是一个终点。④

一些作家把培根与这种危险联系起来，正如1838年《季度评论》所为，他们断言：培根把知识视为功利和力量，而不认为追求知识是基于它的内在价值。⑤但这仍然没有清晰地同一种不充分的科学哲

---

① Carlyle 1829, 442–446.
② Pusey 1838, 462.
③ 尼古拉斯·怀斯曼（Nicholas Wiseman, 1802—1865），英国西班牙裔牧师和神学家。——译者注
④ Wiseman 1853, 111, 591.
⑤ Pusey 1838, 502, 505.

第七章 道德科学

学做出的任何具体批判联系起来；培根受到的抨击，很少因为他信奉一种经验主义认识论。很大程度上，惠威尔是做出这种批判的第一人，而且这为密尔提供了帮助，使他能够把后来那场与惠威尔的公开争论转向关于科学叙事的观念论与经验论之争。

密尔深知，对于其他主题的争论来说，一种科学叙事发挥着至关重要的作用。密尔在自传中回忆，直觉主义学派——他将惠威尔和塞奇威克定位于此——的主要力量在于他们的道德和政治观点，诉诸"数学证据以及相关物质科学分支学科证据"的支持。基于这种立场的胜利，它必将在这些学科中赢得成功，因为"从这些学科中驱除这种胜利，就是从这种胜利的大本营中将它驱逐"。① 但密尔承认，甚至在边沁和詹姆斯·密尔——他的父亲——的著作出版之后，针对"直觉主义哲学家"及其关于数学和科学中必然真理的叙事，一直都缺乏有效的反击。其实，1838 年，他自己写的论述"边沁"的文章，似乎强调了这种缺位。针对法律、政治、心理学和道德领域的功利主义观点，密尔皆予以还击，但他却未论及物质科学领域。然而，1840 年，当密尔在讨论柯勒律治时，后者是反对"先验论"哲学的代表性思想家，他强调指出，关于"人类知识的来源"问题，存在一种冲突。密尔此时引用了科学，用它来解释柯勒律治对"洛克及其追随者"的拒斥："现在可以确认，仿照洛克这种视角看待科学，甚至科学都失去了它自身的特质，并且变成经验论，仅仅止于对事实进行计数罗列和安排组织。"②

根据密尔对 19 世纪早期智识思想图景的考察，针对他反对的观念论科学哲学，当时并不存在广泛的详细阐释。1840 年之前，当

---

① Mill 1971, 134–135；惠威尔的科学声誉，确实为密尔的反对功利主义伦理学运动提供了助力，这个观点参见 Long 1841, 8。
② Mill 1980, 109–111.

惠威尔详细阐明观念论科学哲学立场时，"直觉主义学派"已经把这个领域纳入它自己的地盘，但一直没有用强力逼迫它的成员做出详细阐述并捍卫自己的主张。1837年，读过惠威尔的《历史》之后，密尔着手在他的著作《逻辑体系》中，在一种经验论框架内，为归纳方法提供一种解释。① 正当密尔撰写这部著作之时，惠威尔的《哲学》问世，而且正如密尔在回忆中所言，因为《哲学》恰好把科学置入认识论争论的中心，所以他的任务变得更轻松了；密尔同时断言，一种洛克式或感觉论式的物质科学理论，不仅是错误的，而且在道德上具有危险性。

四、惠威尔事业的智识语境

　　惠威尔关心的问题在特定语境中发展演变着，我们现在可能要构造一幅描述这种语境的图景。我们已经看到，惠威尔确实没有被迫同一种根深蒂固的经验论科学哲学展开战斗，例如法国那种与培根联系密切的感觉经验论。孔德实证主义（Comtism）的出现，是一种具有重要意义的运动，在它来到英国之前，即密尔的《逻辑体系》问世之前，② 精确体现惠威尔所谓存在于物质科学哲学中的"洛克式错误"，现在看来，真正对这些错误进行定位远不如设想它们那么容易。虽然布儒斯特和鲍威尔都评论了孔德的著作《实证哲学教程》（在1838年和1839年），并且发出警告——这部著作未能从那些科学结果中提炼出恰当的神学推理，但他们都认为，这部著作对于当时的多种科学知识观并不具有认识论寓意。此前，赫歇尔

---

① Mill 1971, 124。密尔承认《历史》中的"事实和观念为他提供了这种帮助"，参见 MIll 1856, i, vi。

② 关于这段时期英格兰实证主义的兴起，参见 Kent 1978, 56。

在《自然哲学研究初论》中确认了一种版本的培根主义,但他丝毫没有触发认识论之争。在他触及这些议题的地方,赫歇尔为科学知识的理性成分和经验成分都留下一方空间,同时几乎把矛头指向自然哲学的两个分支——抽象/数学与经验/实验。① 正如第四章指出,根据赫歇尔著作两位重要评论者——青年密尔与惠威尔本人——的阐释,这部著作同经验论与观念论之间的冲突有关。至迟在1836年,惠威尔请求琼斯刊发关于"经验"的案例型文章,以此作为"这种最纯粹机械论真理"的基础,并且解释说他"真心渴望这种观点能够形成最优和最确定的形态,因为它的否定形态在我的哲学中是一种非常重要的指导性观点"。② 这就表明,早在《归纳科学的哲学》问世之前,惠威尔就需要密尔的《逻辑体系》。

此时,巴登·鲍威尔的观点——他研究19世纪30年代关于科学的哲学著作——正在呈现出来。这段时期,鲍威尔把惠威尔的立场解读为它属于由密尔和牛津纯理性派(Oxford Noetics)领导的关于数学与科学知识本质争论的一部分。密尔区分了以下两类知识:一是公理性知识,它在几何学中可以获得;二是物质科学中的经验性知识。在几何学中,作为完美科学的典范,演绎推理可能需要从基本公理出发,而且可能得出必然普适的真理。但是,物质科学需要依靠基于经验的归纳——观察或实验,在物质科学得出的结论中,可能无法找到那种必然真理的确定性。③ 鲍威尔明白,惠威尔正在远离这种立场,并且还得到他的牛津同事理查德·惠特利的支持,后者声称机械论中存在一种先验公理,甚至这些公理可以通过经验

---

① Yeo 1989, 543;Fisch 1991a, 30–31, 36.
② 惠威尔致琼斯的信,1837.9.6,收录于 Todhunter 1876, 11, 259。
③ Corsi 1988, 151.

得到展开。① 与此相关的一点是，在鲍威尔看来，惠威尔正在攻击的这种立场，不是道德上危险的经验主义科学认识论的立场，而是牛津知识分子们的立场，他们像惠威尔和鲍威尔本人一样，正在力求让科学与基督教精神和谐共处。那么，简言之，19 世纪 30 年代上演的那些最独特的科学争论，没有支持惠威尔在《哲学》序言中指出的那类某些领域特有的错误，惠威尔在这篇序言中声称，他正在把塞奇威克反对洛克的运动带入另一片领域，这片领地由他的论敌占据着。

在本章后半部分，我们将会看到 19 世纪 30 年代，惠威尔逐渐认识到，一种充分的科学辩护必须具备一种认识论，这种认识论可以积极有效地斩断科学与功利主义之间的密切联系。但鉴于前面的讨论，现在可能的情况是，惠威尔当时正在回应浪漫主义者和高教会派批评家做出的负面评价，因为他们给科学打上与功利主义存在密切联系的烙印，而不是像功利主义者那样，积极推行某种实证主义方案。

五、惠威尔科学哲学的道德性

托德亨特开创了认识《哲学》的另一种颇具影响的视角，就是说，这种视角标志着以下二者之间的分水岭：惠威尔一方面严肃地关注着科学，另一方面他的工作转向了道德哲学。如今，这种视角经常与一些解释相伴，这些解释渴望把惠威尔工作中对道德和神学的种种依附彻底抛弃，旨在将他的工作插入 20 世纪哲学议程中。在本章剩余部分，我提出以下论点：惠威尔的道德关切体现在他最

---

① Powell 1837, 10–11, 59–60；鲍威尔致惠威尔的信，1838.1.29, WP, Add. MS. a. 210[170]。

早对科学性质的反思中，后来成为他的观念论认识论实现合法化的决定性内容。

我们已经看到，在把《哲学》献给塞奇威克时，惠威尔说，先前《历史》所讲故事中的那种"道德"，就包含在这本书里。1841年，赫歇尔在评论这两部著作时说，它们提出了严肃的问题，因为"关于义务和责任问题，个人和社会问题，都包含在这两部著作的讨论中"。[①] 这三位时代人物在此一致认为，对科学性质与科学实践做出正确理解，是一个道德议题。惠威尔当时主张，他对科学的解读——包含一种独特的认识论——在道德上更加可取，并且远超出他抨击的那些对象，即建立在一种洛克式知识理论基础上的那些对科学的解读。

可以说，一部论述科学方法和认识论的著作，其中包含一些道德议题，现在看来很大程度上，这个意思已经遗失久矣。不过，赫歇尔无论如何都独具慧眼地坚信，人的道德能力与智识能力密切关联，因为责任感的完美体现，有赖于理性能力；反之，正确地将理性付诸行动，是一项道德义务。根据赫歇尔的解读，惠威尔的《历史》使科学本身成为一种归纳探究的对象，并且揭示了促进或阻碍科学进步的社会、心理和智识思想因素。他与惠威尔一致认为不可能规定出绝对正确的发现规律，但与此同时，赫歇尔坚信，这些对科学历史和哲学的探究极其重要，因为它们触及人的责任——恰当使用上帝赋予人类的智识能力的责任。由此可以得出以下推论，认识论理论——它研究观念与概念的来源以及方法论体系——它研究基于证据或探究过程的推理规则，二者都具有道德内涵。

惠威尔与赫歇尔并非孤立无援地坚信，人类调用他们智识力

---

① Herschel 1841, 180.

量的方式是一个道德议题。这个主题也在约翰·阿伯克隆比（John Abercrombie）的两部著作中得到专门论述，一本是1830年出版的《智识力量探究以及对真理的考察》，它在十年间总共出版了十个版本；另一本是他的名实相附的著作《心灵的文化与风纪》。这些著作对多种观察和推理方式进行了分析，并且阐明，恰当运用神圣的理性天赋，不仅是一个哲学议题，而且是一种道德义务。与此类似的信念体现出一种自然神学话语，在这些话语中，作者们声称，一颗纯净的心灵并且遵循恰当的探究方法，可以确保能够感知到自然的精妙设计和一位智性神灵的推理运思。因此，托马斯·伦内尔（Thomas Rennell）在他的著作《论怀疑主义》中，把所有异端观点都归结为傲慢与道德失范对天生理性感知造成的畸形影响；阿伯克隆比则归结为，"那些心灵先前发生的一场道德腐败"。①

　　这种神学与认识论的结合，也出现在自然神学家把上帝设计论拓展到道德领域的情形中，由此表明，物质世界的这位智性非凡的造物主，也是上帝安排的"人类的统治者和法官"，正如惠威尔在1833年出版的桥水论丛书《天文学和普通物理学》中的论述。②"人类心灵能够主动适应世界"，许多作者在表明这个观点时坚称，人类智识能够认识世界，这个能力本身可以证明上帝让一方去主动适应另一方。苏格兰神学家托马斯·查尔默斯③援引例证说明，抽象确定的数学观念与世界结构之间具有和谐一致性，并且断言这种一致性昭示："有一种存在（Being）会介入人类世界内部……祂能够

---

① Rennell 1819, 15-20; Abercrombie 1837, 41; Yeo 1977, ch. 3.
② Whewell 1834a, 254.
③ 托马斯·查尔默斯（Thomas Chalmers, 1780—1847），苏格兰长老会牧师、神学家和社会改革家。爱丁堡大学道德哲学讲师，1819年任格拉斯哥最大最穷的圣约翰教区教长，把社会论断方法与教区工作联系起来。——译者注

第七章 道德科学

调节事物的法则与人心的属性，使它们二者彼此相互适应。"① 同理，在鲍威尔看来，人类不断对自然做出成功的理解则体现出：上帝创造的智识领域与物质领域具有相互适应性，这充分实现了这个世界的"基本组成部分处在普遍和谐的状态中"。② 在赫歇尔创作的诗歌《人，自然的阐释者》中，他凝练地表明这个强大有力的观念，同时确认了以下观点：在人及其理解自然和谐性的能力出现之前，宇宙还不是一个十全整体：

> 人喷薄而出于终极命令发出之际
> 他的智性崇拜
> 充满崇拜留下的虚空
> 自然终于拥有了一种灵魂 ③

自觉认识到这种语境，对于理解惠威尔的重要著作至关重要。多数早期的学术成果认为，这种把神学关切与认识论关切结合起来的做法，是惠威尔观念论哲学的非凡特质，这种特质被认为出离于当时英国主流思想之外，当然也出离于当时研究科学的流行路径之外。④ 然而，现在应当明白，这种结合体现在自然神学中，也体现在其他科学评论者的著述中，例如赫歇尔、布拉姆、布儒斯特和鲍威尔。其实，赫歇尔在把惠威尔的认识论当作例外形态之时，他提出一种替代性的科学解释，其论证仍在神学框架之内，同时表明科学知识的获取是可能的，因为上帝已经赋予人类从经验中——而非从

---

① Chalmers 1836—1842, 11, 159.
② Powell 1838, 203.
③ Herschel 1857, 737; Yeo 1979, 498.
④ Blanché 1967; Seward 1938; Belsey, 1974.

天生固有的基本观念中——提炼同类事物的能力。① 如果能够认为赫歇尔与惠威尔分别促进了经验论和观念论的发展，那么，这就是一场神学——以及道德——在双方思想中均得到体现的争论。

惠威尔的《哲学》带来两种意义的"道德科学"。这部著作关心的是，通过运用上帝赐予的理性天赋，对人性——它的智识与道德功能，以及人创造的科学——做出最佳哲学解读。这就是为什么在《哲学》出版过程中，惠威尔没有看到丝毫奇怪迹象的原因所在，当时他正稳居道德哲学"骑士桥教席"这个重要位置。但现在的重点是要理解以下问题：惠威尔当时所为，尽管可以在这种语境——关于恰当地运用理性，已经形成根深蒂固的主流话语——中理解，但他的所为绝非一种明白易晓的策略，他的所为无法令给予他全力支持的朋友和同事们感到满意，即使他们对他投身事业的广泛性多有褒扬。琼斯告诉赫歇尔，他希望惠威尔可以接受友人们的劝阻，从而抛弃他的观念论立场。② 德·摩根评论道，可以奇怪地发现，"康德学说和先验论哲学，如今正在曾经培养教育出洛克的那所大学中传播扩散"。③ 另一位评论者对以下现象表示担心："在远离尘世专心国教的剑桥，康德的整套学说正在变得流行起来。"④ 我们现在必须理解，为什么惠威尔要极力维护以下主张：他的反洛克式认识论具有道德上的稳妥性，对于哲学改革至关重要，而且对于一种恰当的科学叙事具有必不可少的实质意义。⑤

为此，必须对惠威尔参与争论的广泛性——自19世纪20年代

---

① Herschel 1841, 182；Wilson 1974.
② 琼斯致赫歇尔的信，1841.6.1, HP, vol. 10, no. 370。
③ De Morgan 1840, 707.
④ [Butler] 1841, 201.
⑤ 关于鲍威尔持续的反对意见，参见 Powell 1849 and 1850；另见本书第九章。

以来——有一种自觉的认识。这些争论可以归纳为以下三个方面：（1）力求定义归纳科学的本质，在这个问题上，他主要信任琼斯；如今，曼纳切姆·费什已经把这个问题与他的几部力学教科书联系起来；（2）围绕政治经济学问题，以及道德科学中的归纳方法问题，他与琼斯的通信交流；（3）围绕哲学、德国思想、诗歌批评领域的一般议题，他与好友琼斯和黑尔保持长期但不太密切的通信交流，而且针对洛克、佩利的伦理学理论，需要构造一种可取而代之的理论体系。如前所述，托德亨特断言，1840年是标志惠威尔思想焦点发生转向的分水岭，他从关注科学转向关注道德哲学。但是，现在通过对这三方面进行考察，事实表明，早在1840年之前，惠威尔已经同时关注着这两个学科，而且至少已经持续关注了15年。

六、惠威尔的早期哲学反思

费什近来主张，惠威尔早年编写的教科书，是他尝试解读卓越的物质科学的结构和发展的起点，但在探索求解的过程中，他的设想与核心问题都经历了一次至关重要的转向。《哲学》的核心主题——感觉与观念的辩证关系，用惠威尔的话说，它是"哲学中的基本反题"，或者说，它存在于一切知识之中——在他开始深入探究归纳科学时，并未呈现出来。惠威尔的成熟理论，不是"从认识论争论中诞生"。根据费什的重构，惠威尔最初关注的是方法，他关心的认识论问题，只是在大约1834年之后才确定成型。[①] 如果我们接受这种分析，我们就必须真正理解以下问题：经验论与观念论之间的对比，如何逐渐成为《哲学》中的主导动机（Leitmotiv），

---

① Fisch 1991b, 65 and 1991a, 106–108.

带着它强劲的道德改革基调，进而将矛头直指洛克式和感觉论式科学叙事。这种转向的线索，可能潜藏在惠威尔关心的其他领域问题——政治经济学和伦理学——以及这些问题的互动中。

尽管惠威尔早年的归纳哲学笔记中未包含认识论思考，但这类议题出现在他开始同罗斯与黑尔的通信中。惠威尔同这两位非科学知识分子的关系，可以认为是完美无缺的，而且可能与他同琼斯与赫歇尔的重要关系相抗衡。他们的讨论——正如第三章所述——横跨从诗歌到科学的广泛主题，但是，对于知识的基础和来源问题，抱有一种持续的关注。惠威尔最初对诗歌批评与形而上学理论体系的价值深表怀疑，但这不是说他漠视这些议题——他的阅读笔记清晰地描绘出他批判性地投身于钻研洛克、密尔、托马斯·布朗和康德学说的努力中。① 然而，他确实似乎没有认同过任何重要的哲学学派。因此，当罗斯想要得知，"你们这些现代哲学家如何"应对"强毅的苏格兰人针对贝克莱和休谟学说提出的补救之策不值一提"这种断言时，惠威尔没有给出任何具体立场，而是针对这场争论的标准，提出一些质疑：

> 这个重要的疑问是：我们感知到的特定对象，在它们的关系和次序方面，是否独立于我们之外，而且独立于我们掌握充分证据的那些对象之外，只要这个命题是清晰的……但我将要告诉你这里存在的恶作剧是……人们选择提出疑问：我们在感知到特定对象时，是否没有特定心灵参与其中。他们的提问是什么意思？我知道它的意思是：在一座教堂尖塔旁，就是在特定眼睛的视力所及范围之外，或一只死狗在特定鼻子的嗅觉所

---

① 关于惠威尔对"个人身份"的论述，参见 Todhunter 1876, 1, 345–347。

第七章　道德科学

及范围之外……但事实上，特定心灵与外部对象之间的关系，不是通过任何这类鄙贱的演讲所能表达清楚的，它确实就是感知与被感知的关系。①

一年后，惠威尔发出另一种抱怨之声，因为沿着华兹华斯和柯勒律治的道路，在理性与情爱之间，罗斯与黑尔先前构造了一种哲学上的反对立场，惠威尔的抱怨直指这条道路。这是他拒斥浪漫主义者运用的一系列二元论认识的组成部分，根据这种二元论，科学与理性和实用性密不可分，与想象截然对立（参见第三章）。但是，如果惠威尔此时尚未受到柯勒律治的启发，那么，他确实已经对洛克表示不满了。最早在1814年，惠威尔就告诉他先前的老师乔治·莫兰，他正躺在床上阅读《人类理解论》，但随后"对洛克失去了兴趣"。②他的笔记和日记中有些条目表明，在后来与罗斯的通信中，他对洛克理论采取的是批判性立场。例如，1817年8月6日记录："洛克《人类理解论》第一册——无天赋原则。全书质疑的问题是我们通过天赋原则来理解。"③

但现在看来，这些早期批判中不存在以下暗示：惠威尔已看到这种洛克哲学的道德后果。然而，最晚到1821年，惠威尔正在阅读斯塔尔夫人的著作《论德国》（1810），他不仅注意到书中对康德先验论范畴的解读，而且还注意到康德的伦理学观点。重要的是，这部著作论述康德的那部分，如今名为"哲学与道德"，以此强调

---

① 惠威尔致罗斯的信，1822.9.22，收录于 Stair-Douglas 1881, 78–79；罗斯致惠威尔的信，1822.9.2, WP, Add.MS.a.211[133]。
② 1814.4，收录于 Todhunter 1876, 11, 2。
③ WP, R 18.9^2, p. 10.

斯塔尔想要表明的那种联系。① 惠威尔的记录是：

> 德国的道德理论——与功利性体系相反——康德使义务原则（一种必然性感受？）成为各种道德的基础……使义务规则成为绝对律令——一种未来生活前景应当对此不产生影响。②

到1825年，惠威尔已经开始记录关于康德著作《纯粹理性批判》的笔记："我们拥有一种先天综合判断……那么，这个问题就是一种先天综合判断如何成为可能。"③ 然而，这种对康德的兴趣，当然未曾转化为对柯勒律治有更好的看法。1827年7月25日，惠威尔记下，他怀疑柯勒律治是否"充分理解了康德"。④

根据费什的解读，此时对康德的阅读，尚未影响到惠威尔的归纳观，但它可能恰好对惠威尔理解的道德与哲学的互动方式产生了影响。罗斯与黑尔可能发挥了决定性作用，因为他们让惠威尔坚信，洛克的认识论具有宗教与道德危险性，进而鼓励他更加严肃地对待这些问题，不能再像1821年之前那样草率从事。当他们正在致信惠威尔之时，二人都知道柯勒律治对洛克深怀敌意。柯勒律治曾在给罗斯的信中，专门攻击洛克和孔狄亚克。⑤ 他的著作《文学传记》（1817）对感觉论哲学持批判态度，最早在1805年，他已经把这种哲学同"佩利、普利斯特里，还有洛克那种卑鄙懦弱、自私自利、精于算计的伦理学"联系起来。⑥ 罗斯认同这种批评，在给

---

① Staël-Holstein 1813, 111, ch. 1.
② WP, R 18.9⁸, 1821.2.14, p. 17.
③ WP, R 18.9¹³, 1825.12.18, p. 19.
④ WP, R 18.9¹⁴, 1827.7.25.
⑤ 柯勒律治致罗斯的信，1816.9.17，收录于 Griggs 1956—1971, iv, 670.
⑥ Aarsleff 1971, 402.

第七章　道德科学

惠威尔——因为他表示对形而上学很头疼——的回信中，特别强调苏格兰和洛克哲学具有的道德和宗教含义。荒谬的是，当"苏格兰学派"的辩护者论及该学派"与重大宗教问题的联系时，针对存在某种第一因的问题，仿佛它和洛克体系都不会同样走向最绝望的怀疑主义"。这二者创造出一种关于人类心灵的观点，仿佛人类心灵"与巴贝奇的计算机器属于同类事物"。① 就在同一年，惠威尔听到一种与罗斯类似的公开指责，那是针对《季度评论》上一篇赞同洛克的评论，黑尔发出的老练嘲弄。黑尔叙述道：

> 这位评论者现在回望过往，把阅读洛克的《人类理解论》视为他人生中的一个时代，就是说：正是这部著作的创造性，让光明生发出来，这道黎明之光照亮了他心灵中的那些混乱；他同时忘记了他的心灵只是那些拼图中的一个，任何……儿童都能把那些拼图拼接完整。②

这种对洛克的天真接受激发出一种观点，认为"一位年轻哲人现在对于人类心灵的本质所知甚多，甚至超过了柏拉图和毕达哥拉斯……超过了莱布尼茨和马勒伯朗士"。黑尔把这种信息逐一写在给惠威尔的下一封信中，并且断言"柏拉图的价值，等于一万个亚里士多德和十万个洛克"。③

因此，1832年12月，当塞奇威克发表反对佩利和洛克的布道演讲时，惠威尔已经认识到，要想彻底批判功利主义伦理学，必须将认识论包含进来。但是，对于惠威尔把这种反洛克主题拓展到他

---

① 罗斯致惠威尔的信，1822.10.5, WP, Add. MS, a. 211[134]。
② 黑尔致惠威尔的信，1822.4.30, WP, Add. MS, a. 77[126]。
③ 黑尔致惠威尔的信，1822.5.13, WP, Add. MS, a. 77[127]。

的归纳科学叙事中来说，塞奇威克的著作《论剑桥大学的种种研究》可能算不上一种充分的刺激。塞奇威克没有表明存在一种亟待改革的洛克式科学观。就像惠威尔在1827年撰写布道词为科学辩护一样，这件事的有效运作仍然需要通过已成常规的自然神学来进行。惠威尔告诉琼斯，他自己撰写的几篇布道词，主要目标是"让科学钟情于一种沉思默想式贡献，我认为这不是一件难事，尽管众人——基于他们对科学人物的已有观念——似乎已经认为此事必定不可能实现"。① 对于惠威尔这样确认科学的方式，塞奇威克没有为它补充任何内容，尽管在一种更广泛的主题范围内，他确实在重复运用这种沉思默想的方式。因此，现在的问题是，惠威尔如何逐渐坚信这种辩护方式是不充分的？一种可能的情况是，他与琼斯关于政治经济学的讨论，以及他对这场伦理学争论的自觉认识，可能已经表明需要有一部涵盖范围更广、哲学式的关于归纳科学的解读。

七、政治经济学与道德

1822年，惠威尔与琼斯开始讨论政治经济学，这恰好在惠威尔开始深入细致地探究归纳的本质之前。但现在看来，可能的情况是，这些早期讨论的主题对这项归纳事业的最终形式具有一种潜在影响。1822年8月，惠威尔——几乎纯属偶然地——开始强调政治经济学的特殊性质，他一方面说这门学问中"不包含独特的观察或推理原则"，另一方面还强调指出，这门学问经常对"人的道德和

---

① 惠威尔致琼斯的信，1827.2.26，收录于 Todhunter 1876, 11, 82–83。

第七章 道德科学

智识品质"做出某些设想。① 博伊德·希尔顿②近来已经确定地表明,当时关于宗教和道德的种种思考,如何预示了这场关于政治经济学的激烈争论,因为在对马尔萨斯和李嘉图的不同立场做出回应的过程中,英国国教会的思想领袖们,力求构造出一种"基督教经济学"。希尔顿和柯西都已表明,这些议题如何使牛津知识分子——例如,惠特利和纳索·西尼尔——与身处剑桥的惠威尔和琼斯分道扬镳。正如第四章所述,剑桥的先生们认为,在这场争论中,"好科学"观念将会面临风险。在他们看来,"好科学"包含两个维度:恰当的归纳方法,以及社会领域中关于人性和上帝设计论的恰当观念。③

惠威尔对琼斯著作《论财富的分配和赋税的来源》的评论,发表在《英国评论家》杂志上,惠威尔此时明白,李嘉图主义者自诩"科学"之名作为他们的政治经济学标签,他们的学说不合英国地主阶级和根深蒂固的英国国教会的口味。令身为牧师的作者——例如考普斯顿和查尔默斯,他们走近了新科学——深感烦恼的是:其一,新科学潜在地会受到"世俗污染";其二,它倾向于把人呈现为"一种盲目的机器零件"。④ 为了把各种政治经济学理论带入自然神学框架内,此前已有一些尝试,例如约翰·伯德·萨姆纳⑤的著作《论造物主的创世记录》(1816),勾勒出蕴含在马尔萨斯人口法则背后的神圣道德计划。但是,当惠特利 1830 年担任牛津大学德

---

① 惠威尔致琼斯的信,1822.8.16,收录于 Todhunter 1876, 11, 49。
② 博伊德·希尔顿(Boyd Hilton),英国当代历史学家,著有"新牛津英格兰史丛书"《英格兰 1783—1846:民众是否疯狂、险恶、危险?》(2006)。——译者注
③ Corsi 1987; Hilton 1988, ch. 5; Yeo 1991a, 181–184.
④ Hilton 1988, 50–51.
⑤ 约翰·伯德·萨姆纳(John Bird Sumner),英国神学家,1848 年任第 91 任坎特伯雷大主教。——译者注

拉蒙德教席时，他仍然感到必须使这门学科具有合法性。① 因此，现在看来，具有重要意义的是，惠威尔经过深思，决定把"上帝仁慈设计的社会道德体系"的证据，插入他在1827年论述"物质科学具有宗教价值"的布道词中。② 惠威尔最终没有发表这段插入的布道词，而且随后他与琼斯的通信表明，他认识到政治经济学包含的问题，可能不易在传统自然神学内部得到解决。③

惠威尔赞成琼斯的观点，认为那些位居前列的政治经济学学说——其支持者声称它是"科学的"——正在道德方面持续退步。他的最后一篇布道词指出，世间存在的普遍道德法则，都必然地"体现且驻留"在上帝心中，但他发出警告，当前的某些理论——它们"声称具有科学效力"，例如那些关心人口增长趋势的理论——正在被人们做出阐释，这些阐释方式与上帝仁慈设计的信念存在冲突。这个问题的一种答案是一些政治经济学家早已忽视了物理知识进步传授给人们的那些教训，就是说，没有持续引用相关的观察，仅凭"一种或两种设想的原理"就进行演绎推理，由此得出的结果是危险的。至于政治经济学领域，这意味着，获得安全的知识，只能通过"周而复始地引用个体案例，引用有意识的感受，引用有限的规则"来实现。④ 正如第四章指出，惠威尔与琼斯阐发的这种方法论批评，矛头直指李嘉图主义者不成熟的演绎式理论，认为政治经济学只有采用归纳推理法，从对事实进行认真地搜集和分类转向慎重地进行普遍化推理，它才可能成为一门科学。正是在此处，应当期望琼斯能够发挥他的作用，提供不同类型经济状况的典

---

① Rashid 1977.
② 惠威尔致琼斯的信，1826.12.10，收录于 Todhunter 1876, 11, 79。
③ 惠威尔致琼斯的信，1826.12.26 and 1827.2.26，收录于 Todhunter 1876, 11, 82; 1, 330。
④ 第五篇布道词，WP, R 6. 17^{17}。

型案例，进而从根本上摧毁李嘉图主义者的那些轻易获得的公理。

但是，在当时政治经济学造成的主导性有害影响中，它未遵循恰当的科学方法只属于其中的部分危害。惠威尔与琼斯坚信，这类演绎学派早已设想出一种不讲道德、不讲基督精神的人性观。在伦理学与政治经济学的关系问题上，来自剑桥和牛津的作者观点颇为不同。惠特利乐意停留在佩利那种依赖型伦理学理论中，同时准备他的介绍性演讲，告诉牛津大学的元老们，他正在"思考……制造出一种能够继续佩利《自然神学》的著作，并且拓展到身体政治领域，在这个领域，他的某些观点是尊重那些自然本性的"。① 如前所述，这是一种惠威尔在1827年尝试过又迅速抛弃的策略。不同于惠特利，惠威尔坚信，政治经济学作为一门处理人类动机与道德行为的学科，伦理问题是这门学问的核心。1831年，琼斯写信向惠威尔报告，遵照牛津元老们的路线，惠特利把人定义为"一种能够进行交换的动物"，并且声称"正是唯独基于这种观点，政治经济学才能够对人进行深入思考"。② 惠威尔回信表示，他现在"时刻准备应战"，同时坚持认为，关于人的道德本质的安全妥善的观点，可能只有通过归纳——而非演绎——的方法才能发现。在他看来，惠特利正在犯与功利主义者相同的错误——假定"通过知觉可以认识行动原则，并且不需要通过细致观察"。③ 在为惠威尔著作写的序言中，琼斯逐一列出这种错误造成的道德后果，并且指出惠威尔正在战斗的这些经济学说，"首先坚持一种教条口吻的科学优越性，（然后断定）以下二者之间存在明显的不一致：一是人类幸福的永久

---

① Checkland 1951, 57; Hilton 1988, 53.
② 琼斯致惠威尔的信，1831.6, WP, Add. MS. c. 52^{38}。
③ 惠威尔致琼斯的信，1831.7.15，收录于 Todhunter 1876, 11, 123。

性,二是根据上帝建立的那些法则做出的天然行动。"[1] 随后,塞奇威克在他的著作《论剑桥大学的种种研究》中论及这个主题,严厉谴责所有政治理论体系都是"通过一种先验推理,从设想的简单原理中进行演绎推导,而无须理解人的道德本质包含的一切伟大要素"。[2] 这重申了惠威尔与琼斯通过批评演绎型政治经济学得出的结论。

所有这一切都表明:在惠威尔做出以下断言——对一切科学而言,道德和认识论议题是一种一般性问题——之前,每当讨论与科学相连的道德议题时,都要具体引用政治经济学的内容。塞奇威克的著作《论剑桥大学的种种研究》开启了反对洛克式伦理学的公众运动,此时,惠威尔已经把以下二者的密切联系视作一种危险:一方是政治经济学——一门自诩具备科学地位的学科,另一方是功利主义的人性观。他可能已经充分认识到,这种联系将会从根本上摧毁他在 1827 年布道词中的基督护教论立场——要努力让科学价值与宗教价值和谐共存。但是,关注功利主义伦理学问题,对于惠威尔论述归纳方法论的事业来说,不具有任何逻辑含义,只要他在道德科学与物质科学之间设定一种区分。

这种区分属于惠威尔 1831 年立场的组成部分。1 月,惠威尔在引用自己的论文《论数学在政治经济学中的应用》时,向李嘉图主义者发出警告:"空间和数的法则"几乎无助于处理"我们本性中的道德因素"问题。[3] 7 月,在评论琼斯的著作时,惠威尔强调,租、税、工资和资本的社会意义,不应通过流利油滑的量化概念被

---

[1] Jones 1831, xi–xix.

[2] Sedgwick 1834, 86.

[3] Whewell 1831b, 87; 1831f.

第七章 道德科学

隐藏起来。① 同月，在他的归纳问题笔记中，他以"关于归纳哲学领域的几种推测"为题，记下相关内容。在此，他推测把归纳方法拓展到"知觉事实"领域的可能性，并强调指出，尽管休谟曾提出这种建议，但当时在这个领域对培根方法尚无任何系统性应用。在这个阶段，惠威尔指出存在两类科学——客观性科学与主观性科学，并且认为政治经济学之所以有趣，恰恰因为它是一门介于这二者边界的学科：

> 在客观性科学与主观性科学这两大部类之间有一道边界线，政治经济学就站在这条边界线旁：它的许多事实具有外部性（详细的统计与商业数据），还有一些事实具有内在性（动机、快乐与美德、罪恶与困苦）。②

过了不到一年，惠威尔对这个议题的讨论看上去采用了一种不同的形式。1832 年 2 月，在就圣西门的学说致琼斯的信中，惠威尔承认他们有"几种关于科学特质的正确想法"，最重要的是，认为"概念必须存在于心灵中，只有这样，才能运用归纳法，从搜集的事实中提炼出一种法则。离开这种方法，归纳甚或搜集资料都不可能进行"。③ 这昭示出在打破正统培根主义的道路上迈出了决定性一步，更重要的是，从这一天起，在这篇和其他篇文章中，惠威尔开始淡化早期在"客观性"与"主观性"科学之间做出的二元对立式区隔。他告诉琼斯，在阐发这条归纳路径时，有些方法圣西门主义者未曾运用过，因此，"我们将会更加清晰地认识到一般真理的

---

① Whewell 1831d, 56-57.
② WP, R 18. 17[15], p.46, 1831.7.2.
③ 惠威尔致琼斯的信，1832.2.19，收录于 Todhunter 1876, 11, 141。

本质以及获得它的途径,其中包括政治的——也许还有某种——道德的真理"。①1834年8月,当惠威尔预先告知琼斯《历史》和《哲学》可能呈现的形态时,他甚至格外关心他所谓的那种"类比"——一方是各门物质科学,另一方是"我们关于道德、品位、政治、语言的知识,总而言之,所有超物质的知识"。②显然,他现在对实质共性特征的看法,依据的是他先前认为的不同类型的知识。"客观性"与"主观性"科学,正如惠威尔向琼斯做出的解释,都需要依靠"由诸多要素组成的确定的精神联系,这些要素包括:关联、理想的关系……学识状况,或你可以帮我叫出名称来的任何其他东西——它们就是我在上封信中所说的观念"。进而言之,惠威尔得出结论——这条思路具有确定无疑的道德寓意:

> 我将补充以下观点:当我已经表明,正如我希望的做法,义务的关系与情爱的关系,就像时空关系一样,都是一个人思想中最基础的组成部分,它们用相同且不可避免的方式,指导着这个人的意志。我认为,我将在坚实的基础上,为人设置一种道德和社会的基本章程。③

八、道德:作为这项归纳事业的组成部分

惠威尔在《哲学》中说,在这种取向的引导下,英格兰的作

---

① Todhunter 1876, 141.
② 惠威尔致琼斯的信,1834.8.21,收录于 Todhunter 1876, 11, 186。
③ 惠威尔致琼斯的信,收录于 Todhunter 1876, 11, 187–188。

第七章　道德科学

者们通过"对道德基础进行探究",来洞察种种洛克式错误。① 从以上所有论述可知,这种做法确实在惠威尔本人这里得到应用。现在很难复原这个过程的精确步骤,但我们惊人地发现,从1832年起,当惠威尔开始讨论他的新归纳观时,他不变地论及新归纳观与道德哲学问题具有相关性。我们知道,他钦佩托马斯·伯克斯(Thomas Birks,一位未来担任骑士桥教席的人物)写的大学毕业论文《数学与道德确定性的相似之处》(1833)。伯克斯指出,这两个领域的知识皆有赖于出自直觉的思维法则,同样有赖于来自特定感官的信息。在运用柯勒律治这个实例阐明观点的同时,伯克斯坚定地指出,现在没有理由可以说明为什么"道德证据应当被置于更低下的位置,或认为它在纯粹证明性方面远逊于几何学"。② 显然,这是惠威尔对物质科学与道德科学的相似性所做反思的回响,而且他告诉黑尔:"哲学是最深奥和最一以贯之的学问。"③

从1838年起,作为骑士桥讲席教授,惠威尔通过将伦理知识与物理知识进行对比,发展出这种保全伦理知识地位的方式。④ 但这场深入道德哲学领域的冒险,正如托德亨特表明,不是一次远离他的科学工作的转向;相反,如今显然可见,从1832年起,惠威尔认为归纳和道德是他的科学探究工作的组成部分。1835年,他论及归纳和道德时,认为它们是并行不悖的事业,并且告诉琼斯,在詹

---

① Whewell 1847a, 11, 308.
② Birks 1834, 12, 16. 华兹华斯显然认为伯克斯是惠威尔的学生,同时称赞惠威尔的桥水论专著和伯克斯的说教式论述,仿佛他们二人被连在了一起。参见 Hill 1978—1979, v, 709。
③ 惠威尔致黑尔的信,1833.12.25,收录于 Todhunter 1876, 11, 175。
④ 参见 Yeo 1991a, 185–187;本书第九章。

姆斯·麦金托什①的著作《论伦理哲学的进步》(1830)中,"他对归纳式伦理学史略作一瞥,这是我长期以来希望完成,并且正在为之不懈奋斗的事业"。②就在发出这封信几天前,惠威尔已向琼斯确认,他当前正在阅读巴特勒、霍布斯和麦金托什的著作,他们没有偏离"我宣布有危险的撰写归纳式著作的事业":

> 我未来仍然希望在这个领域努力探索,在未来某时或其他什么时候,我确实将会在这个领域有所建树。因为我的归纳事业的美感就在于此,它确实就像德文郡男人做的馅饼,他把自己能够捕捉到的各种材料都纳入其中。③

1836年,惠威尔开始为麦金托什的著作编辑一种更具可读性的版本,此时他能够断定,"佩利对待道德意义的方式"存在的种种缺点,如今已被广泛接受。现在这项任务旨在厘清一种新理论,这种理论承认:"良心或道德能力,具有独立存在性和至高无上性"。麦金托什表明的这条道路,因为它在回答功利主义者对伦理信念具有文化多样性的呼吁,所以他强调,在所有种族的人们中间应当近乎一致地对待以下两个问题:一是基本道德范畴,二是严格区分正确和错误。④令惠威尔印象深刻的是麦金托什对"道德情感理论与道德性准则"之间的区别所做的辨析,因为这种做法允许道德意义存在于人的身上,而无须拒斥那种功利性原则——作为一种演绎式伦

---

① 詹姆斯·麦金托什(James Mackintosh, 1765—1832),英国爵士,苏格兰法学家,辉格派政治家和历史学家,启蒙学者。——译者注
② 惠威尔致琼斯的信,1835.5.9,收录于 Todhunter 1876, 11, 212。
③ 惠威尔致琼斯的信,1835.5.2,收录于 Todhunter 1876, 11, 210-211;另见 1835.5.26 and 1835.8.21,收录于 Todhunter 1876, 11, 213-215, 222。
④ Mackintosh 1836, 13, 20, 62-67.

第七章 道德科学

理学体系的组成部分。有些人断言,鉴于"观念具有联想性",例如,通过特定行动可以联想到快乐或痛苦,因此,这种联想可以对一切道德感受做出解释,麦金托什也为这类断言提供了一种答案。正如惠威尔的解释,这种"联想"被"用来教育而非创造我们的道德情感",而且这种联想原则预设了"心灵自身的法则和权力,据此,这种观念联想的结合体会制造出它们的结果"。惠威尔表明,这种观点校正了普遍认为的心灵形象——心灵是先于经验的一张白板,同时支持了塞奇威克的心灵形象——心灵是由上帝之手"准备好"的一张纸。① 麦金托什对联想主义(associationism)做出的回答,容许道德能力或道德原则概念具备内在于人性的不可简化的理性特质。②

惠威尔的思路在科学与道德之间保持一种互动关系,此时已变得清晰可见。在介绍麦金托什的著作时,惠威尔运用的语言和概念将会成为《历史》和《哲学》两部著作的特点。因此,惠威尔指出,巴特勒是一位道德领域的"发现者",并且表明道德观念源于一种"我们天性中的法则",但它的形成还源于我们与世界的互动,有鉴于此,麦金托什期望惠威尔能够建立起物质科学领域的基本思想观念。③ 1837 年 11 月,在论述道德基础的布道词中,惠威尔清晰地指出"一种道德法则属于科学特有的基本观念",同时断言,"正如在其他学科中那样",只有当人类把"他们的心灵定位在科学观念可能会催生的推理和演绎的基础之上",这种道德法则的发展才

---

① Mackintosh 1836, 24-25, 35-36.
② 麦金托什对巴特勒的支持,成为对功利主义伦理学做出的另一种回答,相关内容参见 Whewell 1848a, x-xiv.
③ Mackintosh 1836, 40,另见 Schneewind 1968, 112.

可能发生。① 当黑尔感谢惠威尔贡献的这些布道词时，他赞同地表示："惠威尔在我们的科学与道德知识之间进行的比较，从局部看来是合适的，而且非常令人满意。"②

托德亨特认为，1840 年是惠威尔职业生涯的转折点，此前他的兴趣集中在物质科学领域，此后他的写作转向道德哲学。费什认为，同年出版的《哲学》，是一项关于"卓越的物质科学的本质"的研究所获得的结论，这项研究源于惠威尔早年撰写的几本力学教科书。不过，这些观点都未充分认识到自 19 世纪 20 年代以来，在惠威尔关心的各种问题之间，存在一种互动关系。我们现在把这些问题都纳入考虑范围，此时眼中的《哲学》就成为一种探究的集大成之作，这种探究努力拒斥对伦理学、政治经济学和物质科学做出的世俗论、功利论和经验论解读。其他作者，例如塞奇威克、琼斯、赫歇尔、罗斯、黑尔，也都关心这些问题，但只有惠威尔以一己之力，创造出一种关于归纳科学的系统性和连续性解读。在完成这项事业的过程中，惠威尔时刻警惕一种洛克式和功利论科学哲学带来的种种危险，这种科学哲学把科学知识简化为经验观察结果实现一般化的过程，正如它把伦理学简化为权宜主义的做法。惠威尔着手这项事业，发生在 1843 年密尔对此问题做出充分解读之前，但是，对这种错误科学观的辨识和确定，使惠威尔得以捍卫他基于观念论的认识论，他的认识论体现在道德与社会领域，同样体现在哲学领域。在强调科学知识与道德知识存在相似性——黑尔领会了这个问题——的同时，惠威尔把基于他的基本观念的认识论呈现为一种回答，回答的矛头直指各种道德和社会学说造成的威胁，

---

① Whewell 1837d, viii–ix.
② 黑尔致惠威尔的信，1838.1.4, WP, Add. MS. a. 206[171]。

这类学说既拒斥人类天性中具有的内在本能,也拒斥传统的社会结构。① 在此意义上,《哲学》为惠威尔作为元科学家的角色提供了一种道德证明。

九、惠威尔对事业的新感受

在惠威尔为他的归纳事业建树新方向期间,他开始把自己的工作呈现为一种道德改革。1832 年之前,惠威尔最主要的公共关切有两方面,一是保护科学,使其免受来自保守神学的批判;二是把政治经济学从李嘉图主义和功利主义学说的控制中解放出来。面对第一类问题时,他在自然神学体系内部,展开一种争论;面对第二类问题时,他同琼斯一起,提供一种方法论和道德批评。某种程度上,惠威尔致力解决的这些问题,确实与他更加个人化的、对归纳科学本质的探究存在联系,这种联系体现在,他对一种真科学方法的详细阐释,能够用来减缓宗教对科学的恐惧,并且检查政治经济学的"科学"地位。但从 1832 年起,一种意义更加确定的联系贯穿在这三项事业中,正如惠威尔逐渐明白的那样,认识论议题——例如理想的精神观念所扮演的角色——既包含在物质科学中,也包含在道德科学中。进而言之,现在看来可能的情形是,惠威尔能够践行他在 1834 年向琼斯宣布的那种观念论科学哲学,确切地说这是因为存在一条途径,可以使这种科学哲学合法地成为一项道德和社会计划的组成部分。

在这项使命的新意义中,上述情形依稀可辨,当时惠威尔急切地想把这种新意义传达给他的朋友们。归纳科学作为他的重要事

---

① 详细深入的论述,参见 Yeo 1979 and Williams 1991。

业，这项事业公开宣布的内容总是与当时的伦理学争论存在联系。因此，在指出塞奇威克与伯克斯的贡献后，惠威尔向黑尔宣布：他的目标是写"一部哲学著作，比如说，它将来确实能够赋予人类心灵一种正确健全的转向"。① 约翰·斯特林建议，应当为惠威尔论述"基督教哲学"的文章授予柯勒律治奖，在与黑尔通信商讨这个问题的过程中，惠威尔提出以下问题：这篇文章描述的德国思想在英格兰是可以接受的。② 惠威尔发出警告，那种非正统性基督教，与柯勒律治的名字存在密切联系，对此感到不适的那些人可能会反对我的文章，除此之外，"基督教哲学"这个概念在德国有更加确定的意义，远超出它在英格兰的意义。最为重要的是，惠威尔指出："真理，在这些（德国）先哲们的著作中可能会发现它们，必须牢记在某位英格兰天才的心中，并且以恰当的形式向外传播出去，在他们的真理将全面控制我们的国家之前。"③ 除了惠威尔本人，谁将可能胜任这位真理的翻译者？

两年后，惠威尔看到一条道路——它划定了一种角色，这种角色类似但不同于柯勒律治的"知识阶层"（clerisy）概念，这条道路将会使他基于道德标准的元科学事业具有合法性。这体现在1836年惠威尔对罗斯的评论中，当时他指出，罗斯和琼斯的那些论断，适合在英国国教会内部进行推广："我希望你的机会很快就会到来，因为我现在还没有通过改革这个时代的哲学，证明我的事业是合理的，我正在准备从现实中开启我的事业。我敢说，你一定会嘲笑我

---

① 惠威尔致黑尔的信，1833.12.25，收录于 Todhunter 1876, 11, 175。
② 黑尔致惠威尔的信，1834.10, WP, Add. MS. a. 206¹⁶⁶。这里涉及的思想翻译议题，其实出现得比这更早。1825年，黑尔赞扬惠威尔同年前往弗莱堡的矿物学旅行："他们德国的科学现在如此蓬勃发展，而且能够让它为我们的市场服务，这个前景令我由衷地感到喜悦。"（黑尔致惠威尔的信，1825.6.28, WP, Add. MS. a. 206¹⁵⁴。）
③ 惠威尔致黑尔的信，1834.10.19，收录于 Todhunter 1876, 11, 196。

这种自负的。"① 在三一学院院长职位空缺前的那一年，当惠威尔致信黑尔时，他说他可能要离开剑桥大学到一所教会去谋生，因为他的重要著作现在已经完成。黑尔在回信中阐明，惠威尔的性格不适合在教会神职人员中担任牧师角色，他建议在国教会中，惠威尔的职业可以是一名博士，但不能做牧师，并且说："我希望你继续从事你的道德哲学工作。"② 这当然为惠威尔继续他的哲学研究提供了一种理由，但如果把此前那场争论考虑进来，现在显然可见，道德问题已经同他的认识论联系在一起。

惠威尔认为，针对功利主义摆出的世俗激进的威胁之势，他提供了一种回应；此外，他还认为，针对英国国教会内部的保守主义者，他的工作也给出一种答案。作为剑桥大学的基督教倡导者，罗斯曾在1827年和1834年的布道词中，对于"实验哲学"傲慢自大的种种倾向甚为抱怨（参见第三章）。正如黑尔的评论，惠威尔1827年的布道词，是一次"为科学的辩护，使它免受牧师群体的攻击"。③ 在这些布道词中，惠威尔断言，"归纳哲学"引导人们从观察走向规律，进而最终走向"一种智慧和一种意志，它们是生发这些规律的渊薮"。④ 有些抱怨者认为，科学鼓励的非宗教态度源于各式各样的错误，例如有些现代哲学家未能正确回忆作为科学典范的牛顿，或源于"这些现代哲学家在处理问题方式上存在的某些缺陷与偏颇"。⑤ 正如第五章的讨论，惠威尔的桥水论文集仍在继续给出这

---

① 惠威尔致罗斯的信，1836.8.12, WP, O 15. 47[407]。
② 黑尔致惠威尔的信，1840.12.17, 收录于 Stair-Douglas 1881, 211。
③ 黑尔致惠威尔的信，WP, Add. MS. a. 77[130]。
④ 未发表的布道词，1827.2.1, WP, R 6. 17[14]。
⑤ 未发表的布道词，1827.2.4, WP, R 6. 17[13]。

个答案。①

但是，到19世纪30年代末，惠威尔在国教会内部的一些朋友更加担心牛津运动者造成的影响，这远在担心科学对他们造成的影响之上。1839年，黑尔致信惠威尔说："我们现在急切渴望有来自剑桥充满活力的先生，能够有力对抗牛津大学那些崇拜现代—古典偶像的学究。"② 重要的是，当伦敦主教查尔斯·布鲁姆菲尔德（Charles Blomfield）被首相皮尔问道惠威尔担任三一学院院长是否合格时，他对惠威尔掌握的圣灵知识表示怀疑，这是否足以应对那项必不可少的任务，即"对牛津运动者奢华无度的行为进行检查"。③ 无论如何，惠威尔认为高教会派和牛津运动者对待科学的态度，而非他们的神学，是最适合运用他的综合能力做出批判的靶标。这些人畏惧实验性知识和各种科学建制，惠威尔认为，对这种畏惧的回答若要取得成功，唯一的途径是尽可能彻底击碎这些人凭感觉认为的科学与感觉论功利主义哲学之间存在的密切联系。不过，这样一种回应，可能无法简单地确认科学及其实践者的道德性，正如惠威尔在他的布道词和桥水论文集中所做的那样，必须为科学提供一种可替代现行模式的认识论基础。

---

① 对于惠威尔的做法，罗斯感到颇为满意："你让现在应当允许去做的事情成为可能，并且证明了科学——她那应得的荣光"（罗斯致惠威尔的信，无日期，WP, Add. MS. a. 211[143]）。在一篇确认神学和形而上学具有智识价值的布道词中，罗斯承认："一直以来，为这些物质科学说过的……最有影响的话，例如它们可以影响人类心灵，现在已经由某个人在说，对于这个人，如果没有最强烈的尊重和敬仰之情，我可能永远不会叫出他的名字。"（Rose 1834, 12。）
② 黑尔致惠威尔的信，1839.9.24，WP, Add. MS. 206[174]。
③ 布鲁姆菲尔德致皮尔的信，1841.9.21，收录于 Robson 1967, 315；其中对科学的批评，参见 Bowden 1839 and Newman 1841。

十、《哲学》出版之后

时至《哲学》出版之际，事实使惠威尔坚信：现在必须确认，在反对功利主义者的运动中，物质科学是一个战场，而不是一种知识形态——功利主义者为了支持自己的认识论，可以轻易拿来引用。牛津运动者很乐意看到科学被取缔，惠威尔则另有所想。然而，尽管惠威尔表露了他的策略以及他为这套策略附加的道德使命的意义，但他最亲密的几位同道仍然无法完全理解他传达的讯息。1838年1月，惠威尔指出："我的这种正处在改革中的哲学，她就是一位极其严格的女监工；因为她带我进入的这个领域，我几乎无法期望我的任何朋友能够与我同行——至少很长时间以来我都这样认为。"① 因此，在《哲学》出版之前，惠威尔必须让黑尔坚信——他非常喜欢与黑尔进行亲密对话——这场认识论斗争的基本路线必须长期坚持。

1838年，密尔发表了论述"边沁"的"大师级"文章，黑尔读过这篇文章后告诉惠威尔，他现在高兴地"看到，那一方正在将他们错误中的最坏部分悉数抛弃，同时纳入许多高级真理。现在看起来，哲学中的每个领域好像都是这样：那些狂热分子正在相互吸引，并且希望能够联合起来，形成一个以真理和实证性为核心的联盟"。② 惠威尔对黑尔的退让程度颇感惊异，但他坚持认为：密尔仍属于边沁功利主义那一方，并且为它的机关刊物《伦敦与威敏寺评论》撰写文章，这个机构公开表明的目标包括：摧毁英国国教，使这个国家实现民主化。惠威尔明显感到有些孤单，他同时承认，自

---

① 惠威尔致黑尔的信，1838.1.7，收录于 Todhunter 1876, 11, 267。
② 黑尔致惠威尔的信，1838.10.8, WP, Add. MS. a. 206[172]。

己无法理解黑尔的朋友约翰·斯特林竟然能在这种期刊上发表文章。① 接着，黑尔斥责惠威尔不能以宽恕之心对待密尔，因为密尔正在设法拒斥功利主义中最坏的极端内容，即使这意味着他要否弃他父亲建立的理论体系。惠威尔毫无悔意并且反驳道，这里的真正议题不是约翰·斯图亚特·密尔的观点，而是对发表在《伦敦与威敏寺评论》上的一篇文章所做的评价，因为这个期刊的"支持者仍然是一位或两位在理论和实践方面最彻头彻尾的破坏者和功利主义者"。失望至极的惠威尔解释说："因此你可以看到，我现在就处在我过去所处的位置上。我可能生来脾气不好，但我无法发现我现在的做法有失公正。"②

在《哲学》中，惠威尔设法强化黑尔认为正在衰落的那些狂热分子。因此，惠威尔的朋友发表的评论颇为令人生厌，因为他们含蓄地表明，黑尔一直未能领会惠威尔正在做的这项事业，即为他们共同渴望的那套新道德体系提供广阔的"基础"。③ 惠威尔身上的这份焦虑，恰好支持了以下这种说法：他正在努力证明自己的认识论地位，就是为当时英国的多种道德和政治争论做出的一种贡献——黑尔似乎错过了这种策略。然而，到1849年，当惠威尔对密尔的《逻辑体系》做出回应时，黑尔说，尽管他现在尚未读到这本书，但他"无法理解在这个时代，任何有哲学头脑、了解当代持续发生的这些事情的人，怎么可能坚持认为一切知识都具有客观性起源。无论如何，我高兴地发现：在坚持与此相反的真理方面，你是如此热忱满怀且精力旺盛"。④ 这意味着，惠威尔已经成功地让他的至少

---

① 惠威尔致黑尔的信，1838.10.15，收录于 Todhunter 1876, 11, 270-271。
② 惠威尔致黑尔的信，1838.10.30，收录于 Todhunter 1876, 11, 272-273。
③ 惠威尔致黑尔的信，1838.10.15，收录于 Todhunter 1876, 11, 270。
④ 黑尔致惠威尔的信，1849.6.17（日期有疑问），WP, Add. MS. a. 206[151]。

第七章 道德科学

一位密友坚信：一种反经验论事实的正确合理性，必须在物质科学领域得到证明。

惠威尔的《哲学》一经问世，密尔就表明一种清晰的反对观点，虽然他早期对这部著作的感受现已招来某些评论。在1842年4月5日的一封信中，密尔诙谐地说，他似乎"忠诚于高教会派的书商们。帕克现在也为惠威尔出版著作，我与他就我书中的几章存在争议，但帕克非常明智地说，他不在乎这些争议"。① 现在看来，这样把惠威尔与高教会派联系起来颇具反讽性，因为惠威尔为驱除他们对现代物质科学的批判进行着长期斗争。

惠威尔对赫歇尔坦陈，《哲学》的写作贯注着一种"毋庸置疑的好斗精神"，但随后又说，他知道他的"观点反对那些当前流行的观点，而且那些重新搜罗起来的流行观点，可以用来打磨我的学说和我的论证，同样尽其最大可能地促进了我的写作"。② 本章已经表明，惠威尔也锐化了他的对手的形象。随着他的事业从一种培根式框架内的方法论探究，转向一种反洛克式的认识论探究，惠威尔力求清晰辨明一种对科学和道德构成的威胁。一旦这种科学和道德的连接被建立起来，他自己的科学哲学及其不落俗套的认识论，可能就会被合理地认为是一项更广泛的道德与社会改革的组成部分。此外，惠威尔有能力把他的元科学反思呈现为一项与他的地位——作为英国国教会的一位博士——相匹配的事业。然而，正如接下来的两章表明，惠威尔的知识哲学具有一种含义，这种含义与其他领袖型科学先生拟定的行动议程存在冲突。

---

① 密尔致R.福克斯的信，1842.4，收录于Robson and Stillinger 1961—1991, xii, 513。
② 惠威尔致赫歇尔的信，1841.6.26，收录于Todhunter 1876, 11, 299。

第三部分

第八章　科学、教育与社会

> 在科学领域，优先选择阅读的，是最新的著作；在文学领域，则是最古老的著作。
>
> ——爱德华·布尔沃·李顿爵士[①]

一、旧知识与新知识

1843年，弗朗西斯·纽曼[②]把一部论述大学教育的德国著作翻译成英文并带到英国公众面前，之于这段时期英国存在的几种意义深远的紧张关系，此举对其中一种紧张关系做到了准确把握。纽曼警告说，如果将"这些新科学"以及所有与社会物质福祉相关的学科从英国老牌大学中驱逐出去，那么，"在两套敌对系统之下，就会生成两种民族精神"存在于未来社会中。在这种竞争中，一切智识思想事业都将会归于失败，粗鲁的"工业主义"将大获全胜。与此相反，纽曼建议，理想的做法应当是设立一套课程体系，在这套课程体系中，"道德科学与物质科学，现代知识与古代知识"共同

[①] 收录于 Ebison 1971, 27。
[②] 弗朗西斯·纽曼（Francis Newman, 1805—1897），英国学者、多产作家，约翰·亨利·纽曼的弟弟。——译者注

成长，彼此平衡。①

从 1837—1850 年间，惠威尔在为教育争论撰写的文章中赞成这种平衡观念，但他采用的方式只能为这些新科学留下十分有限的空间。他在著作《论英国大学教育的基本原则》（以下简称《原则》）中公开宣布，"我们无法在任何更加现代的物质科学中找到任何学科，可以贴切地取代"学习几何学和古典学——这是剑桥大学生必修的两门传统课程。其中原因之一在于几何学可以提供明确的心智规则（mental discipline），这无法被"展示出一堆观察事实，最终得出种种可疑推测的那些科学门类"所取代。②他接下来以地质学为例做出说明。

惠威尔在科学共同体内部的一些朋友坚信，这位朋友已经彻底毁灭了他们的事业，因为他正在把越来越多障碍置于"妥善地将物质科学纳入大学生培养课程"这项事业面前。特别是查尔斯·莱尔认为，惠威尔的有些观点存在受到特定外力强迫的征象，因此，它与在一种世俗和民主背景下追求知识的理想背道而驰。莱尔在著作《北美之旅》中——北美可能不适合这个主题，正如惠威尔的看法——针对紧随牛津书册运动之后、自然科学在牛津大学的悲凉状态做了反思。他表明，颇有象征意义的是：1839 年，在牛津大学毕业典礼仪式上，通过师生投票反对那些可能拓展本校课程体系的改革；就在同年，罗马教皇也做出反对教授之举——他们是"教皇在罗马和博洛尼亚的同事"——因为他们参加了一场在比萨召开的科学先生大会。莱尔估计，在牛津大学指定讲授的科学课程中，有四分之三的课程现在"实质上已被逐出这所大学"。③

---

① F. Newman 1843, 1, xxxiii–xxxiv.
② Whewell 1838a, 41.
③ C. Lyell 1845, 1, 295–298.

第八章　科学、教育与社会

在莱尔看来，围绕把自然科学纳入大学课程体系展开的这场战斗，不仅是更新专业体系的支持者与教程垄断体制的捍卫者之间的斗争，更是以下两类群体之间的竞争：一方想让英国的大学能为最广泛的国家目标效力，另一方只狭隘地关心神职人员和精英阶层的利益。1827年，莱尔曾满怀希望地表示："要让牛津剑桥的多种体制主动适应这些愿望和这个时代的精神，这无须通过广泛的或暴力式变革来实现。"① 但是，1847年，莱尔在评论他的著作引起的回应时指出："如今在正确的方向上有一种动向，但牧师的影响表现出对一切进步科学——无论是物质科学，还是人文科学——的反对之势，这种力量太过强大，因此难以被轻易征服。"1850年，莱尔告诉同一位通信者，神职人员现在仍是"这个国家真正的教育统治者，牧师对英国教育的统治程度，超过除西班牙之外的所有国家"。②

莱尔称物质科学与自然科学是"进步的"，此时他正在为科学赋予积极的智识与社会价值。他期待惠威尔——作为"研究归纳科学的历史学家"——能够确认这个评价。③ 但莱尔对惠威尔的做法颇有微词，认为他贸然闯入关于大学教育问题的争论，已经为自然科学创造出一种负面形象。尽管莱尔赞同博学的语言和数学应当是"教育的主要工具"，但他惊奇地发现，惠威尔已然接受这些学科享有垄断教育的特权。④ 惠威尔回复莱尔对他的公开批评是在1847年

---

① C. Lyell 1827, 264, 257；转引自 Corsi 1988, 111。
② 莱尔致乔治·蒂克纳的信，1847.4.2, 1850，收录于 KM. Lyell 1881, 11, 127, 169。（George Ticknor, 1791—1871，首批赴德国求学的美国学者，在哈佛学院创立选修课制度。——译者注）乔纳森·霍芝对此观点做出阐发，认为莱尔对剑桥和牛津大学的批评，同布儒斯特的批评一样，可能已经击中惠威尔的要害，它攻击的是体现在英格兰大学中的教会与国家联盟，苏格兰的大学情形则与此相反（Hodge 1991, 259-260）。
③ C. Lyell 1845, 1, 304.
④ C. Lyell 1845, 1, 303.

的一封信中,他抱怨道:"我此时仍然感到极大的愤怒……你嘲笑我'提倡一种垄断',而我早已在你所指的我的著作的每一页,对这种垄断做出了谴责。"他抗议道,"在各种场合,无论公开还是私人场合",确认科学的地位早已成为他至高无上的首选事业。[①]

惠威尔援引他论述科学历史和哲学的重要著作,作为他努力普及这些学科的证明。但莱尔很有道理地指出,改革的反对者可能会利用惠威尔关于教育的观点,作为反对引入更多科学课程的论据,而且这些人可能会感到,不必向惠威尔的其他著作求证,就可以更广义地确认这些观点具有的智识和文化价值。莱尔写了一封17页的论道训诫式书信,作为给惠威尔的回信,莱尔在信中主要解释了以下问题:他如何认为惠威尔的教育论著有悖于他作为归纳科学史家的地位。[②]

然而,惠威尔确实看到,一种明确的联系存在于《历史》和《原则》之间——它们都出版于1837年。他预言,那本论述大学教育的"小书",现在"更可能拥有一种流行趋势……当然,无论事实上,还是公开自称,它确实建立在《历史》的基础之上,正如未来的所有好书都应如此一样"。[③] 在这本"小书"的第一页,惠威尔首先对以下二者做出区分:一是当前关于大学教育的争论,二是他自己"对科学的原则和历史所做的长期且有些费力的研究"。惠威尔努力为自己的研究寻求一个制高点,于是声称,他对英国当代争论的贡献,源于一种更具普遍性的学术视野。他解释说,正是缘于

[①] 惠威尔致莱尔的信,1847.3.21,WP, Add. MS. a. 216[56]。此处对惠威尔主张的辩护,参见 Becher 1980, 38–39 and 1986。

[②] 莱尔致惠威尔的信,1847.4.17,WP, Add. MS. 216[57]。德·摩根遗憾地认为,在赫歇尔的著作《自然哲学研究初论》中,未能包含一种强有力的事实证据,用来支持物质科学在教育中的地位。

[③] 惠威尔致琼斯的信,1837.5.13,收录于 Todhunter 1876, 11, 255。

第八章　科学、教育与社会

这项更加宽广的研究事业的引导，他得以写出《原则》，同时他请求本书读者切勿"基于自己的思想把我"与任何关于局部问题的争论相混淆。① 但可能无疑的是，正如佩里·威廉姆斯近来指出，惠威尔的教育论著与他对功利主义和政治激进主义的批判存在密切联系。②

然而，在保证惠威尔的两部著作《历史》和《原则》确实存在一些相似靶标的同时，现在有必要质疑他自己对这些靶标之间相似程度所做的断言。做出这番解读存在的困难是，惠威尔的历史和教育论著之间存在一些不连贯之处，其中无法注意到的部分，只能付之阙如。《历史》处理的是关于革命和进步的一系列主题，相比之下，这本教育论著中无处不在的是对稳定性的确认。围绕这个议题——正如我们在第六章所见——在《历史》中存在一种紧张关系，尽管如此，《历史》着重强调在科学进步过程中，全新的观念飞跃具有重要作用。惠威尔撰写《历史》时的笔调，主要遵循向前展望——而非向后回望——的路径，他庆贺当代科学的大获成功远胜于过往，并且对未来的成功充满期待。某种程度上，他的写作与保守派观点格格不入，后者认为历史上的科学进步更加复杂，因为现在的科学进步只是像摆脱镣铐一样，极力回避过往的科学。但他并不拒斥叙述型历史的一般说法，认为进步曾经是科学这场戏剧的重要主题。③

旧知识与新知识的关系问题，与当时的大学教育主题产生了共鸣。但在这个领域，科学可能不只是被推广普及，它必须融入传统

---

① Whewell 1838a, 1.
② Williams 1991.
③ Whewell 1857a, 1, 4.

博雅教育理想中。① 因此，在《原则》中，普及归纳科学及其对智识文化做出的贡献，它作为《历史》主题之一，被捍卫传统学科——例如数学和古典学科——所取代，这些学科强调培育知识而非发现知识。显然，这种态度与科学事业的气质及其对新发现的追求存在冲突。1851 年，巴贝奇指出，即使政治上的保守主义者强调科学知识存在指数式突然迸发的情形，但恰成对照的是，讲求公理的政治经济学认为："累积型知识，就像累积型资本一样，以复利的方式在增长。"② 但是，研究——作为这项智力工业的发动机——此时不属于英国大学学术使命和愿景的组成部分。

这是惠威尔必须依赖的一个基点，他以此回应英国大学缺乏对现代科学关注的批评。威廉·汉密尔顿爵士和其他作者，在为《爱丁堡评论》撰写的文章中，已对惠威尔的这种做法做出指控。③ 惠威尔的辩护发表在《英国评论家》杂志上，他指出教学与研究的区别，同时抱怨一种愚蠢的做法，即认为在大学中任职的人就是"专门从事发现的科学先生，或对他们提出种种要求，仿佛他们的任务就是生产新真理"。④ 正如第四章指出，科学的支持者——例如托马斯·扬——认同这个事实，并且放眼英国大学之外，为科学文化寻找一种传播途径。

还有一种紧张关系存在于以下两种态度之间：一是在大学中灌输给学生的那种态度，二是科学事业鼓励的那种态度。在 19 世纪初的大学圈内，新奇性与原创性观念仍带有负面含义，而且人们认

---

① Rothblatt 1976; Garland 1980.
② Babbage 1851, 211.
③ Hamilton 1831a and 1831b.
④ Whewell 1831b, 72.

为，这种观念在年轻人的教育中是毫无必要甚至危险的附属品。①然而，在德国，当时存在种种召唤，召唤人们在古代体制已树立的各种壁垒内，要满怀热情地去追求新知识。追溯这些召唤的最早来源，其中之一源于1803年，谢林（Friedrich Schelling，1775—1854）在耶拿发表的关于大学研究的演讲，他说："我现在充分认识到在许多人眼中，特别是仅仅从实用目的理解科学的那些人眼中，大学不过就是传输知识的机构……如果大学教师，在传授知识之外，确实能够用他们自己的发现来丰富科学，那么依据这种观点，出现这种情况可能纯属偶然。"②

这篇演讲可能已烙印在惠威尔心中，因此他公开宣布：现在德国大学鼓励"批判精神"，这种精神正在培养学生与各种新奇哲学进行搏击挑战的能力，而无须通过传统学科——特别是几何学——提供那套心智规则的教育。③此前，康诺普·瑟沃尔出版了一本小册子，论述议题包括录取持异见者进入剑桥攻读学位，并且取消强制学生进行礼拜的规定。惠威尔为此给瑟沃尔复信，他在信中所论，显然超出这本小册子论述的直接议题，而是发出放松校规、消除校规所导致后果的警告。惠威尔很担心这种观念："我们的大学是这样一个地方，在这里，一位强者可能会实现自我教育，这里的学生通过他们的社交互动，可能会扩充并且培育彼此的心灵世界。"④1837年，为了描述这种危险，惠威尔指出，在剑桥开设的大学生课程中，出现了德国偏爱的唯心主义哲学。同时还有一种倾向，就是在一门不遵守清晰考察基本概念——这个特点通过数学及其在英国国

---

① Rothblatt 1985, 69.
② Schelling 1966, 26; also W. V. Farrar 1975, 183.
③ Whewell 1838a, 45–52.
④ Whewell 1834d, 17.

会上院考试中的首要地位体现出来——的课程中,设立教授职位,作为反对英国大学传统教育的执行者。① 然而,这番批评未能清晰地同他对化学和地质学的评论区分开来。惠威尔的读者,例如莱尔,得出结论:无论进行推理沉思的哲学,还是新兴的自然科学,由于它们具有创新特质,都被排除在英国大学生课程体系之外。

正如弗朗西斯·纽曼的评论表明,这个时期的博雅教育主张似乎在重复一种先前的争论,即那场17世纪古典派与现代派之间的争吵。这场争论包括艺术、诗歌和哲学这些古典典范的捍卫者对新兴自然哲学的攻击,相较于过往希腊人和罗马人创造的稳定成就,前者将新近科学发现具有的大胆创新精神斥为无足轻重的事。现代科学仍处于幼稚阶段,缺乏古典知识具有的成熟性和稳定性。"现代"知识的开创者——例如弗朗西斯·培根——回应道,古典时代是世界的青年时期,当前才是真正的古老时代。下面这个隐喻,为古典与现代的争执提供了一种妥协方案:现代人如同矮人站在过往巨人的肩膀上,由于先前的进步,所以现代人才能看得更远。② 在后革命时代的法国,这些"现代派"可能赢得了胜利。这至少是圣西门的观点,当时他说,在1813年,对一位受过教育的人进行检验,不再基于古典学问,而要基于他是否熟知"实证科学和科学观察"。③ 但这不是19世纪早期英国的情形,而在此时的英国,这场古老争论的遗产体现为以下二者之间基于特质的对比:一方是古典学问的学习,作为传统特质;另一方是科学学科的学习,作为现代和进步的特质。

恰好在公开加入这些教育争论之前,惠威尔正全身心投入这种

---

① J. Gascoigne 1984, 568.

② R. F. Jones 1961; Merton 1965.

③ Mendelsohn 1964, 9.

修辞语境中。他在 1826 年 1 月的日记中指出,《威敏寺评论》上有一篇抨击英国大学的文章断言,"艺术和科学现在正处于进步之中",但同样的说法可能无法适用于"教育这门艺术"。惠威尔的回答是,英国教育系统已经创造出这种进步。①1837 年,在《原则》中,他把这个观点阐述为以下论断:现代物质科学,确切地说因为它们具有进步性,所以在英国大学课程体系中应当居于二流位置,即使它们曾经在文化史中扮演过一种积极角色。惠威尔当然属于热情做出以下断言的那些人中的合格一员,他们声称,这些科学,因为它们近来取得和持续做出的发现及其实际应用价值,应当加入或取代古典课程的学习。惠威尔给予那些旧式反对派一种扭转之势,他旨在表明:理解现代科学并且为现代科学进步做出贡献,有赖于对古典成就——特别是几何学——的优先掌握。②

与此同时,惠威尔把这场教育争论中的某种二分法置入一种通用框架内——就是在"永久性"与"进步性"学习或课程之间,设定了一种对立关系。这成为惠威尔教育论著的主旨,并且从多方面隐含着他呈现的科学形象。

二、永久性知识 VS 进步性知识

在《原则》中,惠威尔对"思辨性"与"实践性"教学做出区分。他解释道,在前者中,教师详细讲述某种知识分支,其中涵盖最近取得的科学发现,而且可能是教师自己做出的发现;在后者中,教师引导学生进入一门学科确定的基础知识中,并且要求学生

---

① WP, R 18. 9[13].
② Whewell 1838a.

能够成功完成练习或解决问题。在思辨性教学中，学习者是被动的，而在实践方法之下，每一位学习者都是主动的。惠威尔宣布，这种实践性教学方式，就是学院的古典学和数学课程——英国大学的传统课程——的授课和辅导方式。思辨性教学模式具有大学专业讲座的特性，这类讲座也可以在特定的大都会和外省区进行，主题包括"物理学和形而上学，地质学和政治经济学，品位爱好和政治学"。这些课程"如果不运用思辨方式，可能就无法讲授"，因为它们的"基础正在持续地经历着变革"。相比之下，像几何学和古典语言学①等课程，以空间和数的观念以及语法原则作为基础，它们是"人类心灵这套家具中必不可少且永恒不变的组成部分"。因此，这些实践性课程有赖于"独家拥有的基本观念"，而"范围更广的物质科学"只能把事实呈现为一种"观察"问题。②

于是，惠威尔最初对这两种教学类型的区分，变成在两类课程之间做出一种定性的二分法。他在《原则》中承认了这一点，但直到1845年，在《论一种博雅教育》中，才正式使用"永久性"课程和"进步性"课程这个术语。③然而，这种实质性区分体现在这部早期著作中，不仅用来区分不同的学习类型，而且也用来区分不同的科学类型。根据这种分类，永久性课程——几何学、算术和代数学——有赖于"关于空间、数和量的基本观念"，数学-物理科学将它们合成一体，而数学-物理科学源于其他观念，例如压力与物体、刚性与流动性、速度与力的观念。④因此，惠威尔乐于记录的事

---

① 虽然惠威尔认为古典学问，例如几何学，是永久性学习的组成部分，但他对于这类课程的教授方式并无热情，认为这种教授方法只是对语言学技巧的检测，而非对理性的培养。参见 Winstanley 1940, 216–217。
② Whewell 1838a, 5–9.
③ Whewell 1845a, 5.
④ Whewell 1838a, 9.

实是力学与流体静力学的部分内容近来已经插入英国的大学生课程体系中。在践行这两部著作的另类主题过程中，惠威尔主张，所有这些永久性课程——数学类和文学类——能够把学生与过往联系起来。相比之下，"现代物质科学"则把人性与未来联系起来。古典学和数学无法"构成学生的文化"，因为它们不是形成学生"思维习惯"的课程，但与此不同的是，它们构成"有教养"者"博学多识"的重要组成部分。① 甚至当惠威尔从容地采用永久性与进步性科学这个术语时，他概括的进步性科学的特质仍然颇不清晰。在《原则》中，他经常把进步性科学与"哲学"列为一组，他还用"哲学"一词指称德国大学的教学体系，并且表明物质科学的学说同样具有不稳定性，因此这会对物质科学产生影响。在论述传承有序的德国观念论哲学家时——从康德到费希特，惠威尔将这条脉络描述为"波波相继的革命"。学习这类课程可能无法为学习者植入"这种真理具有固定不变的本质的信念"。②

惠威尔在此关注"进步性"科学具有的这种不稳定性，要比他在《历史》中对这种特性的关注更加强烈。在这场教育争论的语境中，惠威尔论及"进步性"科学门类时，仿佛它们的理论仅仅是对一系列真实观察的深入思考。③ 在他的历史著作中，有一种更加肯定的论述，涉及以下两个问题：其一，关于观念与事实的密切关系；其二，关于观念、假说与想象性猜测可以引导观察的方式，正统的培根主义未能掌握这一点。惠威尔在此昭示，当人们基于一种特定具体的视角思考事实时，事实只能看上去就是事实。④ 1834 年，惠威

---

① Whewell 1838a, 33, 41.
② Whewell 1838a, 9.
③ Whewell 1838a, 9.
④ Whewell 1857a, 5–7；参见本书第六章。

尔已经接近了这个立场,当时他正在回复布儒斯特的指控,后者认为他的桥水论文集通过运用来自光的波动理论的证据,将自然神学置于一些不确定的基础之上。① 惠威尔一直等到"各种喋喋不休的争论渐趋消退"之时,才开始讥笑布儒斯特的说法,他指出,在假说与既定理论之间不存在严格的界限。② 不过,这正是三年后惠威尔在《原则》中采用的路线,他在此反对把仍处于进步中的科学引入大学课程体系。最终,惠威尔让步并承认,"化学和自然志内容将成为一种优质教育的基本组成部分"。但当时他坚信,这些学科的一般理论立场缺乏清晰性,因此不适合作为通过"实践性"教学方式讲授的大学课程。1847 年,莱尔告诉惠威尔,这场关于当前大学课程教学的争论"已经持续了一百多年",他还把惠威尔称作"事情本来面目"的捍卫者。③

从这个源头出发,惠威尔在 1837 年出版的两部著作中,对不同门类科学的历史做出一般性评论时,其中存在自相矛盾的不一致之处。在《历史》中,尽管惠威尔认为,确定的知识安全地锚定在源于基本观念的那些概念中,但这类知识只是在最先进的几门物质科学——天文学、力学,可能还有光学——中已经得到实现,这里存在一种强烈感受,就是所有这几门归纳科学都共同经历了一场始于文艺复兴和科学革命的进步主义运动。在论及中世纪"停滞"期之后的天文学发展时,惠威尔提到推翻人人谨守的古典与经院文本权威的运动,他说:"这种造成人类知识停滞期毫无生机和充满盲目性的起因,开始彻底屈服于那些趋向进步的原则的影响。"④ 在这

---

① Brewster 1834, 429.
② Whewell 1834c, 266.
③ Whewell 1838a, 28;莱尔致惠威尔的信,1847.4.17, WP, Add. MS. 216^{57}。
④ Whewell 1857a, 1, 271–273.

里，物质科学精神与思辨式思维精神，似乎在相互佐证。但是，在《原则》中，他使永久性物质科学脱离了这种哲学思辨精神，相反，他强调这类科学有赖于永久地学习几何学。惠威尔在此假定：在思辨阶段，科学不会繁荣；但是，通过实践性教学讲授基本数学概念，在由这种方式主宰的阶段，科学就会繁荣。① 相比之下，《原则》论述的是博雅教育，他笔下的天文学、光学和声学，属于进步性课程，它们由部分古希腊哲学活动发展而来。② 这种前后不一的自相矛盾，令托德亨特颇感困惑，他指出，惠威尔在论述教育的第二本著作中似乎更支持现代进步主义学习立场。③

三、数学问题与各门"永久性"科学

现在显而易见，此处紧张关系的始作俑者，源于惠威尔这部教育著作必须遵循的基督教护教论要求。他正在努力实现什么目标？他的立场的积极方面在于，它可以作为将物质科学导入英国大学课程体系的一个典型案例。1835 年，惠威尔在《论作为博雅教育组成部分的数学学习》这本小册子中提出建议：力学和流体静力学的部分内容，应当纳入英国大学课程，作为攻读"学位的基本要求"。这些典型实例可以说明，自中世纪以来，"关于物理知识的伟大体系，一直都在稳步地向前发展"。但惠威尔此时关心的是这门课程中采用的数学教学方式。在他看来，实质上，当数学方法成为解决物质科学问题的必要手段时，学生则应当掌握物质科学包含的基本物理实在。例如，学生必须知道"力和压力这两个概念是整个力学

---

① Whewell 1838a, 18–22.
② Whewell 1845a, 15–16.
③ Todhunter 1876, 1, 157.

学说的基石"。① 惠威尔为此全身心投入的这场争论，时间上早于围绕《原则》展开的更具普遍性的争论；前者与他早年撰写的教科书存在密切联系，但与他撰写的其他教育论著和一些令人困惑的结果只存在交叉关系。②

汉密尔顿爵士针对惠威尔1835年出版的小册子做出回应，但我们不应被这个回应误导。汉密尔顿的抨击文章发表在《爱丁堡评论》上，为此，他在逻辑学（或哲学）与数学之间构建了一场争论，因为对于当时大学教育期待的智力学科来说，逻辑学和数学是它的两种基本工具。虽然惠威尔确实指出过基于这种考虑选择逻辑学与数学课程，正如他在1836年致《爱丁堡评论》主编的信中所示，但他只是在这本小册子的前七页，对此选择略有论及。③ 当然，惠威尔此时已准备好要鼎力支持数学的优先性，但在剑桥大学，这始终是一个早在18世纪就已得到解决的问题。④ 惠威尔的主要争论对象，不是逻辑学，而是针对近来关于数学教学的观点。他的争吵对象包括皮考克、赫歇尔、巴贝奇等人，这些人想把欧洲大陆的分析方法引入英国大学课程体系。正如比彻和费什的最新研究表明，惠威尔对这种高等数学教学问题的关心，大约从1818年起就显然可见，而且到30年代，相较于早期版本的教材，他的教科书包含的微积分内容已明显减少。⑤

1835年，惠威尔说，如果近来出现的那些确定的错误能够避

---

① 转引自 Whewell 1838a, 156, 174–175。
② 关于惠威尔数学教学观点的详细解读，参见 Becher 1980; Fisch 1991a, 36–56; J. Richards 1988, 18–29。
③ 转引自 Whewell 1838a, 186–189。
④ J. Gascoigne 1984, 570–571 and 1990, 222–225, 246.
⑤ Becher 1980, 16–26；由 Fisch 1991a, 36–42, 46–48 可见反对比彻的观点，认为这些预定保留的课程只可用来讲授分析方法，无法用来讲授它们在科学中的角色。

免，那么，数学就只可能是一种"形成逻辑思维习惯的手段，在这方面它比逻辑学本身更优秀"。他最担心的一种趋向是那些努力普及分析方法的人将会带走分析方法的优美形式，从而对教学的基本要求造成伤害。因为这些数学家无视"数学科学的几个部分具有独特的基本原理，仅仅用一些文字定义就将它们取而代之"。[①] 现在看来，颇为反讽的是关于最后这一点，汉密尔顿赞同惠威尔的判断，并且还为苏格兰探索数学教学的路径辩护，而汉密尔顿反对的是他认为剑桥做法造成的影响，因为这种影响正在通过惠威尔的弟子福布斯得以传播。

1838年，当爱丁堡大学的数学教席出现空缺时，汉密尔顿致信这位院长大人，为苏格兰的数学传统辩护。汉密尔顿抗议道，他对"英国的博雅教育事业"怀有专业的兴趣，这使他"认为欧洲大陆的分析方法，如果引入英国……作为取代几何学的一门课程，那么它必定是邪恶的"。他发出警告，如果这样做，英国将会丧失几何学具有的稳固的教育效力：

> 数学程序在（代数学的）符号方法中，就像沿着一条铁路穿过一座带隧道的高山；数学程序在（几何学的）直接证明的方法中，就像徒步穿越这座高山。前者带领我们通过一种简单明了的运算，到达我们的目的地，但这里存在雾障、黑暗和麻木失活的状态；而后者只需经过时间与困惑的磨砺之后，就带领我们到达目的地，但在此过程中……我们是在和煦微风中呼吸着健康空气，在我们付出的每一步努力中收获新力量。[②]

[①] 转引自 Whewell 1838a, 163, 166。
[②] 转引自 Davie 1964, 122, 127。

惠威尔可能恰好早已被这个比喻打动，1845 年，他确实几乎是在重复这个比喻，以此表明在分析方法中，人的心灵"仿佛在一辆铁路客车中被拉着前行，从一站上车，从另一站下车，我们在这个媒介空间中前行时无须做出任何选择"。①

惠威尔相信，把数学-物理科学的部分内容纳入英国大学课程体系，可能只会在教学上卓有成效，如果这些内容能够——像几何学那样——向学生灌输基本概念。因此，在 1837 年和 1845 年出版的两部著作中，惠威尔调用"永久性"与"进步性"课程的对比，他为此采用的方式是为分析性数学贴上"进步"标签。这种做法对于专业数学家确有必要，但对于大学基础课程很不合适，因为这类课程必须培养学生建立欧几里得几何学基础。然而，这种做法引发了一种具有重要意义的混乱。如何把分析性数学与"进步性"科学——地质学、生理学及其他学科——组合到一起？惠威尔似乎正在说，像进步性科学一样，数学现在仍处于发展之中，而且"在过去三百年间"已经取得了巨大进步。②但是，他把这些学科归入"进步"一类，指的是它们缺少清晰的基本观念，或源于它们的概念不够稳定。这个标准如何应用到分析性数学中？数学正在详细阐述最成熟的物质科学——牛顿力学、天文学、流体静力学、光学——中的基本观念。惠威尔似乎将要留下这个悖论：他认为拉格朗日力学是一种"进步性"科学，正如对待地质学和生理学一样，因为在他看来，后者缺乏像天文学和力学那样的稳定性。

在把分析性数学推出大学标准课程之外的同时，惠威尔必须

---

① Whewell 1845a, 41；Schaffer 1991, 205.
② Whewell 1845a, 66.

表明，物质科学中有部分学科可以被视为永久性课程，作用等同于几何学和古典语言学课程。不可避免地，这个观点将惠威尔导向牛顿，特别导向《原理》中运用的经典力学，他引用经典力学作为阐明综合几何学实际效用的典型案例。当惠威尔满怀热情地对待这种分析性课程改革时，他此前已向赫歇尔提出建议，如果"在很短时间内，我们只能读懂极少数牛顿命题——作为一种源于好奇心的产物"，那么确实不必为此感到惊奇。① 他补充说，这可能听起来有违大多数人的认识。但最晚到 1832 年，在《动力学导论》中讲授牛顿《原理》前三部分时，惠威尔特别强调牛顿提出的"综合证明"的价值。② 同年，惠威尔宣布他要发起反对那些"不屈不挠的分析家"的运动，他们认为牛顿的著作"以其原创性方式"，为"我们数学教育体系的核心领域树立了一座里程碑"。与此相反，惠威尔则坚决主张，"几何学方法与综合性方法"具有教育价值。③

在《历史》中，牛顿运用这种几何学方法时，也假设了幻想成分：

> 这个沉重费力的综合工具，在他的手中变得如此卓有成效，但迄今以来，这个工具从未被因为这类目的而可能用到它的人所掌握；我们怀着钦佩仰慕的好奇之心凝视这个工具，仿佛针对某种巨型战争工具，它如今闲置地站在那些古代纪念物中间，并且使我们想知道他曾是怎样的一种人，能够挥洒自如地把综合工具用作一种武器，我们却几乎无法举起这个武器，

---

① 惠威尔致赫歇尔的信，1818.11.1，收录于 Todhunter 1876, 11, 30；Becher 1980, 15。
② Whewell 1832d, xii–xiii.
③ Whewell 1832e, vi.

因为它犹如一种沉重的负担。①

惠威尔在他的教育著作中用鼓励的语气说,必须学习这种几何学方法,这不仅基于各种教育的理由,而且源于历史的思考。1832年,他已论及这个观点,②但在1846年出版的那本关于牛顿《原理》的教科书中,他更强有力地阐述了这个观点,并且坚决拒斥波波相继的"现代化"潮流对科学历史文本的侵蚀。③这部教科书是一部经典文本,类似于荷马或维吉尔的经典著作,英国大学生必须学习它,因为它揭示了17世纪的伟大科学成就是如何取得的。惠威尔在《论一种博雅教育》中断言:

> 如果我们关于宇宙的力学知识……现在无法清晰呈现牛顿式的证明和方法,那么,它将无法为我们赋能,使我们能够与那些人分享这份兴趣,后者明白这部科学史详细阐述了伟大的牛顿时代发生的那些哲学事件和革命。④

因此,通过这种方式把讲授精心选择的数学-物理科学与这种"几何学形式"连接起来,在这种组合中,各门数学-物理科学皆为原创性成就,惠威尔确定它们具有"永久性地位"⑤。它们对几何学方法的运用类似于古代希腊文和拉丁文在当时的状况,这是一种不再

---

① Whewell 1857a, 11, 128.
② Whewell 1832d, xii.
③ Whewell 1846c, ii–iii.
④ Whewell 1845a, 58.
⑤ 这种做法可能忽视了一种选择,即设想牛顿式科学具有"进步主义"性质,尽管如此,这种做法仍然适用于博雅教育。

充分使用的语言,但尚未死去,因为它构成现代教育和高等科学实践卓有成效的基础。同这两种古典语言一样,"永久性"科学是西方文化遗产的组成部分,而且对于好的通识教育至关重要。[1]

上述讨论表明,永久性课程与进步性课程的二分法,尽管在当时的教育争论中具有基督教护教论价值,但是在惠威尔更具普遍性的科学图景中,它也造成一些自相矛盾之处。惠威尔远离了通常在古代知识与现代知识之间的对比,即远离了学习古典文学课程与新实验哲学课程之间的对比。在打破依照编年顺序建立的知识基础之后,他将成熟的物质科学与古代经典课程组合为一体。永久性课程把人性与过往联系起来,但说到物质科学,它的过往所指的那段时期至多不超过二百年前,因为那时力的观念已得到清晰阐明,尽管古希腊人早已对它做过长期深入思考。[2]因此,惠威尔"长期以来建立的已得到证明的典范性科学",其实是 17 世纪那些"现代人"提倡的"新"科学。的确,他在《论一种博雅教育》中承认,"牛顿做出的科学发现,现在还是如此之新……因此它们可能会被认为仍属于进步性科学。如今作为典范科学,它就是一种仍在进行中的精神活动"。[3] 不过,就在同一段落中,他还主张,牛顿"向世人阐述的他的科学体系,如今已历经如此漫长的岁月……因此,现在可以非常恰当地运用它,作为我们必修的永久性教育课程的一部分"。[4]

---

[1] Whewell 1845a, 107.
[2] Whewell 1838a, 27.
[3] Whewell 1845a, 5, 34–35.
[4] Whewell 1845a, 35.

四、两种国家心智的问题

弗朗西斯·纽曼认为，英国的国家文化在"旧"知识与"新"知识的支持者之间存在一种紧张关系，惠威尔没有清晰运用这个理念，但他强调的那些问题都与这个议题相连接。在关于大学教育的争论中，这种联系体现为以下问题：如何将科学知识纳入英国的传统课程体系框架内。正如我们已经所见，惠威尔对此问题做出回应，旨在对特定科学门类的部分内容进行重新概念化，使这些内容已经与国家文化倡导的价值观相匹配，而不是去挑战当时通行的修辞方式。这个目标的实现必定困难重重，甚或与传统模式存在矛盾，但它允许将成熟的牛顿式科学加入几何学课程，并且把古典学问视为"永久性"课程的组成部分。惠威尔坚信，这就是应当塑造的一种单一的国家文化，依据这种文化，才能设定具体的规则，依据这些规则，才可能将任何更新的科学或其他课程纳入英国大学课程体系。

对惠威尔这套策略的认识，可以通过与柯勒律治 1830 出版的《政教宪法》进行对比来实现。[①] 这部著作在评论英国国家文化的部分，将教育问题放在十分重要的位置，柯勒律治认为教育是由一种永久与进步的对话构成的。他写道："在每个文明国家，都有两种强大的对抗力量或两种相反的国家旨趣，在这两种力量之下，才能构成国家层面的所有其他旨趣，它们就是永久性（PERMANENCE）与进步性（PROGRESSION）力量。"[②] 他的观点是：一种健康的国家文化，必须能够在这些强大力量之间保持平衡，他称之为"相

---

① Williams 1991, 129.

② Coleridge 1972, 16.

反"而非"矛盾"的力量，并且坚持认为，就像电极一样，这两种力量倾向于保持统一和均势。这个观点与惠威尔的信念必定存在一致性，后者坚信，智识思想的进步需要在新旧知识之间保持平衡，因此，教育必须在过往与当下之间发起一场对话。但是，正如二者的相似性一样，此处需要对比的差异，是他们各自的教育目的。我们必须认识到，在柯勒律治看来，《政教宪法》中的这些规则，代表的是各种社会力量——例如土地所有者阶层、商业利益集团，而非代表学术课程。

柯勒律治普及了"知识阶层"（clerisy）的观念，并将这个阶层指定为国家智识思想和文化事业的监督者。① 默瑞尔和萨克雷的最新研究表明，这种观念吸引英国科学促进会的领袖们去努力提升物质科学的地位。诚然，当时的条件为这种吸引力奠定了基础，因为柯勒律治将物质科学纳入的那些领域，从中可以选拔出知识阶层，而且这个阶层将会全面监督这些领域。这个知识阶层包括：

> 那些哲人和教授，来自法律与法理学领域；医学与生理学领域；音乐领域；军事与民用建筑领域；物质科学领域；并且将数学当作上述领域共同的基本工具；简言之，当作一切所谓的博雅之学与各门科学的工具。②

进而言之，柯勒律治把物质科学和实用技艺的进步归功于"进步主义"的巨大力量。在他看来，正是"由商人、制造者、分配者、专业人士分别构成的这四个阶层"，推动了"各门技艺与生活舒适度"

---

① Coleridge 1972, 36.
② Coleridge 1972, 36.

的进步，促进了"信息和知识"的传播。① 然而，这里不存在支持惠威尔学科分类——永久性或进步性——的内容。

惠威尔对永久性、进步性学科的区分，是否打破了科学与进步性社会力量之间的这种联系？19世纪30年代，他全神贯注地投身多项事业，可能会使这种区分颇具吸引力。归纳科学的方法和成功，当时正遭到李嘉图主义者、极端主义者和功利主义者的误用，琼斯和惠威尔关心的是这种误用以何种方式在进行（参见第四章、第七章）。惠威尔拥有颇具战略性的稳妥理由，可以说明为什么要让科学脱离以下两种情形：那些改革派的进步主义说辞，以及他们基于凭空设想的科学原理而建构的社会观念。第一，惠威尔想从根本上摧毁当时盛行英国的一切权威人士，因为他们的社会和伦理学说，可能是从物质科学及其归纳方法中提取出来的。第二，他希望把一些科学课程纳入英国的大学生课程体系。这两个目标通过以下方式得到深化：惠威尔把最成功的物质科学从大学生必修的"进步性"课程中移除，使这类课程成为名声不佳的德国哲学与新的、不安全的自然科学的一种混合体。后者具有绝对重要性，但它们的时代尚未到来，而且它们仍然需要以大学生必修的永久性课程作为依靠，惠威尔现在将数学—物理科学纳入这类课程。此举为后面这组科学与惠威尔断言的教学价值结盟提供了可能：稳定的知识实体，以学科——而非原创性——作为诉求，它们需要通过"实践性"教学来讲授，惠威尔断言这种教学颇具价值。这样一来，避免了与那些博雅教育设想产生任何冲突的可能。此举也最坚定地把这些声望最盛的科学与一切卷入两种时代潮流——一是功利主义的实用知识计划，二是社会改革——的科学区分开来。换言之，此举斩断了最

---

① Coleridge 1972, 17.

好的科学与柯勒律治所谓进步力量之间可能存在的一切联系。

思想独创性、功利性、世俗主义、挑战权威等观念，通过莱尔，确实也通过柯勒律治，与自然科学建立了密切联系。柯勒律治不会为此而担心，因为他的目标是把一切有教养的群体都纳入一个国家的知识阶层，因此他要避免这种危险——存在一个不受国家影响的知识阶层，这是法国大革命传授给他的教训。[①] 但惠威尔认识到，任何与激进学说存在密切联系的观念，都将削弱科学整体在大学中的地位。他还担心，这些激进观念的内涵将会引发关于科学的文化地位更广泛的争论。由此产生的一个结果是，对于17世纪以来代表科学有效运行的那种基督教护教论形式，惠威尔最终与它一刀两断，他强调的不是科学的独创性与大胆推理，而是要强调某些科学门类拥有稳固的真理。

我们讨论至此，一直都在关注惠威尔对这场大学教育争论做出的贡献，现在已经通过多种途径，勾勒出惠威尔从逆时流而动的改革者转向保守派改革者的多重面相。我已努力表明惠威尔面对的困难、采取的主张，以及它们与他的其他事业产生联系的方式。一旦从严格的英国大学语境中走出来，惠威尔似乎将会变得更加灵活。

五、科学、技术与社会

1851年11月，惠威尔发表一系列演讲，论述英国举办首届万国工业博览会（即世博会）的重要意义。他开门见山地表明，他是"唯一有权用这种方式对受众发表演讲的那些人中的一员"，意思是说，他没有参加这件大事的组织工作，而且始终只是作为"一名

---

① Kent 1978, 4; Allen 1985.

旁观者"。但是，鉴于他在先前的著作中对实践技艺或技术主题一直都保持沉默，因此，保持这种谦逊态度，如今看起来似乎颇为恰当。紧随这次演讲之后，惠威尔做出他平生最非凡的业绩之一。在时而运用类似卡莱尔那种先知宣言风格发表演讲的同时，他把这次博览会置于一种宏大历史视野中进行全景式考察，作为一次形象化的展示会，这次博览会打破了国家间的时空阻隔，因而得以运用一种比较视野来看待人类文明。正是这类伟大事件，将大量技艺和发明——它们植根于中世纪、集中在16世纪喷薄而出——呈现给世人，所以才成就了这次"最新的万国工业博览会"。① 对惠威尔来说，这是否算得上一次心灵变革的机会？他没有伸张"科学的价值在于其效用性"的观点，在这种情况下，他将如何称赞这些崭新的技术进步成就？

现在看来，惠威尔的以下做法颇具启发性，他用铁路形象作为比喻，严厉谴责现代分析性数学呈现的那种消极的机械化倾向，因为在首届万国博览会上发表演讲之前，他未曾发表过关于技术的正面论断，更未因此而闻名。例如，布儒斯特请求"为科学先生提供一种直接的国家供给"，惠威尔认为这是一种最糟糕的状况，因为他告诉福布斯，在这种状况下，"你和我应当告诉民众的是，在哪里可以建造渔场和铁路！"② 正如第六章的简要解读，在《历史》勾画的那部人类智识进步的故事中，技术不是突出的特色。布儒斯特对《历史》的抨击，就是用很大篇幅指责它未能充分对待那些实践性技艺，而且具体说来，更未能充分对待这些技艺与苏格兰科学家——例如瓦特、布莱克、约翰·罗宾逊、约翰·莱斯利——取得

---

① Whewell 1851a, 1, 4, 6；关于这里所说的比较视野，参见 Stocking 1987, 1–6。
② 惠威尔致福布斯的信，1835.2.14，收录于 Todhunter 1876, 11, 204。

的科学成就之间的联系问题。① 惠威尔回应道,布儒斯特"关于蒸汽船、煤气和铁路的喧嚣争论表明,他至今根本未能领会这部著作的本质"。② 但是,这里包含的内容远比对一件事做出简单选择更加丰富,因为惠威尔认为当代夸大了对技术的极度推崇,他反对这种夸饰的做法。《历史》做出部分努力,旨在确保科学——不只是技术——能够在维多利亚时代早期充分地得到赞誉。③

实践性发明主题,只在《历史》论述中世纪的部分出现了一次,惠威尔把这段时期延伸到 1500 年。他在此非常急切地要确保,实践性成就——例如印刷、火药、钟表、望远镜——不能等同于科学进步。他质问,这些发明曾经揭示的相关科学中蕴含的一般原理是什么?惠威尔承认它们可能曾经改变过世界,同时,他坚持认为:"在它们属于的那些科学原理的历史上,它们可能被省略了,但没有被遗漏。"④ 在这里发挥作用的,是作为实践性的技艺之术与作为推理性的科学之间的严格区分。术(art)是"科学的母体,而非子孙",因此,由术创造的各种工序制造出的典范作品,后来经常会通过科学从理论上做出解释。重要的是,惠威尔把这种二分法应用到新近发生的技术进步中,在他看来,人们错误地把这些技术进步的原因归功于科学,他想让人们公正地褒奖科学的智识价值,而非错误地称颂它的实用价值。

惠威尔在《哲学》中重归这个主题,同时解释了以下问题——为什么不把各种术纳入他的科学分类,正如他在《历史》中没有处

---

① Brewster 1837, 146-148; also Davie 1964, 175-179.
② 惠威尔致琼斯的信,1837.10,收录于 Todhunter 1876, 11, 261。
③ 参见第六章引用的 1827 年日记条目;他首次公开陈述这个观点,参见 Whewell 1833a, xxiv-xxv。
④ Whewell 1857a, 11, 252-255.

理术的问题。① 在拓展这种术的实践性——而非理论性——本质观点的同时，惠威尔表明："那些原理在术中蕴含着，却各自独立地在科学中演化着。"② 惠威尔认为，法国百科全书家是洛克的追随者，他在讨论这个问题时，明显透露出坚持上述态度的一些根本原因。在狄德罗和达朗贝尔的著作中，他们把那些机械之术"肩并肩地"与各门科学并置，针对这种路线，惠威尔发表了评论。他们还认为，"博雅之学拥有远高出机械之术的"更加恢宏的声誉，这不过是一种偏见；他们尊重发明，认为发明至少在价值上等同于科学；他们"通过科学的效用性"来衡量科学的价值。③ 这完全符合他们的感觉主义认识论，不承认观念角色的至关重要性，他们未能领会一种制作工序与它的理论说明之间的差异。

通过某种验证，这些评论如今不断为惠威尔赢得"漠视科学具有实践应用价值"的声誉，或至少认为，他确定了科学实践性议题在英国科学促进会处于被边缘化的地位。④ 但现在需要注意的是，惠威尔对待技术的态度在当时并非不同寻常。例如，莱尔等人抱怨惠威尔未能充分支持那些关于物质科学的教育主张，但是，围绕惠威尔对科学与技术的差异概括的那些特质，他们并未发起反对。其实，莱尔抗议："如果任何科学分支之间的实践性联系不是显而易见……那么，这些科学分支学科现在不会得到任何鼓励。"⑤ 莱昂·普莱费尔⑥，起初积极推行将科学应用到工业领域，但是到后

---

① Whewell 1840a, 1, xiii–xiv.

② Whewell 1847a, 11, 111.

③ Whewell 1847a, 11, 303–306.

④ Sanderson 1972, 4；Morrell and Thackray 1981, 256–260.

⑤ C. Lyell 1845, 1, 310.

⑥ 莱昂·普莱费尔（Lyon Playfair, 1818—1898），英国科学家、政治家，是李比希最有前途的英国学生之一。担任过英国化学学会会长、科学大臣、万国工业博览会执委会委员、下院议员、科学促进会主席、枢密院教育委员会副主席等职。——译者注

第八章 科学、教育与社会

来,他甚至转向确证抽象科学具有优先性,正如惠威尔的做法。①

现在还要表明的是,麦考莱等人感到,布儒斯特在对惠威尔著作的评论中,通过引入政治和教育议题,例如那场剑桥大学与爱丁堡大学的冲突,已经打破了传统规则。麦考莱认为,惠威尔正在解决"一个纯科学问题",因此,有必要讨论这个问题本身具备哪些有益之处。②但布儒斯特正在质疑的,是科学的社会语境及其应用问题。麦考莱的抱怨有效地将这种质疑置于科学哲学议题之外,准确地说,这恰是惠威尔想要达到的目的。惠威尔坚称,科学理论的"应用"迥异于科学本质,后者作为他的研究主题具有"纯智性":

> 我认为,人类的巨大力量及其对便利性的追求,可能对研究物质之理的哲学家具有驱动力,或能给予他们回报;但那些技术成就,凭借它们,人类的饮食如今变得更加美味可口,旅程变得更加快捷,武器变得更加恐怖,因此,它们不是伟大的科学。③

这段话出自《哲学》的首版(1840),现在未加改变地重印在这里。但是,在1851年举行的万国工业博览会上,惠威尔似乎承认了一个适合沉思推理的新领域。会上的展品代表"物质技艺"(material art)取得的成就,而且这些技艺成就恰如诗歌和绘画艺术一样,应当接受他们的"批评"。他解释道,在人类世界最初的那些时代,《创世记》中的图伯-该隐(Tubal-Cain)"是每一位钢铁工匠的教导者,但确实是在很久以前,人类世界来了一位教导者,

---

① Yeo 1981, 78.
② 麦考莱致纳皮尔的信, 1842.1.24, 收录于 Napier 1879, 361; Davie 1964, 178。
③ Whewell 1847a, 11, 112.

教导人们在这些工匠的实践中注入了哪些哲学内涵"。① 惠威尔在表明自己熟知当前各种技术分析的同时，用权威口吻论述了从1806年起法国连续举办的全国性展览会采用的各种展品分类方式。他表明，一种得到普遍接受的物品和仪器分类方式可能意味着，"科学先生、工匠和商人在过去可能拥有一种切实可行的共同语言"。② 巴贝奇在1832年出版的著作《论机械与制造物的经济学》中提出这个观点，并且在实践性技艺与"更严格"的抽象科学之间，预言了一种更加密切的联系，连接二者的是他对正在发生变化的科学家社会背景的一种观察：

> 现在极有可能存在这样一种情况：在英格兰下一代科学先生中，他们的出身将来自普通大众阶层，这个阶层人数众多，迥异于一直以来科学先生来源的稀缺性。③

现在有必要回看惠威尔出身的社会阶层，就是巴贝奇寻找未来科学先生的那个阶层。确实，作为一位兰开夏郡的木匠之子（正如默瑞尔的最新解读），惠威尔要比巴贝奇更早、更近距离地熟知用于实践的机械——绞车、车床、滑轮——这个传承体现为他在1834年发明了一种风速计，用来测量风的方向和速度。④ 尽管惠威尔的重要著作遗漏了技术，但他确实赞成将工程实例应用到数学课程中。1832年，他在给巴贝奇的信中坦陈意图："要把剑桥大学力学专业

---

① Whewell 1851a, 13.
② Whewell 1851a, 8–12.
③ Babbage 1835, 383–384.
④ Morrell 1992, 111.

建设成肩负真正实践的学科。"① 某种程度上，惠威尔在1841年出版的著作《工程力学》中认识到这一点，他的希望是把一种实践性研究带入与清晰理论原理的接触中。相应地，他表明：

> 如果这些具有共性的工程问题将成为我们普通力学教学的组成部分，那么，这门科学也可能变成这样：它永久拥有受过博雅教育心灵的卓越人才……而且我设想，这将是一次改进提升英国教育的机会，不仅在专业教育领域，而且在通识教育领域。②

时至1851年，惠威尔对技术不再保持沉默。他不仅言之有物，而且对手工和机械技艺以及发明深表钦佩。确实，他提出以下建议："拥有这样一种伟大的奇迹式的物质技艺作品，应当让这些作品本身能够将它承载的科学道德涵盖在内。"③ 在着手展开这个问题时，惠威尔甚至似乎淡化了技艺之术与科学之间的差异，这种差异是他早期著作呈现的特点，他现在则这样描述"科学"：它努力发现"物质产品中蕴含的可操作的巨大力量的运行法则，无论这种力量来自人类，还是源于自然母体本身的创造"。④ 这场博览会还激发出另一个观察，那就是近来化学工业的发展，它表明科学与技艺的关系正在发生一种变化。在化工领域，科学远非仅仅对现行技术背后蕴含的原理做出解释，科学构成"它的全部基础，也是这门技艺

---

① 惠威尔致巴贝奇的信，1832.4.30，巴贝奇文存，BL Add. MS. 37187f. 196。
② Whewell 1841b, vi.
③ Whewell 1851, 4.
④ Whewell 1851, 3.

的整体创造者"。在这种情况下,"技艺之术是科学的女儿"。① 现在可以期待的是,科学将创造出各种技术应用,而非让科学去追随实用工艺之后尘。在惠威尔看来,这个观点具有重要意义,因为它确定无疑地勾勒出知识何以具有如此巨大的力量,当培根尚未成熟地阐述"知识就是力量"的宣言时,还无法清晰体现这个观点。惠威尔后来对这个观点做出详细阐述,并且列出作为现代技术典范的蒸汽机、铁路工程和电报,因为它们都包含着"理论科学领域新近做出的深刻发现"。② 在《哲学》第三版"新工具创新"部分,惠威尔补充了论述"科学应用"的内容,并且承认,若要恰当对待科学应用问题,那么,"对于分类最准确、类型最广泛的实践性技艺和制造成就,必须能够做到了然于胸"。尽管如此,此时已经可见的关键特征是,在这个新时代"技艺之术与科学的联盟"正在变得日益紧密。③

然而,在惠威尔看来,这毫不意味着模糊了科学与技术之间的界限。相反,这意味着元科学评论应当包括这些新发展,同时表明,在某些情况下,科学现在引领——而非追随——技艺之术的发展。但是,可能无法通过科学的应用情况对科学做出判断,因为对于指引科学发展方向的那种驱动力来说,这些应用可能无法构成其中的任何成分。至少在书面上,惠威尔没有像赫歇尔走得那么远,后者提出的问题是,科学应当参与到社会和政治活动中。亚历山大·冯·洪堡④的宇宙观中那些宏大主题,以及1848年欧洲爆发的

---

① Whewell 1851, 13.

② Whewell 1857a, 306–308.

③ Whewell 1858a, x;对照阅读 Babbage 1851, 19–20, 131。

④ 亚历山大·冯·洪堡(Alexander Humboldt,1769—1859),德国地理学家、博物学家,近代地理学奠基人。威廉·洪堡的弟弟。——译者注

第八章 科学、教育与社会

大规模革命运动，都在启发着赫歇尔，他呼吁的这些探索，旨在避免战争，为持续增长的人口增进幸福。不过，这种政治努力的成功有一个要求，就是为了满足"人的需求"，必须努力开发自然，因此科学进步至关重要："科学必须发挥她擅长解决急难问题的神奇能力。"赫歇尔止步在这一点上，或许他认识到，这种对政治目标的参与将会威胁到科学的独立性——科学宣称自己是"自由、不受外力干扰、不受感情左右的客观公正的思想"。① 在赫歇尔看来，正如他早些时候的解读，这个宣称意味着个人拥有不受限制地进行智力活动的自由。

赫歇尔表明，各种技艺与各门科学将会为社会和道德进步做出贡献，惠威尔对此观点没有异议。的确，现代欧洲国家的技艺和制造业，是否优于波斯、印度和其他"东方"文明国家非凡的技艺成就，在提出这个问题的同时，赫歇尔得出结论：这种技艺成就的差异体现在政治方面，而非体现在智识方面。如果以技术上的技艺和复杂性作为这种差异的衡量标准，确实很难把现代欧洲技艺之术描述为比那些先前社会的技艺更加"先进"。但是，如果用社会标准来衡量，西方国家确实更加"先进"，因为在一个国家的全部人口中间，这里存在一种技术传播。进而言之，确实有一种差异存在于这些国家之间，在西方国家，"各种技艺之术主要用来满足极少数人的特殊嗜好"，而在另外那些国家，技艺之术是为"大多数人的需求"提供服务。②

这里的一个假设是，"技艺之术"（或技术）无法用科学那样的方式展示智识进步，唯一可能的是，可以说出这个领域可衡量的改

---

① Herschel 1848, 182–183; Ross 1978, 80–81.
② Whewell 1851a, 8.

进，此时，通过科学领域的各种进步，那些法则和原理——作为特定技艺、制造工序或发明的基础——就得以揭示出来。因此，关于这个议题，惠威尔的最初立场在基础上未发生改变，尽管他对英国举办的万国工业博览会做出热情洋溢且十分博学的分析。接下来，当惠威尔就科学在教育中的角色问题对普通大众发表演讲时，他把科学定义为西方文化第三种伟大的智识要素，前两种是古希腊的几何学与古罗马的法学体系。17 世纪以来取得的物质科学成就，同那些几何学和法律成就一样，在更加古老的具有系统性知识的科学（*scientia*）意义上，都可以称作"诸科学"（sciences）。[①] 他在这次演讲中没有引用技术，因为不同于此处论及的那些学科，技术不能被视为一门适合培育心灵成长的智识性学科，即使它的成效可能会促进生活方式的提升。然而，具有重要意义的是，那些"进步性"物质科学，以及它们的历史，此时已被坚定地呈现为适合作为稳固真理的典型实例，并且能够满足这种通识教育之需（Whewell 1854b）。

---

① Whewell 1854a, 4, 16.

第九章　科学的统一性

迄今为止，我曾有过一次登上斯诺登山顶峰（英格兰和苏格兰的最高峰）的经历，但正如你将会发现的那样：如果登山是你长久以来的习惯，那么，一座高山最风景如画的部分，无疑就在它的顶峰。

惠威尔致妹妹的信，1818.9.9①

在英国科学促进会建立的时候，对于"科学共和国"碎片化的趋势存在一种焦虑情绪。惠威尔在这种语境下创制了"科学家"这个术语，尽管当时的事实是，法拉第等人此前已开始表明不同类型物理力之间存在的联系，但这些焦虑的关切仍在继续。1859年，阿尔伯特亲王作为促进会的主席，他担心专业化将会削弱"对科学统一性的自觉认识，而统一性认识必须遍及整个科学界"。② 后来，一些评论者——例如托德亨特与麦克斯韦——认为，惠威尔的事业是抗衡专业化趋势的重要力量：

他（惠威尔）对知识的命运没有感到失望；他坚持认为，

---

① WP, Add. MS.a.301².
② Albert, Prince Consort 1859, lxiii.

真正的联系必须存在于显然无限的大量细节当中，而且他鼓励科学探究者：在他们职业所及的一切领域，要为这个目标进行不懈探索。在当前各门科学探索都已完全实现专业化的时代，他曾向我们清晰传授和含蓄建议的那些教益，似乎具有极其独特的作用。①

或许，抵制专业化趋势的另一种迹象是一些体大思精的综合性理论体系，它们是19世纪西方智识思想版图的标志。最著名的理论源于那些德国观念论哲学家——黑格尔和谢林，但在法国，哲学家库辛和孔德也创造出理论体系，而且是人们渴望的那种普遍性理论体系。在英格兰，边沁、柯勒律治与斯宾塞的著作，可能是最接近上述理论的对应物；而在苏格兰，里德、斯图亚特·密尔与哈密顿的著作，也涵盖了大量主题，尽管其中多数主题体现的是他们讲授的课程。然而，对于那些类目丰富的标准哲学主题——从逻辑学到本体论，惠威尔没有尝试对它们做出系统性解读。相较于这些作者，惠威尔更细致地关注自然科学。

但惠威尔的兴趣并未局限于这些物质科学，他渴望建立一种一般性的知识哲学。他在《历史》中强调，本书关心自然科学问题，并不意味着这里未做讨论的那些学科，例如"人种学和语言学、政治经济学、心理学"，是属于"归纳科学这个层级"之外。②同理，他在《哲学》中表明，虽然有些学科被最普遍称作各种"科学"——解决物质世界的问题，但对它们的研究可能是为了获得具有更广泛应用性的"教益"：

---

① Todhunter 1876, 1, 112; Maxwell 1876, 206.

② Whewell 1857a, 1, 15.

> 关于知识本质与进步的这类观点……尽管源于构成人类知识体系的那些特定领域，现在已经通过独特的方式和技术手法，将这些领域命名为科学（Sciences）；但在未来，这类观点及其承载的内涵，无论如何不能囿于以下范围——例如各门科学属于解决物质世界问题的范围，甚至也不能局限在现行的整个科学范围内。相反，我们将通过接受引导进而相信，蕴含在所有学科中的真理本质是相同的，并且相信，在所有学科中发现真理的途径与上述情形类似。①

因此，惠威尔希望能够揭示一门发现哲学具有的共性特点，以此表明："道德、政治、哲学和其他知识的进步，受到与物质科学相同的那些规律的支配。"②

进而言之，正如我们在第七章所见，对于惠威尔的元科学事业来说，这种观念——对物质科学的哲学与其他道德议题之间关系的认识——构成其理论基础的核心。他坚信，一种错误的科学知识理论，例如感觉论者和功利论者的理论，会引发许多危险的道德和社会观念。作为一位反对这类错误的卫士，惠威尔指出："在人类思考的每一个知识部门，针对我们在其中所掌握的知识，一门公正的科学哲学，会阐明这些知识的本质和范围。"③

1840年，当惠威尔撰写《哲学》时，他表明，这部著作是一门知识哲学的基础，它将包含道德与社会科学内容。但这样一来，此处蕴含的那些风险迅速升级。正如第四章所论，钱伯斯在1844年匿名出版的著作《创世的自然志遗迹》中表明，通过这种写作方

---

① Whewell 1847a, 1, 7.
② Whewell 1847a, 1, 7.
③ Whewell 1847a, 1, 3.

式，自然科学可以作为一种全面系统化知识的起点，这让惠威尔对以下做法颇感沮丧——利用星云假说作为一种社会哲学的基础。① 自19世纪30年代末以来，孔德及其英国门徒以惊人的速度，从物理哲学转向社会与政治哲学研究。1853年，哈丽雅特·马蒂诺② 把孔德的著作翻译成英文，围绕上述转向计划，这部译著提出一些观点：

> 此时，我们的科学被分裂为种种任性的学科壁垒；抽象科学与具体科学一起被置于共同基础之上，甚至同它们在那些技艺之术领域的应用、同自然志混为一谈；那些呈现出来的关于科学世界的研究，只是增添了一大堆各异的事实而已；有鉴于此，从中看不到一种科学进步的希望，对于规模庞大的各类学生而言，科学进步将会满足他们的需求，并且让他们从中受益，因为他们现在的要务，不是去探索科学，而是要接受科学给养。③

惠威尔当然明白，现在需要进行科学分类，孔德已在他的著作《实证哲学教程》中给出科学分类的方略，但是，马蒂诺的呼吁是一种对钱伯斯所释放信息的继续。惠威尔可能无法接受这种更广义的方案，然而此时，这种广义方案已被附着在惠威尔于1837年和1840年相继列出的那种科学分析上。"科学爱好正在工人阶级当中持续增长"，马蒂诺为此而欢呼，认为这是"这个时代最引人注目的标志性事件"之一。在惠威尔看来，这至多是一件喜忧参半的事，他

---

① Yeo 1984, 23; Schaffer 1989, 147, 155.
② 哈丽雅特·马蒂诺（Harriet Martineau, 1802—1876），英国先锋派记者和作家，一度主张一神论护教思想，支持自由贸易。——译者注
③ H. Martineau, 1875, i, vii.

之所以做出这个判断,确切地说,是因为像钱伯斯那样的作家运用科学的方式。①

孔德的事业及其追随者的论著,代表了一种综合性理论体系,一种对科学的解读构成了这种体系的基础。这在某种程度上意味着,1840年之后,惠威尔的元科学事业开始面临一位众望所归的竞争者。尽管惠威尔把《哲学》的受众设定为"形而上学的读者",但鉴于这部著作卷帙浩繁且内容抽象,他对一些朋友表示歉意,他提醒詹姆斯·斯佩丁②:"看到我的这两卷著作,你将会被警醒。"③但是,在对德·摩根写的一篇评论的回复中,惠威尔坚称,他早已留意要"拒斥——为了当前的需要——所有那些表达模糊、晦涩且可疑的内容"。④惠威尔当然相信《哲学》为更广泛的公众带去一种信息,但他承认,这本书将不会是一本广受欢迎的成功作品。因此,我们现在看来具有重要意义的是,惠威尔在生命的最后时日,在他写的最后一篇评论文章中,最终对孔德做出回应,他承认,孔德创立的"实证哲学"是一种属于"公众兴趣"的主题。⑤

尽管惠威尔把对孔德做出具体回应成功地延迟到他生命的最后时日,但在1838年,布儒斯特将惠威尔的著作与孔德的著作联系起来。布儒斯特逐一列出惠威尔参与科学事业的不同方式,与此同时他认识到:扮演元科学角色的人,无须从事实质性科学研究,他们只需竭力变成"特定的科学立法者",当前只有两位现代作者符

---

① H. Martineau 1875, 1, vii.
② 詹姆斯·斯佩丁(James Spedding),英国文学分析家,编辑出版了《弗朗西斯·培根全集》《弗朗西斯·培根书信与生平》。——译者注
③ 惠威尔致斯佩丁的信,1848.11.17,收录于 Stair-Douglas 1881, 356。
④ Whewell 1840b, 4.
⑤ Whewell 1866, 353-362;关于《哲学》的"接受"情况,参见惠威尔致琼斯的信,1839.7.14,收录于 Todhunter 1876, 11, 281。

合这个角色：孔德与惠威尔。然而，布儒斯特认定，在这两位立法者中间，惠威尔的威望和知名度略逊一筹。他发出质问：为什么惠威尔的《历史》（他在几年前评论过此书）未引用《实证哲学教程》？难道孔德的著作此前未能找到通往剑桥的道路？尽管早在惠威尔的著作问世之前，孔德的著作"在伦敦已家喻户晓且深受读者喜爱"。① 进而言之，1842年，当布儒斯特对《哲学》发表评论时，他调用孔德式语言，将惠威尔的基本思想观念斥为"经院主义式形而上学"。②

像惠威尔一样，孔德也渴望对科学做出定义。因此，惠威尔的回应，攻击的是孔德在定义科学层面做事的资格。这位法国作者是"这样一个人：他想让知识，想让引发他科学哲学观点的温和适度的思想，都变得不具有价值内涵"。③ 敢于面对一类科学受众做出这种断言，在当时并非一件难事，在1845年召开的英国科学促进会年会上，赫歇尔就是这样做的，他严厉谴责孔德用数学方式对待星云假说。④ 然而，惠威尔深知，需要让更广泛的受众——《麦克米兰杂志》的读者——了解这种情形：此前在《双周评论》上，曾以赞许的态度讨论过孔德。惠威尔证明，他本人是极少数读过圣西门著作的英国读者（在19世纪30年代初），然后他说，孔德此前未能对这些社会理论的精妙性做出公正评价。⑤ 关于社会学和人类宗教领

---

① Brewster 1838a, 273–274.
② Brewster 1842a, 266.
③ Whewell 1866, 353.
④ Herschel 1845, xxxviii-xxxix；另见密尔致赫歇尔的信，1845.7.9；密尔致孔德的信，1845.7.18，收录于 Robson and Stillinger 1981—1991, xiii, 673–675, 677–679.
⑤ 琼斯此前断言："在对圣西门式理论的认识方面，孔只是一个小儿，因为他丝毫没有圣西门等人在哲学上的敏悟性"（琼斯致惠威尔的信，1843.5, WP, Add. MS. c. 52[81]）。惠威尔偏爱的不是讨论孔德的社会观点，因为他和琼斯都认为，这些观点对英国现行的社会体制构成一种威胁。参见琼斯致惠威尔的信，1843, WP, Add. MS. c. 53[81]。

第九章 科学的统一性

域的问题,孔德做出种种推测,密尔已经戳破这些推测的幻梦,因此,惠威尔现在能够方便地利用密尔的观点。除了利用密尔的观点质疑孔德的神圣性之外,惠威尔颁令式地表明,这个领域属于科学哲学的正当范围之外,并且与孔德无关。①

但是,惠威尔可能会鄙夷这种孔德式综合(Comtian synthesis),指斥它做了过度延伸,并且以一种有瑕疵的科学解释作为基础;有鉴于此,孔德不太容易忽视这些人——他们力求把新近的科学哲学应用到一种新自然神学中——的特殊需求。毕竟,惠威尔的著作容许把新近的科学哲学应用到一种新自然神学中,他自己坚信这一点,而且他一直在传播这种观点,以下面这本书作为传播载体:当时要求惠威尔对《创世的自然志遗迹》的作者做出回应,于是,他从自己的两部重要著作中选取相关内容,进行重新包装出版,书名为《创世者的昭示》(1845)。

如今众所周知,达尔文在《物种起源》卷首插图中引用了惠威尔桥水论文集中的一段话,用来支持这个原则性观念:物质世界是由普遍规律主宰的。但最晚从19世纪30年代起,其他作者正在依据这个原则,对威廉·佩利式的旧自然神学进行重塑。②有些情况下,这个原则被表达为对"一致性原则"的认同——某种单一的考察方法,在所有科学门类中皆行之有效,这最终引导人们发现了一致性,因此,许多普遍性定律可以涵盖所有自然现象③。巴贝奇在《第九种桥水论文集·散论》中期望实现这种结果:

一切相似性引领我们学会推理,而且新发现继续指引我们

---

① Whewell 1866, 359.
② R. M. Young 1985; Brooke 1991b, 192–213.
③ 将人们的惯用方法作为统一性的捍卫者,相关内容参见 Yeo 1986a。

期待新观念。因此,迄今为止,我们已经获得的涵盖范围最广的定律,汇集成少量具有简单性和普遍性的原理,依据这些原理,整个物质宇宙得以持续运行;透过这些原理,物质宇宙中变化无穷的现象呈现为必然的结果。①

这个观点最经常、最一以贯之的支持者是巴登·鲍威尔。1839年,他对孔德的理论体系做出评论,因为这个体系的全面综合性给他留下深刻印象,鲍威尔相信,为了跟上科学发展的脚步,英国国教需要一种综合性理论体系——具备与孔德理论一样的广度。但惠威尔不愿接受鲍威尔阐发的统一性观念,即使他们一致认同以下目标:需要证明科学——正确理解的科学——与基督教精神具有和谐一致性。

19世纪20年代,鲍威尔开始围绕科学与宗教的关系问题撰写文章,并且采用一种相当具有自由主义和通识风格的方式,写作一直持续到30年代末。②他强调,科学进步正在揭示具有普遍性且越来越具有综合性的自然定律;这些定律不是奇迹干预的结果,它们不断证明神圣造物主的存在和伟力。通过采用这种立场,鲍威尔与一些人结成同盟,他们一致认为归纳方法的基础是:"确信自然具有普遍和永久的一致性"。基于这种观点,有些科学解释做出假设:基于当前已知的原因会做出普遍一致的行动,然后用合法的方式,可以轻而易举地对可观察的现象做出推断。③

那么,在鲍威尔看来,科学统一性构成坚持这种一致性原则的基础。因此,他在1838年出版的著作《自然真理与神圣真理的

---

① Babbage 1838, 32.
② Corsi 1988.
③ Powell 1849, 35 and 1859, 227–234.

联系》中，拒斥这种建议——地质学，处理的是无法见证的过往事件，它无论如何都应当与其他归纳科学区分开来。在这个问题上，他与惠威尔在《历史》中的主张产生了冲突：这些"旧石器时代的"科学门类——因为它们旨在探寻各种历史起因——可能承认各种过往力量拥有一种性质上迥异的秩序，这种秩序的存在已超出归纳性探究的范围。鲍威尔认为，这种立场等同于对地质学发起保守的神学攻击。进而言之，它把这个学科排除在统一性科学之外，而"统一性科学将整个归纳科学领域结合为一体"。① 随后我们将会看到，这个案例是一场重要冲突的组成部分：惠威尔的科学哲学是这场冲突的一方，另一方则是他的牛津对手坚持的那种策略。惠威尔事业的哪些特点，令这场运动——它支持一种理性的自然神学，正如鲍威尔等人构想的那样——如坐针毡？为了回答这个问题，我们必须对惠威尔思想中蕴含的"科学统一性"意义进行认真思考。

一、道德科学与物质科学的类比

1852 年，密尔在评论惠威尔的著作《系统性道德讲义》时断言，这种"直觉主义学派"有赖于两种对立的方法：在物质科学领域，他们是培根主义者；在道德科学领域，他们一直是笛卡尔主义者。密尔预言，在伦理学方面依赖直觉主义观念，将会走向一种对物质世界的先验性推测，正如德国观念论哲学曾经的做法。② 但是，从 1838 年起，作为剑桥大学道德哲学"骑士桥教席"的执掌者，惠威尔反对密尔预言的这种结果，他在科学和伦理学领域都强调经

---

① Powell 1838, 60–66 and 1855, 52–59.
② Mill 1852, 352–353.

验性和观念性要素共同扮演的角色。此时，他的著作《历史》已经出版，《哲学》正在撰写中。他在道德哲学入门讲义中做出解释：尽管这两部著作看似远离我现在所执掌教席的职责，但这些关于物质科学的探究可能很快就会为"所有各类哲学——甚至道德哲学——提供一种基础，在某种程度上，通过运用这种典范性方式，可能就会探寻到哲学真理"。①惠威尔的方案同他早年与琼斯的争论——围绕政治经济学作为一门道德科学的议题——存在联系。但此时，随着两部重要著作的完成，惠威尔更加坚信这两座基石，凭借它们可以把这种物质科学探究拓展到各种"超物质科学"的学科中——他早年对琼斯论述过这个领域，"超物质科学"构成他著作计划的第三部分。②

针对道德领域与物质领域之间的种种类比，当时存在普遍的怀疑主义态度，通过直面这种态度，惠威尔的这项事业由此展开。他承认，当论及"道德科学与政治科学时……我们从未使用过那种毫无疑问的词"。物理学，作为考察物质世界的学问；伦理学，作为研究人类道德行为的学问；在它们二者之间，存在一种共有的反对立场。但惠威尔反驳道，专注人类活动的研究，无法"在道德科学与物质科学的真理本质——或探求真理的方式——之间，建立任何实质性差异"，因为人类活动涉及科学知识的所有部门。正如各种具体的道德行动必定先于对它们进行的系统性思考，同样在物质科学中，行动——无论在实践技艺还是精细实验的意义上——先于理论。惠威尔在挑战这种观点——道德知识是"模糊和不稳固的"——的同时，认为物理知识是"精确和确定的"，他坚决主张，后者并

---

① Whewell 1841a, 30–31.
② 惠威尔致琼斯的信，1834.7.27，收录于 Todhunter 1876, 1, 90；1834.8.21，收录于 11, 187；参见本书第七章。

第九章　科学的统一性

非总是那么完美，前者也不完全是模糊晦涩的。①

接下来是惠威尔发表的那些演讲，它们随即结集出版，1845年《道德的构成要素》出版，1846年《系统性道德讲义》出版。在这两本书中，对于道德科学与物质科学之间的关系，他采取了一种强硬立场。他在第一本书中断言：一种道德体系的基本主张，类似于"那些几何学公理"。②这是他对功利主义伦理学做出回答的组成部分，他设想可能存在一种"道德真理系统，它具有确定的表达方式，它的框架安排符合理性的联系"。通过这种方式，惠威尔正在反击以下观点：道德观念只能源于快乐与痛苦产生的具体效应，并且通过功利性得到检验。③然而，甚至对惠威尔的各项事业目标表示同情的那些作者，都对他的这种转向疑虑重重，因为他从在道德与物质科学之间做的极其通俗的各种类比，转向针对道德与几何学展开专业性对比。弗雷德里克·迈尔斯不愿接受那些道德要素与"欧几里得要素"之间存在任何相似性。④

惠威尔认为，拒斥这些对比体现出一种错误的知识观。人们常说，道德有赖于通过知觉揭示的事实，物质科学则有赖于通过观察获得的事实，但这种区分无法支持一对极端相反的主题：

> 因为同样在力学中，解决科学包含的各种要素问题的那些人，至今仍有一种特殊习惯，就是喜欢引用我们的知觉来认识问题。一直以来，他们总是这样教导我们，掌握力的概念源于

---

① Whewell 1841a, 34, 42.
② Whewell 1845b, viii；详细解读参见 Schneewind 1968。
③ Whewell 1846b, 25；惠威尔致赫歇尔的信，1846.7.3，收录于 Todhunter 1876, 11, 337–339。
④ 迈尔斯致惠威尔的信，1845.7.31，收录于 Stair-Douglas 1881, 323。

我们能够自觉意识到肌肉运动产生的效果，甚至在几何学中，他们习惯于这样提问：公理有赖于什么证据？当我们努力构想与上述内容完全相反的问题时，确实不是基于我们意识到的这些问题的不可能性，难道不是这样吗？①

确实，在与迈尔斯争论时，惠威尔准备把道德与几何学的类比拓展到道德与力学的类比。因为后者能够更清晰地描绘出科学与道德知识具有的进步特质。他告诉迈尔斯："虽然我们现在拥有公理，用来对（力学中的）概念和强有力的推理做出定义，但我们可以把关注点转向众人，转向人类的所有时代和民族，他们过去不会赞同这些公理，因为他们心中的那些力学观念未曾得到充分展开。"道德知识展示出与此类似的过程，因此，像佩利这样的作者被误导地做出以下举动：在证明道德观念具有直觉特质时，他采用的方法是提出这样一个问题：是否包括野蛮人在内的所有人都明白道德观念？在惠威尔看来，只有当这些公理的概念得到"清晰且确定的阐述"时，道德学、几何学、力学领域的公理，才能够让个体逐渐明白。同时，这些个体的心灵中必须具备一种确定的"文化"。②这个论点属于惠威尔努力证明的以下观点的组成部分：一种直觉式伦理学理论，或"高尚的道德"，符合他为这些归纳性科学创立的科学哲学，就是说，这种科学哲学强调历史过程，通过历史过程，基本观念和思想才能够逐渐得到厘清。③

但是，惠威尔努力确认道德知识与物理知识的统一性，这种

---

① Whewell 1846b, 53.
② 惠威尔致迈尔斯的信，1845.9.6，收录于 Stair-Douglas 1881, 327–328；Whewell 1846b, 34–42。
③ Whewell 1862, 1–3, 126–132.

第九章 科学的统一性

做法并非不存在问题。第一种危险是，道德观念具有的独特性品质，可能会从根本上被破坏。这种把道德太过密切地向物质科学同化的趋势，弱化了他正在努力阐明的观点——道德观念源于人类的本性，而非源于人类活动造成的结果。在回应这个观点时，惠威尔坚持认为：追求这些相似性，不是要消除道德知识与物质知识之间的所有差异。虽然存在足以全面涵盖所有真理的种种"知识条件"，但是，道德概念必须"通过道德论证的方式来对待，而不能用一种数学方式进行定义和推理"。①

第二种危险是，在努力挽救物质科学与道德科学类比的同时，惠威尔强调物质科学内部存在的差异。在他首次就道德哲学发表的演讲中，他采用的就是这个策略：

> 当我们观察这些科学——例如气象学、生理学和地质学——时，我们看到这些学科存在的不明确性和晦涩性值得深思，这种情形不能成为一种理由，据此用强权将道德排除在各门科学的名单之外，基于科学一词最原真的意义；就是说，这些科学门类包含的知识具有确切性、系统性和进步性。②

这种方式可以捍卫对道德进行系统性研究，但也暴露出物质科学内部包含相当宽广的知识范围。惠威尔与迈尔斯关于道德、几何学与力学关系问题展开争论，这番争论提出的特定议题，属于不同的科学学科。当迈尔斯准备接受道德与"归纳科学中较低等级学科"——而非与几何学——的对比时，惠威尔说，"不知道你指的

---

① Whewell 1846b, 44–45, 48–49.
② Whewell 1841a, 37; 38–41.

是哪些针对科学高低等级的分类"。① 但是，迈尔斯此时可能正在思考惠威尔本人对"永久性"与"进步性"科学的区分。如果惠威尔愿意把道德构想为一种"永久性真理"体系，那么这种区分就是贴切的。② 例如，他的道德知识观，与他对"进步性"物质科学的定义——尚未形成一种清晰的基本观念、尚未实现稳定化的科学——不一致，也无法契合这种观念——新基本观念的兴起，可能会将一门学科拥有的那些理论彻底改变。③

我们在此已经看到，同许多其他作者一样，惠威尔发现坚持这种横跨道德与物质科学的统一观念非常困难。然而，即使限定在物质科学领域，惠威尔哲学中的统一观念确实也是一种复杂观念。他与鲍威尔的冲突，就是源于上述第二种紧张关系。

二、多种限制：指向惠威尔科学哲学中的统一性

惠威尔坚信，一种潜在的相关性存在于以下二者之间：一方是他的著作《历史》和《哲学》，另一方是其他领域的探究——基于他与孔德和鲍威尔共同运用的一种推理。多种类似的方法在一系列学科中取得惊人的成功，许多不同的领域日益整合到少数几种理论之下，这类现象令这些思想家感到振奋。惠威尔注意到，随着人类对物质世界的认识得到发展，"确定的普遍性特质"或"一般性定律"被揭示出来。他的两部重要著作，为**"整个物质科学领域"**提供了**"一种相互联系的系统性考察"**，并对此进行了反思，于是，惠威尔宣布，一种可能的做法是，把各式各样的科学门类设想为

---

① 惠威尔致迈尔斯的信，1845.9.6，收录于 Stair-Douglas 1881, 328。
② Whewell 1846a, 62.
③ 关于这个问题，参见 Schneewind 1977, 111-117 and Yeo 1991a, 189-190。

第九章 科学的统一性

"某种系列知识的全体成员,而且主宰它们的是对于所有成员来说都相同的规则"。① 在思考从天文学到生理学的科学领域所取得进步的同时,惠威尔忆及培根的抱负,并且提出两个疑问:其一,这些发展是否表明存在"某种共性程序,某种共性原理";其二,是否"曾经做出科学发现的那类机构,在结构和运作方式上,存在某种一致性"。如果确实如此,那么,就可能透过科学进步的历史,"从中发现一种更卓有成效且切中实质的发现方法,进而提炼出构成这种发现方法的基本要素",这种方法可以应用到新的探究领域。英格兰的孔德主义者当然相信这个观点。但惠威尔限制了这种乐观主义,并对此发出警告:必须反对各种强行类比造成的种种错误,比如说,在生理学发现与力学发现的本质之间强行类比。②

惠威尔的考察颇具综合性,其中包括他所谓的那些发展尚处在"中级(阶段的)科学"(intermediate sciences),这也使他转向这些充满陷阱和困难、促进科学实现普遍化的事业。因此,他赋予这种培根式观念一种共性方法,它可以很容易地跨越不同领域进行传播:一门发现的艺术,尽管非常诱人,但严格说来它其实不具有可能性,部分原因在于历史研究表明,"可以期望,不同科学门类的发展,需要依据它们当前的条件、通过不同方式的进程来实现"。③ 科学发展存在各种不同的阶段,例如相较于天文学的成熟性,化学尚处在它的未成年阶段,因此,不同阶段的科学需要有与之相应的不同探究方式。正如我们在讨论惠威尔的《历史》时所见,在每个科学分支的发展中,最具决定性的时刻,是能够掌握构成一门具体学科概念框架的独特基本观念。在《哲学》中概括这个论点时,惠

---

① Whewell 1841a, 37, 38–41.
② Whewell 1847a, 1, vi, 9.
③ Whewell 1847a, 1, viii.

威尔强调:"对于每门科学的基础来说,都有一套不同类型的概念体系,如果运用另一类科学的概念体系,那么,构成一门科学整体进步的那些具体步骤就永远不会迈出步伐。"① 这个洞见为惠威尔的科学统一观念设定了多种限制。虽然愿意探索不同科学分支之间——例如地质学与化学——存在的联系,但惠威尔抱着极端警觉的心理,尝试进行以下工作:依据从一种先前根深蒂固的科学中借来的规则,他力求对新现象做出实质性解释。②

这并不意味着他的科学统一观念没有力量。承认学科之间存在差异,并未消除这种对普遍统一性的承诺,因为此举可以合法地做出如下构想:将不同科学门类之间存在的"明显差异",纳入"一种有限边界的相似性之内"。③ 因此,尽管惠威尔在称颂各门数理科学取得的成功,但他谨慎表明,比较缺少精确性的学科不会落在这种"科学"范畴之外。例如,自然历史的分类具有缺乏精确性的特点,但这不能表明这门学科不具有科学性。这种判断源于以下事实:

> 如今,在很大程度上,数学和数学—物理科学已经决定了知识阶层对科学真理的一般性质及其形式的认识;与此形成鲜明对比的是,自然历史(Natural History)至今还没有时间或机会,针对当前多种哲学化的习惯做法,发挥它应有的影响。④

---

① Whewell 1847a, 11, 18–19.
② 惠威尔致赫歇尔的信,1829.2.15,收录于 Todhunter 1876, 11, 98; Whewell 1834a, 337。
③ Whewell 1841a, 32.
④ Whewell 1847, 1, 494。另一种为自然历史的辩护,诉诸科学的统一性或"圆满性",而非诉诸将各门科学划分为不同等级的科学阶序制,参见 Swainson 1834, 163–164。惠威尔主张,英国大学应当鼓励将自然历史作为吸引那些人——他们不喜欢"精确科学更加严格的形式"——科学兴趣的一条途径。参见《剑桥哲学学会》会刊(时间不明),WP, R 18.8¹°。

透过这种视野，惠威尔相信，为了实现从"（由各门科学构成的）诸科学哲学"向"科学哲学"的转变，可能将会发生一场运动。① 创立一种普通知识哲学是可能的，因为尽管由不同学科构成的科学，拥有它们各自独特的概念基础，但这些基础中都包含事实与观念的辩证法——这对哲学中最基本的反题。

三、元科学冲突

鲍威尔的物质科学统一观念，比惠威尔的更加踌躇满志。如前所述，鲍威尔一贯严格认同一致性原则，但他对统一性的理解，又远超出方法论层面，因此，这种理解包含的统一观，旨在把所有科学门类都纳入具有共性的普遍法则之下。在鲍威尔看来，这种归纳原则直指"统一性最古老的原型"，因为自古希腊时代以来的科学思想趋势，正在远离孤立、毫无联系的科学分支，进而走向"和谐、简单、统一的特质"。这种理想正是历史发展的方向："所有伟大的开创性现代进步，都指向把分支学科整合且统一为那种迄今为止迥异于先前的学问，并且倾向于表明一种观念与原则的统一性。"②

通过引用法拉第对化学与电学作用关系的研究，鲍威尔预言：这种统一运动具有一种连续性。因此，在"各种分子力与那些以更大体量作用于物质的力"之间，将不会提炼出实质性区分，而这样一种区分，只是一种临时、假定的学科分类。正是在这里，鲍威尔

---

① Whewell 1847, 1, 3, 6.
② Powell 1855, 41, 63.

对惠威尔做出直言不讳的批评,他宣称:

> 一种理论,就是为构成科学的每个分支学科,指定某些真实的原则差异和奇特的基本观念,而这些观念其实就是该学科体现的特点;通过这种理论,把每个学科都孤立起来,并将其置于一种单独的基础上,这种做法有悖于归纳科学发展的规则。如果有可能做出这样一种区分,那么,它可能不过就是一种临时、假定的学科分类基础,它必将被一种经过提炼简化、更高级的共性原则所取代。①

依据这种观点,确实不存在力学中的"神秘联系",同理,也不存在力学与因果观念的"神秘联系"。相反,力学这门学科的成功,源于它把现象还原为"简单且可理解的力与运动的起因"。鉴于其他学科开始竞相效仿这种模式,鲍威尔说:"我们把那些科学分支学科带入这种精确科学领域,并且粉碎了那条分界线——迄今为止,它似乎将这些学科割裂开来。"② 这与惠威尔的以下主张存在矛盾:新真理的获得,是通过"运用新观念,而不是对旧观念进行修饰改进"。③

鲍威尔与惠威尔都运用一种普通科学哲学,对科学研究及其更广泛的道德与神学内涵做出判断。但是,他们对科学统一观念的阐释,导致他们提出不同的建议。显然,最大争议体现在他们研究"种属问题"与生物学本质的路径上。在这方面,鲍威尔诉诸统一

---

① Powell 1855, 44–45, 49.
② Powell 1855, 45–46;惠威尔对静力学与动力学做出区分,相关批评参见 Powell 1849, 35。
③ Whewell 1847a, 11, 100–105; 1854a, 30–31.

性观念，同时坚决主张，运用自然原因对有机现象做出解释，恰恰属于生命科学的合法范围内。然而，惠威尔主张，科学史表明，各种新知识领域与新基本概念密不可分。研究者必须抵制这种倾向，即选择运用熟悉的原因，并且寻找"显然无疑的新概念"，为"新研究的现象"服务。① 正如化学不能被还原为力学，对生理学和生物学现象的理解不能不援引目的因（Final Cause）——惠威尔这个独特观念适用于该领域。在惠威尔的自然神学中，承认有多种概念边界存在于物质科学与有机科学之间，这种做法保护的那些价值观，与以下信念——人性在一种人为设计的宇宙中占有特殊地位——存在密切联系。另一方面，在鲍威尔看来，这种立场威胁到以下策略——拓宽一般性自然法则的指导范围，并且声称这些法则是上帝力量存在的证据。还是在此，惠威尔的理念又成为鲍威尔的敌人，这种理念暗示，生理学和生物学之类的学科，"全都包含属于新等级阶序的一系列观念，这些观念属于奇特的一类，因此它们必须脱颖而出，相较于普通的将各门科学实现统一的观念，它们属于完全例外的学科"。②

　　这里有一点尚未言明，与鲍威尔恰成对比的是，在惠威尔看来，科学统一性存在于认识论具有相似性的层面，而非存在于实质性的自然法则相似性层面。在成功获取知识的途径上，存在一种一致性，而非自然法则具有一种统一性。惠威尔相信，科学史展示出，各种归纳法最终走向简单性和统一性的"融通"，但尽管如此，他还要强调不同学科具有的特殊性和整体性。

---

① Whewell 1847a, 11, 100–105.
② Powell 1855, 63.

四、惠威尔、实证主义与元科学

1865 年，约翰·密尔断言，构成孔德实证主义哲学的基本要素，是"这个时代的一般属性"。① 如今，罗伯特·巴茨已经指出，惠威尔、赫歇尔和密尔，通过主张将科学从宗教和神学中分离出来，为这个时代的基础工作做出了贡献。换言之，由他们助力带来的这种状况，正是孔德当时渴望和预测的情形——让科学具备智识思想的自主性。

当然，惠威尔是这个领域意料之外的参与者，因为他的科学哲学在某些方面可以同赫歇尔和密尔的科学哲学相匹敌。然而，巴茨表明，同那二者的工作一样，惠威尔的工作"切实地从根本上呼吁，基于认识论层面，把科学从其他活动中分离出来"。② 某种意义上，这是对以下观点的一种有益校正，这个观点部分源于赫胥黎，它认为，惠威尔是高级神职人员，他正在从事一项得到神学支持的反科学运动。③ 正如我在前几章指出，惠威尔为了努力确认科学具有的智识思想价值，当时总是不停地与各种保守的宗教势力做斗争。巴茨通过以下方式阐述了这个有趣的观点，即他坚持认为，将各种归纳法融为一体，可以传达出确定的真理，惠威尔几乎没有为这种让"两类真理"结为"神圣同盟"的早期学说——作为自然神学的基础——留下空间。由此导致的结果是，到 19 世纪末，只有极少数科学家——不同于他们在维多利亚时代早期的同仁——能够感受

---

① Mill 1866, 8.

② Butts 1985, 206.

③ 通过思考赫胥黎的观点，惠威尔指出：现在可悲的是，"年轻一代科学开拓者，对于他们的先辈如今已经开展的工作，置若罔闻且嗤之以鼻"（惠威尔致福布斯的信，1860.7.24，WP, O 15. 47[53]）。另见 Hodge 1991, 256–257。

到任何让他们的研究结果与另一种信仰来源保持一致的舆论压力。

现在可以公允地说，惠威尔无法阻止这股潮流。然而，这个结果没有发生，因为正如巴茨指出，在惠威尔的方案与密尔或孔德的方案计划之间，存在一种基本的亲缘关系。确实，这种科学哲学的某些方面就是"这个时代的一般属性"，例如，惠威尔与赫歇尔意识到他们都在使用一套密尔的词汇，对于这条道路，二人曾专门做过讨论（第四章）。但是，为实现一种具有自主性的科学，需要一种实证主义场景，这已成为当时的时代趋势。现在看来，任何进一步确证惠威尔的哲学契合这种时代趋势的做法，都完全忽视了这条道路，即他的事业为英国的实证主义反对者提供了一种资源。

惠威尔坚决主张，科学思想具备这些形而上学基础，这个观点对孔德的认识论和科学史构成双重挑战。因为惠威尔强调，科学归纳有赖于形而上学观念，科学的成功不是主张——将属于科学的认识论从其他智识思想活动中分离出来。相比之下，现在看来，惠威尔强调的这条信息，当时确实要比有些人主张的那种"大众化的科学"更加弱小，那些人认为，任何关于形而上学的论述，都是早期种种反科学力量的遗产，这种观点在当时确实找到了一些知音。其实，正是在这里，惠威尔获得了一批新受众，不是在科学家中间，而是在神学家和哲学家中间——他们在不接受实证主义的前提下，力求领悟科学具有的重要意义。

有些人想利用孔德对科学统一性的阐释，作为对神学或社会理论的证明，针对这些人，惠威尔的科学哲学也构成一种障碍。惠威尔在此面临一种危险，因为孔德创造了一种预期，那就是，元科学评论将会传达出一种综合系统的论述，其中涵盖物质科学与社会‒政治哲学。显然，孔德创造的预期已超出惠威尔准备好将要提供的内容，而且这些胜过惠威尔的科学哲学和语调的更合时宜的理论——将矛头直指他的统一性概念的多种含义——意味着惠威尔失去了其他潜在的支持者。

五、惠威尔获得的支持性回应

1876年，在两所古老的英格兰大学，塞奇威克和马克·帕蒂森对这种哲学研究现状发表了评论，他们对自己发现的这些状况深感不满。但塞奇威克探测到种种改进的迹象，他指出："剑桥大学复兴哲学的重任，现在恰恰应当寄托在惠威尔身上，而不是去指望其他任何一位学问家。"① 这些非科学专业的作者，究竟钦佩惠威尔著作中的什么内容？无疑，部分而言，这个钦佩对象就是：他力争设立"道德科学荣誉学位考试"，并在1848年引入这项计划——在数学和古典语言学之外，补充了诸如历史、伦理学、政治经济学等学科，同样承认这些学科的价值。但塞奇威克也论及这条途径——惠威尔先前推动了关于科学方法论问题的争论；帕蒂森在此前的一篇文章中，对惠威尔强调形而上学思想与经验性研究存在密切联系的做法表示欢迎。② 这些思想家钦佩惠威尔的著作，是因为它们采用了让科学与哲学保持联系的方式。③

最晚从19世纪50年代起，英国的一些一流神学家和哲学家已经感知到物质科学与实证主义哲学存在一种同盟关系。1868年，约克大主教威廉·汤姆森④说，这种结合在英格兰可以得到强有力的

---

① Sidgwick 1876, 241-242；Pattison 1876.
② Pattison 1889, 1, 440.
③ 然而，塞奇威克对惠威尔的道德哲学做出批评。参见 R. Butts 1985, 208.
④ 威廉·汤姆森（William Thomson），1862—1890年任约克大主教，这是英国国教英格兰圣公会最高神职人员之一，地位仅次于坎特伯雷大主教。——译者注

第九章　科学的统一性　　　　　　　　　　　　　　　·349·

支持：

> 在这里，人们现在如此渴望从事自然科学探索；在这里，成果丰硕的工业界，正想把沉思推理式探究置于一旁，转而支持能够满足它们当前需要的物质性事实和观察。①

功利主义神学家詹姆斯·马蒂诺（James Martineau，1805—1900），则注意到另一种现象。1852年，他表明，现在有一种始料未及的忠诚关系，存在于一种保守派神学与实证主义哲学之间，存在于：

> 一种宗教与一种科学之间：这种宗教极尽夸张一种外部权威具有的特殊功能，并且过度使用这种权威的特殊效力；这种科学只处理感知到或观察到的客观事实。②

他所指的这种神学，是亨利·曼塞尔③的批判对象。1858年，曼塞尔出版著作《宗教思想的局限性》，围绕这部著作，他在牛津大学1779年设立的班普顿神学讲席发表系列演讲，并对神学做出精致的批判。通过援引威廉·汉密尔顿④关于"无限制条件的哲学"的论著，曼塞尔主张：让思想家运用哲学方式，对一种绝对存在——它

---

① Thomson 1868, 6–7.
② J. Martineau 1879, 395.
③ 亨利·曼塞尔（Henry Mansel, 1820—1871），师从威廉·汉密尔顿，牛津大学道德哲学和形而上学教授。十分重视意识，认为世界的知识建立在意识的事实之上，意识是逻辑或宗教问题的基础。——译者注
④ 威廉·汉密尔顿（William Hamilton, 1788—1856），英国爵士，苏格兰启蒙运动时期哲学家，爱丁堡大学英国史教授（1821）和形而上学与逻辑学教授（1836）。试图调和苏格兰常识哲学与德国哲学，特别是康德学说。提出不可超越的认识相对性观点，认为无条件的关于对象本身的认识是不可能的。——译者注

脱离了主宰人类思想的各种关系和条件——进行理性分析，确实是不可能做到的。全力以赴地构想出一位无限、绝对化的上帝，这个过程源于"构想者的自觉意识，这种意识与'上帝确实是什么'无关，它只关心'上帝不是什么'"。构想者没有能力了解这位神圣上帝的本性和属性，但这并不意味着上帝不存在。曼塞尔表明："在这种无效推理过程中，我们现在被迫向信仰寻求庇护，并且相信一种**无限存在**确实是存在的，尽管我们不知道它是如何存在的。"①

马蒂诺探测到，一种密切关系存在于以下二者之间：一方是这种神学的"必然性"（马蒂诺用语），另一方是英格兰的孔德追随者——例如，密尔和斯宾塞——的立场。这两个群体都绝对不相信知识具有形而上学维度，也不相信人类心灵具有沉思推测的强大力量。因此，一种危险局面确实就在眼前：

> 一种除现象之外、使一切皆俯首称臣的哲学，对于愿意维护宗教作为唯一权威要务地位的那些人来说，是可以接受的；而且，近期以来，在负面的形而上学与神学教条之间，已结成奇怪但强大的伙伴关系，这种状况将会压倒恢复它们二者天然信任关系的一切努力，而这种天然信任关系，如今在它们各自的生存地位方面，持续遭受这样的动摇。②

解决这个问题的一种办法是确认抽象、沉思推理的形而上学思想，对于科学和神学来说是必不可少的。这是马蒂诺的回答。接

---

① Mansel 1859, 25, 75–80, 127.

② J. Martineau 1866, iv.

第九章　科学的统一性

着，有各式各样的作者重复他的办法，例如詹姆斯·麦考士①、约翰·塔洛克②、亨利·卡德伍德③以及约翰·莫雷尔④，他们不必赞同其他宗教或哲学议题，⑤在惠威尔1860年出版的著作《论发现的哲学》中，他们可以找到这个问题的答案。

很大程度上，这部著作是《哲学》第12册的再版，这部著作的第三版被拆分为三本独立著作。但它补充了一些内容，包括两篇论述曼塞尔和孔德的批判性文章，还有三章论述惠威尔的科学哲学承载的神学内涵。这些内容重申了以下立场：形而上学观念是构成科学与神学思想体系必不可少的组成部分。借助作为一位历史学家的权威性，惠威尔坚持认为，作为科学进步标志的，从来没有像孔德指出的那样，是"实证主义"思想对形而上学观念的大获全胜。所有重大科学发现，都伴随着关于抽象概念的激烈争论，孔德不承认这些抽象概念，例如起因、力、原子、中介物、目的因。形而上学话语为科学发现的这种方式做了准备工作，孔德仅承认这一点，但它始终是科学发现必不可少的组成部分："在各门科学领域，围绕概念展开最积极的专门研究，皆出现在现象背后的规律被首次发现之后——而非之前。"⑥曼塞尔认为，理性无力解决抽象的概念问题，

---

① 詹姆斯·麦考士（James McCosh，1811—1894），苏格兰长老会牧师，追随里德，尖锐批判密尔的经验论和威廉·汉密尔顿的观念论，建议将《圣经》与科学的自然观相互协调，成为两种平行的启示。1868至1888年，担任美国普林斯顿大学前身新泽西学院院长。——译者注
② 约翰·塔洛克（John Tulloch，1823—1886），英国神学家，毕生研究走向自由主义的神学改革，著有《英格兰清教主义及其领袖》。——译者注
③ 亨利·卡德伍德（Henry Calderwood），法学博士，爱丁堡大学道德哲学教授，著有《心灵与大脑的关系》。——译者注
④ 约翰·莫雷尔（John Daniel Morell，1816—1891），英国个体思想家，反对牛津运动的神学家，其宗教哲学以宗教观念和情感作为基础。——译者注
⑤ Yeo 1977.
⑥ Whewell 1860, 227.

他在这方面的一系列主张与以下事实相矛盾：数学科学调用"无限性概念，进而得出关于无穷数的大量命题"。此外，当牛顿论及上帝是一种"永恒"存在时，这番语言表达"不是空洞和无意义的"。①

惠威尔另一种至关重要的干预行动，旨在把培根与孔德分离开来。实证论作者声称，培根的方法是实证论遗产的组成部分，并且称颂孔德是这位科学掌玺大臣立场的继承者。惠威尔则认为，培根不是一位经验主义认识论的支持者，而且他反对经院主义者，是因为这些人过多依赖经验观察，培根此举无法昭示：他否定构成知识的其他要素。培根承认观念的重要性，他关心自然哲学领域存在术语语义令人困惑的问题，由此可见，他自觉地认识到形而上学在科学进步中扮演着清晰的角色。培根并非柏拉图的坚决反对者，他"通过这些卓识洞见表明，事实与观念必须结合起来"。② 其实，在这番再阐释中，培根象征着惠威尔撰写的知识论历史上各种竞争力量之间实现的综合："在现象与观念之间，他能够坚守二者的平衡，毫无偏颇或软弱无力的手笔。"③1857 年，在为《爱丁堡评论》撰写的论述培根学术的长篇文章中，惠威尔已经能够援引法国作者夏尔·雷穆萨④作为同道，雷穆萨此时承认，培根曾被错误地认为与实证主义哲学存在密切联系。有些人也认识到，用雷穆萨的话说，"一种仅仅具备经验性、机械性和功利性的科学体系，是毫无价值

---

① Whewell 1860, 322, 325.
② Whewell 1860, 145.
③ Whewell 1860, 135.
④ 夏尔·雷穆萨（Charles Comte de Rémusat, 1797—1875），法国作家、哲学家和政治家。法兰西道德和政治科学院、法兰西学术院院士（1846），法兰西第三共和国梯也尔政府外交部长（1871—1873）。政治上属于保守派和信条派，持温和自由主义立场，与梯也尔和基佐是朋友。专注于哲学，起初是孔狄亚克的支持者，后转向折中主义，是维克托·库辛学派的唯灵论者。1858 年出版著作《培根：他的生平、时代、哲学及其直至当代的影响》。——译者注

第九章　科学的统一性

且空洞的",依据正确的理解,培根是这些人的一位盟友。①

一些作者认为,惠威尔的科学哲学为一种得到更新的自然神学提供了基础。1845 年,曼宁主教② 可能想到了这一点,当时他宣布:

> 确实,神圣真理现在看来是可疑的,它被限制在天启说理论内部,因此,说它的一种表述、一种证明像这些归纳科学一样精确,确实颇为可疑。神学必须能够成为一部"历史和哲学",若是我们现在能有一位三一学院院长来撰写它的话。③

随后,亚当·法勒(Adam Farrar)指出,"现在,惠威尔博士已经对与科学有关的智识思想活动做出分析,通过运用这种分析,可以深刻领会智识思想能力在宗教中扮演的角色。"④ 然而,这里也存在危险。例如,约翰·莫雷尔告诉惠威尔,他有意把"归纳科学中的主观因素"——正如你那篇令人钦佩的文章中的阐述——应用到神学研究方法中,即应用到他即将出版的著作《宗教哲学》中。⑤ 此前,莫雷尔在他撰写的 19 世纪哲学史中断言,拯救自然神学的唯一希望,是从威廉·佩利的旧自然神学转向建立在观念主义认识论基础上的自然神学:

> 例如,有一些作者,像麦克库洛赫和惠威尔一样,一直在运用最高级的科学知识来维护我们这些自然宗教概念的现实效

---

① Whewell 1857b, 321;Yeo 1985, 272-277.
② 曼宁主教(Henry Manning,1808—1892),英国天主教枢机主教,威敏寺大主教,牛津运动成员。——译者注
③ 转引自 Newsome 1966, 302。
④ A. S. Farrar 1862, 39.
⑤ 莫雷尔致惠威尔的信,1848.12.20, WP, Add. MS. c. 89^{172}。

力；他们正在用哲学方式言说，并且最明显地体现出观念论的思想倾向。①

但在莫雷尔看来，这意味着，一种直觉式宗教使天启说几乎成为多余之事。上帝知识是一种直接的直觉，优先于任何对经典所做的逻辑论证或解读。塞奇威克详细阐明这种做法造成的后果，在他论述以下二者的联系时：一方是德国对科学做出的观念论解释，另一方是大卫·施特劳斯②对基督教历史基础的否定。塞奇威克认为，在竭力表明所有知识都源于一种先验观念时，这些作者忽视了两个基本事实：一是经验观察在科学中的必要性，二是天启说在宗教中的重要性。③

惠威尔已经意识到，一种膨胀的自然神学存在种种危险。其实，约翰·布鲁克如今已经含蓄地表明，早在惠威尔撰写桥水论文集时，针对"上帝设计自然之论"，他已施加了限制条件，并且确认需要将天启说作为道德知识的一种基础。④但是，惠威尔在著作《论发现的哲学》中，确实对他所谓的"这种发现哲学蕴含的神学结果"做了深入考察。⑤简言之，这种洞察认为，自然神学最深刻的证据并非简单地源于上帝设计或自然法则，而是源于科学的成功。

惠威尔在早年撰写的著作《论世界的多样性》中断言，认识世界需要有必不可少的真理，人类心灵获取这类真理知识的方式表

---

① Morell 1847, 11, 604.

② 大卫·施特劳斯（D. F. Strauss，1808—1874），德国哲学家，青年黑格尔派主要成员，杜宾根学派主要代表，著有《耶稣传》。——译者注

③ Morell 1849, 34–37, 85, 129–143, 210–215; Sedgwick 1850, cclxxi-cclxxiv；对莫雷尔观点的回应，参见 Candlish 1849; Chalmers 1847.

④ Brooke 1991a, 159–164.

⑤ Whewell 1860, 374.

明，在人类心灵与上帝心灵之间存在密切联系。1860年，他准备接受——同时也有资格接受——这个柏拉图式观点：由科学发现的那些宇宙法则是"上帝心灵中的观念"。① 进而言之，科学史表明，这种知识是不断进步的。惠威尔质问："从这种知识进步中，从藉此为人类知识补充的新证据中，可以得出的哲学教益是什么？"这个答案包含两重意思：第一，由于科学建立在"将事实进行观念化"的基础上，所以科学知识的进步特质表明，对于主宰创世论的神圣上帝观念，人类正在努力用一种更加全面综合的方式掌握它。第二，随着新的基本观念——作为新知识的基础——的兴起，"对于人类心灵内秉的神圣本质，我们获得了一种全新证据"。但惠威尔迅速补充道：这种全新证据不同于上帝的知识，而对于上帝的知识，"我们能够知道的少之又少"。② 尽管如此，惠威尔有能力把科学史整合到基督教的救赎观之中：现世人生不但是一部道德感化的故事，还是一部智识思想试验的故事——通过他的奋斗去实现一种潜力，凭借这种潜力，可以让科学真理与神圣真理共存。③

如今通常认为，惠威尔投身的工作，出离了维多利亚时代早期的英国主流文化，因为它的观念论思想，也因为它显然与康德存在密切联系。但是，关于他的钦佩者和批评者曾经做出的反应，我们现在要表明的远不止于这个判断。正如上文所述，惠威尔的观念论思想吸引的同道，是想拒斥实证主义但不消灭科学的那些人。它强调主观和想象因素在科学思想中扮演的角色，进而提出一套反对感

---

① Whewell 1860, 359。对于惠威尔的认识论来说，这个观点蕴含着多种寓意，相关内容可对照阅读 Butts 1965；Fisch 1985, 311–314。
② Whewell 1860, 353, 374–376。
③ Whewell 1860, 385–387, 398 and 1854c, 201–202；Yeo 1979, 505–511 and 1986b, 279–281。

觉主义认识论的主张。例如,马蒂诺认为,鲍威尔的做法不同于惠威尔,他认为,"道德和精神世界作为一个领域,相较于物质世界,二者既有区别,又毫无关联";通过这种方式,卓有成效地破坏了从物质向心灵转变的过程中,二者存在的任何联系。[①] 就是说,鲍威尔未能对科学的形而上学基础做出坚定主张,因此,他把对物理真理的解读拱手让给了实证主义者。约翰·塔洛克赞同马蒂诺的观点,他说,通过"运用一种特殊方式保存信仰的力量",鲍威尔先前极力想把有神论附着在一种实证主义哲学上。[②] 在这些作者看来,惠威尔不但质疑实证主义作为一种科学哲学的身份,他还保护"心灵""个人"之类范畴——向它们当中注入神学内涵——同时确认它们与科学知识兼容并包。此外,惠威尔坚持认为,科学的成功彻底粉碎了曼塞尔那种保守的不可知论。[③]

六、元科学:无需统一性?

然而,当时还存在其他问题。尽管有些作者乐意看到惠威尔把道德知识与物理知识联系起来的方式,但另外一些作者不喜欢他的科学统一性立场。正如上文所见,鲍威尔属于这些人中的一员。他们争论的那些议题昭示:惠威尔的观念论,从本质上看,无论如何都是双方矛盾的重要焦点。相反,惠威尔恰恰是通过这种争论方式,打断了走向统一和综合的驱动力,对于鲍威尔、孔德、钱伯斯、卡彭特、斯宾塞各自的事业来说,这种驱动力至关重要;对于其他人——例如巴贝奇——来说,这种驱动力颇具吸引力。惠威

---

① Martineau 1855, 220.

② Tolloch 1868, 339.

③ 关于赫胥黎对曼塞尔这种思想的运用,参见 Lightman 1987, 7–9。

尔强调学科完整性对科学统一性造成的限制具有支配作用，与此同时，他笃定地表示，他的事业不是对密尔认为的"这个时代的一般属性"简单地做出确认。

当论及孔德时，惠威尔领悟到，解释的统一性是一个可行的目标。他说："可能的情况是，随着科学的进步，我们的所有知识将实现一致地汇合，成为宇宙中某种普遍且单一的方面。"但他发出警告，如果"我们拒不承认那些观念发挥的作用——它们必须是我们形成知识的铺路石"，这个目标可能将无法实现。① 确实，在这方面，孔德对科学的分类失败了，这必定是一种人为分类，因为它尽力把物理学和化学置于一种连续统中，因而忽视了它们包含的那些不同的基本观念。② 尽管惠威尔相信，他自己列出的那些归纳图表，确实表明一种"走向统一性、连贯性和简单性的持续进步"，但这只是应用在几门不同学科内部，例如牛顿式的天文学和光学。③ 其实，这些学科在当前只是两门这样的学科：它们早已实现了广泛一致、融会贯通的归纳法，而且这种情形为我们提出另一种警告。

惠威尔在回应密尔的著作《逻辑体系》——1849年以《论归纳》之名出版——时表明，应当反对那些从十分有限的案例中草率得出的方法论策略。此时，他将矛头直指密尔的以下论点：培根式革命现在已经胜利完成，未来的科学进步将源于演绎法，而非归纳法。透过这个断言，惠威尔探测到那种错误的孔德式观念，即通过运用从既定法则中得出的演绎法，就可以把源于某个领域的因果解释成功地拓展应用到其他领域。因此，惠威尔鼓励广大学者要对物质科学的当前状态进行认真考察，由此可以揭示出"大量具体案例"，

---

① Whewell 1860, 232–233.
② Whewell 1860, 236.
③ Whewell 1847a, 11, 78.

在这些案例中，起始因根本未得到充分认识。可能"只有通过新的归纳性发现"，才能获得关于这些"新起因"的知识，才能使已知法则实现恰当的普遍化。当密尔的著作问世时，惠威尔再次惊奇地发现，这部著作严重依赖的那些案例竟然来自"李比希刚刚出版的生物化学研究成果"。他告诉琼斯，甚至没有本领域的专家可以辨明，密尔引用的这些案例究竟有多少能够"代表真实的发现"。① 惠威尔打出的这张强力王牌，得以对关于科学议程的具体问题有了更详细的掌握，随后，他做出如下指控：密尔在这本著作中诉诸的科学统一性，其实早已窄化了"科学可以发挥作用"的领域。②

惠威尔采取这种立场来反对不成熟的统一观，因此，有人认为他缺少这种将孔德与斯宾塞综合为一体的研究视野。现在看来，这个判断可以从乔治·萨顿（George Sarton，1884—1956）的评论中找到线索，他说，惠威尔的著作"不是一部我们今天理解的科学史，而是将各种专门学科的历史并置一堂，这一点极不寻常。它代表了一种较低水平的整合阶段"。③ 不过，如上所论，承认不同科学分支都具有这种独特的认识论基础，是惠威尔所著科学史与科学哲学的核心。现在看来反讽的是，斯宾塞能够充分利用惠威尔著作的这个特点来反对孔德，以便推广他自己那套敌对的综合学说。孔德对特定的几门科学做出"一系列安排"，斯宾塞在拒斥这些观念时引用了惠威尔的《历史》，以此支持一幅更复杂的科学图景，而无须强调这幅图景源于这种对特定几门科学探究领域的整体性关注。④

---

① 惠威尔致琼斯的信，1843.4.7，收录于 Todhunter 1876, 11, 313。
② Whewell 1860, 278–283，这本书收录的惠威尔写于 1849 年的一篇文章，后来得以再版，引文出自这篇再版文章；另见 1847a, 11, 103。
③ Sarton 1936, 63.
④ Spencer 1854, 152–153, 160.

第九章 科学的统一性

这段记录让我们想到惠威尔早年做出的一些判断。1834年,他说科学是一个"正在分裂为碎片的伟大帝国",因为它既受到专业化的影响,同时还伴随着制度分化和差异。但他那两部成熟的著作强调,如果忽视构成科学的各种要素之间存在观念上的差异,那么,一种统一的科学可能就无法恢复。进而言之,尽管惠威尔享有博学多识的声誉,但他的著述体现了这样的道德观:能够胜任多个领域的伟大人物,可能无法把现代"科学帝国"整合为一体。① 其实,正是部分缘于这种情形,使惠威尔为自己设定的元科学角色具有了合法性。当科学先生——他的同代人,例如赫歇尔、塞奇威克和法拉第——正在他们各自选择的学科领域做出科学发现时,惠威尔为自己设定的任务是,确保对这些科学活动做出一种哲学概观。

由此形成的图景,远不及孔德和斯宾塞——甚或鲍威尔——的构想那么雄心勃勃,但这幅图景绝非缺乏力量。在惠威尔呈现的这个科学共和国中,各门不同的科学分支学科在它们各自的领域都享有完全的智识主权:

> 力学、力学的次级学科、化学、科学分类学、生物科学,在知识王国中形成如此众多各自为战的领地,很大程度上,每块领地都拥有它自己独特的基本原则。②

科学哲学的角色,以及惠威尔本人从事的职业,就是要辨识这个宏大的智识思想结构中存在的种种同类性和差异性。如前所述,惠威尔经常建议的一种可能做法是,将一种统一的认识过程记录下来,

---

① Whewell 1847a, 11, 4.
② Whewell 1847a, 11, 19.

同时要认识到，不同探究领域具有整体性。惠威尔把物质科学当作他的著作《哲学》的起点，在解释这种做法具有的独特优势时，他评论道：

> 至少，我们现在面临一个确定无疑的问题。针对一堆完全没有成形、毫不连贯的材料，我们怀疑它是一堆废墟还是一堆荒地；但是，对于一座华美崇高的宫殿，仍然屹立在那里并且得到租住使用，那里有数百种不同的房间，它们都隶属于一项共同计划，我们必须对这座宫殿的结构和体系进行详细考察。①

在《哲学》第一卷结尾处，惠威尔断言，存在一位"伟大的建筑师"，他知道如何将"事实和观念"合适如意地在"崇高的真理圣殿"中组织为一体。② 尽管如此，惠威尔的著作仍然强调，建构科学的事业是一项人文活动，因此，人们会怀疑这项事业存在延迟和失败的可能。不过，他对科学的历史和智识形态所做的分析给出种种强烈暗示，这些不同的科学学科确实表明上帝预先规定的"共同计划"。

做出这种论断，吸引人们一直乐于认为惠威尔是一位元科学家，并且具备几种特定的资格，因此，他能够将这种科学统一性观念保存下来。但是，这可能无法充分解释以下情形：他的著作中存在多种紧张关系，以及他对这些紧张关系的认识。在本章和其他几章中，我已强调指出，惠威尔怀揣宽广的抱负，无论这些抱负是什么，必须将它们置于他所观察到的日益专业化的科学世界中

---

① Whewell 1847a, 1, 14–15.

② Whewell 1847a, 1, 708.

来定位。针对通过学科专业化实现的这种科学进步，惠威尔力求理解它的运行机制，与此同时，他尽力用心领会——或至少是密切关注——大量的学科进展。因为他想表明，获得物质知识和道德（或社会）知识，运用的是类似的方式，因此，他的任务被放大了。这种学科跨度需要超越对博学多识的种种限制，从而允许赫歇尔、德·摩根和其他科学先生，把那些古典和现代诗歌纳入他们的个人成就中。

现在看来，上述观点丝毫不会令人惊奇，除非我们认为惠威尔传奇式的博学多识超越了种种专家边界。其实，惠威尔在著作中承认，专业化是科学进步的驱动力；在他的哲学最核心的部分，我们可以发现，他认同这个观点；在1844年撰写的论述这个基本哲学反题的重要文章中，他也揭示了这个观点。正如他在两部重要著作中所做的那样，惠威尔在此强调，恰当的观念要与相关的经验数据结成联盟，这是科学理论能够传达必不可少的真理的基本条件。但他还提出一种观点，认为"科学进步属于普遍适用的类型"。这个观点包含两方面的意思：第一，随着特定科学门类中的基本观念承载的数据越来越多，知识"逐渐被还原为越来越简单的原理"；第二，科学进步还包含学科领域数量的拓展，这类确定知识可能存在于这些领域内。新基本观念的出现，成为新的探索性学科至关重要的组成要素。"这种情况可能很快就会成为事实"，惠威尔表明，"因此，这些原理必将成为化学哲学的基础"，或者说电学、流电学和磁学，必将成为化学哲学的基础。① 因此，随着基本观念得到厘清，每门成熟科学中出现的这种简单性趋向，与科学探究走向多样化的

---

① Whewell 1844, 12，转引自这部著作的打印版，Cambridge 1844。

趋势，恰恰成为两股相互抗衡的反力。①

科学发展的这两个特点，都暗示出专业化的趋势。惠威尔断言，在任何科学中，对必然真理的感知，都不可能通过具有"模糊观念"的那些人来实现，正如无法依靠"儿童和粗鲁的野蛮人"掌握几何学中的必然真理一样。对于厘清恰当的科学观念来说，在具体的科学领域进行精心耕耘是必不可少的条件，所以，"初涉化学与科学分类学门庭的新人，不可能清晰地掌握这些观念"。②因此，把科学知识拓展到更广阔的领域——这是更具经验性的现象树立的理想化目标——需要通过精心耕耘的专家，密切关注与这些新研究领域相关的理想化概念。这种做法导致的结果是，在某些学科，对必然真理的感知，可能被限定在专家范围内。

这里的反讽性在于惠威尔对"普适型"科学的解读，威胁到元科学的范围。在强调学科整体性的同时，惠威尔的解读揭示了一种状况，在这种状况下，元科学家不可能充分领会那些精心耕耘的专家的思想，因此，他们可能仅限于对各种论题做出评论。时至1860年，惠威尔心中系念着这些达尔文式争论。并且表明，对于一般性讨论而言，科学这门学科已经变得太过专业化；同时，他告诉福布斯：威伯福斯主教③在与赫胥黎的公开争论中，"对于冒险进入一个领域，没有表现得那么谨慎，在这类领域，没有雄辩的言辞可以取代必不可少的精确知识"。此后，他告诉另一位笔友："一个人冒险进入当前激辩犹酣的那些争论中，此人应当具备大量的专业知识，

---

① 惠威尔严厉斥责德国的观念论哲学家，因为他们专横地相信：自己能够洞穿这部哲学戏剧的结局，就是源于这个"基本反题"。他们未曾考虑过新基本观念层出不穷的情形。参见 Whewell 1848a, 620。

② Whewell 1844, 2, 12。

③ 威伯福斯主教（Samuel Wilberforce, 1805—1873，圣公会高级主教和教育家，正统主义代表，牛津运动重要支持者。父亲威廉（1759—1833）是圣公会低教会派代表、牛津主教、下院议员、慈善家，英国废奴主义者，首相小威廉·皮特的密友。——译者注

第九章 科学的统一性

我现在却不具备这种知识。"①

尽管惠威尔总是期望人们指责他擅自进入他人的领域，但他坚称自己担当的角色是：针对整个科学领域进行批评的评论员。他接受的数学训练，以及他对成熟物质科学门类的认识，赋予他一种安全稳妥的基础；博览群书、智识视野开阔的非凡才能，使他能够深刻领会化学、地质学、生理学和比较解剖学领域取得的进步。但是，惠威尔在 19 世纪 60 年代发表的一系列评论昭示，他认为生物类科学的发展，是一个十分重要的新领域，这个领域需要专家进行精心耕耘。从生物学本身来说，专家精心耕耘之举，不会剥夺惠威尔早年对科学做出的一般性解读的资格，因为此举适应了这些新领域走向精细专业化的趋势。但从总体来看，根据此时科学的广度和深度，它把科学评论的标准定位为，针对所有科学门类，甚或绝大部分科学门类，做出引经据典、细致入微的评论，这个标准已经超出这位博闻多识人物当初的抱负。进而言之，1857 年，惠威尔在对培根主义的评论中，提出一个问题：一位元科学家是否可以为各类专家从事的科学事业立法。他说："现在有一种关于科学发现的合法性规定，它比任何立法者都更富有智慧，甚至胜过培根。就是说，它规定科学先生自身受雇从事科学发现，这需要依据他们自身的智识思想驱动力。"② 这个规定几乎放弃了这种元科学角色对重要方法论主题的评判权力，转而支持实践型专家做出的判断。

但是，如果惠威尔确实预言了他自己所从事职业的衰亡之势，那么，他留给后人一个典范式案例：在科学哲学的求索之路上，如何亲身投入实践，把它践行为一种更广义的道德和文化事业的组成

---

① 惠威尔致福布斯的信，1860.7.24, WP, O 15. 47[83]；惠威尔致 D. 布朗的信，1863.10.26, 收录于 Todhunter 1876, 11, 434；关于这场著名交锋，参见 Garland 1980, 106; Brooke 1991b, 41, 49–50。

② Whewell 1857a, 302–303。

部分。密尔详细讲述自己的职业是努力揭示各种伪知识哲学蕴含的政治寓意，此时，他没有忘记惠威尔，他认为惠威尔是以下观念最博学多识的代表："外在于人类心灵的真理，或许可以通过直觉或意识来认识，它们不有赖于观察和经验。"① 我们现在认识到，这是对惠威尔的复杂立场做出的一种荒唐可笑的描述，它没有忽视科学具有的经验性要素，但它仍是一种对他们参加的那些争论所做的偏颇分析。密尔指责道，观念性认识论是为"伪学说和坏制度"所做的一种辩护。但确实地说，这是惠威尔针对密尔坚持的经验论所做的评论。惠威尔没有隐藏他对经验论科学哲学的忧惧之心，因为如果它得到广泛接受，将会成为功利主义道德与社会学说的一种强大支持。这就是为什么——密尔显然未能注意到这一点——惠威尔还拒斥牛津运动派神学家及其同情者，因为他们允许物质科学被赋予这些激进和世俗的立场。

正如密尔一样，惠威尔明白，认识论承载着一种意识形态的投入，具体而言，不同群体以竞争姿态对科学做出各种解读，而这些群体都秉持着相互冲突的政治利益。惠威尔的元科学事业，作为一种职业，其基本观念有赖于对他自己认同的四项事业所做的清晰陈述——一是道德哲学改革，二是对人类理性的确认，三是维护国教会的权威及其与英国国家的联系，居首要位置的是第四项事业：支持并倡导科学事业，因为它是人类向着确定知识进步的最佳典范。惠威尔确实没有把科学哲学呈现为一种完全的中立性话语，此外，他力求运用科学作为其他领域改革的基础，在此过程中，他公开表明科学具有的各种价值。一段时期以来，在惠威尔去世之后和进入20世纪以来，他的这种坦诚率真的气质已然散落无存。

---

① Mill 1971, 134.

附录

科学家：一个词的故事

悉尼·罗斯[①]

> 这是一个关于单词和名称的问题。
> 我明白它所带来的那种冲突。
> ——吉卜林《伽利略之歌》

科学家（scientist），现在被视为一个荣誉头衔，经济学家、工程师、医生、心理学家等人，激烈地争夺着这个头衔。普遍认为，这个词本身源于古典时期；然而，它实际上起源于最近，并与一些竞争对手进行了艰苦斗争。这个主要关于科学家词源学的论点，现在是一个被遗忘的古老争论；但一个词的历史并不止于词源问题：对一个新词的需要是由社会决定的，随后围绕新词的内涵发生重大变化，也是对社会需求的回应。这个词不能与它的历史背景隔离；事实上，一些关键词为历史学家或社会学家提供了简明且富有启发性的线索。

目前对科学家这个词历史的解读，不止于语言学探究，尽管语

[①] 悉尼·罗斯（1915—2013），时任纽约伦斯勒综合理工学院胶体科学教授，原文刊于 1964 年 4 月出版的《科学年鉴》：Sydney Ross. Scientist: The Story of A Word. *Annals of Science*, 1962(18): 2: 65-85。

言学在这个故事中必然具有突出作用。当一个称谓被接受或拒绝作为一组人的名称时,表面所见的支持和反对理由可能基于语言学,但那些特定动机,现在通常尚未得到自觉地接受,而是由另一种思考——这个词引发的科学形象——主宰着。对科学史家来说,现在这个故事意义重大,因为它标志着一种戏剧性转变:科学培养方式从业余人士转入专业人士手中。这种指定称号的**科学家**,操着他们过度的专门主义和专业主义语调(参照牙医、儿科医师等专家的语调),不符合天赋型业余爱好者对自己及其科学事业的追求:他的理想是一个受过良好教育的人,他的爱好是科学作为一种智力和慈善的娱悦活动,他确实可以把大部分时间投入其中,而不会放弃他个人是一位具备广博文化修养的绅士的主张。这类绅士尤其反感成为他人眼中为追求金钱而投身科学的人。即使像戴维和法拉第这样确实靠从事科学工作谋生的人,也深刻秉持这种绅士理想式态度,拒绝通过申请专利或以其他方式限制发表他们的发明获得致富机会。真正的业余爱好者和真正的专业人士,仍然保持与业余爱好者相同的理想——选择科学本身作为志业,认为自己是人类中的捐助者;他们谴责:

> 在那座奢华和荣耀的神殿中
> 堆砌着用缪斯之火点燃的过度香火。

事实上,他们确实使用与此类似的崇高表达方式描述他们的理想。对他们来说,科学家这个词,暗示从事科学事业是把他们喜爱的劳动沦为追求利润或薪水的苦差事。

这些古老观念曾经很难泯灭,但它们不可能在新的教育改革中继续,这场教育改革将技术教育置于与医学、法律和神学的博学专业主义相同的基础上。对于准备从事一种职业的学生来说，科学现在只是另一种备选专业；"科学家"这个词的含义，同外科医生、律师或牧师一样，令人向往。

一、科学：这个词的演进

通过将**科学家**引入这个故事，我们应该先一览**科学**（science）和**科学的**（scientific）这两个词。中世纪，science 从法语输入英语，与知识是同义词。它迅速通过语义感染方式，获得"准确和系统化知识"的内涵，因为最早的拉丁文翻译家在翻译亚里士多德著作时，赋予形容词 scientificus 技术性意义，并且成为语义感染之源。经院学者根据亚里士多德的知识理论理解后一个词，认为一个人拥有"科学知识"，就是从运用纯粹理性或直觉掌握的必然性第一原理开始，通过一种三段论论证，这个人就可以公开证明他已掌握科学知识。在习得的时间顺序上，这些原理通过归纳从经验中获得；那么，随后进行的三段论证明，就是一番演绎逻辑的操练。证明，不能用我们今天可能通过实验的方式来理解，而应在与欧几里得证明相同的意义上理解。

形容词 scientific 意为"与科学有关"，但其词源意为"科学的多产性"。这个特性现已溯及（参见《牛津英语词典》scientific 词条）亚里士多德《后验分析》I, ii (71b) 中的一个短语，在此说到：当满足某些条件时，三段论将得到证明，"因为它将生产出知识"；这种三段论被这位翻译家［将其设想为波伊提乌斯（Boethius），6 世纪古罗马哲学家］译作"三段论认识论"；后来在这个文本中，记住这个短语，他把 $αἱ\ ἐπιστημονικαὶ\ ἀποδείξεις$ 翻译为"科学证明"（scientificae demonstrationes）。这看起来像希腊形容词"与知识有关"（拉丁语 scientialis），当它指可证明的知识时，应译作 scientificus。后来的亚里士多德评论者和亚氏其他著作的翻译者，可能乐于接受这样一个术语——它指出亚里士多德对证明知识与直觉知识的区分，而且这有利于选择无视对他们翻译文本所做的文学解读，文学解读本应由"与知识有关"（scientialis）做出解释——他们支持这种更自由但更重要的解释，因此，用一个单词 scientificus，即可传达亚里士多德源于证明证据的这类确定知识的观念。或者说，也许他们当时没有想到任何这些内容，而是在盲目重申波伊提乌斯使用的术语，却未意识到这个词并不适用于其他语境。无论如何，由于一贯以相同的含义在使用这个词，**无论 scientificus 的词源如何，它早已成为经院学者使用的一个技术性术语，意思是"与可证明的知识或科学有关"。带着这个意思，这个词进入罗马语系（意大利语 scientifico；法语 scientificus），但最晚到 1600 年才形成英语。**

这个语言学上的奇怪短语 scientific knowledge（科学知识），不是一个同义反复词组在常识知识与科学知识之间创造一种区分。从现在起，科学和知识就不能被认为是同义词了：科学代表一种确定的知识——更坚定且不出错的知识——这种知识或像亚里士多德曾经教导的那样，以欧几里得几何为模型，遵循直接演绎逻辑；或正如培根的开创式理解，它必须通过观察和实验，通过对它之前的部分真理进行精炼和澄清，实现渐进优化。如果我们把后一种洞见的起点确定为 1620 年——《新工具》出版；那么，我们可以适当地把这种洞见完全实现的日期确定为 1830 年——赫歇尔《自然哲学研究初论》出版。这本书热情赞同培根对经院哲学的拒斥，书中选取的案例皆基于科学新方法取得的成就；培根曾被赋予的成就，只是一种无望实现的兴叹。从 1620 年至 1830 年，我们发现，关于科学知识来源的哲学观点发生了一种转变，它体现在科学这个词意义的相应变化上。

正如经院哲学家基于亚里士多德意义的理解，这些科学门类属于哲学的专门分支，包括中世纪学习的七艺：文法、逻辑学、修辞学、算术、音乐、几何学和天文学。当科学数量得到扩充时，它们被冠以如下分类：自然哲学、道德哲学、第一哲学（或形而上学）。但我们确实发现，13世纪实验科学倡导者，格罗斯泰特（Robert Grosseteste, 1170—1253，神学家、哲学家，先在巴黎大学学习神学，1215—1221年任牛津大学校长。——译者注）坚持认为，"证明"知识不可能存在于这些自然科学中，因此极力否认它们享有"科学"称号："自然哲学可能提供它的种种解释，而不是以科学的方式……只有在数学中，才存在科学和证明。"①

这份亚里士多德思想遗产，也出现在洛克的思想中，他写道："我擅长怀疑，到目前为止，无论人类工业如何能够推动物理实体包含的实用和实验哲学进步，科学仍将超出我们所能获得的知识之外；因为我们想要从那些实体中得到完美和充分的**观念**（Ideas），那些实体现在离我们最近，并且大多数在我们的命令之下。"②他又说："我们这种获取和促进知识的方法，实质上只能通过经验和历史来实现，这完全就是我们的官能处于这种平庸状态的缺陷，这就是说，我们现在身处这个世界，能够获得知识，这使我怀疑现在没有能力将自然哲学制造成一门科学。"③最近一位作者，在评论这段话的最后一句时，惊讶地表示：洛克"仅仅在牛顿的《原理》出版

---

① 格罗斯泰特对《后验分析》的评论 I,xi. 引自 A.C.Crombie: Medieval and Early Modern Science. second edn., New York, 1959, vol.ii, p.16。
② 约翰·洛克：《人类理解论》，Bk. IV, 第3章26节。
③ 同上，第12章10节。

几年之后，就对物理学的可能性表达出如此怀疑的态度。"①但洛克远未感受到丝毫这种怀疑主义；这种误解源于以下方式：把对**科学**一词现代意义的解读，渗入洛克对这个词的使用中。需要记住，牛顿本人曾把《原理》铸入欧几里得《几何原本》的形式中，这种策略旨在努力将自然哲学提升到一门"科学"的级别。甚至最迟到19世纪，我们发现，黑格尔拒绝将科学名称赋予物理学；物理学家只能耸耸肩；这种做法可能会令牛顿不安，并且遭到亥姆霍兹的讥笑。

如此严格的定义和完美的改进精练，几乎不会对普通言说产生影响。科学保留通过学习获得的知识或通过实践获得的技能作为其意义之一。简·奥斯汀这样使用科学一词：

"每个野蛮人都能跳舞，"（达西先生说。）威廉爵士只是面露笑容……

"我毫不怀疑你本人在这种科学领域是一位行家，达西先生。"

但是，在18世纪和19世纪早期的英格兰语言中，科学还时兴另一种含义。由牛顿提出并遭到洛克拒斥的这种主张，现在不情愿地得到承认：通过观察或实验获得的任何类型知识，都被自由地称作科学的，并且承认它们与那些更古老的科学门类是同伴，这些古老科学当时尚未失去它们声称的那个头衔。对这些哲学以及构成它们的诸科学所做的精确分类，是英格兰那些大学特有的技术行话；在那些大学教室之外，有一种与此相关但更松散的用法，它认为：

---

① A.E.Bell, *Newtonian Science*, London, 1961, p.136.

哲学和**科学**这两个术语，在特定联系中可以**互换使用**，例如，实验科学或实验哲学；道德科学或道德哲学。1821年出版的一本书，形象地表明一个词只是早已变成另一种意思的优雅变体："植物**哲学**的构成要素包括：植物学的科学原理；命名学、分类理论、植物学、解剖学、化学、生理学、生态学和植物疾病；植物科学的历史以及实用插图（作者 A. P. Decandolle and K. Sprengell）。"这段同义词时期持续了大约50年（约1800—1850年）；这段时期，可能受到法国"科学"一词的典型用法影响，有越来越多的共识赞成：将**哲学**名称分配给神学和形而上学，将**科学**名称分配给知识的实验和物理分支。1831年英国科学促进会成立时，我们看到，科学一词已经彰显其现代意义。我收藏的两卷旧书恰当地说明这个变化：它们都是各种物理学主题的预印本或重印本，第一本写着《哲学小册子》（*Philosophical Tracts*），装订于1825年；另一本写着《科学回忆录》（*Scientific Memoirs*），装订于1860年。

这种语言学区别的发展，源于自然科学方法与形而上学哲学方法之间的差异。长期以来，不能毫无疑惑地将这二者中的每个词既称作"科学"，也称作"哲学"；如果"自然哲学"现在被称作"自然科学"，那么"道德科学"必须能够优先变成"道德哲学"。与此同时，存在一种强烈的预设立场，它支持科学，因为相较于哲学的贫瘠，科学具备多种有形的益处，因此，人们可能感到，这种名称交换也是对这种知识层级体系中的相对等级做出的一种重新安排。1829年，卡莱尔匿名投书《爱丁堡评论》指出一种趋势，我们现在身处1964年却颇为熟悉他当时的语调：

> 现在确实可以承认，在所有方面，形而上学和道德科学正在陷入衰落，而自然科学正在变得引人入胜，每天都在吸引更

多的尊重和关注……这就是两大知识部门的现状；这种外向科学，专门耕耘机械原理——那些内向科学最终被抛弃，因为，它们耕耘的那些原理，现在发现无法产出任何成果——充分昭示了我们时代的智识思想偏好，这个时代的普遍气质皆指向这种探究路线。事实上，一种指向内心的劝导一直都在自行扩散，并且不时地甚至逐渐表明，除了这种外向科学，现在没有真正的科学；对于这种指向内心的世界（如果确实存在的话）来说，我们唯一能设想出的道路，就是通过这种外部科学；那么，简言之，那些不能用机械方式考察和理解的对象，根本就无法被考察和理解。①

卡莱尔确实正确阐释了这个时代的特有标志。作为这种趋势的一个小指标，"科学"一词在普通言说中逐渐具有这种"自然和自然科学"的主导意义，其他意义的应用则沦为废弃。

19世纪自然科学日益增长的威望，解释了为什么它因此可以自己独霸以前用来指称所有知识的这个词。这种用法一旦确立，就将语言学支持赋予这种粗暴信念，即卡莱尔倡导的这种信念，认为：唯一的真知识属于自然科学探索的那个物质世界；这个观点的文化含义，在近来的历史、政治、同样还有智识思想中，开枝散叶，产生出复杂的后果，为我们当代的动荡不安做出不小贡献。我们的曾祖父们，本可以保护我们，抵抗这种毫无道理的语词篡夺，但他们却表现得特别顺从。当时，唯有拉斯金个人似乎已经嗅到危险，并在1875年发出大声警告，但这为时已晚，无法缚住这种趋势②：

---

① [T. Carlyle], *Edinburgh Review*, 1829, 49, 444–447.
② J. Ruskin, *Ariadne Florentina*, 1874, in *Works*, ed. Cook and Wedderburn, London, 1906, vol. xxii., p.396.

附录　科学家：一个词的故事

如今已经形成这样一种得到认可的时尚，在现代数学家、化学家和药剂师中间，他们自称为"科学先生"（*scientific men*），以此反对神学家、诗人和艺术家。他们知道自己的领域是独立的；但是，他们荒谬可笑的观念认为：这是一个独一无二的科学领域，不应允许它存在于我们的大学中。①现在有一门道德科学，一门历史科学，一门语法科学，一门音乐科学，和一门绘画科学；所有这些科学，都远超出与人类智力更高级领域的对比，并且需要更加细致观察的精确性，它胜过化学、电学或地质学对精确性的要求。

70

1878年，拉斯金又针对"粗俗地称作科学的"考察方式撰写文章，他补充道：

科学（*scientia*）这个词的使用，正如同它与知识的区别，是一种现代野蛮主义；它通常通过以下断言得到强化：相较于区别恶习与美德的那种知识，这种用来区别酸和碱的知识更值得尊敬。②

---

① 拉斯金（John Ruskin，1819—1900）作为19世纪30年代牛津大学本科毕业生，他熟悉科学（science）这个词有一种独特的牛津用法，当时用在关于亚里士多德《伦理学》、巴特勒《宗教类比》的研究等方面，例如道德哲学、逻辑学以及各种同源研究，则包括在牛津大学"人文"学院为申请学位设立的研究型课程中。在这里，我们发现，科学一词的使用严格契合格罗斯泰特对亚里士多德做出的解释；因此，这种用法是13世纪的遗迹；它一直保存到约19世纪50年代（这是一种学术保守主义的记录吗？）1870年，拉斯金重返牛津，坚决反对现代科学的一切侵犯行径，他于1884年辞职，以此举反对牛津大学建立一所生理学实验室。

② J. Ruskin, *The Nineteenth Century*, 1878, 4, p.1072。in *Works*, ed. Cook and Wedderburn, London, 1908, vol. xxxiv., p.157.

二、科学家：这个词的引入

随着**科学**这个词的新意义出现，需要对科学先生进行定名，变得日益迫切。一直以来，都在用**哲学家**这个名称，但正如我所说，哲学早已窄化了意义范围，将自然哲学排除在外，它只会出现在较老一辈哲学家的思想和口头中。以一位哲学家自称的英国科学先生，现在极其自觉地这样做了，或急忙用形容词"实验的"或"自然的"来限定这个名称。这样心中立刻会浮现出法语词 *philosophe*，用这个词指定的那些人不是科学先生，其中也不包括一直以来声名不佳的无神论者。**科学家**这个名称，首次出现在1834年3月出版的《季度评论》杂志中。然而，这位匿名评论者颇为诙谐地提出这个建议，在评论萨默维尔女士的著作《论物质科学的联系》过程中，它终将以最热切渴望的方式得到完全采纳。从托德亨特编写的传记中，[①] 我们得知这位评论者就是英国皇家学会会员威廉·惠威尔（William Whewell，1794—1866），他写道：

> 长期以来，这些科学门类一直呈现出与日俱增的分离和分裂倾向。数学家远离化学家；化学家远离博物学家；数学家，只留下自己，把自己又分成一类纯粹数学家和一类混合数学家，他们很快就分道扬镳了；化学家可能是一位电化学的化学家，若是如此，他就把通用化学分析留给其他人；在这位数学家与这位化学家之间，现在将插入一位"*physicien*"（我们现在没有他的英文名称），他研究热、水汽之类。这样一来，科

---

① I. Todhunter, *William Whewell, an account of his writings, with selections from his literary and scientific correspondence*, London, 1876, vol. i., p. 92.《季度评论》的主编洛克哈特（J. G. Lockhart），针对惠威尔为萨默维尔女士的科普著作撰写的严肃书评，指出他应写一篇"风格轻快的文章"，并且建议惠威尔要做出他的"精神"贡献。

学，甚至更多是自然科学，现在就失去所有统一的踪迹。对这种结果有一个奇怪的描述，可以在那种对任何名称的向往中观察到，通过这个名称，我们可以命名那些学生——他们从整体上掌握了物质世界的知识。我们现在得知，在过去三个夏天，在约克、牛津、剑桥召开的大会上，英国科学促进会成员，非常难忍地感受到这种困难。当时没有通用术语，可供这些绅士用来描述他们所追求的事业。**哲学家**（*philosophers*），人们感到是一个太宽泛和太崇高的术语，因此非常恰当地遭到柯勒律治先生禁用，这完全凭借他兼具语言学家和形而上学家的能力；**学者**（*savans*），太过主观臆断，此外它是法语而非英语；某位足智多谋的绅士（惠威尔本人）建议，通过类比**艺术家**（*artist*）这个词，他们可能形成**科学家**（*scientist*）这个名称，并且补充道：鉴于我们现在有 *sciolist*（一知半解者）、*economist*（经济学家）和 *atheist*（无神论者）这些词，因此可能毫无道德顾虑地自由选用这个词根来称呼科学家——但这样做通常并不令人接受；其他人试图翻译这个词，德国各类科学协会成员现在已经用这个词来描述自己，但确实未能发现易于翻译的迹象，因为无法找到一个对等的英语词，来表示 *natur-forscher*（自然研究者）这个德语名称。这番考证过程现在暗示出，它可能表明，曾经用这种不优雅的复合词，例如 *nature-poker*①（自然–拨火者），或 *nature-peeper*（自然–窥探者）来

71

---

① 当德国科学联合会在柏林召开大会时，一幅漫画在现场流传开来，它表现出这些会员带着反复咀嚼的非凡热情在大会午餐讨论中运用的那种"集体智慧"，以及他们在使用那些必备工具时体现出的敏捷熟练性，上述现象被贴上这种标签——"像自然研究者一样进行自然探究"（"Wie die natur-forscher natur-forschen"），我们现在冒险把这句德文翻译成英文"the poking of the nature-pokers"（惠威尔的注释，意为"自然拨火者进行的那种戳探"）。

表示这些 *naturae curiosi*（自然探求者）；但这些词都曾遭到人们愤怒地拒斥。①

用这种方式提出建议，特别与 *sciolist* 和 *atheist* 存在的贬损之义具有密切联系，因此增添了一种幽默效果，这个建议显然颇为轻浮，可能此前并未经过片刻的认真思考。六年后，惠威尔在《归纳科学的哲学》著作中，更加审慎清醒地再次提出这个建议，他说：

> *ize*（而非 *ise*）、*ism* 和 *ist*，这些词根适用于所有包含起源之意的词语：因此我们必须使用这些词 *to pulverize*（粉碎），*to colonize*（殖民），*Witticism*（巫术主义），*Heathenism*（异教主义），*Journalist*（记者），*Tobacconist*（烟草商）。因此，在需要这类词语时，我们可能制造出这样的词。由于我们不能用 *physician*（内科医生）称呼一位物理学耕耘者，所以我已经称其为 *Physicist*（物理学家）。我们历史学家需要一个通用的名称来描述一位科学耕耘者，我倾向于称其为 *Scientist*（科学家）。因此，我们可能说，一位音乐家、画家或诗人，要属于艺术家之类；一位数学家、物理学家或博物学家，则属于科学家之类。②

相关评论来得不慢。法拉第写道：

> 我也感知到另一个新的好词，就是这个 *scientist*。现在你能否给我们一个词，用来称呼法文的物理学家 *physicien*？

---

① [W.Whewell], *The Quarterly Review*, 1834, 51, 58—61.
② W. Whewell, *The philosophy of the inductive sciences*, London 1840, vol.i., p.cxiii.

附录 科学家：一个词的故事

> *Physicist* 这个词，对于我的口齿和耳朵都是如此尴尬，我认为我永远没有能力运用它，因为它相当于一个单词中有三个 i 音，这显然太多了。①

法拉第是否早已忘记 *criticism* 这个词？至于称赞科学家这个名称"好"，那只是出于礼貌：法拉第从未使用过这个词，直到他的职业生涯结束，他始终自称是一位实验哲学家。大约 50 年后，开尔文勋爵的注意力被吸引到物理学家这个名称上，他也未赞同使用这个名称。他更喜欢被称作"博物学家"（*naturalist*），因为他发现：在约翰逊编纂的《词典》（1755）中，将其定义为"一种非常精通自然哲学的人"。

> 用这个权威解释作为武装，化学家、电学家、天文学家和数学家，可能确实会声称：他们只是同自然的描述性考察者一起得到承认，享有这个荣誉并且便利地享有"博物学家"称号；他们拒绝接受一个物理学家的名称，*physicist* 这个词只是一个旧用法的变体，因为它不是英语词、发音令人不悦且毫无意义。②

当然，确实至迟到 19 世纪 90 年代，又将这个时钟倒退回先前这种程度。但当时的评论同样具有毁灭性，《布莱克伍德杂志》这样说："*physicists* 这个词，四个咝咝作响的辅音，像一个哑炮似的嘶嘶作响……"③

---

① Notes and records of the Royal Society, 1961, 16. 216.
② Sir W. Thomson, *Mathematical and physical papers*, London 1890, vol.ii., p.318.
③ *Blackwood's Magazine*, 1843, 54, 524.

最初，惠威尔提出的这两个新词都缓慢地得到采用。有一段时间，savant 几乎被自然化：那些评论性期刊认为，只要印出的这个词不用斜体，那么，就可以抵消它先前是一个外来语的印象。[①] 但是，physicist 与 scientist 这两个词太符合这个时代的那些需要，因此不能被无限期地忽视。科学家一词的出现，确实已经由其他作家独立地创制：1840 年，它出现在《布莱克伍德杂志》[②]上，可能独立于惠威尔的创制；1849 年，美国天文学家本杰明·古尔德（Benjamin A. Gould，1824—1896）提出此词，并未意识到他不是引入这个词的第一人；1853 年，美国语言学家菲茨沃德·霍尔，认为这个词出于他自己的一个奇想，将它运用到一本短命的印度期刊《莱德利杂志》中。[③] 在美国，**科学家**这个词立即找到了家；美国人没有感到它带来麻烦，即使他们可能普遍意识到这个词是外来语，但他们似乎不在意那种说法——外来语是一种使语言学丧失典雅性和妥当性的令人发指的结果。

惠威尔从来不是一位有乐趣精细思考所谓语言学反常现象的人，在他看来，方便使用比语言细节的类比一致更加重要，特别是，可能无需利用创制新词来取悦一位语法学家：在一位语法学家

[①] 早在 18 世纪初，法语中这两个词 le philosophe（哲学家）和 le scavant（学者）基于现代意义的区别就已经建立。在后达尔文时期（1860—1900），le scientiste（唯科学主义者）出现，用来定义一位科学唯物主义哲学的信仰者，例如利特雷（Paul Emile Littre，1801—1881。医生、医学史家、辞典编纂家。——译者注）和贝特洛（Berthelot，1827—1907，有机化学家、物理化学家和科学史家。——译者注）。

[②] Blackwood's Magazine, 1840, 48, p.273.

[③] Ledlie's Miscellany, Vol.2, p.169.《牛津英语词典》现在错误地将这个词的来源视为《莱德利杂志》。这个词出现在由霍尔撰写的一篇未署名文章中，在此过程中，他尖锐地论及英国旅行者在回国后发表的对美国的批评。他将这些参观者中的一类描述为"易怒的科学家"；霍尔可能将查尔斯·莱尔爵士（Sir Charles Lyell）铭记心中作为这个阶层的原型。

的耳朵中，特定语言中的所有这些拓展，无论多么符合语言细节类比，它们也不可能看起来不是语法悖理。惠威尔认为，尽管现实中存在的语言反常现象，例如杂交词或不正确的构词法，应当尽可能地避免；但是，只要当明显有利的术语出现时，它们容易获得且方便使用，没有它们就不能实现目的，那么就应当接受这些反常。例如，关于潮汐现象的科学研究，他怀着犹豫终未提出杂交词 *tidology*（潮汐学）。① 他已创制科学家一词，秉承同样的非教条主义和阳刚气慨，他很自觉地认识到：在语言学方面，这个词的合法性颇为可疑。后缀 -*ist* 最初源于许多希腊词汇，此后它们历经多种拉丁化版本。没有希腊词可以完全对应拉丁语 *scientia*，古罗马人可能不愿忍受出现一个新型杂交词 *scientistes* 或 *scientista*；为了让这个新词适应新环境，古罗马人可能曾要求，按照常规，需要先有一个希腊动词且后缀为 ειν 或 αι。由这些动词形成的主体名词，由这个主体后缀 -της 构成，这个后缀可以加在它的动词词干上。由此衍

---

① 托德亨特写道："甚至他的高度权威性，也无法让我适应这个野蛮的杂交词 *tidology*（潮汐学）。" I. Todhunter, vol. 1, p.86。惠威尔创制的其他词也引起一位评论家更可怕的嘲笑——英国著名辞典编纂家福勒（Henry Wason Fowler, 1858—1933）。下面这段引文中，虽然莱尔受到指责，但惠威尔才是那位原本冒犯者：

"*Pleistocene*（更新世）、*pliocene*（上新世）、*miocene*（中新世），这三个词是令人遗憾的野蛮主义。现在值得说明的是，这，不是因为这些词本身现在可以进行修补或终结使用，而是寄希望那些科学先生可能有朝一日会唤醒他们对科学术语的职责——这些职责远没有他们现在擅长设想的那么简单。

那种野蛮主义应当存在，现在看来确实是一种遗憾；花费大量精力谴责这些确实存在的事物，纯属一种浪费；创造它们是一项严重的轻罪；创造这类词的需要越是巨大，如果错误地将它制造出来，那么它的制造者的罪过就越是巨大。人们可能期望，一位科学先生，利用他绝无仅有的重要机会，做一些普通人在日常生活中无法做到的大事，他们可以请语言学家帮助造词；这些著名的"始新世 - 更新世"名称是由"一位优秀的古典学者"制造的（参见《英国传记大辞典》"莱尔"词条），这表明，构造单词是一种适合语言学专家解决的问题。"（H. W. Fowler, *A Dictionary of Modern English Usage*, Oxford, 1926）

生的英语单词包括 *baptist*（浸礼派）、*sophist*（智者派）、*antagonist*（对手）、*philologist*（语言学家）。① 因此，*scientist* 是一个拉丁－希腊杂交词，或充其量可以说，它的构词法源于不正确的拉丁词。

如果惠威尔胆子小，他就会选择一种免受这些反对的替代做法，或可能选择一种他可以找到的一些有古代先例的词形：*sciencer*、*sciencist*、*scientiate*、*scient*、*scientman*、*scientific*（某种人，类比 *academic*，*classic*），这些词都曾在先前时代使用过。但它们未曾为科学效力。任何后缀为 *-ist* 的词形，可能受到相同词根后缀为 *-er* 的词形的歧视，因为根据这种专业性或系统性含义，后者暗含更加博学的词尾：对比 *philologist* 与 *philologer*，*copyist* 与 *copier*，*cyclist* 与 *cycler*；因此，*scientist* 比 *sciencer* 更加适用，而且确实，因为这种隐含的寓意，它比任何其他缺乏此寓意的词都更加适用。另一种可能在于 *scientist* 中的 *ist* 是丑陋的，因为它的发音有咝咝声。惠威尔提出这个适用词语的天赋如今在此显而易见，正如他创制的其他术语一样；② 他努力"让这个新词成为英语，因此这番努力历时很久"，他的努力之所以成功，正是缘于教皇在一幅对联的下联给出的理由："因为使用将会开创由理智孕育的果实。"那些无法定义的品质，那些英语语言天才和相应的观点氛围，决定了什么是符合要求和恰当的，同时拒斥所有其他观点，无论它们由哪

---

① 《牛津英语词典》-ist 词条和第 24 个词例，p. 28。
② 如今，韦克斯勒先生（P. J. Wexler）已经发现，《牛津英语词典》归功于惠威尔的是：首次记录使用并且在许多事例中发明了 21 个词（无疑还有许多其他词）；对此，韦克斯勒先生又补充了由惠威尔的著作和通信首次见证的 41 个词，这远超出前者的判断。参见 "The great nomenclator: Whewell's contributions to scientific terminology"，*Notes and Queries*，N. S.，1961，8，p. 27。然而，惠威尔可能不会同意韦克斯勒先生文章标题的含意，因为标题中的两个词"命名学"和"术语学"是同义词，他曾在这二者之间多次做出确定无疑的区分。

位著名学者提出。在这种情况下,这些学者以及回应他们的新闻记者,都有很多话要说。

三、科学家:这个名称遭到反对

科学家一词随后引发的争论,来得太晚,因此未能影响这个词的用法转变,通过这种用法转变的所有知识,拯救了先前被排除在科学之外的那个物质世界的知识;这种转变在距我们一代或两代人之前已经全面完成,它几乎早已得到普遍接受,并且不再有公开争论。但是,通过把**科学家**确立为一个特定名称,**科学**的新地位将得到扶持和难以估量的强化。如果认为其他先生拥有的知识注定至多不过是无知或粗鲁,那么,先前难道没有冠军人物拒绝承认一小群专业先生拥有的这个独家头衔?值得注意的是,针对**科学家**这个名称,确实不存在反对者基于这一点来反对它。反对者紧紧抓住该词构造违背常规的特性:"*scients* 或 *savants*,但是,请注意,考克斯先生,不是 *scientists*。"[①] 他们还发挥想象,因为完全值得坚持他们确信的主张(天哪!一个错词)——认为这个词拥有一个横跨大西洋的源头。那些反对"科学家"称呼的人,希望维护传统科学研究特有的价值和尊严。凭借无法脱离的密切精神联系,科学家这个词的属性被等同于科学这项事业的属性。"科学家"这个词的卑微性寓意,只要它被感受到确实如此,就会降低由它指称的那些人的地位。多年后,这种反对潮流发生逆转,科学家名称获得的荣誉,赋予了拥有这个名称的那些个人。然而,在这种反向之初,直到约1910年,在英国,小心谨慎的作者只把"科学家"用作一种口语,

---

[①]《牛津英语词典》scient 词条,1894.10, p.555。

仍将短语"科学先生"用于正式话语或写作中:例如,伟大的《牛津英语词典》最早几卷的标题页,从 1888 年到 1914 年,有这样一行文字:"得到许多学者和**科学先生**(men of science)的帮助。"

美国对科学家名称的支持,也不利于这个词的接受。极少有英国人愿意如此积极地表达自己,但许多人愿意同情拉斯金的评论:"英格兰教会那些美国人的言说或思想中的全部内容,到目前为止,他们尚未从英格兰学到的思想,是愚蠢的思想;他们尚未从英格兰学到的词语,是不得体的词语。"① 亚历山大·艾利斯(Alexander John Ellis,1814—1890),皇家学会会员,英国语言学会主席,对此表示赞同。1874 年 9 月 19 日,在语言学会《学报》上发表的一封信中,他自信地确定"科学家"是"一个野蛮的美国三音节词",他想用双音节词 *scient* 取代之。他还借此机会提议采用 *uty*、*utians*、*phillogy* 和 *phillogs*,取代 *utilitarianism*、*utilitarians*、*philology*、*philologists*。然而,在艾利斯翻译的亥姆霍兹著作中,使用了 *physicist* 这个名称,尽管鉴于他期望消除该词多余音节的观点,人们可能非常期望他偏爱 *physist* 这个词,但或许更有甚者,作为一位名副其实的简化拼写倡导者和《语音学之友》(*The Fonetic Frend*)期刊创始人,他就是偏爱这个词的"嗞嗞作响"版本(*fizzist*)。

20 年后,相当多的公众被吸引到关注科学家这个词上。卡灵顿(J. T. Carrington),《科学闲话》主编,加入了一场反对该词用法的公开抗议,他在该刊中说:

> 这个词的应用现在无法让人满意,它通常是少量博学多识

---

① John Ruskin, Fors clavigera, Orpington, Kent, 1874, Letter 42, p. 118。In *Works*, ed. Cook and Wedderburn, London, 1907, vol. xxviii., p.92.

者及其表达的产物,如今,这种博学及其表达,来自教科书填鸭式的现代体系和普遍匆促的教育。为什么不把 *nomenclators*（命名者）称作 *nameists*，或把 *sempstress*（女裁缝）称作 *sewist*，或把 *conchologist*（贝类学家）称作 *shellist*？所有这些词可能开始在"进步主义者"（*progressivists*）中间得到应用,但同样招人厌恶的是"科学家"（*scientists*）这个词。

这段摘录被几种日报转载,并引发某种反对这个词的评论。由于卡灵顿希望就此问题得到一份"权威宣言",于是,他请英国 8 位最著名人士提出意见,其中 7 人立即做出回复。他收到的回复如下：①

先生：在回答你的问题时,我只能向自己作答,我从未在任何严肃的文学作品中使用过"Scientist"这个词,而且我用非常厌恶的态度看待它。
第 8 代阿盖尔公爵（Duke of Argyll, K.G., K. T., 1823—1900），
皇家学会会员
1894 年 12 月 8 日

先生：我完全同意你对"Scientist"这个词的观点,我自己从未使用过它。为什么不保留"Philosopher"这个古老的词呢？
约翰·卢伯克男爵（Sir John Lubbock, 1834—1913），
国会自由党议员、皇家学会会员
1894 年 12 月 7 日

---

① *Science-gossip*, N.S., 1894, 1, 242–243.

亲爱的先生：我认为这个非常有用的美国术语"Scientist"已经得到采用，而且昨天，我见到阿姆斯壮博士在英国化学学会用到了它。正如我们现在有生物学家、动物学家、地质学家、植物学家、化学家、物理学家、生理学家和专门家这些名称一样，我们为什么不应使用"Scientist"这个词？似乎在我看来，正如美国人所说，这个词正在逐渐"保留下来"，现在反对采用它已经为时过晚。

阿尔弗雷德·华莱士教授（Alfred Russel Wallace，1823—1913），
皇家学会会员
1894 年 12 月 8 日

亲爱的先生：我个人不喜欢"Scientist"这个词，从未承认它可以进入我自己的词汇。没有同人被迫亲自使用任何特殊的词，除非他本人选择这样做。似乎在我看来，"科学先生"这个名称现在能够很好地胜任所有目的。但我完全承认以下事实：语言在不断增长，以不负责任的方式增长着。如果大多数说一种特定语言的人选择采用一个新词，无论它的形式多么不堪，对于反对使用它的个人来说，只能认为其迂腐。我们现已吞下"Sociology"（社会学）这个名称；我们现已吞下"Altruism"（利他主义）这个名称；亲历这些像骆驼一样的大词之后，我现在无法明白，为什么我们需要紧张地对待相比之下像"Scientist"这种区区蚊虫般的小词。它如今已经逐渐保留下来。我们中的许多人不喜欢它；但我担心，我们只有这种寻常的替代方式——随大流地将它汇入海量词语中。

格兰特·艾伦先生（Grant Allen，1848—1899），通俗作家
1894 年 12 月 20 日

附录　科学家：一个词的故事

　　亲爱的先生：我不喜欢"Scientist"这个词，我自己也从未使用过它；但我预见，除非能提供一个替代词，否则很难避免使用它。开尔文勋爵建议回归含义更广博的"Naturalist"（博物学家），这可能提供了一种解决方案。

瑞利男爵三世（Lord Rayleigh，1842—1919），
皇家学会会员、物理学家
1894年12月10日

　　对于任何一位尊重英国语言的人来说，我认为，"Scientist"必定像"Electrocution"（电刑）一样，是一个大概令人关注的词。我真诚地相信，你将不会允许《科学闲话》杂志的页面被它玷污。

托马斯·赫胥黎阁下（Thomas Huxley，1825—1895），
皇家学会会员
1894年12月10日

　　亲爱的先生："Scientist"这个词的非法性已经在一周或更早前的那些日报上充分曝光。我相信，事实已经表明，它是一个从美国输入的词。然而，正如在过去四分之一世纪里，一群作者涌现出来，他们肤浅地涉猎科学，特别在我们所处时代的那些重大科学问题上表现得更加肤浅，有鉴于此，"Scientist"可能应当被保留下来，作为描述这类人的一个恰当术语。

阿尔伯特·甘瑟博士（Albert Günther，1830—1914），
皇家学会会员、大英博物馆动物学部主任
1894年12月13日

四、科学家：霍尔为这个词辩护

这种反对的基础一直被定义为必须按照如此狭隘的规则进行构词，因此，仅仅需要一位博学且能做出细致解释的学者，就能完全彻底推翻它。美国语言学家菲茨沃德·霍尔（Fitzedward Hall，1825—1901），当时住在英格兰，就是这样一位先生。一些英国作家对于他们怀疑源自美国的任何词语都抱有非理性的不同情态度，这令霍尔感到愤怒。霍尔本人也毫不留情地批评他的美国同胞，应当对这个英式表达在美国的恶化情形负责，正如下面这段话所述：

> 有一种现象，任何一个有判断能力的人都无法驳斥它，一个明智的爱国者有必要承认和哀叹它，那就是：我们最近几乎所有通俗作家的写作措辞，都被粗俗言语以及外来语和本地土语的使用所玷污；对此，一位具备文明教养品位的人士只能起而反抗。这还不是玷污我们伟大同胞写作风格的唯一粗俗特性。显而易见，说到他们的写作风格，几乎以类似的程度，现在确实是邋遢马虎、缺乏清晰性、违反既定习语、错误语法频现，而且从总体或部分层面，冒失地体现出种种美国主义。这些冒犯做法违背了文学作品特有的审美观，进而言之，我们现在看到的这些写作中的冒犯做法，为了展示自己，年复一年地，正在无所顾忌地持续增长。①

---

① Fitzedward Hall, *Two trifles: I. A rejoinder. II. Scientist, with a preamble*. Privately printed, London, 1895, pp. 2–3.

这位先生写下这段话，但不能指责他对自己同胞的言语失当行为进行盲目偏颇地取笑。但是，霍尔反问：这确实是一种公认的可悲状况，是否单论这种状况，现在经常促使一位英国先生把任何冒犯他的表达不经核实地斥责为一种美国主义？霍尔怀疑有一种敌意在反对他的国家——这种敌意乐于把抓住任何真实或虚幻的基础作为贬低和蔑视的靶标。三十多年来，从英国报纸和期刊上，霍尔已经收集到许多诋毁实例，其中，科学家这个词是频繁出现的重要实例。他的一些证词如下：

> 在 1878 年 3 月 6 日出版的《卫报》上，一位评论家把 scientist 这个词的特点概括为"非常有问题"。在为该报主编提供的一篇说明中，我坚决主张，针对这种观点，可能有许多内容可以阐发，但我的说明被拒绝发表。此后六个月内，《卫报》再次攻击这个词，我再次挺身而出为它辩护，但遭遇到与上次相同的问题。
>
> 1890 年 9 月 20 日，伦敦《每日新闻》为 scientist 这个词

（接上页）菲茨沃德·霍尔，出生于纽约州东部特洛伊市（伦斯勒郡治）。1842 年，他 18 岁获伦斯勒学院（现为伦斯勒综合理工学院）土木工程师学位。由此进入哈佛学院，1846 年毕业，获语言学学位。他的漫长余生在印度和英格兰度过。1852 年，他成为编辑一部梵语文本的首位美国人。他还发现了几部被认为已散佚的有趣的梵语著作。他破译和翻译的各种梵语铭文，为古代印度历史提供了许多新启示。这些学术贡献的重要性得到牛津大学承认，1860 年授予荣誉博士学位，他当时 35 岁——按通常标准，他非常年轻就获此殊荣。1862 年，任命他执掌伦敦国王学院梵语和印度法学系教席。此时，霍尔是一位著名的英语语言学学者。受英国语言学学会任命，他负责《新英语词典》编纂工作，这使他有机会将自己大量搜集的英语单词、短语和习语派上用场，其中包括从过去四百年数千部著作中搜集的引文——这是他毕生研究和阅读的果实。他的无私奉献和服务，作为一种出于热爱的辛苦劳作，许多年来得到慷慨回报。在这部词典独立各卷的不同序言中，可见詹姆斯·默里（James Murray，《牛津英语词典》主要编纂者。——译者注）对他为这部词典竭诚效力的特别承认。

贴上标签：一种"低贱的美国主义"，一个"廉价且粗俗的源于跨大西洋俚语的产物"。为校正这种描述，我致信该刊，指出：1840年，*scientist* 和 *physicist* 这两个词，确实由惠威尔博士提出，现在看来仿佛源于他自己的捏造。我的交流内容从未得到披露。若把它们刊印出来，可能会检点当时对一个错误的扩散传播，这样做冒犯的是虚荣心，而非这个词的真相……

去年11月30日（1894），《每日新闻》重返那种经过改正的言论，它显然赞同一种对这个词的责备言论，《科学闲话》早已对此做出表述。一封回信，是对我前一封信内容的扩充，我立即起草并致信《每日新闻》，同样遭遇它的同道先前那样的命运，被丢入该刊编辑的废纸篓中。①

在前面引用的那些《科学闲话》刊登的信件中，赫胥黎的躁怒语气，最可能引起霍尔充满愤怒的注意；赫胥黎论及 *electrocution*，一个美国"混合词"（*electricity* + *execution*），他以此表明，*scientist* 同这个词一样体现的是一种非学术方式的美国主义。霍尔对赫胥黎的言论充满愤怒，被他先前遇到过这方面的其他实例产生的累积效应所激怒，这些遭遇皆促使他倾尽毕生全力为这个词辩护。他运用英国诗人、作家兰德（Walter Savage Landor，1775—1864）《假想对话录》的方式，呈现了一段对话：一方是赫胥黎教授，此时是一位坚定的反对者，他与惠威尔博士的影子展开争论。②霍尔的假想风格十分生动，这种幽默笔法颇为适合语言学表达。由于这段对话很难获得发表，在此不吝大段地加以引用，作为见证：

---

① 同上，pp. 25–26。
② 参见脚注24。

附录　科学家：一个词的故事

既然，在活着的时候，惠威尔博士在自我确证方面从未有过丝毫退缩，因此我们可以放开想象，在他除去肉体的化身中，他的这种风格依然如故。进一步想象，从他的那些影子中离开一会儿，在一连串电话响起的过程中，他正在拜访处于研究状态的赫胥黎教授。这些条件已经满足，接下来的内容可能，颇为自负地，是一番设想。

W博士（相当务实的形象）：早上好！别介意我的唐突。我现在来与你进行一番挑剔。作为一位解剖学家，在行事方式上有点儿铮铮硬骨，但愿你会认为我现在的比喻不是失当的。

H教授（不耐烦地）：你是谁？

W博士：一位智者曾经论及某人，说"科学是他的强项，博学是他的软肋"。意识到这句迷思箴言所指的那个人，我对他表示恭敬顺从（做天主教式跪拜）。

H教授（更加不耐烦）：我问你究竟是谁？你要驶向什么目标？

W博士：我正在**一步一步谨慎地**（*pedetentously*）前行。①

H教授（显然坐立不安）：你的举止粗鲁无礼，你说的英语也很特别。

W博士：我从来没有特别研究过那些优雅举止，但我的诙谐幽默，相比你那种严肃的世代交替的优雅言行，我将会**一步一步谨慎地**处于优势地位。

---

① *pedetentously* 这个词不是由惠威尔创制，正如霍尔现在似乎声称的那样，而是在1837年由西德尼·史密斯牧师（Sydney Smith，1871—1845）创制。史密斯也是这段文本引用的那句关于惠威尔的箴言的作者："科学是他的强项，博学是他的软肋"。

H教授（更加坐立不安）：你的举止正在无礼地侵犯我，你现在最好离开这个房间。

W博士：请原谅我，尊贵的教授。凭着冥府颁发的出行票，可以"在这个世间来回走动"，我已经利用这个自由行走的机会，顺便拜访了您。我是惠威尔博士。

H教授（笑着）：具备固定形式的精神，无论是质料说，还是与此相反的其他学说，都是一种属于理性好奇心的研究对象；而且对于 ὕπαγε Σxτανᾶ 这个称呼，我喜欢用 χαῖρε διδάσκαλε 替代它。

在这个初步幽默之后，霍尔用惠威尔博士这个角色的口吻，列出可能证明 scientist 这个词合理的三个理由，它们基于与其他已得到充分接受的词的构造法进行类比：

1. 如果我采用这个词干，它类似 scientific，也类似 scientia，按照要求做适当修正，再加上后缀 -ist，结果将会怎样？我的处理过程更多保持与任何符合风尚的词相同，例如 deista、déiste 或 deist。这里的完整词干 deo，弱化为 dei，这个词干用在 -ista, -iste, -ist 之前，则切断为 de-，i 被省略是为了杜绝一个空音。在我创制这个词的方向上，scienti- 的尾字母 i，现在也被省略。如果 scientia 没有将 scire 置于其后，那么相应地，scientist 将会在每个细节上都像下面这些词一样好：aurist（耳医）、dentist（牙医）、florist（花匠）、jurist（法学家）、oculist（眼医），以及旧词 copist、新词 copyist（誊写员）。我殚精竭虑为获得一份许可而努力的地方，一直都在正常运行着，它不是关于一个名词的特定词干问题，而是关于一个动词、一个现在分词之一部分的特定词干问题。的确，你不会为下面这些词争论不休：*colloquist*（口语家）、*determinist*（决定论者）、*funambulist*（走绷索者）、*somnambulist*（梦游者）、*ventriloquist*（口技表演者），它们只是略微有别于*scientist*！

2. 但我现在尚未完成这项工作。我们不满意德语词 *obskurant* 和法语词 *obscurant*（反启蒙、遮蔽），却偏爱这个被拉长的词 *obscurantist*。若是这样，那么，另一种办法是，在 *scientist* 这个词中，我们把后缀 -ist 加到旧形容词 *scient* 上，这种用法有时出现在英格兰诗人李嘉德（*John Lydgate*，1370—1451）和英格兰约翰王（John King，1167—1216）那里；在这种情况下，论及 *scientist* 的构成要素，它确实类同于 *absolutist*、*extremist*、*indifferentist*、*positivist*。

3. 再说一次，如果我引导陷入困境的自己，仅凭这种经验和语音悦耳之需，简单地把 -ist 紧扣在 *scientific* 的词根 *scient-* 上，满意地把外来不会出错的成分注入一个完全毫无半点清晰性的词中，情况将会怎样？这些大量现存的复合词，以如此无理纠缠的方式对它们争吵不休令普通人倍感烦恼，在它们旁边，是我创制的词，它方便且能立即说明问题，我据理力争，它确实具备最高程度的可靠性。好的，但愿它能凭自身价值立足。词的错误正如现在认识到的那样存在着，但我始终确信：到目前为止，还没有一位具备这种最微小名声的语言学家，从一种实用层面，公开宣布反对它。因此，我预言这个词将会存活下来。

霍尔得出结论：

> *scientist* 这个词确实公认存在结构反常，既然在约翰逊博士（Samuel Johnson, 1709—1784）创制 *rimist* 之后，我们现已从构词法上得到 *landscapist*、*red-tapist*、*routinist* 和 *faddist* 这些新词，这里似乎必将存在各种可能性，那就是：效用性将迅速使这个词合法化，因为这个词如今已经使以下新词合法化：*botany*、*facsimile*、*idolatry*、*monomial*、*orthopedic*、*poshumous*、*racial*、*suicide*、*telegram*、*tractarian* 和 *vegetarian*；有鉴于此，现在仍然能指出几种根深蒂固的有违规范的造词法。

这篇文章在1895年以来的这几年中，完全确证了霍尔的预言：这个词将会存活下去。即使关于这个词是否恰当得体的争论正在继续，但与此同时，它正在日益牢固地嵌入英语；它已无法被少量厌恶它的表达根除，无论这些表达的来源多么著名、表达方式多么如同神谕。霍尔为 *scientist* 这个词的辩护，未能享有该词终获现代接受的这份殊荣，甚至也不能认为是霍尔促使其同代人确信了该词，进而克服了他们对该词的厌恶之情。然而，下一代作者不再具有与他们前辈一样的那些道德顾虑，可能拿来反对该词的那些论点，已经被霍尔论述这个主题的文章剥夺了力量。可能认为，最终对这场争论发表的评论，是由一位赫胥黎传记的现代作家以无意方式做出的：在这部传记的书名页上，他以完全率真的风格，将这个曾经可恨至极的词用到这位伟大的科学先生本人身上，名为《托马斯·赫胥黎：科学家、人文主义者和教育家》。① 这确实是由命运做出的一

---

① Cyril Bibby, *T. H. Huxley: Scientist, Humanist, and Educator*. London, 1959.

场无情打击，不过，因为这位作者如此欣悦娴熟地称呼他，所以，没有陶醉于寻找诗意公正的帝王（Mikado）可能曾对这个用词做出改进。

五、科学家：这个词的现代用法

普通言论已经裁定科学、科学家这两个词具有更狭窄的含义，同时，这两个词继续参与到更深广的社会文化演进中。这里有一些典型实例，可见它们的现代"用法和滥用"。

1. 如今，科学一词的含义已远远超出自然科学：当自觉运用由自然科学实践者阐发的心态和技艺时，任何学科都被说成具有科学性：用怀疑主义对待权威性；对现象做出冷静描述；构造的假说能够得到验证；对数据可靠性特有的限制条件做出测量。这种用法的实例出现在"生物科学"和"社会科学"这类表达中，这两种表达在 19 世纪末之前已付诸使用。

然而，现在有一种观点认为，这类自然科学和生物科学，特别是物理学，现在声称自己具备一种更高的地位，通常科学也以它们二者作为依据。这也许造成一种结果，那就是物理学家表现出一种智识上的傲慢和虚荣势利，现在足以公开表明，人们一致公认这种表现是一种专业特性。下面这段诙谐的嘲讽——这种嘲讽至少现在具有典型性——曾报道，在最近召开的一次科学与人类福祉国际大会上，一位俄罗斯物理学家在一场茶叙会中的对话：[①]

[①] Daniel Lang, *The New Yorker,* 1963.12.21, p. 54.

我曾论及，此前已有越来越多的社会科学家前来参加帕格沃什会议，而且阿基莫维奇也露了脸（Lev Artsimovich, 1909—1973。苏联物理学家、院士，1928 年毕业于明斯克大学，二战后研究核弹同位素分离，并进行受控核实验。——译者注）。通常而言，他说，他发现社会科学家是相当缺乏效率的一群人，就是"材料收集者"。他说："五十年前，英国伟大物理学家卢瑟福教授说，科学家可以分成两类——物理学家和邮票收集者。"

2. 科学一词的另一种拓展含义，出现在新近出版的优秀著作中，因为该词源于自然科学，人们认为它给确定的传统制造工艺程序提供了**基本原理**，例如烹饪、染色、制造肥皂、玻璃或陶瓷；现在由此通过类比得到的术语适用于新学科（或被赋予魔力的旧学科），例如**家政科学**、**军事科学**、**卫生科学**、**建造科学**、**图书馆科学**，这里的科学一词指的是：以这些学科各自实践为基础的理论研究。然而，这些实例只是如今一些美国大学的当地用法，尚未得到其他地方的完全接受。

3. 但是，如果科学一词的含义可以如此拓展，那么其他人将会更进一步地拓展它。在美国报纸词汇中，**科学、科学家、科学的**这三个词过度地流行，这种拓展过程如今几乎完全达到任意胡说的程度。根据一位现代学者的说法，[①] 这些词现在"被过多地使用，而且是由那些错误的大众在使用"；它们是威望颇高的"时髦词"，凭借它们的高效性而流传甚广，但这是基于它们代表的时髦且毫无精准性的说法。这类病人，矢志不移的男人和女人；这种活生生的现

[①] E. Partridge and J. W. Clark, *British and American English since 1900*, New York, 1951, pp. 236–238.

实凝聚为这个词**科学家**，在实验室工作，只与同行用一种深奥的语言进行交流；科学家一词现在无法满足这种针对社会、经济和政治问题寻求确定答案的普遍迫切渴望，所以，大量文化程度不高的人一直受外力指引而期待获得确定答案，"科学"应将这些确定答案包含在它的巨大力量中，并且传达出来。一种叫做"这类科学家"（the scientist）的抽象化名称，正逐渐在人们心中被赋予形式——作为一种新的权威形象，对应于一种更原始文化中的牧师或巫医，他们给出"科学的"论断可以被像儿童般的依赖者接受。这种说法的危险性，不仅因为它不真实，而且因为它违背理性。事实证明，探求绝对的科学合理性，就像探求哲人石一样，是毫无希望的。可能存在的偶然好处体现在一种政治或宗教哲学中，它声称具备"科学的"权威性，并且随时准备将自身那种现成确定的形象定格在大众心中——大众坚信科学具有无谬误性；但是，这种愿望主观设想且努力挖掘出的那个角色，现在背叛了那类宣传人员内秉的那种无原则的精明。辩证唯物主义大约起源于一百多年前，当时恰逢**科学**这个词获得了它的现代意义和地位。马克思本人基于这种科学理解的精神，研究他的主体-物质问题，但那些信仰马克思主义的作者，推崇的是马克思的文字，而非马克思实践道路的精神。根据他们的理解，"辩证唯物主义**就是**科学方法"。因而现在确实能认可，这些世界共产主义领袖将自身风格塑造为科学家。① 但是，他们要求不加批判地服从权威，这完全违背这些自然科学的精神，这种精神简洁地体现为这句贺拉斯式讽谕"不人云亦云"（nullius in verba，英国

---

① 下面这段话支持本文的这个论断："他们是'辩证唯物主义者'；那就是，真正的科学家。他们说出的真理是科学真理。他们明白支配社会行动的特定法则，他们的演讲体现了那种法则。他们明白历史，他们用历史的名义说话……他们的话语是历史的构想。"参见 J. T. Farerell, *Literature and Morality*, New York, 1947, p. 159.

皇家学会创立时确定的拉丁文会训。——译者注）。同样，在基督教科学中，无论它的精神价值是什么，我们现在有另一种实例，就是把科学和科学家这两个词引入一种它们现在不适合运用的语境中。这种做法可能还有进一步的典型实例，就是在一伙微小的江湖骗子中，特别在向公众进行广告宣传商品或服务时。上述问题的补救办法在于一种不断拓宽的通识文化，其中既包括一种稳妥的知识，说明科学确实是什么，还包括在进行词语选择时，坚持一种有教养地厌恶含糊其词的原则。不幸的是，这后一种必备要素，如今正在逐年变得更加难以实现。这种语言的发展，这种体现在重要语言问题上的**时代精神**（Zeitgeist），如今不再是这样一种方向：保存单词的微差别，甚或保存更全面的意义区别。人们可能期望，语言学者能够保护这种遗产，经过这几个世纪的丰富和精练，它属于一种举世无双的语言，现在必定会发现它具备以科学名义赋予的那些力量——作为一个最终悖论。

　　这种语言研究，现在被重新命名为语言科学，属于一些学科中的一种，这些学科先前曾是学术领域，但现在渴望被归类为科学领域。这种设想——当前获得这个更光荣的名称——需要它的门徒亲自做出一种态度改变；一种新的研究导向必不可少，这可以为他们自诩是科学家赋予可信度。试问，科学是一种对事实进行冷静记录、使其免受价值判断污染的学问吗？由语言科学家构成的新学派，依据这种科学观，拒绝谴责任何离经叛道的词语是不正确的，无论这类词语多么有失文雅，只要它现在足以广泛传播，如今就会以传统方式接受它并认为是好语言。1961年最新出版的无删减英语词典，《韦氏新国际英语大词典》第三版，它的编辑群体都属于这个思想学派。科学这个词的巨大力量就是他们独有的权威性，因此，在他们编辑的词典中，加入大量短命语汇，还将大量词汇——先于他们生活的时代、早已被贴上**粗俗和俚语**的标签，甚或更直白地贴上**错误**的标签——接受为标准英语。① 这些决定背后蕴含的那种态度，现在被称作"放任性"；它把自身风格树立为科学的，但同样清晰的是，它与一种对权威和传统抱有酸腐的清教徒式厌恶态度保持和谐。在这段科学与社会互动的历史中，我们已经和正在经历源于这种道德与科学热情结合的传教士般满腔热忱造成的影响；对于我们现在可能遗憾正在失去的许多东西来说，这些影响一直都是它们的腐蚀性溶解剂。对英文语言产生影响，就是通过一种有影响的字典作为特定媒介，用同一种精神将这种语言标准的系统性松弛普及开来。美国的日报上流动着那种不负责任的粗疏英语，如果不对它们进行严格检查，那么，必不可少的区别和有用的影子含义，将会被它们席卷一空。如今，科学家特别需要坚持保留对单词之间的意思进行严格区分的传统；相较于人文学者，科学家更应如此，因为现在需要他们注意词意间细微优雅的差异。例如，下面几对词语，在大众语言中是同义词，但在自然科学家看来却不是这样：速度（*speed*与*velocity*），压力（*stress*与*strain*），重量（*mass*与*weight*），力与压力（*force*与*pressure*），准确度与精确度（*accuracy*与*precision*），密度与重型（*dense*和*heavy*）。因此，普通言说与科学语言如今正在变得更加各行其道，这种趋势对二者都不利。确实，每一种智识活动，不唯独科学，现在都受到这种语言民主化趋势的伤害。当每一种智识活动使用的那些词，正在失去它们的精确性时，那么，这种思维过程就会变得日益缺乏穿透力。

---

① 美国大众媒体中出现的大部分对这部辞典的评论，都是负面的，尽管一些评论有失公正。《纽约时报》那篇评论确实饱含机智："麻省春田市梅里厄姆出版公司的一批天庭饱满的博学人士，迄今历时27载，仍在喋喋不休地争论着——确实无意由此推断他们一直以来没有做充分的工作——并且现在他们已经最终完成了无删减的《韦氏第三版新国际英语大词典》，这个新版十足完整，而且是一部广受尊崇的辞书。那些认为上述这段文字是可接受的英语散文的人，将会发现：这部新韦氏就是专为他们准备的大词典。"

威廉·惠威尔

菲茨沃德·霍尔
（来源：北卡罗来纳州特赖恩镇
B. Homer Hall 先生收藏）

参考文献

未出版资料

大英图书馆收藏：巴贝奇文存；马可维·纳皮尔文存

英国皇家学会图书馆收藏：约翰·赫歇尔文存

苏格兰国家图书馆收藏：布儒斯特补充手稿；约翰·洛克哈特补充手稿

剑桥大学三一学院图书馆收藏：威廉·惠威尔文存

已出版资料[①]

作者说明：本书引用的匿名作者文章，我已使用 Houghton（1966—1988）检索系统与作者进行过确认。我没有列出惠威尔已发表文献的全部名单；这里列出的惠威尔文献，同其他条目一样，都是在正文中引用到的。

A

Aarsleff, H. (1971) "Locke's reputation in nineteenth-century England", *Monist* 55: 392–422（《洛克在19世纪英格兰的声誉》，载《一元论者》期刊）

[①] 原著引文采用正文随文简注（括号内注明引用文献的作者名和出版时间）与参考文献详注（作者名下文献以出版时间为序）联动系统。依据中文阅读习惯和英文文献查阅便利，译者将原著正文随文简注转为译者页下脚注形式，将简注缺少的文献标题及其来源信息，在参考文献中逐条译成中文，并且补充了部分文献已有的汉译本信息。每条文献的作者名和其他出版信息不再重复译出。——译者注

Abercrombie, J. (1837) *The culture and discipline of the mind*, 6th edn, Edinburgh（《心灵的文化与规训》第6版）

Abir-Am, P. and D. Outram (eds.) (1987) *Uneasy careers and intimate lives: women in science, 1789-1979*, London（《艰辛职业与亲密生活：科学界的女性》）

Agassi, J. (1971) "Sir John Herschel's philosophy of success", *Historical Studies in the Physical Sciences*, 1: 1-36（《约翰·赫歇尔爵士的成功哲学》，载《物理科学的历史研究》）

Airy, G. B. (1896) *Autobiography of Sir George Biddell Airy*, Cambridge（《乔治·比德尔·艾里爵士自传》）

Albert, Prince Consort (1859) "Address", *Report of the 29th. Meeting of the British Association for the Advancement of Science* (1860), London, lxix-lxxix（《阿尔伯特亲王致辞》，见《英国科学促进会第29届会议报告》）

Allen, P. (1985) "S. T. Coleridge's *Church and State* and the idea of an intellectual establishment", *Journal of the History of Ideas* 46: 89-107（《柯勒律治的〈政教宪法〉与一种根深蒂固的智识观》，载《观念史学刊》）

Alter, P. (1987) *The reluctant patron: science and the state in Britain 1850-1920*, Berg（《不情愿的赞助者：科学与1850-1920期间英国的国家》）

Altick, R. (1957) *The English common reader: a social history of the mass reading public*, Chicago（《英国普通读者：一部大众阅读的社会史》）

Annan, N. (1955) "The intellectual aristocracy", in J. H. Plumb (ed.), *Studies in social history: a tribute to G. M. Trevelyan*, London, pp. 241-287（《知识贵族》，见《社会史研究：致敬屈威廉先生》）

匿名, (1813) "Advertisement" and "Preface", *Annals of Philosophy* 1: ii-iv, 1-4（《广告》与《序言》，载《哲学年刊》）

(1820) "Education of the poor in France", *Edinburgh Review* 33: 494-509（《法国的贫民教育》，载《爱丁堡评论》）

(1828) "Scientific education of the upper classes", *Westminster Review* 9: 328-373

(《上流阶层的科学教育》，载《威敏寺评论》)

(1831) "Cambridge and Oxford education", *Westminster Review* 15: 56-69（《剑桥和牛津的教育》，载《威敏寺评论》)

(1834) "On the application of the terms poetry, science and philosophy", *Monthly Repository of Theology and General Literature* 8: 323-331（《论诗歌、科学与哲学术语的应用》，载《神学与通俗文学月汇》)

(1843) *A letter to the Rev. William Whewell*, London（《致威廉·惠威尔牧师的一封信》)

(1860) "Whewell's philosophy of discovery", *Literary Gazette* 91: 24 March, 366（《惠威尔的发现哲学》，载英国《文艺报》)

(1866) "Obituary. The Reverend William Whewell", *The Athenaeum*, March, 333-334（《讣告：尊敬的威廉·惠威尔牧师》，载《雅典娜神庙》文学评论期刊)

B

Babbage, C. (1830) *Reflections on the decline of science in England*, London（《关于英格兰科学衰落的反思》)

On the economy of machinery and manufactures, 4th edn, enlarged, London（《论机械与制造物的经济学》第四版，增补版)

Ninth Bridgewater treatise: a fragment, London（《第九种桥水论文集：散论》)

The Exposition of 1851: views of the industry, the science, and the government, of England, London（《1851年伦敦万国工业博览会：论英格兰的工业、科学与政府》)

Baily, F. (1833) "A short account of some MSS letters…", *Report of the third meeting of the British Association for the Advancement of Science* (1834), London, 462-466（《关于一些会议信件的简要说明……》，见《英国科学促进会第三届会议报告》)

(1835) *An account of the Reverend John Flamsteed, the first Astronomer Royal*,

London（《尊敬的约翰·弗拉姆斯蒂德牧师生平述要：首位英国皇家天文学家》）

(1836) "Flamsteed, Newton, and Halley", *Magazine of Popular Science* 1: 83–96（《弗拉姆斯蒂德、牛顿与哈雷》，载《通俗科学杂志》）

(1837) *Supplement to the account of the Reverend John Flamsteed, with an author index*, London（《对〈尊敬的约翰·弗拉姆斯蒂德牧师生平述要〉的补充，附作者索引》）

Barrow, J. H. (1835) "Account of the Rev. John Flamsteed", *Quarterly Review* 55: 96–128（《记尊敬的约翰·弗拉姆斯蒂德牧师》，载《季度评论》）

Becher, H. W. (1980) "William Whewell and Cambridge mathematics", *Historical Studies in the Physical Sciences* 11: 1–48（《威廉·惠威尔与剑桥数学》，载《物理科学的历史研究》期刊）

(1986) "Voluntary science in nineteenth-century Cambridge university to the 1850s", *British Journal for the History of Science* 19: 57–87（《19世纪剑桥大学的自愿科学研究：至19世纪50年代》，载《英国科学史学报》）

(1991) "William Whewell's odyssey: from mathematics to moral philosophy", in Fisch and Schaffer (eds.) (1991), pp. 1–29（《威廉·惠威尔的长路跋涉：从数学到道德哲学》，见《威廉·惠威尔：一幅综合多面的肖像》）

Belsey, A. (1974) "Interpreting Whewell", *Studies in History and Philosophy of Science* 5: 49–58（《解读惠威尔》，载《科学的历史与哲学研究》期刊）

Berman, M. (1978) *Social change and scientific organization: the Royal Institution 1799–1844*, London（《社会变革与科学组织：英国皇家学院》）

Biot, J. B. (1821) *Life of Sir Isaac Newton*, trans. H. Brougham (1829), London（[法]毕奥：《艾萨克·牛顿爵士生平》，亨利·布拉姆英译）

Birks, T. R. (1834) *Oration on the analogy of mathematical and moral certainty*, Cambridge（《数学与道德确定性类比演讲集》）

Blair, A. (1824) "Thoughts on some errors of opinion in respect to the advancement and diffusion of knowledge", *Blackwood's Magzine* 6: 26–33（《关于知识进步与扩散的一些错误观点的思考》，载《布莱克伍德杂志》）

Blanché, R. (1967) "William Whewell", in P. Edwards (ed.), *Encyclopaedia of Philosophy*, 8 vols., New York（《威廉·惠威尔》，见《哲学百科全书》8 卷本）

Brwden, J. W. (1834) "The British Association", *Oxford University Magazine* 1: 401–412（《英国科学促进会》，载《牛津大学杂志》）

(1839) "The British Association for the Advancement of Science", *British Critic* 25: 1–48（《英国科学促进会》，载《英国评论家》杂志）

Bowring, W. (1827) "Education of the people", *Westminster Review* 7: 269–317（《英国大众的教育》，载《威敏寺评论》）

Brett-Smith, H. F. B. (ed.) (1947) *Peacock's four ages of poetry; Shelley's defence of poetry*, Oxford（《皮考克著〈四个时代的诗歌〉》；《雪莱著〈为诗辩护〉》）

Brewster, D. (1828) "Recent history of astronomy', *Quarterly Review* 38: 1–15（《天文学史近况》，载《季度评论》）

(1830) "Decline of science in England", *Quarterly Review* 1: 76–84（《英格兰科学的衰落》，载《季度评论》）

(1831a) "Herschel's *Treatise on sound*", *Quarterly Review* 44: 475–511（《赫歇尔的著作〈论声音〉》，载《季度评论》）

(1831b) *The life of Sir Isaac Newton*, London（《艾萨克·牛顿爵士生平》）

(1833–4) "The British Scientific Association", *Edinburgh Review* 60: 363–394（《英国科学促进会》，载《爱丁堡评论》）

(1834) "The Bridgewater bequest: Whewell's Astronomy and general physics", *Edinburgh Review* 58: 422–457（《桥水遗泽：惠威尔著〈天文学与普通物理学〉》，载《爱丁堡评论》）

(1837) "Whewell's *History of the inductive sciences*", *Edinburgh Review* 66: 110–151（《惠威尔著〈归纳科学的历史〉》，载《爱丁堡评论》）

(1838a) "M. Comte's *Course of positive philosophy*", *Edinburgh Review* 67: 271–

308(《孔德著〈实证哲学教程〉》,载《爱丁堡评论》)

(1838b) "Weather almanacks — the late frost", *Monthly Magazine* 1: 76–84 (《天气年鉴——晚来的霜冻》,载《月度杂志》)

(1839) "The sciences connected with natural theology", *Monthly Chronicle* 3: 97–115 (《那些与自然神学存在联系的科学》,载《每月记事》杂志)

(1842a) "Whewell's *Philosophy of the inductive sciencesz*", *Edinburgh Review* 74: 265–306 (《惠威尔著〈归纳科学的哲学〉》,载《爱丁堡评论》)

(1842b) "The Encyclopaedia Britannica", *Quarterly Review* 70: 44–72 (《大英百科全书》,载《季度评论》)

(1845) "Vestiges of the natural history of creation", *North British Review* 3: 470–515 (《创世论的自然志遗迹》,载《英国北部评论》)

(1855) *Memoirs of the life, writings, and discoveries of Sir Isaac Newton*, 2 vols., London (《艾萨克·牛顿爵士:生平、著作与发现回忆录》两卷本)

(1858) "Researches on light", *North British Review* 29: 178–210 (《关于光的研究》,载《英国北部评论》)

Brock, W. (1988) "British science periodicals and culture: 1820–1850", *Victorian Periodicals Review* 21: 47–55 (《英国的科学期刊与文化》,载《维多利亚期刊评论》)

Brooke, J. H. (1977) "Natural theology and the plurality of worlds: observations on the Brewster–Whewell debate", *Annals of Science* 34: 221–286 (《自然神学与世界多样性:关于布儒斯特-惠威尔争论的观察与评论》,载《科学年鉴》)

(1987) "Joseph Priestley (1733–1804) and William Whewell (1794–1866): apologists and historians of science. A tale of two stereotypes", in R. Anderson and C. Lawrence (eds.), *Science, medicine and dissent: Joseph Priestley (1733–1804)*, London (《约瑟夫·普利斯特里与威廉·惠威尔:护教论者与科学史家,两位典范人物的故事》,见《科学、医学与不满:约瑟夫·普利斯特里》)

(1991a) "Inductions of a creator: Whewell as apologist and priest", in Fisch and

Schaffer (eds.) (1991), 149–173（《一位创世者的归纳：作为护教论者与牧师的惠威尔》，见《威廉·惠威尔：一幅综合多面的肖像》）

(1991b) *Science and religion: some historical perspectives*, Cambridge（《科学与宗教：几种历史视野》）

Brougham, H. (1826) "Diffusion of knowledge", *Edinburgh Review* 45: 189–199（《知识的扩散》，载《爱丁堡评论》）

(1827a) *Discourse on the objects, advantages, and pleasures of science*, London（《论科学的对象、优势与快乐》）

(1827b) "Royal society—president's discourses", *Edinburgh Review* 46: 352–365（《皇家学会——主席演讲录》，载《爱丁堡评论》）

Buchdahl, G. (1991) "Deductivist versus inductivist approaches in the philosophy of science as illustrated by some controversies between Whewell and Mill", in Fisch and Schaffer (eds.) (1991), 311–344（《惠威尔与密尔之间某些矛盾描绘的科学哲学演绎进路与归纳进路的对抗》，见《威廉·惠威尔：一幅综合多面的肖像》）

Bulwer-Lytton, E. (1833) *England and the English*, 2 vols., London（《英格兰与英国人》两卷本）

Burckhardt, J. (1954) [1860] *The civilization of the Renaissance in Italy*, introd. H. Holborn, New York（《意大利的文艺复兴文明》，H·霍尔本导读）

Burke, P. and R. Porter (eds.) (1987) *The social history of language*, Cambridge（《语言的社会史》）

Burrow, J. W. (1981) *A liberal descent. Victorian historians and the English past*, Cambridge（《自由主义血脉：维多利亚时代历史学家与英国过往》）

Bury, J. P. T. (ed.) (1967) *Romilly's Cambridge diary, 1832–1842: selected passages from the diary of the Rev. Joseph Romilly, fellow of Trinity College and Registrar of the University of Cambridge*, Cambridge（《罗米利剑桥日记：尊敬的约瑟夫·罗米利牧师日记选段，三一学院院士和剑桥大学注册主任》）

[Butler, A.] (1841) "Whewell's *Philosophy of the inductive sciences*", *Dublin University Magazine* 17: 194-211; 555-572（《惠威尔著〈归纳科学的哲学〉》，载《都柏林大学杂志》）

Butterfield, H. (1931) *The Whig interpretation of history*, London（《历史的辉格解释》。汉译本：张岳明、刘北成译，北京：商务印书馆，2012）

Butts, R. E. (1965) "Necessary truth in Whewell's theory of science", *American philosophical Quarterly* 2: 161-181（《惠威尔科学理论中的必然真理》，载《美国哲学季刊》）

—— (1968) *William Whewell' theory of scientific method*, Pittsburgh（《威廉·惠威尔的科学方法理论》）

—— (1985) "'A purely scientific temper': Victorian expressions of the ideal of an autonomous science", in N. Rescher (ed.), *Reason and rationality in natural science*, New York, pp. 191-213（《"一种纯科学秉性"：自主科学理想的维多利亚时代表达方式》，见《自然科学中的推理与理性》）

C

Candlish, T. (1849) "Morell's philosophy of religion", *North British Review* 11: 1-43; 293-336（《莫雷尔的宗教哲学》，载《英国北部评论》）

Cannon, S. F. [W. F.] (1961) "John Herschel and the idea of science", *Journal of the History of Ideas* 22: 215-239（《约翰·赫歇尔及其所处时代的科学观念》，载《观念史学刊》）

[W. F.] (1961) "William Whewell: contributions to science and learning", *Notes and Records of the Royal Society* 19: 176-191（《威廉·惠威尔：为科学与学习做出的贡献》，载《注释与记录：皇家学会科学史会报》）

—— (1978) *Science in culture: the early Victorian period*, New York（《文化中的科学：维多利亚时代早期》）

Cantor, G. N. (1982) "The eighteenth-century problem", *History of Science* 20:

44-63（《十八世纪问题——科学》，载《科学史》期刊）

(1983) *Optics after Newton: theories of light in Britain and Ireland, 1704–1840*, Manchester, pp. 1–3（《牛顿之后的光学：英国与爱尔兰的光学理论》）

(1991a) "Between rationalism and romanticism: Whewell's historiography of the inductive sciences", in Fisch and Schaffer (eds.) (1991), 67–86（《在理性主义与浪漫主义之间：惠威尔的归纳科学历史编纂学》，见《威廉·惠威尔：一幅综合多面的肖像》）

(1991b) *Michael Faraday: Sandemanian and scientist: a study of science and religion in the nineteenth century*, London（《麦克尔·法拉第，作为萨德曼派和科学家：一项关于19世纪科学与宗教的研究》）

Carlisle, H. (1882) "William Whewell", *MacMillan's Magazine* 45: 138–144（《威廉·惠威尔》，载《麦克米兰杂志》）

Carlyle, T. (1829) "Signs of the times", *Edinburgh Review* 49: 439–459（《这个时代的几种标志》，载《爱丁堡评论》）

Chalmers, A. (1991) *Science and its fabrications*, Milton Keynes（《科学及其作伪》）

Chalmers, T. (1836–1842) *The works of Thomas Chalmers*, 25 vols. Glasgow（《托马斯·查尔默斯文集》25卷本）

(1847) "Morell's modern philosophy", *North British Review* 6: 271–331（《莫雷尔的现代哲学》，载《英国北部评论》）

Chambers, R. (1844) *Vestiges of the natural history of creation*, London（《创世的自然志遗迹》）

(1846) *Explanations: a sequel to vestiges of the natural history of creation*, London（《〈创世论的自然志遗迹〉后续解读》）

Checkland, S. G. (1949) "The propatation of Ricardian economics in England", *Economist* 16: 40–56（《李嘉图经济学在英格兰的传播》，载《经济学人》杂志）

(1951) "The advent of academic economics in England", *The Manchester School of Economic and Social Studies* 19: 43–70（《学术型经济学在英格兰的兴起》，

载《曼彻斯特学院经济与社会研究》期刊）

Chenevix, R. (1820) "State of science in England and France", *Edinburgh Review* 34: 383–422（《英格兰与法兰西的科学状况》，载《爱丁堡评论》）

Clark, J. W. and T. M. Hughes (1890) *The life and letters of the Rev. Adam Sedgwick*, 2 vols., Cambridge（《尊敬的亚当·塞奇威克牧师：生平与书信》两卷本）

Cockburn, H. (1874) *Life and correspondence of Francis Jeffrey*, Edinburgh（《弗朗西斯·杰弗里：生平与通信集》）

Cockburn, W. (1838) *A remonstrance, addressed to his grace Duke of Northumberland, upon the dangers of peripatetic philosophy*, London（《关于逍遥派哲学的危险性：致尊敬的诺森伯兰郡公爵的一封抗议信》）

(1845) *The Bible defended against the British Association*, 5th edn., London（《捍卫圣经抵制英国科学促进会》第五版）

Cohen, I. B. (1985) *Revolution in science*, Cambridge, Mass（《科学中的革命》。汉译本：鲁旭东、赵培杰译，北京：商务印书馆，2017）

Coleridge, S. T. (1817) "General introduction; or, preliminary treatise on method", *Encyclopaedia Metropolitana* 1: 1–43, London（《总论；或关于方法的导论》，见《大都会百科全书》第 1 卷）

(1972) [1830] *On the constitution of church state according to the idea of each*, ed. J. Barrell（《论政教宪法：根据教会与国家各自的理念》）

Collini, S. D. Winch, and J. Burrow (1983) *That noble science of politics. A Study in nineteenth-century intellectual history*, Cambridge（《那种高贵的政治科学：19 世纪智识思想史研究》）

Comte, A. (1970) [1830] *Introduction to positive philosophy*, trans. F. Ferre, Indianapolis（《实证哲学导论》，F·弗雷英译本）

Cooter, R. (1984) *The cultural meaning of popular science: phrenology and the organization of consent in nineteenth-century Britain*, Cambridge（《大众科学

的文化意义：颅相学与19世纪英国的认同颅相学组织》）

Copleston, E. (1807) *Advice to a young reviewer, with a specimen of the art*, Oxford（《给一位年轻评论者的建议：用一个源于这种技艺之术的标本》）

(1810) *A reply to the calumnies of the Edinburgh Review against Oxford, containing an account of the studies pursued in that university*, Oxford（《对〈爱丁堡评论〉诽谤性攻击牛津大学的回应：包括对牛津大学所做相关研究的解读》）

Corrigan, T. (1980) "*Biographia literaria* and the language of science", *Journal of the History of Ideas* 41: 399–419（《柯勒律治经典著作〈文学传记〉与科学语言》，载《观念史学刊》）

Corsi, P. (1987) "The heritage of Dugald Stewart: Oxford philosophy and the method of political economy, 1809–1832", *Nuncius* 2: 89–144（《杜加尔德·斯图尔特的遗产：牛津大学及其政治经济学研究方法》，载《信使：科学史研究学刊》）

(1988) *Science and religion: Baden Powell and the Anglican debate 1800–1860*, Cambridge（《科学与宗教：巴登·鲍威尔与1800—1860年英国国教争论》）

Crosland, M. (ed.) (1975) *The emergence of science in western Europe*, London（《科学在西欧的兴起》）

Cruse, A. (1930) *The Englishman and his books in the early nineteenth century*, London（《19世纪早期的那位英国人及其著作》）

Cunningham, A. (1988) "Getting the game right: some plain words on the identity and invention of science", *Studies in History and Philosophy of Science* 19: 365–389（《把这种游戏玩好：关于科学身份与发明的几句平实话语》，载《科学的历史与哲学研究》期刊）

Cunningham, A. and N. Jardine (eds.) (1990) *Romanticism and the sciences*, Cambridge（《浪漫主义与几门科学》）

D

Davie, G. (1964) *The democratic intellect: Scotland and her universities in the nineteenth century*, Edinburgh（《民主的才智：19 世纪的苏格兰及其大学》）

De Morgan, A. (1832a) "Study of natural philosophy", *Quarterly Journal of Education* 3: 60–73（《自然哲学研究》，载《教育季刊》）

(1832b) "State of mathematical and physical sciences at Oxford", *Quarterly Journal of Education* 4: 191–208（《牛津大学数理科学发展状况》，载《教育季刊》）

(1835) "English science", *British and Foreign Review* 1: 134–157（《英国科学》，载《英国与外国评论》）

(1837) "Theory of probabilities, part II", *Dublin Review* 3: 237–248（《概率论：第二部分》，载《都柏林评论》）

(1840) "Philosophy of the inductive sciences", *The Athenaeum* no. 672, 12 September, 707–709（《归纳科学的哲学》，载《雅典娜神庙》文学评论期刊）

(1842) "Science and rank", *Dublin Review* 13: 413–448（《科学与等级》，载《都柏林评论》）

(1845) "Speculators and speculations", *Dublin Review* 19: 99–129（《计算者与沉思推理》，载《都柏林评论》））

(1855) "Sir David Brewster's *Life of Newton*", *North British Review* 23: 307–338（《大卫·布儒斯特爵士著〈艾萨克·牛顿爵士生平〉》，载《英国北部评论》）

(1914) [1846] "Newton", in *Essay on the life and work of Isaac Newton*, ed. P. Jourdain, Chicago, pp. 3–63（《牛顿》，见《艾萨克·牛顿生平与著作文集》）

(1915) [1871] *A Budget of paradoxes*, 2nd edn, 2 vols., New York（《悖论的预算》第二版，两卷本）

DeQuincey, T. (1824) "Superficial knowledge", *London Magazine* 10: 25–28（《表象知识》，载《伦敦杂志》）

Desmond, A. (1989) *The politics of evolution: morphology, medicine, and reform in radical London*, Chicago（《进化政治学：形态学、医学、以及伦敦激进时代

的改革》)

Dickinson, H. W. (1932) "J. O. Halliwell and the historical society of science", *Isis* 18: 127-132 ("詹姆斯·哈利维尔与科学历史学会",载《爱西斯》杂志)

Don Vann, J. and R. Van Arsdel (eds.) (1989) *Victorian periodicals: a guide to research*, 2 vols., New York (《维多利亚时代的期刊：研究导论》两卷本)

Drinkwater, J. (1833) "The life of Kepler", in *Lives of eminent persons*, London (《开普勒生平》,见《名人生平录》)

E

Eagleton, T. (1984) *The function of criticism from 'the Spectator' to post-structuralism*, London (《批评的功能：从《旁观者报》到后结构主义》)

Ebison, M. (ed.) (1971) *The harvest of a quite eye. A selection of scientific quotations by Alan L. Mackay*, Bristol and London (《慧眼静观录：阿兰·马凯科学语录精选集》)

Edgeworth, M. (1971) *Letters from England 1831-1844*, ed. C. Colvin, London (《1831-1844年：来自英格兰的书信》)

Elkana, Y. (ed.) (1984) *William Whewell: selected writings on the history of science*, Chicago (《威廉·惠威尔：科学史著作选集》)

Emerson, R. L. (1988) "The Scottish Enlightenment and the end of the Philosophical Society of Edinburgh", *British Journal for the History of Science* 21: 33-66 (《苏格兰启蒙运动与爱丁堡哲学学会的终结》,载《英国科学史学报》)

Ezrahi, Y. (1990) *The descent of Icarus: science and the transformation of contemporary democracy*, Cambridge, Mass. (《伊卡洛斯的堕落：科学与当代民主制的转型》)

F

Farrar, A. S. (1862) *A critical history of free thought in reference to the Christian religion*, London（《一部以基督教为依据的自由思想批判史》）

Farrar, W. V. (1975) "Science and the German university system, 1790–1850", in Crosland (ed.), (1975) pp. 179–192（《科学与德意志大学体系》，见《科学在西欧的兴起》）

Fisch, M. (1985) "Necessary and contingent truth in William Whewell's antithetical theory of knowledge", *Studies in History and Philosophy of Science* 16: 275–314（《威廉·惠威尔反神学知识理论中的必然真理与偶然真理》，载《科学的历史与哲学研究》期刊）

(1991a) *William Whewell. Philosopher of science*, Oxford（《威廉·惠威尔：科学哲学家》）

(1991b) "A philosopher's coming of age: a study in erotetic intellectual history", in Fisch and Schaffer (eds.) (1991), pp. 31–66（《一位哲学家的时代正在到来：一部质疑的智识思想史研究》，见《威廉·惠威尔：一幅综合多面的肖像》）

Fisch, M. and S. Schaffer (eds.) (1991) *William Whewell. A composite portrait*, Oxford（《威廉·惠威尔：一幅综合多面的肖像》）

Forbes, D. (1952) *The liberal Anglican idea of history*, Cambridge（《英国自由主义国教派的历史观念》）

Forbes, J. D. (1834) "Address", *Report of the fourth meeting of the British Association for the Advancement of Science* (1835), London, xi–xxiii（《福布斯致辞》，见《英国科学促进会第四届会议报告》）

(1849) *The danger of superficial knowledge*, London（《表象知识的危险》）

(1858) "The history of science and some of its lessons", *Fraser's Magazine* 57: 283–294（《科学史与它的几种教训》，载《弗雷泽杂志》）

Furst, L. (ed.) (1980) *European romanticism. Self definition*, New York（《欧洲浪漫主义：自我定义》）

G

Galloway, T. (1833-1834) "Sir John Herschel's Astronomy", *Edinburgh Review* 58: 164-198（《约翰·赫歇尔爵士的天文学》，载《爱丁堡评论》）

——(1836) "Life and observations of Flamsteed", *Edinburgh Review* 62: 359-397（《弗拉姆斯蒂德的生平与天文观察》，载《爱丁堡评论》）

——(1844) "The martyrs of science", *Edinburgh Review* 80: 164-198（《科学的殉道者》，载《爱丁堡评论》）

Galton, F. (1874) *English men of science: their nature and nurture*, London（《英国科学先生：他们的天性与后天教育》）

——(1892) [1869] *Hereditary genius: an inquiry into its laws and consequences*, 2nd edn, London（《遗传的天才：对其原理和结果的探究》第二版）

Garland, M. M. (1980) *Cambridge before Darwin: the ideal of a liberal education 1800-1860*, Cambridge（《达尔文之前的剑桥大学：1800-1860年的博雅教育理想》）

Gascoigne, J. (1984) "Mathematics and meritocracy: the emergence of the Cambridge mathematical tripos", *Social Studies of Science* 14: 547-584（《数学与精英治国：剑桥数学荣誉学位考试的兴起》，载《科学的社会性研究》期刊）

——(1989) *Cambridge in the age of the Enlightenment: science, religion and politics from the Restoration to the French Revolution*, Cambridge（《启蒙运动时代的剑桥大学：从王政复辟到法国大革命时期的科学、宗教与政治》）

——(1990) "A reappraisal of the role of the universities in the scientific revolution", in D. C. Lindberg and R. S. Westman (eds.), *Reappraisals of the scientific revolution*, Cambridge, pp. 207-260（《科学革命中的大学角色再评价》，见《科学革命再评价》）

Gascoigne, R. M. (1984) *A historical catalogue of scientists and scientific books from the earliest times to the close of the nineteenth century*, New York（《科学

家与科学著作历史目录：从最早时代到 19 世纪末》）

Glisserman, S. (1975) "Early Victorian science writers and Tennyson's "In Memoriam": a study in cultural exchange", *Victorian Studies* 19: 277–308（《维多利亚时代早期的科学作者与丁尼生的哀歌〈悼念〉：一种文化交流研究》，载《维多利亚时代研究》期刊）

Graham, L., W. Lepenies and P. Weingart (eds.) (1983) *Functions and uses of disciplinary histories*, Dordrecht（《学科史的功能与用途》）

Graves, R. P. (1882–1885) *Life of Sir William Rowan Hamilton*, 3 vols. Dublin（《威廉·罗恩·哈密顿爵士生平》三卷本）

Griggs, E. L. (ed.) (1956–1971) *Collected letters of Samuel Taylor Coleridge*, 6 vols., Oxford（《柯勒律治书信选集》六卷本）

Gross, J. (1969) *The rise and fall of the man of letters: aspects of English literary life since 1800*, London（《英国文人的兴衰：1800 年以来英国文学生活面面观》）

Grove, W. (1843) "Physical science in England", *Blackwood's Magazine* 54: 514–525（《物理科学在英格兰》，载《布莱克伍德杂志》）

H

Habermas, J. (1970) *Towards a rational society*, London（《走向一种理性社会：学生运动、科学与政治》）

(1974) "The public sphere: an encyclopedia article", *New German Critique* 3: 49–55（《公共领域：一篇百科全书式文章》，载《新德国批评》期刊）

(1989) [1962] *The structural transformation of the public sphere: an inquire into a category of bourgeois society*, trans. T. Burger with the assistance of F. Lawrence, Cambridge, Mass.（《公共领域的结构转型：资产阶级社会范畴探究》，托马斯·伯格与助手弗雷德里克·劳伦斯英译本）

Hahn, R. (1971) *Anatomy of a scientific institution: the Paris Academy of Sciences,*

1866–1803, Berkeley（《巴黎科学院：对一个科学机构的剖析》）

Hall, M. B. (1984) *All scientists now: the Royal Society in the nineteenth century*, Cambridge（《当时全体科学家：19 世纪英国皇家学会》）

Hamilton, W. (1831a) "Universities of England: Oxford", *Edinburgh Review* 53: 384–427（《英格兰的大学：牛津》，载《爱丁堡评论》）

(1831b) "English universities: Oxford", *Edinburgh Review* 54: 478–504（《英国的大学：牛津》，载《爱丁堡评论》）

(1836) *Letter to the right honorable The Lord Provost, magistrates, and town council, patrons of the University of Edinburgh*, Edinburgh（《致尊敬的教务长大人、推事官、以及市镇委员会、爱丁堡大学赞助人的信》）

Hankins, T. L. (1980) *Sir William Rowan Hamilton*, Baltimore and London（《威廉·罗恩·哈密顿爵士》）

Harcourt, W. V. (1831) "Address", *Report of the first and second Meetings of the British Association for the Advancement of Science* (1833), London, 17–41（《哈考特致辞》，见《英国科学促进会第一届与第二届会议报告》）

Herschel, J. (1830) *A preliminary discourse on the study of natural philosophy*, London（《自然哲学研究初论》）

Herschel, J. (c. 1830) "Sound", *Encyclopaedia Metropolitana* 4: 747–824（《声》，见《大都会百科全书》）

(1841) "Whewell on inductive sciences", *Quarterly Review* 68: 177–238（《惠威尔论归纳科学》，载《季度评论》）

(1845) "Address", *Report of the fifteenth Meeting of the British Association for the Advancement of Science* (1846), London, xxvii–xliv（《赫歇尔致辞》，见《英国科学促进会第 15 届会议报告》）

(1848) "Humboldt's Kosmos", *Edinburgh Review* 87: 170–228（《洪堡的宇宙论》，载《爱丁堡评论》）

(1849) *The Admiralty manual of scientific enquiry*, London（《英国海军部科学调

查手册》)

(1857) *Essays from the Edinburgh and Quarterly Reviews*, London (《〈爱丁堡评论〉与〈季度评论〉文章选集》)

(1867–68) "The Reverend William Whewell DD", *Proceedings of the Royal Society of London* 135: li–lxi (《尊敬的威廉·惠威尔神学博士》, 载《伦敦皇家学会学报》)

Heyck, T. (1982) *The transformation of intellectual life in Victorian England*, London (《维多利亚时期英格兰知识分子生活的转型》)

Hill, A. G. (ed.) (1978–9) *The letters of William and Dorothy Wordsworth*, 2nd edn, from the first edition edited by late E. de Selincourt, vols. 4 and 5, Oxford (《威廉·华兹华斯与多萝西·华兹华斯书信集》第二版, 源于第一版第 4 卷和第 5 卷)

Hilton, B. (1988) *The age of atonement: the influence of evangelicalism on social and economic thought 1795–1865*, Oxford (《赎罪时代：福音派教义对社会和经济思想的影响》)

Hodge, M. J. S. (1991) "The history of the earth, life, and man: Whewell and paletiological science", in Fisch and Schaffer (eds.) (1991), pp. 255–288 (《地球、生命与人类的历史：惠威尔与古地球演化科学》, 见《威廉·惠威尔：一幅综合多面的肖像》)

Hohendahl, P. U. (1982) *The institution of criticism*, Ithaca (《批评的制度化》)

Hornberger, T. (1949) "Halliwell–Phillips and the history of science", *Huntingdon Library Quarterly* 12: 391–399 (《霍利威尔－菲利普斯与科学史》, 载《亨廷顿图书馆季刊》)

Houghton, W. (1966–1988) *The Wellesley index to Victorial periodicals*, 5 vols., Toronto (《韦尔斯利维多利亚时代期刊索引》五卷本)

(1982) "Periodical literature and the articulate classes", in Shattock and Wolff (eds.) (1982), pp. 3–27 (《期刊文学与言辩阶层》, 见《维多利亚时代的期刊出版：

发声与样本》)

Hume, D. (1948) [1779] *Dialogues concerning natural religion*, ed. H. D. Aiken, New York (《关于自然宗教的对话》)

Husserl, E. (1970) *The crisis of European sciences and transcendental phenomenology: an introduction to phenomenological philosophy*, trans. With introduction by D. Carr, Evanston (《欧洲科学的危机与超越论的现象学：现象哲学导论》英文版。中文版：王炳文译，北京：商务印书馆，2012)

Huxley, T. H. (1894) 'Past and present', *Nature* 51: 1–3 (《过去与现在》, 载《自然》杂志)

I

Inkster, I. (1979) "London science and the seditious meetings act of 1817", *British Journal for the History of Science* 12: 192–196 (《伦敦科学与1817年〈煽动集会法〉》, 载《英国科学史学报》)

J

Jeffrey, F. (1810) "Stewart's philosophical essays", *Edinburgh Review* 17: 167–211 (《斯图尔特的哲学随笔》, 载《爱丁堡评论》)

Jones, R. (1831) *An essay on the distribution of wealth and on the sources of taxation*, London (《财富分配与税收来源论文集》)

(1859) *Literary remains*, ed. With an introduction by Whewell, London (《文学遗存》, 惠威尔撰写导论)

Jones, R. F. (1961) *Ancients and moderns: a study of the rise of the scientific movement in England*, 2nd edn, Gloucester, Mass. (《古代人与现代人：英格兰科学运动兴起研究》第二版)

K

Kant, I. (1933) *Critique of pure reason*, trans. Norman Kemp Smith, London（《纯粹理性批判》，诺曼·斯密译英文版）

—— (1949) *Critique of practical reason and other writings in moral philosophy*, ed. L. Beck, Chicago（《实践理性批判与其他道德哲学论著》）

Kelly, T. (1966) *Early public libraries: a history of public libraries in Great Britain before 1850*, London（《早期公共图书馆：1850年之前大不列颠公共图书馆史》）

Kent. C. (1978) *Brains and numbers: elitism, Comtism, and democracy in mid-Victorian England*, Toronto（《大脑与数字：维多利亚时代中期英格兰的精英主义、孔德实证主义与民主制》）

—— (1989) "Victorian periodicals and the constructing of reality", in Don Vann and Van Arsdel (eds.) (1989), pp. 1–12（《维多利亚时代期刊与现实的建构》，见《维多利亚时代的期刊：研究导论》两卷本）

Knight, D. M. (1967) "The scientist as sage", *Studies in Romanticism* 6: 65–88（《科学家作为圣哲》，载《浪漫主义研究》期刊）

—— *The age of science: the scientific world-view in the nineteenth century*, New York（《科学时代：19世纪科学世界观》）

Kuhn, T. S. (1977) *The essential tension: selected studies in scientific tradition*, Chicago（《必要的张力：科学传统研究论文选集》。中文版：纪树立、范岱年、罗慧生等译，福州：福建人民出版社，1981）

L

Lang, A. (1897) *Life and letters of John Gibson Lockhart*, 2 vols., London（《约翰·吉布森·洛克哈特：生平与书信集》两卷本）

Laudan, L. (1968) "Theories of scientific method from Plato to Mach: a bibliographical review", *History of Science* 7: 1–63（《从柏拉图到马赫的科学

方法理论：一种传记式评论》，载《科学史》期刊）

(1971) "William Whewell on the consilience of inductions", *Monist* 55: 368–369（《威廉·惠威尔论各种归纳法的一致性》，载《一元论者》期刊）

(1981) *Science and hypothesis: historical essays on scientific methodology*, Dordrecht（《科学与假说：科学方法论历史文集》）

Lepenies, W. (1988) *Between literature and science: the rise of sociology*, Cambridge（《在文学与科学之间：社会学的兴起》）

Levere, T. H. (1981) *Poetry realized in nature: Samule Taylor Coleridge and early-nineteenth-century science*, New York（《诗歌在自然中化作现实：柯勒律治与 19 世纪早期的科学》）

(1989) "'The lovely shapes and sounds intelligible!' Samule Taylor Coleridge, Humphry Davy, science and poetry", in J. Christie and S. Shuttleworth (eds.), *Nature transfigured: science and literature, 1700–1900*, Manchester（《"清晰可人的形与音：柯勒律治、汉弗莱·戴维、科学与诗歌》，见《自然的变形：科学与文学》）

Levine, P. (1986) *The amateur and the professional: antiquarians, historians, and archaeologists in Victorian England, 1838–1886*, Cambridge（《外行与专家：维多利亚时代英格兰的博古学家、历史学家与考古学家》）

Lightfoot, J. B. (1866) *In memory of William Whewell DD. A sermon preached in the college chapel, March 18th, 1866*, London（《怀念威廉·惠威尔神学博士：1866 年 3 月 18 日在剑桥国王学院礼拜堂宣读的布道词》）

Lightman, B. (1987) *The origins of agnosticism: Victorian unbelief and the limits of knowledge*, Baltimore and London（《不可知论的起源：维多利亚时代的无信仰派与知识的有限性》）

Long, G. (1841) *An essay on the moral nature of man*, London（《论人的道德天性》）

Losee, J. (1983) "Whewell and Mill on the relation between philosophy of science and history of science", *Studies in History and philosophy of science* 14: 113–

126(《惠威尔与密尔论科学哲学与科学史的关系》,载《科学的历史与哲学研究》期刊)

Lyell, C. (1826) "Scientific institutions", *Quarterly Review* 34: 153–179(《科学建制》,载《季度评论》)

"State of the universities", *Quarterly Review* 36: 216–268(《英国大学状况》,载《季度评论》)

(1845) *Travels in North America*, 2 vols., London(《北美行记》两卷本)

Lyell, K. M. (ed.) (1881) *Life, letters and journals of Sir Charles Lyell*, 2 vols., London(《查尔斯·莱尔爵士:生平、书信和期刊文章》两卷本)

M

Macaulay, T. B. (1913–15) History of England from the accession of James II, ed. C. Firth, 6 vols., London(《英格兰史:从詹姆士二世继位以来》六卷本)

McEvoy, J. G. and J. E. McGuire (1975) "God and nature: Priestley's way of rational dissent", *Historical Studies in the Physical Sciences* 6: 325–404(《上帝与自然:普利斯特里理性不满的方式》,载《物理科学的历史研究》期刊)

Mackintosh, J. (1836) *Dissertation on the progress of ethical philosophy*, ed. with a preface by W. Whewell, Edinburgh(《论伦理哲学的进步》,惠威尔作序)

MacLeod, R. M. (1972) "The resources of science in England: the endowment of science movement, 1868–1900", in P. Mathias (ed.), *Science and society, 1600–1900*, Cambridge, pp. 111–166(《英格兰的科学资源:科学运动的馈赠》,见《英国的科学与社会》)

(1983) "Whig and savants: reflections on the reform movement in the Royal Society, 1830–48", in I. Inkster and J. Morrell (eds.), *Metropolis and province: science in British culture, 1780–1850*, London, pp. 55–90(《辉格派与博学之士:皇家学会改革运动反思》,见《都会与地方:英国文化中的科学》)

Mansbridge, A. (1923) *The older universities of England*, Oxford and Cambridge

（《英格兰的老牌大学》）

Mansel, H. L. (1859) *The limits of religious thought examined*, 3nd edn, London（《宗教思想局限性的考察：在牛津大学的八篇布道演讲》第三版）

Martineau, H. (1875) *The positive philosophy of Auguste Comte*, 2nd edn, 2 vols., London（《奥古斯特·孔德的实证主义哲学》第二版，两卷本）

[Martineau, J.] (1855) "Contemporary literature: theology and philosophy", *Westminster Review* 64: 205-225（《当代文学：神学与哲学》，载《威敏寺评论》）

(1866) *Essays, philosophical and theological*, London（《哲学与神学文集》）

(1879) *Studies of Christianity*, London（《基督教研究》）

Maurer, O. (1948) "Anonymity vs signature in Victorian reviewing", *Studies in English* 28: 1-27（《维多利亚时代评论文章的匿名与署名》，载《英语研究》期刊）

Maxwell, J. C. (1987) "Whewell's writings and correspondence", *Nature*, 6 July, 206-208（《惠威尔的著作与通信》，载《自然》杂志）

(1890) *Scientific papers*, ed. W. D. Niven, 2 vols. Cambridge（《麦克斯韦科学论文集》两卷本）

Mendelsohn, E. (1964) "The emergence of science as a profession in nineteenth-century Europe", in K. Hill (ed.), *The management of scientists*, Boston, pp. 3-48（《科学作为一种专业在 19 世纪欧洲的兴起》，见《科学家的管理》）

Merton, R. K. (1965) *On the shoulders of giants: a Shandean postscript*, New York（《站在巨人肩上：一部项狄式后记》）

(1973) "The normative structure of science", in R. K. Merton, *The sociology of science*, ed. N. W. Storer, Chicago and London, pp. 167-178（《科学的规范性结构》，见罗伯特·默顿：《科学社会学》）

Merz, J. T. (1896-1904) *A History of European thought in the nineteenth century*, 4 vols., Edinburgh and London（《19 世纪欧洲思想史》四卷本。汉译本：周昌

忠译，北京：商务印书馆，2016）

Mill, J. S. (1831) 'Herschel's *Discourse*', *Examiner*, 20 March, 179–180 (《赫歇尔著〈自然哲学研究初论〉》，载《审察者》期刊）

(1833) "Thoughts on poetry and its varieties", in Robson and Stillinger (eds.), vol.1, pp. 341–365 (《关于诗歌及其变体的思考》，见《密尔全集》第 1 卷）

(1835) "Sedgwick's *Discourse*", in Robson and Stillinger (eds.) (1981–1991), vol. x, pp. 33–74 (《论塞奇威克著〈论剑桥大学的种种研究〉》，见《密尔全集》第 10 卷）

(1836) "On the definition of political economy, and the method of philosophical investigation in that science", *London and Westminster Review* 26: 1–29 (《论政治经济学的定义及其运用的哲学考察法》，载《伦敦与威敏寺评论》杂志）

(1856) [1843] *A system of logic ratiocinative and inductive: being a connected view of the principles of evidence and the methods of scientific investigation*, 4th edn, London (《一种逻辑推理与归纳系统：基于相互联系视野下的证据原则与科学考察法》第四版）

(1852) "Doctor Whewell on moral philosophy", *Westminster Review* 58: 349–385 (《惠威尔博士论道德哲学》，载《威敏寺评论》）

(1859) *Dissertations and discussions*, 2 vols., London (《论文与讨论》两卷本）

(1866) *Auguste Comte and positivism*, London (《奥古斯特·孔德与实证主义》）

(1971) [1873] *Autobiography*, ed. J. Stillinger, Oxford (《约翰·密尔自传》）

(1980) *Mill on Bentham and Coleridge*, ed. F. R. Leavis, Cambridge (《密尔论边沁与柯勒律治》）

Miller, D. P. (1983) "Between hostile camps: Sir Humphry Davy's Presidency of the Royal Society of London 1820–1827", *British Journal for the History of Science* 16: 1–47 (《在敌对阵营之间：汉弗莱·戴维爵士执掌下的伦敦皇家学会》，载《英国科学史学报》）

Moll, G. (1831) *On the alleged decline of science in England*, London (《论科学在

英格兰衰落之说》）

Monk, W. (ed.) (1972) *The journals of Caroline Fox 1835–1871: a selection*, London（《卡罗琳·福克斯期刊群：文章选集》）

Moore, J. R. (1985) "Darwin of Down", in D. Kohn (ed.), *The Darwinian heritage*, Princeton（《道恩村的达尔文》，见《达尔文式遗产》）

(ed.) (1989) *History, humanity and evolution: essays for John C. Greene*, Cambridge（《历史、人性与进化：约翰·格林尼文集》）

Morell, J. D. (1847) *An historical and critical view of the speculative philosophy of Europe in the nineteenth century*, 2nd edn, 2 vols., London（《19世纪欧洲的沉思哲学：基于一种历史与批判视野的考察》第二版，两卷本）

Morley, E. J. (ed.) (1927) *The correspondence of H. C. Robinson and the Wordsworth circle (1808–1866)*, 2 vols. Oxford（《亨利·克拉布·罗宾森与华兹华斯圈子成员通信集》两卷本）

Morrell, J. B. (1971a) "Professors Robinson and Playfair, and the Theophobia gallica: natural philosophy, religion and politics in Edinburgh, 1789–1815", *Notes and Records of the Royal Society* 16: 43–63（《罗宾森教授、普莱费尔教授与恐神症：爱丁堡的自然哲学、宗教与政治》，载《注释与记录：皇家学会科学史会报》）

(1971b) "Individualism and the structure of British science in 1830", *Historical Studies in the Physical Sciences* 3: 183–204（《个人主义与1830年英国科学的结构》，载《物理科学的历史研究》期刊）

(1984) "Brewster and the early British Association for the Advancement of Science", in Morrison-Low and Christie (eds.) (1984), pp. 25–30（《布儒斯特与早期英国科学促进会》，见《科学的殉道者：大卫·布儒斯特爵士》）

(1992) "The judge and purifier of all", *History of Science* 30, 97–113（《万物的审判者与净化者》，载《科学史》期刊）

Morrell, J. B. and A. Thackray (1981) *Gentlemen of science: early years of the*

British Association for the Advancement of Science, Oxford（《科学绅士：英国科学促进会早年岁月》）

(1984) *Gentlemen of science: early correspondence of the British Association for the Advancement of Science*, London（《科学绅士：英国科学促进会早年通信集》）

Morrison-Low, A. D. and J. J. R. Christie (eds.) (1984) *Martyr of science: Sir David Brewster 1781–1868*, Edinburgh（《科学的殉道者：大卫·布儒斯特爵士》）

Munby, A. N. L. (1968) *The history and bibliography of science in England: the first phase, 1833–1845*, Berkeley（《英格兰科学的历史与传记：第一阶段》）

N

Napier, M. (ed.) (1879) *Selections from the correspondence of the late Macvey Napier*, London（《马可维·纳皮尔生前通信精选集》）

Newman, F. (ed.) (1843) *The English universities, from the German of V. A. Huber*, 2 vols., London（《英国大学：从德国人洪堡的视野来观察》两卷本）

Newman, J. H. (1841) *The Tamworth reading room: letters on an address delivered by Sir Robert Peel*, London（《塔姆沃思阅览室：关于罗伯特·皮尔爵士发表的一篇演讲的通信》）

Newsome, D. (1966) *The parting of friends: a study of the Wilberforces and Henry Manning*, London（《朋友的殊途：威伯福斯家族与亨利·曼宁研究》）

O

Olby, R., G. Cantor, J. Christie and M. Hodge (eds.) (1990) *Companion to the history of modern science*, London（《现代科学史指南》）

Oldroyd, D. R. (1980) "Sir Archibald Geike and the problem of Whig historiography", *Annals of Science* 37: 441–462（《阿奇伯尔德·盖基爵士与辉格历史编纂学问题》，载《科学年鉴》）

Outram, D. (1976) "Scientific biography and the case of Georges Cuvier: with a critical bibliography", *History of Science* 14: 101–137（《科学传记与居维叶的事迹：附一份重要参考文献》，载《科学史》期刊）

(1978) "The language of natural power: the funeral *éloges* of Georges Cuvier", *History of Science* 16: 153–178（《自然伟力的语言：为乔治·居维叶致悼词》，载《科学史》期刊）

(1980) "Politics and vocation: French science, 1793–1830", *British Journal for the History of Science* 13: 27–43（《政治与职业：法国科学》，载《英国科学史学报》）

(1984) *Georges Cuvier: vocation, science and authority in post-revolutionary France*, Manchester（《乔治·居维叶：后革命时代法国的职业、科学与权威》）

(1986) "Uncertain legislator: Georges Cuvier's laws of nature in their intellectual context", *Journal of the History of Biology* 19: 323–368（《不确定的立法者：乔治·居维叶的自然法则及其智识思想语境》，载《生物史学报》）

P

Paley, W. (1809) *The principles of moral and political philosophy*, 17th edn, 2 vols., London（《道德与政治哲学原理》第17版，两卷本）

Paradis, J. and T. Postlewait (eds.) (1981) *Victorian science and Victorian values*, *Annals of the New York Academy of Sciences*, vol. 360, New York（《维多利亚式科学与维多利亚式价值》，《纽约科学院年鉴》第360卷）

Passmore, J. (1966) *A hundred years of philosophy*, Harmondsworth（《哲学百年·新近哲学家》。汉译本：洪汉鼎、陈波、孙祖培译，北京：商务印书馆，1996）

Patterson, E. (1969) "Mary Somerville, FRS", *British Journal for the History of Science* 4: 311–329（《玛丽·萨默维尔：皇家学会会士》，载《英国科学史学报》）

Pattison, M. (1876) "Philosophy at Oxford", *Mind* 1: 82-97（《哲学在牛津》，载《心灵》期刊）

Essay, ed. H. Nettleship, 2 vols., Oxford（《马克·帕蒂森文集》两卷本）

Paul, C. B. (1980) *Science and immortality: the éloges of the Paris Academy 1699–1791*, Berkeley（《科学与不朽：巴黎法兰西学术院颂词》）

Peacock, T. (1893) *Headlong Hall*, ed. R. Garnett, London（《匆促之宫》）

Playfair, J. (1808) "La Place, *Traité de Méchanique Céleste*", *Edinburgh Review* 11: 249-284（《拉普拉斯著〈天体力学〉》，载《爱丁堡评论》）

(1810) "Laplace's *System of the World*", *Edinburgh Review* 10: 396-417（《拉普拉斯著〈宇宙体系论〉》，载《爱丁堡评论》）

(1822) *The works of John Playfair*, 4 vols., Edinburgh（《约翰·普莱费尔文集》四卷本）

Porter, R. (1976) "Charles Lyell and the principles of the history of geology", *British Journal for the History of Science* 9: 91-103（《查尔斯·莱尔与地质学史原理》，载《英国科学史学报》）

(1982) "Charles Lyell: the private and public faces of science", *Janus* 69: 29-50（《查尔斯·莱尔的科学公私面相》，载《雅努斯》期刊）

Powell, B. (1834a) *An historical view of the progress of the physical and mathematical sciences, from the earliest ages to the present times*, London（《一种历史视野之下的数理科学进步：从最早时代到当代》）

(1834b) "Physical studies in Oxford", *Quarterly Journal of Education* 7: 47-54（《物理科学研究在牛津》，载《教育季刊》）

(1837) *On the nature and evidence of the primary laws of motion*, Oxford（《论基本运动定律的本质与证据》）

(1838) *The connexion of natural and divine truth*, London（《自然真理与神圣真理的联系》）

(1839) "M. Comte's system of positive philosophy", *Monthly Chronicle* 3: 227-238

(《孔德的实证哲学体系》，载《每月记事》杂志)

(1841) *A general and elementary view of the undulatory theory*, London（《一种普遍和基本视野下的波动理论》）

(1849) *On necessary and contingent truth*, Oxford（《论必然真理与偶然真理》）

(1850) "Letter to Doctor Whewell", *Philosophical Magazine*, series 3, 36: 235（《致惠威尔博士的信》，载《哲学杂志》第 3 辑）

(1855) *Essays on the inductive philosophy, the unity of worlds and the philosophy of creation*, London（《归纳哲学、世界统一性与创世论哲学文集》）

(1856) "Sir Isaac Newton", *Edinburgh Review* 103:499-535（《艾萨克·牛顿爵士》，载《爱丁堡评论》）

(1859) *The order of nature considered in reference to the claims of revelation*, London（《自然的秩序：基于天启论断言的思考》）

Preyer, R. (1981) "The romantic tide reaches Trinity", in Paradis and Postlewait (eds.), pp. 39-68（《浪漫主义潮流抵达三一学院》，见《维多利亚式科学与维多利亚式价值》）

Priestley, J. (1775) *The history and present state of electricity with original experiments*, 3rd edn, 2 vols., London（《基于原创实验的电学历史与现状》第三版，两卷本）

Pusey, P. (1838) "Plato, Bacon and Bentham", *Quarterly Review* 61: 462-506（《柏拉图、培根与边沁》，载《季度评论》）

Pym, H. N. (1882) *Memories of old friends, being abstracts from the journals and letters of Caroline Fox of Penjerric, Cornwall from 1835 to 1871*, London（《老友怀念集：康沃尔郡潘杰里克的卡罗琳·福克斯的期刊文章与书信精选集》）

R

Rashid, S. (1977) "Richard Whately and Christian political economy at Oxford", *Journal of the History of Ideas* 38: 147-155（《理查德·惠特利与牛津大学的

基督式政治经济学》,载《观念史学刊》)

Raverat, G. (1967) *Period piece: a Cambridge childhood*, London(《时代页片:一段剑桥的童年时光》)

Ravetz, J. (1984) "Ideological commitments in the philosophy of science", *Radical philosophy*, summer: 5–11(《科学哲学中的意识形态认同》,载《激进哲学》期刊夏季号)

Rennell, T. (1819) *Remarks on scepticism*, 3rd edn, London(《论怀疑主义》第三版)

Richards, E. (1989) "Huxley and woman's place in science: the "woman question" and the control of Victorian anthropology", in Moore (ed.), pp. 253–284(《赫胥黎与妇女在科学中的地位:'妇女问题'与维多利亚时代人类学的控制权》,见《历史、人性与进化:约翰·格林尼文集》)

Richards, J. (1988) *Mathematical visions: the pursuit of geometry in Victorian England*, Boston(《数学观念:维多利亚时代英格兰的几何学追求》)

Rigaud, S. P. (1836) "Newton and Flamsteed", *Edinburgh Philosophical Magazine* 8: 138–147(《牛顿与弗拉姆斯蒂德》,载《爱丁堡哲学杂志》)

——(1838) *Historical essay on the first publication of Sir Isaac Newton's Principia*, Oxford(《历史论文集:论艾萨克·牛顿爵士著作〈原理〉的首次出版》)

——(1851) *Correspondence of scientific men of the seventeenth century*, 2 vols., Oxford(《17世纪科学先生通信集》两卷本)

Rimmer, W. G. (1960) *Marshalls of Leeds, flax spinners 1788–1886*, Cambridge(《利兹的马绍尔家族与亚麻纺纱机》)

Roach, J. P. C. (1959) "Victorian universities and the national intelligentsia", *Victorian Studies* 3: 131–150(《维多利亚时代的大学与英国知识阶层》,载《维多利亚时代研究》期刊)

Robinson, H. C. (1872) *Diary, reminiscences, and correspondence of Henry Crabb Robinson*, ed. T. Sadler, 3rd edn., 2 vols., London(《亨利·克拉布·罗宾森:

日记、回忆与通信集》第三版，两卷本）

Robinson, J. (1797) "Physics", *Encyclopaedia Britannica* xiv: 637–659, 3rd edn., Edinburgh（《物理学》，见《大英百科全书》第 14 卷，第三版）

Robson, J. and J. Stillinger (eds.) (1981–91) *Collected works of John Stuart Mill*, 33 vols., Toronto（《约翰·斯图亚特·密尔著作选集》33 卷本）

Robson, R. (1964) "William Whewell, FRS: academic life", *Notes and Records the Royal Society of London* 19: 168–176（《威廉·惠威尔，皇家学会会士：学术人生》，载《注释与记录：皇家学会科学史会报》）

—— (1967) "Trinity College in the age of Peel", in R. Robson (ed.), *Ideas and institutions of Victorian Britain*, London, pp. 168–176（《皮尔时代的三一学院》，见《维多利亚时代英国的观念与制度》）

Rose, H. J. (1826) *The tendency of prevalent opinions about knowledge considered*, Cambridge（《与所思考知识相关的观点倾向》）

—— (1834) *An apology for the study of divinity*, London（《为神学研究辩护》）

Rosen, E. (1964) "Renaissance science as seen by Burckhardt and his successors", in T. Helton (ed.), *The Renaissance: a reconsideration of the theories and interpretations of the age*, pp. 77–104（《布克哈特及其后继者眼中的文艺复兴时期科学》，见《文艺复兴时代理论与阐释的再思考》）

Ross, S. (1961) "Faraday consults the scholars: the origins of the terms of electrochemistry", *Notes and Records of the Royal Society* 16: 187–220（《法拉第请教几位学者：电化学术语的几个来源》，载《注释与记录：皇家学会科学史会报》）

—— "'Scientist': the story of a word", *Annals of Science* 18: 65–85（《"科学家"：一个词的故事》，载《科学年鉴》）

—— (1978) "John Herschel on Faraday and on science", *Notes and Records of the Royal Society* 33: 77–82（"约翰·赫歇尔论法拉第并论科学"，载《注释与记录：皇家学会科学史会报》）

Rothblatt, S. (1976) *Tradition and change in English liberal education: an essay in history and culture*, London（《英国博雅教育的传统与变革：历史与文化文集》）

(1981) [1968] *The Revolution of the dons: Cambridge and society in Victorian England*, 2nd edn., Cambridge（《剑桥导师革命：维多利亚时代英格兰的剑桥大学与社会》第二版）

(1985) "The notions of an open scientific community in historical perspective", in M. Gibbons and B. Wittrock (eds.), *Science as a commodity: threats to the open community of scholars*, London, pp. 21–75（《历史视野中的开放科学共同体观念》，见《科学作为一种商品：对开放的学者共同体构成的威胁》）

Rudwick, M. J. S. (1985) *The great Devonian controversy: the shaping of scientific knowledge among gentlemanly specialists*, Chicago（《泥盆纪大论战：科学知识在绅士型专家中间的形塑》）

Rupke, N. (1983) *The chain of history: William Buckland and the English school of geology*, Oxford（《历史之链：威廉·巴克兰与英国地质学学派》）

Ruse, M. (1976) "The scientific methodology of William Whewell", *Centaurus* 20: 127–157（《威廉·惠威尔的科学方法论》，载《半人马座：欧洲科学史学会会刊》）

(1977) "William Whewell and the argument from design", *Monist* 60: 244–268（《威廉·惠威尔与上帝设计论》，载《一元论者》期刊）

(1991) "William Whewell: omniscientist", in Fisch and Schaffer (eds.), pp. 87–116（《威廉·惠威尔：全能科学家》，见《威廉·惠威尔：一幅综合多面的肖像》）

S

Sanderson, M. (1972) *The universities and British industry 1850–1970*, London（《大学与英国工业》）

Sarton, G. (1936) *The study of the history of science*, Cambridge, Mass.（《科学史研究》）

Schaffer, S. (1986) "Scientific discoveries and the end of natural philosophy", *Social Studies of Science* 16: 387–420（《科学发现与自然哲学的终结》，载《科学的社会性研究》期刊）

(1989) "The nebular hypothesis and the science of progress", in Moore (ed.), pp. 131–164（《星云假说与进步科学》，见《历史、人性与进化：约翰·格林尼文集》）

(1991) "The history and geography of the intellectual world", in Fisch and Schaffer (eds.), pp. 201–231（《智识世界的历史和地理状况》，见《威廉·惠威尔：一幅综合多面的肖像》）

Schelling, F. (1966) [1803] *On university studies*, trans. E. S. Morgan, with an introduction by N. Guterman, Athens, Ohio（《论大学研习》，摩根译英文版，诺伯特·古特曼撰写导论）

Schiller, F. (1967) [1794] *Letters on the aesthetic education of man*, Oxford（《审美教育书简》。汉译本：张玉能译，南京：译林出版社，2009）

Schipper, F. (1988) "William Whewell's conception of scientific revolutions", *Studies in History and Philosophy of Science* 19: 43–53（《威廉·惠威尔的科学革命概念》，载《科学的历史与哲学研究》期刊）

Schneewind, J. B. (1968) "Whewell's ethics", *American Philosophical Quarterly Monograph* 1, 108–141（《惠威尔的伦理学》，载《美国哲学季度专论》）

(1977) *Sidgwick's ethics and Victorian moral philosophy*, Oxford（《西季威克的伦理学与维多利亚时代道德哲学》）

Schuster, J. A. and R. R. Yeo (eds.) (1986) *The politics and rhetoric of scientific method: historical studies*, Boston and Dordrecht（《科学方法的政治与修辞：历史研究》）

Schweber, S. (1981a) "Scientists as intellectuals: the early Victorians", in Paradis and Postlewait (eds.), pp. 1–37（《科学家作为知识分子：以维多利亚时代早期为例》，见《维多利亚式科学与维多利亚式价值》）

(1981b) *Aspects of the life and thought of Sir John Herschel*, 2 vols., New York（《约翰·赫歇尔爵士：生平与思想面面观》两卷本）

Sedgwick, A. (1834) *A discourse on the studies of the university of Cambridge*, 3rd edn., Cambridge（《论剑桥大学的种种研究》第三版）

(1850) *A discourse on the studies of the university of Cambridge with additions and a preliminary dissertation*, 5th edn., London and Cambridge（《论剑桥大学的种种研究：多处增补与一篇初论》第五版）

Seward, G. C. (1938) *Die theoretische Philosophie William Whewells und der Kantische Einfluss*, Tübingen（《威廉·惠威尔的理论哲学与康德的影响》德文版）

Shapin, S. (1984) "Brewster and the Edinburgh career in science", in Morrison-Low and Christie (eds.), pp. 17–24（《布儒斯特与爱丁堡大学的科学职业》，见《科学的殉道者：大卫·布儒斯特爵士》）

(1990a) "Mind is its own place: science and solitude in seventeenth-century England", *Science in Context* 4: 191–218（《心灵是其自身的居所：17世纪英格兰的科学与孤独》，载《语境中的科学》期刊）

(1990b) "Science and the public", in Olby, Cantor, Christie, and Hodge (eds.), pp. 990–1007（《科学与公众》，见《现代科学史指南》）

(1991) "'A scholar and a gentleman': the problematic identity of the scientific practitioner in early modern England", *History of Science* 29: 279–327（《'一名学者与一位绅士'：早现代英格兰科学实践者充满问题的身份认同》，载《科学史》期刊）

Sharrock, R. (1962) "The chemist and the poet: Sir Humphry Davy and the preface to *Lyrical Ballads*", *Notes and Records the Royal Society of London* 17: 57–76（《化学家和诗人：汉弗莱·戴维爵士与〈抒情歌谣集〉前言》，载《注释与记录：皇家学会科学史会报》）

Shattock, J. (1989) *Politics and reviewers: the Edinburgh and the Quarterly in the early Victorian age*, Leicester（《政治与评论者：维多利亚时代早期的〈爱丁堡评论〉与〈季度评论〉》）

Shattock, J. and M. Wolff (eds.) (1982) *The Victorian periodical press: soundings and samplings*, Leicester（《维多利亚时代的期刊出版：发声与样本》）

Shine, H. and H. C. Shine (1949) *The Quarterly Review under Gifford: identification of contributors 1809–1824*, Chapel Hill（《吉福德时代的〈季度评论〉：供稿者身份化研究》）

Sidgwick, H. (1876) "Philosophy at Cambridge", *Mind* 1: 235–246（《哲学在剑桥》，载《心灵》期刊）

Siegfried, R. and Dott, H. (eds.) (1980) *Humphry Davy on geology. The 1805 lectures for the general audience*, Madison（《汉弗莱·戴维论地质学：1805年面向普通听众的系列演讲》）

Smiles, S. (1891) *A publisher and his friends. Memoirs and correspondence of the late John Murray, with an account of the origin and progress of the house, 1768–1843*, 2 vols., London（《一位出版商和他的朋友：约翰·默里生前回忆与通信集，包括一篇对英国议会起源与进步的解读》两卷本）

(1894) *Self help*, London（《自助》）

Smith, S. (1810) "Calumnies against Oxford", *Edinburgh Review* 16: 158–187（《对牛津大学的种种诽谤》，载《爱丁堡评论》）

Somerville, M. (1834) *On the connexion of the physical sciences*, London（《论物理科学的联系》）

Southey, R. (1829) "State and prospects of the country", *Quarterly Review* 39: 475–520（《英国的国家与前景》，载《季度评论》）

Spencer, H. (1854) "The genesis of science", *British Quarterly Review* 20: 108–62（《科学的起源》，载《英国季度评论》）

Staël-Holstein, A. L. (1813) *Germany*, trans. From the French, 3 vols., London（《德意志》三卷本，英文版，译自法文版）

Stair-Douglas, J. (1881) *The life and selections from the correspondence of William Whewell DD.*, London（《威廉·惠威尔神学博士：生平与书信选集》）

Stephen, L. (1885–1890) "William Whewell", *Dictionary of National Biography*, 21 vols., Oxford, vol. xx, pp. 1, 365–374（《威廉·惠威尔》，见《牛津国家人物传记大辞典》第20卷，21卷本）

Sterling, J. (1848) *Essays and tales*, collected and edited with a memoir of his life, by Julius Charles Hare, 2 vols., London（《约翰·斯特林：随笔和故事集》两卷本，由朱利叶斯·黑尔选编并撰写作者生平回忆）

Stewart, D. (1793) *Outlines of moral philosophy, for the use of students in the University of Edinburgh*, Edinburgh（《道德哲学纲要：爱丁堡大学学生用书》）

——(1828) *The Philosophy of the active and moral powers of man*, 2 vols., Edinburgh（《关于人的能动力量和道德力量的哲学》两卷本）

——(1854–60) *The collected works of Dugald Stewart*, ed. W. Hamilton, 11 vols., Edinburgh（《杜加尔德·斯图尔特著作选集》11卷本，威廉·汉密尔顿主编）

Stocking, G. (1987) *Victorian anthropology*, New York（《维多利亚时代的人类学》）

Sullivan, A. (ed.) (1983) *British literary magazines. The Victorian and Edwardian age, 1837–1913*, Connecticut（《英国文学杂志：维多利亚与爱德华时代》）

Swainson, W. (1834) *Preliminary discourse on the study of natural history*, London（《自然志研究初论》）

T

Theerman, P. (1985) "Unaccustomed role: the scientist as historical biographer—two nineteenth-century portrayals of Newton", *Biography* 8: 145–162（《不落俗套的角色：历史传记中的科学家——两幅19世纪牛顿肖像》，载《人物传记》期刊）

Thomson, T. (1812) *History of the Royal Society from its institution to the end of the eighteenth century*, London(《皇家学会史:从它的创立到 18 世纪末》)

(1830) *The history of chemistry*, London(《化学史》)

Thomson, W. (1868) *The limits of philosophical inquiry*, Edinburgh(《哲学探究的局限性》)

Todhunter, I. (1876) *William Whewell, DD. Master of Trinity College Cambridge: an account of his writings with selections from his literary and scientific correspondence*, 2 vols., London(《威廉·惠威尔,神学博士,三一学院院长:从他的文学和科学书信选集解读他的著作》两卷本)

Tulloch, J. (1868) "The Positive philosophy of M. Auguste Comte", *Edinburgh Review* 127: 303–357(《奥古斯特·孔德的实证主义哲学》,载《爱丁堡评论》)

Turner, F. M. (1978) "The Victorian conflict between science and religion: a professional dimension", *Isis* 69: 356–376(《维多利亚时代科学与宗教的冲突:一种专业维度的考察》,载《爱西斯》杂志)

U

[Ulrici,?] (1847) "On Whewell's inductive sciences", *United Services Magazine*, in WP, 266 c. 80147(《论惠威尔的归纳科学》,载《英国皇家联合军种杂志》)

W

Ward, A. (1974) *Book production, fiction and the German reading public 1740–1800*, Oxford(《书籍生产、虚构与德国的阅读公众》)

Weber, M. (1989) *Max Weber's 'science as a vocation'*, ed. P. Lassmann and I. Velody, London(《马克斯·韦伯〈科学作为一种志业〉》)

Westfall, R. (1980) *Never at rest. A biography of Isaac Newton*, Cambridge(《永不停歇:艾萨克·牛顿传记》)

Wettersten, J. and J. Agassi (1991) "Whewell's problematic heritage", in Fisch and Schaffer (eds.) pp. 345–369(《惠威尔的问题型遗产》,见《威廉·惠威尔:

一幅综合多面的肖像》）

Whately, R. (1829) "Logic", *Encyclopaedia Metropolitana* 1: 193–240（《逻辑》，见《大都会百科全书》第 1 卷）

Whewell, W. (1819) *An elementary treatise on mechanics*, Cambridge（《初等力学教程》。汉译本：《重学》二十卷，[清]李善兰译）

(1823) *A treatise on dynamics*, Cambridge（《动力学教程》）

(1828a) *Statement respectfully offered to the member of the senate*, 9 December, WP, 266 c. 8049（《敬呈上院议员的报告》1828.12.9）

(1828b) *An essay on mineralogical classification and nomenclature*, Cambridge（《论矿物学的分类与命名法》）

(1830a) *Architectural notes on German churches*, new edn., London（《德国教堂建筑笔记》新版）

(1830b) "Methematical exposition of some doctrines of political economy", *Transactions of the Cambridge Philosophical Society* 3: 191–230（《一些政治经济学学说的数学说明》，载《剑桥哲学学会会刊》）

(1831a) "Modern science—inductive philosophy", *Quarterly Review* 45: 374–407（《现代科学——归纳哲学》，载《季度评论》）

(1831b) "English universities", *British Critic* 9: 71–90（《英国的大学》，载《英国评论家》杂志）

(1831c) "Lyell's *Principles of geology*", *British Critic* 9: 1801–206（《莱尔的〈地质学原理〉》，载《英国评论家》杂志）

(1831d) "Jones—on the distribution of wealth and the sources of taxation", *British Critic* 10: 41–61（《琼斯：论财富分配与赋税来源》，载《英国评论家》杂志）

(1831e) "The progress of geology", *Edinburgh New Philosophical Journal* 11: 142–267（《地质学的进步》，载《爱丁堡新哲学学报》）

(1831f) "Mathematical exposition of some leading doctrines in Mr. Ricardo's principles of political economy and taxation", *Transactions of the Cambridge Philosophical Society* 4: 155-198（《对李嘉图先生著作〈政治经济学及赋税原理〉中一些代表性学说做出的数学说明》，载《剑桥哲学学会会刊》）

(1832a) "Lyell's *Principles of geology, volume two*", *Quarterly Review* 93: 103-132（《莱尔的〈地质学原理·第二卷〉》，载《季度评论》）

(1832b) "Report on the recent progress and present state of mineralogy", *Report of the first and second meetings of the British Association for the Advancement of Science* (1833), London, 322-365（《关于地质学近来进步与当前状况的报告》，见《英国科学促进会第一届与第二届会议报告》）

(1832c) *The first principles of mechanics: with historical and practical illustrations*, Cambridge（《第一力学原理：以及历史与实践描述》）

(1832d) *An introduction to dynamics containing the laws of motion and the first three sections of the Principia*, Cambridge（《动力学导论：包含牛顿运动定律以及〈自然哲学的数学原理〉前三部分》）

(1832e) *On the free motion of points and on universal gravitation...the first part of a new edition of a treatise on dynamics*, Cambridge（《论质点的自由运动和论宇宙引力……新版〈动力学教程〉第一部分》）

(1833a) "Address", *Report of the third meeting of the British Association for the Advancement of Science* (1834), London, xi-xxvi（《惠威尔致辞》，见《英国科学促进会第三届会议报告》）

(1833b) "On the uses of definitions", *Philological Museum* 2, 263-272（《论定义的用途》，载《语言学博物馆》期刊）

(1834a) [1833] *Astronomy and general physics considered with reference to natural theology*, 2nd edn., London（《天文学与普通物理学：基于自然神学的思考》第二版）

(1834b) "Mrs Somerville on the connexion of the sciences", *Quarterly Review* 51: 54-68（《萨默维尔女士论几门科学的联系》，载《季度评论》）

(1834c) "Reply to the *Edinburgh Review*", *British Magazine* 59: 263–268（《答复〈爱丁堡评论〉》，载《英国杂志》）

(1834d) *Remarks on some parts of Mr Thirlwall's letter on the academic admission of dissenters to academical degrees*, Cambridge（《瑟沃尔先生致信建议从学术上接受持异见的学生并授予其学术学位：对这封信部分内容的评论》）

(1835a) *Thought on the study of mathematics as part of a liberal education*, Cambridge（《学习数学作为一种博雅教育的组成部分：关于这个问题的思考》）

(1835b) "Report on the recent progress and present condition of the mathematical theories of electricity, magnetism and heat", *Report on the fifth meeting of the British Association for the Advancement of Science* (1836), London, 1–34（《关于电、磁和热的数学理论：最新进步与当前状况的报告》，见《英国科学促进会第五届会议报告》）

(1836) *Newton and Flamsteed: remarks on an article in number 109 of the Quarterly Review*, Cambridge（《牛顿与弗拉姆斯蒂德：关于〈季度评论〉第109期刊载的一篇文章的评论》）

(1837a) *History of the inductive sciences, from the earliest to the present time*, 3 vols., London（《归纳科学的历史：从最早到当前时代》三卷本）

(1837b) *To the editor of the Medical Gazette*, 11 December, WP, 266 Add. MS. c. 80 14915（《致〈医学公报〉主编的一封信》1837.12.11）

(1837c) *The mechanical Euclid, containing the elements of mechanics and hydrostatics*, Cambridge（《力学欧几里得：包括力学和流体静力学基本要素》）

(1837d) *On the foundation of morals: four sermons preached before the university of Cambridge*, Cambridge and London（《论道德基础：四篇在剑桥大学宣讲的布道文》）

(1837e) *To the editor of the Edinburgh Review*, WP, 266 Add. MS. c. 80（《致〈爱丁堡评论〉主编的一封信》）

(1838a) *On the principles of English university education*, 2nd edn., London（《论

英国大学教育的基本原则》第二版）

(1838b) *Address delivered at the anniversary meeting of the Geology Society of London*, London（《在伦敦地质学学会纪念大会上的讲话》）

(1840a) *The philosophy of the inductive sciences, founded upon their history*, 2 vols., London（《归纳科学的哲学：以它们的历史作为基础》两卷本）

(1840b) *Remarks on the review of the 'Philosophy of the inductive sciences' in The Athenaeum, no. 672, Sept. 12, 1840*, 22 September 1840, Cambridge, WP, 266 c. 80（《对〈雅典娜神庙〉刊载的〈归纳科学的哲学〉书评的几点意见》）

(1841a) *Two introductory lectures on moral philosophy*, Cambridge（《两篇关于道德哲学的导论式演讲》）

(1841b) *The mechanics of engineering*, London（《工程力学》）

(1841c) "Address", *Report of the eleventh meeting of the British Association for the Advancement of Science* (1842), London, xxvii–xxxv（《惠威尔致辞》，见《英国科学促进会第11届会议报告》）

(1842) *Architectural notes on German churches: with notes written druing an Architectural tour in Picardy and Normandy*, 3rd edn., London（《德国教堂建筑笔记：包括在皮卡迪和诺曼底建筑旅行期间的笔记》第三版）

(1844) "On the fundamental antithesis of philosophy", *Transactions of the Cambridge Philosophical Society* 7, part 2: 170–181（《论哲学中的基本反题》，载《剑桥哲学学会会刊》）

(1845a) *Of a liberal education in general, and with particular reference to the leading studies of the University of Cambridge*, London（《论一种广义的博雅教育，并且特别参照剑桥大学的那些领先研究》）

(1845b) *The elements of morality, including polity*, 2 vols., London（《道德的构成要素，包括政体》两卷本）

(1846a) *Indications of the creator*, 2nd edn., London（《创世者的昭示》第二版）

(1846b) *Lectures on systematic morality*, London（《系统性道德讲演录》）

(1846c) *Newton's Principia: Book 1, sections 1, 11,111 in the original Latin; with explanatory notes and references*, London（《牛顿的〈原理〉：第一册第 1、11、111 节沿用原著拉丁文；包括说明性注释和参考文献》）

(1847a) *The philosophy of the inductive sciences, founded upon their history*, 2nd edn., 2 vols., London（《归纳科学的哲学：以它们的历史作为基础》第二版，两卷本）

(1847b) *Verse translations from the German, including Lenore, Schiller's Song of the Bell*, London（《德文诗歌翻译集：包括毕尔格的〈莱诺勒〉，席勒的〈钟之歌〉》）

(1848a) *Butler's three sermons on human nature*, Cambridge and London（《巴特勒三篇论述人性的布道文》）

(1848b) "Second memoir on the fundamental antithesis of philosophy", *Transactions of the Cambridge Philosophical Society* 8: 614–620（《二论哲学中的基本反题》，载《剑桥哲学学会会刊》）

(1849a) "On Mr Macaulay's praise of superficial knowledge", *Fraser's Magazine* 40: 171–175（《论麦考莱先生称赞的表象知识》，载《弗雷泽杂志》）

(1849b) *Of induction*, London（《论归纳》）

(1851a) *The general bearing of the Great Exhibition on the progress of art and science*, London（《基于技艺和科学进步的万国工业博览会承载的普遍意义》）

(1851b) "On the transformation of hypotheses in the history of science", in Whewell (1860), pp. 492–503（《论科学史上的假说转化》，见《论发现的哲学》）

(1853) *Of the plurality of worlds: an essay*, London（《世界多样性文集》）

(1854a) *The influence of the history of science upon intellectual education*, London（《科学史对智识教育的影响》）

(1854b) *On the material aids of education*, London（《论教育的有形助益》）

(1854c) *Of the plurality of worlds: an essay*, 3rd edn., London（《世界多样性文集》第三版）

(1857a) *History of the inductive sciences from the earliest to the present time*, 3rd edn., 3 vols., London（《归纳科学的历史：从最早到当前时代》第三版，三卷本）

(1857b) "Spedding's complete edition of the works of Bacon", *Edinburgh Review* 106: 287–322（《斯佩丁的完整版〈培根全集〉》，载《爱丁堡评论》）

(1858a) *Novum organon renovatum*, London（《〈新工具〉创新》）

(1858b) *The history of scientific ideas*, 2 vols., London（《科学观念的历史》两卷本）

(1859) *Barrow and his academical times*, Cambridge（《巴罗和他的学术时代》）

(1860) *On the philosophy of discovery*, London（《论发现的哲学》）

(1862) [1852] *Lectures on the history of moral philosophy*, Oxford（《道德哲学史讲演录》）

(1866) "Comte and positivism", *Macmillan's Magazine* 13: 353–362（《孔德与实证主义》，载《麦克米兰杂志》）

Williams, P. (1991) "Passing on the torch: Whewell's philosophy and the principles of English university education", in Fisch and schaffer (eds.), pp. 117–147（《薪火相传：惠威尔的哲学理念与英国大学教育的基本原则》，见《威廉·惠威尔：一幅综合多面的肖像》）

Wilson, D. B. (1974) "Herschel and Whewell's version of Newtonianism", *Journal of the History of Ideas* 35: 79–97（《赫歇尔和惠威尔眼中的牛顿主义》，载《观念史学刊》）

Winstanley, D. A. (1940) *Early Victorian Cambridge*, Cambridge（《维多利亚时代早期的剑桥大学》）

(1940) *Later Victorian Cambridge*, Cambridge（《维多利亚时代晚期的剑桥大学》）

Wiseman, N. (1853) *Essays on various subjects*, 3 vols., London（《论各种学科》三卷本）

Wolf, A. (1938) *A history of science, technology and philosophy in the eighteenth century*, London（《十八世纪科学、技术和哲学史》。汉译本：周昌忠 、苗以顺、毛荣运译，北京：商务印书馆，1991）

Wolff, M. (1959) "Victorian reviewers and cultural responsibility", in P. Appleton, W. Madden, and M. Wolff (eds.), *Entering an age of crisis*, Bloomington, pp. 269–289（《维多利亚时代的评论者与文化责任》，见《正在进入一个危机时代》）

Y

Yeo, R. R. (1977) "Natural theology and the philosophy of knowledge in Britain, 1819–1869", unpublished. Ph. D. thesis, University of Sydney（《自然神学与英国的知识哲学》，悉尼大学 1977 年博士论文，未出版）

(1979) "William Whewell, natural theology and the philosophy of science in mid-nineteenth-century Britain", *Annals of Science* 36: 493–512（《威廉·惠威尔、自然神学与 19 世纪中期英国的科学哲学》，载《科学年鉴》）

(1981) "Scientific method and the image of science, 1831–1891", in R. M. Macleod and P. Collins (eds.), *The parliament of science: the British Association for the Advancement of Science, 1831–1981*, Northwood, pp. 65–88（《科学方法与科学形象》，见《科学议会：英国科学促进会》）

(1984) "Science and intellectual authority in mid-nineteenth-century Britain: Robert Chambers and *Vestiges of the natural history of creation*", *Victorian Studies* 28: 5–31（《19 世纪中期英国科学与智识权威：罗伯特·钱伯斯与〈创世的自然志遗迹〉》，载《维多利亚时代研究》期刊）

(1985) "An idol of the marketplace: Baconianism in nineteenth-century Britain", *History of Science* 23: 251–298（《一种市场幻像：19 世纪英国的培根主义》，载《科学史》期刊）

(1986a) "Scientific method and the rhetoric of science in Britain, 1830–1917", in J. A. Schuster and R. R. Yeo (eds.) (1986), pp. 259–297（《科学方法与英国的科学修辞学》，见《科学方法的政治与修辞：历史研究》）

(1986b) "The principle of plenitude and natural theology in nineteenth-century Britain", *British Journal for the History of Science* 19: 263-282（《19世纪英国的充实性原则与自然神学》，载《英国科学史学报》）

(1987) "William Whewell on the history of science", *Metascience* 5: 25-40（《威廉·惠威尔论科学史》，载《元科学》期刊）

(1988) "Genius, method and morality: images of Newton in Britain, 1760-1860", *Science in Context* 2: 257-284（《天才、方法与道德性：牛顿在英国的形象》，载《语境中的科学》期刊）

(1989) "Reviewing Herschel's *Discourse*", *Studies in History and Philosophy of Science* 20: 541-542（《评赫歇尔的著作〈自然哲学研究初论〉》，载《科学的历史与哲学研究》期刊）

(1991a) "William Whewell's philosophy of knowledge and its reception", in Fisch and Schaffer (eds.), pp. 175-199（《威廉·惠威尔的知识哲学及其接受情况》，见《威廉·惠威尔：一幅综合多面的肖像》）

(1991b) "Reading encyclopaedias: science and the organisation of knowledge in British dictionaries of arts and sciences", *Isis* 82: 24-49（《阅读百科全书：科学与英国艺术和科学类辞典的知识组织方式》，载《爱西斯》杂志）

Young, G. M. (1936) *Portrait of an age: Victorian England*, London（《一个时代的肖像：维多利亚时代的英格兰》）

Young, R. M.(1985) *Darwin's metaphor: nature's place in Victorian culture*, New York（《达尔文的隐喻：自然在维多利亚时代文化中的地位》）

Young, T. (1810) "Mémoires d'Arcueil", *Quarterly Review* 3: 462-481（《阿奎尔回忆录》，载《季度评论》））

索引

（每条索引中的页码，是原书页码，即本书中的边码）

Abercrombie, John，阿伯克隆比，188

Albert, Prince Consort，阿尔伯特亲王，231

Alter, Peter，阿尔特，32

anonymity, in reviews of science，匿名性，科学评论中的，82–83

audience, for reviews of science，受众，科学评论的，108–9，114

Babbage, Charles，巴贝奇，24，33–5，46，91，125，212，227–8

    dispute with Whewell，与惠威尔的争论，123–4

    on unity of science，论科学统一性，235

Bacon, Francis，弗朗西斯·培根，10，12，63，166，214

    and Comte，与孔德，247

    Coleridge on，柯勒律治论培根，183

    his doctrine of idols，他的四偶像学说，135–6

    Whewell on，惠威尔论培根，10–11，247

Baconian method，培根式方法，96–7，106–7，128，162，240，250

    relation to empiricism，与经验论的关系，177，182–4

    versus solitude，孤独，相互对立的方法，135–7

Baily, Francis，弗朗西斯·贝利，129–30

    dispute with Whewell，与惠威尔的争论，133–4

Barrow, Isaac，艾萨克·巴罗，172

Becher, Harvey，比彻，218–19

Bentham, Jeremy，边沁，184

Berkeley, George，贝克莱，57

Bichat, Xavier，泽维尔·比沙，152

biography of scientists，科学家传

记，6，8，116-18
biology，生物学，254
    Whewell vs Powell，惠威尔与鲍威尔的对立，242-3
Biot, J.B.，毕奥，18，142
Birks, Thomas，托马斯·伯克斯，198
Blair, Alexander，亚历山大·布莱尔，60
Boadicea, Whewell's poem on，布狄卡，惠威尔为此创作的英文诗，57
Bowden, William，威廉·鲍登，126-7
Boyle, Robert，波义耳，136
Brewster, David，布儒斯特，21-2，35，45，72，86，114
    criticism of Whewell，对惠威尔的批评，141，164，225，233-4
    on Baconian method，论培根式方法，164
    on genius，论天才，164
    on Newton，论牛顿，139-42
    on research，论研究，91-2
    on reviews of science，论科学评论，80-1，85脚注
    on status of science，论科学的地位，86
    on technology，论技术，225
Bridgewater Treatises，（惠威尔撰写的）桥水论文集，118
British Critic，《英国评论家》杂志，90-2
British Magazine，《英国杂志》，90
British Association for the Advancement of Science，英国科学促进会，32，72，223，231
Brooke, John，约翰·布鲁克，31，248
Brougham, Henry，亨利·布拉姆，38，45，80-1，83，119，127，136
Brown, Thomas，托马斯·布朗，183
Buckland, William，威廉·巴克兰，32
Bulwer-Lytton, Edward，爱德华·布尔沃·李顿，37
Burckhardt, Jacob，布克哈特，158脚注
Burke, Edmund，埃德蒙·伯克，168
Burrow, J.W.，约翰·布罗（英国观念史家），168-9
Butterfield, H.，巴特菲尔德，168
Butts, Robert，罗伯特·巴茨，243-4
Cabinet Cyclopaedia，《内阁百科全书》，86，88

Calderwood, Henry, 亨利·卡德伍德, 246

Cannon, Susan F.（W.F.）, 苏珊·坎侬（原名沃特）, 29-32, 44, 83
on "Truth Complex", 论"真理复合体", 30, 38

Cantor, G.N., 乔弗利·康托, 147

Carlyle, Thomas, 托马斯·卡莱尔, 3, 140, 148

Chalmers, Thomas, 托马斯·查尔默斯, 188

Chambers, Robert, 罗伯特·钱伯斯, 113, 232-3
and specialization, 与专业化, 113-14

character, of scientists, 科学家的性格特质, 116-17, 119-20

classics, Whewell on, 惠威尔论古典学科, 215-16

classification of sciences, 科学的分类, 49, 233
另见科学统一性

Cockburn, William, 威廉·科伯恩, 79, 124, 126-7

Cohen, I.B., 伯纳德·科恩, 165

Coleridge, Samuel Taylor, 柯勒律治, 3, 51, 58-9, 60, 110, 183
idea of clerisy, 知识阶层观念, 44, 52, 202, 222
Whewell on, 惠威尔论柯勒律治, 66-7

communication of science, 科学交流, 35-8, 86-7, 113-14

Comte, Auguste, 孔德, 49-52, 148, 159, 233-4

Condillac, Etienne Bonnot, de, 孔狄亚克, 182

Copleston, Edward, 考普斯顿, 78, 84

Corsi, Pietro, 皮埃托·柯西, 23, 31

Cuvier, Georges, 居维叶, 10, 36, 56, 100

Dalton, John, 道尔顿, 97

Darwin, Charles, 达尔文, 4, 30-1, 39, 56, 235

Davy, Humphry, 汉弗莱·戴维, 5, 30, 65, 124

De Morgan, Augustus, 德·摩根, 10, 13, 21, 23, 86, 125, 148, 189, 211 脚注
on Newton, 论牛顿, 142
definitions, 定义, 107

De-Quincey, Thomas, 托马斯·德—昆西, 60, 71

Descartes, René, Whewell's opinion of, 笛卡尔，惠威尔的观点，172

design argument, 上帝设计论，118-19, 188-89, 196, 248

disciplines, 学科，106, 239-41, 251, 253

discovery, and scientific reputations, 发现，与科学声誉，6, 8, 52-55

Duhem, Pierre, 皮埃尔·迪昂，158 脚注

Eagleton, Terry, 伊格尔顿，43

Edgeworth, Maria, 玛利亚·埃奇沃思，141

Edinburgh Review, 《爱丁堡评论》，42-3, 78, 81-3, 873

Elkana, Y., 埃尔卡纳，147, 157

empiricism, 经验主义（经验论），61, 177-8, 180, 182-6, 190, 200

另见培根式方法，观念论，洛克

Encyclopaedia Britannica, 《大英百科全书》，14, 24, 58

and histories of science, 与各样的科学史，150

Encyclopaedia Metropolitana, 《大都会百科全书》，47, 60, 87

encyclopaedias, and omniscience, 百科全书，与博学多识，58-60

and specialization of science, 与科学的专业化，33

epistemology and morals, 认识论与道德，187-90

Faraday, Michael, 法拉第，5-6, 21, 34, 231, 242

Farrar, Adam, 亚当·法勒，248

Fayerabend, Paul, 费耶阿本德，4

First Reform Bill, 首部《改革法案》，37, 46

Fisch, Menachem, 曼纳切姆·费什，7, 61-2, 68, 146-7, 190, 219

Flamsteed, John, 弗拉姆斯蒂德，129-34

Whewell on, 惠威尔论弗拉姆斯蒂德，131-2, 134

Forbes, Duncan, 邓肯·福布斯，168

Forbes, James David, 詹姆斯·福布斯，24, 34, 38, 112, 129, 132, 137, 173

Fox, Caroline, 卡罗琳·福克斯，33, 56

fundamental antithesis, in Whewell's philosophy, 基本反题，惠威尔哲学中的，11-13, 190, 241, 253

fundamental ideas,基本观念,12-13,189,197,161,200,215-7,220,239-40,242-3,249,252-3

Galloway, Thomas,托马斯·加洛韦,131

Galton, Francis,高尔顿,5,116

Gascoigne, John,约翰·伽斯康尼,32

Geological Society, Whewell's Presidency of,英国地质学会,惠威尔任主席时期,73

geology,地质学,33,96,99-102 另见莱尔

Goethe, Johann Wolfgang,歌德 10

Gothic architecture, and Whewell's historical views,哥特式建筑,与惠威尔的历史观点,154-5

Great Exhibition,首届万国工业博览会(伦敦),224-5

Habermas, Jürgen,哈贝马斯,40-1,43-4,46,77

Hahn, Roger,罗格·哈恩,35

Halliwell, J.O.,詹姆斯·哈利维尔,149

Hamilton, Sir William,威廉·汉密尔顿,43,179,212,218-19,245

Hamilton, William Rowan,威廉·罗恩·哈密顿,23,69-70,123,129,137

Harcourt, William Vernon,威廉·哈考特,51,111,124,128

Hare, Augustus,奥古斯都·黑尔,152,155

Hare, Julius Charles,朱利叶斯·黑尔,7,19,66,123脚注,202-5

Herschel, John,约翰·赫歇尔,7,19,21-2,29,47,61,129

and solitude,与孤独,141

his *Discourse*,他的著作《自然哲学研究初论》,28,39,72,92-8,119-20

on epistemology,论认识论,179-80,185-89

on history of science,论科学史,148,156

on science and society,论科学与社会,229

Heyck, T.W.,海伊克,41

hierarchy of sciences,各门科学的等级阶序,106-8

Hilton, Boyd,博伊德·希尔顿,194

historical consciousness,历史意识,149

history of science, as way of defining science，科学史，作为定义科学的方式，145-9，150-2

    Whewell's account，惠威尔的解读，145-76

Hodge, M.J.S.，乔纳森·霍芝，15

Houghton, Walter，沃尔特·霍顿，77

Humboldt, Alexander von，亚历山大·冯·洪堡，229

Humboldt, Wilhelm von，威廉·冯·洪堡，41

Hume, David，休谟，149

Husserl, Edmund，胡塞尔，4

Huxley, Thomas Henry，赫胥黎，托马斯·亨利，5，39，243

hypothesis, method of，假说法，63，96-7

idealism，观念论（唯心主义），4，12-13，177-80，185，204-5

induction, in logic，归纳逻辑，12-13，63，93

inductive method，归纳法，12-13，62-3，92-4，96-8，104，120-4，160-1

    另见培根式方法；方法建制，作为科学权威的不同居所，124-6

    Tractarian critique of，牛津运动者对归纳法的批评，126-7

intellectual authority，智识思想权威，37，86，254

Jeffrey, Francis，弗朗西斯·杰弗里，43，45-6

Jones, Richard，理查德·琼斯，7，21，23，189

    on inductive philosophy，论归纳哲学，62，104

    on morals，论道德，105

    on political economy，论政治经济学，102-6，195-7

Kant, Immanuel，康德，13-14，47，192，249

Kepler, Johanes，开普勒，10

    as genius，作为天才，120-1，162

Knightbridge Chair，骑士桥教席，189

Kuhn, Thomas S.，托马斯·库恩，35

Lakatos, Imre，拉卡托斯，4

Laplace, Pierre，拉普拉斯，116

Lardner, Dionysius，迪奥西尼·兰登，86

Laudan, Larry，拉里·劳丹，50

Laudan, Rachel，雷切尔·劳丹，151 脚注

Lavoisier, Antoine，拉瓦锡，107，166

Lewis, G.C., 利维斯爵士, 乔治·康沃尔, 173

Liberal Anglicanism, and view of history, 自由派国教主义, 及其历史观, 155, 174

liberal education, 博雅教育, 91, 209, 212–18

    mathematics in, 博雅教育中的数学, 218–22

    science in, 博雅教育中的科学, 210–11, 215–22

Locke, John, his theory of knowledge, 约翰·洛克, 及其知识理论, 13, 180, 226

    Sedgwick on, 塞奇威克论, 176, 180–2

    Whewell on, 惠威尔论, 191–3

Lockhart, John, 约翰·洛克哈特, 83–4

Lubbock, John, 约翰·卢伯克, 83–4

Lyell, Charles, 查尔斯·莱尔, 6–7, 24, 37, 72–3, 85, 146, 226

    as geological theorist, 作为地质学理论家, 99–102

    on history of science, 论科学史, 159

    on scientific publishing, 论科学出版, 80

    on university, 论大学, 210–11

Macaulay, T.B., 托马斯·麦考莱, 56, 58–9, 158 脚注, 168–9, 172, 226–7

McCosh, James, 詹姆斯·麦考什, 246

McCulloch, J.R., 约翰·麦克库洛赫, 80

Mackintosh, James, 詹姆斯·麦金托什, 198–9

MacLeod, R.M., 麦克劳德, 32

MacMillan's Magazine, 《麦克米兰杂志》, 234

Malcolm, John, 约翰·马尔科姆, 17

Manning, Henry, 亨利·曼宁, 247

Mansel, Henry, 亨利·曼塞尔, 245–7

Marshall, Cordelia, 考狄丽亚·马绍尔, 15–16

Marshall, James Garth, 詹姆斯·马绍尔, 59, 167

Martineau, Harriet, 哈丽雅特·马蒂诺, 233–5

Martineau, James, 詹姆斯·马蒂诺, 245–6, 249

mathematics, Whewell on, 惠威尔论数学, 218–21

索引

Maurice, F.D., 莫里斯, 20
Maxwell, James Clerk, 麦克斯韦, 5, 110, 231
medieval period, Whewell's attitute to, 中世纪时期, 惠威尔对它的态度, 158
mental habits, and natural theology, 思维习惯, 与自然神学, 120-4
Merton, Robert, 罗伯特·默顿, 117
Merz, John T., 约翰·梅尔茨, 28, 49, 117, 140
metascience, 元科学, 8-9
 as a role, 作为一种角色, 11, 50-2, 56, 63-5, 70-4, 146-8, 252, 254-5
 contemporary attitude to, 当时的态度, 50-2, 72-4, 233-4
Method, 方法
 and moral character, 与道德特质, 118-24
 and unity of science, 与科学统一性, 235-6, 240
 as accessible, 作为人人可及的, 161-2
 vs genius, 与天才对立, 140-1, 162-5
 vs personality, 与个性对立, 117, 136
Michelet, Jules, 儒勒·米什莱, 78
Mill, John Stuart, 密尔, 约翰·斯图亚特, 4, 37, 42, 65, 98, 204-5, 243, 250
 on empiricism and intuitionism, 论经验主义与直觉主义, 178, 184-5, 236
 on Whewell, 论惠威尔, 178, 184-5, 205, 236, 255
mineralogy, Whewell's work in, 矿物学, 惠威尔从事的工作, 53
Moll, Gerrit, 格瑞特·莫尔, 79
Moore, James, 詹姆斯·摩尔, 56
moral philosophy, 道德哲学, 176, 180-2, 192-3, 198-200, 236-9 另见功利主义
moral science, analogies with physical science, 道德科学, 与物质科学的种种类比, 236-9
Moral sciences Tripos, Cambridge, 道德科学荣誉学位考试, 剑桥大学, 245
Morell, John Daniel, 莫雷尔, 约翰·丹尼尔, 246, 248
Morland, George, 乔治·莫兰, 57, 191

Morell, J.B., 莫雷尔, 32, 117, 128

Munby, A.N.L., 蒙比, 149

Murchison, Roderick, 默奇逊爵士, 20, 52, 125

Murray, John, 约翰·默里, 80, 83

Myer, Frederick, 弗雷德里克·迈尔斯, 113, 169, 237–9

Napier, Macvey, 马可维·纳皮尔, 43–4, 113, 150

natural philosophy, as generic term, 自然哲学, 作为通用术语, 24, 33

natural theology, 自然神学, 29–32
    and epistemology, 与认识论, 187–9
    and geology, 与地质学, 102
    and method, 与方法, 120–4, 187–9

natural history, 自然志, 33, 241

'nescience', 不可知论, 246, 250

Newman, Francis, 弗朗西斯·纽曼, 209, 222

Newman, John Henry, 约翰·亨利·纽曼, 30, 79

Newton, Sir Isaac, 艾萨克·牛顿爵士, 10, 130–4, 220–1
    as genius, 作为天才, 140–3
    as exemplar, 作为典范, 139, 144

    vs Flamsteed, 与弗拉姆斯蒂德的对立, 130–4

Niebuhr, Barthold, 尼布尔, 148, 155

omniscience, 博学多识, 57–60

original research, 原创研究, 91, 212–13

Outram, Dorinda, 多琳达·乌特姆, 36, 56, 135–6

Owen, Richard, 理查德·欧文, 59, 83, 173

Paley, William, 威廉·佩利, 180–2, 235, 238
    论功利主义伦理学, 181

Passmore, John, 约翰·巴斯摩尔, 178

Pasteur, Louis, 巴斯德, 5

Pattison, Mark, 马克·帕蒂森, 245

Peacock, George, 乔治·皮考克, 147

Peacock, Thomas, 托马斯·皮考克, 58, 66, 157

Peel, Sir Robert, 罗伯特·皮尔爵士, 19, 32

periodical reviews, 期刊评论, 38, 42, 77–90
    另见匿名性; 科学地评论永久性科学, 惠威尔的定义, 215–16, 220–4

physiology, 生理学, 173, 173 脚注,

243, 251

Playfair, John, 约翰·普莱费尔, 36-7, 81, 150

political economy, 政治经济学, 102-6

    and inductive method, 与归纳法, 103-4

    and morals, 与道德, 105-6, 194-6

    Ricardian theory, 李嘉图理论, 105-6

    Whewell on, 惠威尔论, 102-6, 194-7

    另见琼斯

Popper, Karl, 波普尔, 4

Positivism, 实证主义, 243-7, 249

Powell, Baden, 巴登·鲍威尔, 21-3, 64, 249-50

    on epistemology, 论认识论, 186

    on history of science, 论科学史, 159

    on Newton, 论牛顿, 143

    on principle of uniformity, 论一致性原则, 235-6

    on science education, 论科学教育, 79, 86, 91

    on unity of science, 论科学统一性, 235-6, 241-3

Preyer, Robert, 罗伯特·普雷尔, 66

Priestley, Joseph, 普利斯特里, 161

progress of science, 科学进步, 153-60

    and novelty, 与创新性, 68-9, 167, 170

    place of accident in, 偶然性在科学进步中的地位, 164

    Whewell's three stages, 惠威尔的三阶段论, 155-6

progressive sciences, Whewell's definition of, 进步型科学, 惠威尔的定义, 216-7, 220-4

public sphere, 公共领域, 25, 40-4

    and science, 与科学, 44-7, 112-4

Quarterly Journal of Education,《教育季刊》, 86

Quarterly Review,《季度评论》, 42, 81-3, 85

Reid, Thomas, 托马斯·里德, 57, 93

Remusat, Charles, 夏尔·雷穆萨, 247

Rennell, Thomas, 托马斯·伦内尔, 188

revolutions in science, Whewell on。科学中的革命, 惠威尔论, 166-72

Ricardo, David, 李嘉图, 103, 105

Richards, Joan, 琼·理查兹, 179

Rigaud, Stephen, 斯蒂芬·里戈, 130

Roget, Peter Mark, 彼得·罗杰, 51

Romanticism, and cultural criticism, 浪漫主义, 与文化批评, 70-1

and science, 与科学, 65-71

and Newton, 与牛顿, 139-40

Romilly, Joseph, 约瑟夫·罗米利, 18

Rose, Hugh James, 休·詹姆斯·罗斯, 24, 67, 88, 90, 167, 192

critical of science, 对科学的批评, 68-9, 123, 202-3

Rowley, Joseph, 约瑟夫·罗利, 57

Royal Society of London, 伦敦皇家学会, 33, 46

Ruse, Michael, 迈克尔·鲁斯, 53

Saint Simon, Henri de, 圣西门, 197, 214

Sarton, George, 乔治·萨顿, 251

Schaffer, Simon, 西蒙·谢弗, 7, 70, 89

Schelling, Friedrich, 谢林, 213

Schiller, Friedrich, 席勒, 10, 70-1

Schipper, Frits, 施弗里茨, 166

Schlegel, August Wilhelm, 施莱格尔, 奥古斯特·威廉, 71

science, 科学, 10, 32-3, 106

and poetry, 与诗歌, 65-70

as vocation, 作为职业, 34-6

language of, 科学语言, 6, 39-40, 110-11

scientific books, 科学书籍, 80-2

scientific reviewing, 科学评论

attitude to, 对待科学评论的态度, 85-7

style in, 科学评论的风格, 83-5

另见期刊评论; 科学书籍

scientist, as generic term, 科学家, 作为通用术语, 110-11

Sedgwick, Adam, 亚当·塞奇威克, 7, 24, 73-4, 176

his *Discourse*, 他的著作《论剑桥大学的种种研究》, 176, 180-2, 193

Senior, Nassau, 纳索·西尼尔, 105-6, 195

Sewell, William, 威廉·西维尔, 119

Shapin, Steven, 夏平, 135

Shelley, P.B., 雪莱, 66

Sidgwick, Henry, 亨利·西季威克, 18, 245

Smiles, Samuel, 塞缪尔·斯迈尔斯, 85, 162 脚注

Smith, William, 威廉·史密斯, 100

Smith, Sydney, 西德尼·史密斯, 6, 56

solitude, 孤独, 136-8, 141

Somerville, Mary, 玛丽·萨默维尔, 80-1, 109-12

Southey, Robert, 罗伯特·骚塞, 37

specialization, 专业化（专门化）, 7, 33-35

 and periodicals, 与期刊, 46-7, 84

 as problem for Whewell, 作为惠威尔研究的问题, 11, 147, 172-3, 251-4

 vs sythetic views of science, 与综合性科学观相对抗, 113-4

 另见科学统一性

Spencer, Herbert, 赫伯特·斯宾塞, 49-50, 251

Sprat, Thomas, 托马斯·斯普拉特, 135

Staël-Holstein, Anne Louise Germaine de, 斯塔尔夫人, 原名安娜·路易丝·杰曼妮, 71, 192

Stephen, Leslie, 莱斯利·斯蒂芬, 18, 24, 52

Sterling, John, 约翰·斯特林, 33, 77, 201, 204

Stewart, Dugald, 杜加尔德·斯图尔特, 10, 58, 63-4, 136

 and classification of sciences, 与科学分类, 58

 on geometry, 论几何学, 179

 on mathematicians, 论数学家, 116, 119 脚注

Strauss, D.F., 大卫·施特劳斯, 248

Sumner, J.B., 约翰·伯德·萨姆纳, 194

technology, as distinct from science, 技术, 作为有别于科学的事业, 225-30

Thackray, Arnold, 阿诺德·萨克雷, 32, 128

theorists, their role and character, 理论家的角色与特质, 127-9, 132, 135, 138-9, 144

Thirlwall, Connop, 康诺普·瑟沃尔, 213

Thomson, Thomas, 托马斯·汤姆森, 151

Thomson, William, 威廉·汤姆森, 245

tides, 潮汐, 54-55

Tractarians, 牛津运动者, 119

 on science, 论科学, 126-7

Trinity College Cambridge, 剑桥三一学院, 3, 6, 15-16, 103

Tulloch, John, 约翰·塔洛克,

246，249

Turner, F.M., 特纳, 29

unity of science, 科学统一性, 110-1, 231-3

    in Herschel's *Discourse*, 在赫歇尔的著作《自然哲学研究初论》中, 94-6

    limits to, 受到种种限制, 239-41

    Somerville on, 萨默维尔论, 110

    Whewell vs Powell on, 惠威尔、鲍威尔针锋相对地论述, 241-3

universities, criticisms of, 对英国大学的批评, 86, 90-2, 210

    另见博雅教育

utilitarianism, 功利主义, 180-2, 186-7, 196, 199-203, 223-4, 232, 237

Weber, Max, 马克斯·韦伯, 4, 34

Werner, Abraham, 亚伯拉罕·维纳, 100

Westminster Review,《威敏寺评论》, 42, 82-3, 90, 204, 214

Whately, Richard, 理查德·惠特利, 10, 93, 105-6, 122, 194

Whewell, William, 威廉·惠威尔

    academic positions, 学术立场, 15

    early life, 早年生平, 16-19, 57-8

    marriage, 婚姻, 16-17

    Master of Trinity College, 三一学院院长, 18-21

    reputation, 声誉, 4-8, 52

    scientific work, 从事的科学工作, 53-5

    textbooks, 教科书, 55, 61

    and D. Brewster, 与布儒斯特, 91-2, 141, 164-5

    and W.R. Hamilton, 与哈密顿, 69-70

    and J.S. Mill, 与密尔, 4, 177-8, 185-6, 204, 250-1, 255

    on Bacon, 论培根, 10-11, 96-7, 152, 154, 247, 254

    on Comte, 论孔德, 244, 246, 250

    on mathematics, 论数学, 179, 218-21

    on morals and induction, 论道德与归纳法, 198-200

    on natural theology, 论自然神学, 118-9, 194-5, 247-8

    on political economy and epistemology, 论政治经济学与认识论, 196-8

    on reviewing, 关于发表评论的论述, 87-90

on Romanticism，论浪漫主义，66-71

on technology，论技术，224-9

reviews Herschel's *Preliminary Discourse*，评论赫歇尔的著作《自然哲学研究初论》，92-9

reviews Jones's political economy，评论琼斯的政治经济学，102-6

reviews Lyell's *Principles of geology*，评论莱尔的著作《地质学原理》，99-102

reviews Somerville's *Connexion*，评论萨默维尔的著作《论物质科学的联系》，109-12

Whig history，辉格史，150-1，168-9，174

Wilberforce, Samuel，萨缪尔·威伯福斯，254

Williams, Perry，佩里·威廉姆斯，211

Wiseman, Nicholas，尼古拉斯·怀斯曼，184

Wolff, Michael，迈克尔·沃尔夫，78

Wollaston, William，威廉·沃拉斯顿，124

women in science，女性从事科学，35，70，111-12

Wordsworth, Christopher，克里斯托弗·华兹华斯，19，67

Wordsworth, William，威廉·华兹华斯，65-7，70

Young, G.M.，乔治·扬，77

Young, R.M.，罗伯特·扬，31-2，44-5

on Victorian periodicals，论维多利亚时代的期刊，38-9，46

Young, Thomas，托马斯·扬，29，79，112，124

译后记

源头多镜鉴

　　科学历史与科学哲学的关系，科学家与科史哲研究者的关系，以及由这四种要素构成的复合体与现代国家主流文化的关系，现已成为当代科学历史哲学（HPS）领域聚焦探究和实践探索的基本问题。若追溯其典型源头，那是距今二百多年前的英国，威廉·惠威尔正在成长为开创性地制造并切实求解这些基本问题的元科学评论家。这个惠威尔为自己量身创制的终生职业定位，是他放弃专业科学研究转行元科学综合探讨的非常选择，更是对英国科学积弊进行改革的积极举措，尽管这条不蹈常规之路使惠威尔成为英国科学界顶端的另类人物，时代和历史却始终赋予他公认的维多利亚时代科学界领军人物和知识界权势翘楚的地位。这对极具张力的基本评价，蕴含惠威尔具备多方面的广博卓识与矛盾特质，并且昭示囿于单一学科认识其志业版图可能存在的困难偏狭和不易周备。

　　19世纪后叶，三位不同领域新一代博学专家分别对惠威尔元科学事业首次做出切中肯綮的认识、研究和辩护。查尔斯·皮尔士（Charles Sanders Peirce，1839—1914）最早认识到惠威尔元科学事业的开创性价值。1869年，他在哈佛大学《论英国逻辑学家讲演录》（未出版）中指出，惠威尔研究科学史，不是为了给一种现行哲学"赋予逼真色彩",关键是要参照科学发展史重新评价当时流行的种种知识哲学,这项事业的独特性在于以科学作为参照系来质疑哲学,而非相反(Fisch 1994)。用惠威尔的话说,自己的事业就是通过对当前科学知识状态进行历史性考察,从中习得哲学化提炼科学知识的最佳方法(Whewell 1836)。二者相通的思想资源,是皮尔士作为杰出数理逻辑学家,在惠威尔以来英国领先的数学形式逻辑学基础上,矢志建立一种适合20世纪科学生活的新逻辑,由此实现他建立一座像亚里士多德那样能持久包含人类全部学科的哲学宏图。

首部惠威尔传记在他逝世十周年时问世,托德亨特(Isaac Todhunter,1820—1884)完成了这项"源于爱的艰巨劳作"。这位当时公认唯一契合传主气质的数学家,早年特别钦佩惠威尔最亲密的学生德·摩根,并从名师身上习得对"科学历史和目录学、道德哲学和逻辑学"的浓厚兴趣,因此他接续师辈最终重塑剑桥数学的卓越成就与多种教科书和数学史著作相伴。托德亨特首次对惠威尔留下的全部文献、大量通信和笔记文档做出系统整理,按编年顺序、以文献脉络为纲、结合与文献相关的一手档案和学术-政治-社会-心理情境,写出兼具校勘研究与解析阐释的综合思想传记(Todhunter 1876),至今仍是研究惠威尔的权威工具书。

在惠威尔创制科学术语的成就中,1834年创"科学家"(scientist)一词具有最深广持久的全球影响,吊诡的是,它历经百年磨难最后才在其原生国顺势接受。作为新称呼,它直接挑战英国科学共同体以"自然哲学家""科学先生"为代表的传统身份认同;作为新词,它并未遵循拉丁语和英语构词法某些规范教条;前者固守派以后者为理由发起激烈拒斥之声,甚至60多年后争论主场转移美国并成为媒体焦点论题。1895年,菲茨沃德·霍尔(Fitzedward

Hall，1825—1901），博学多能的著名梵语和英语语言学家和英国语言学学会任命的《新英语辞典》功勋主编，以他30多年来从英国报刊上搜集的诋毁该词实例作为证据，基于与其他已得到充分接受的词的构造法进行类比，用三个理由证明"科学家"构词的合理性，并援引英国流行的兰德《假想对话录》的经典语言学方式，生动反讽地模拟呈现坚定反对派赫胥黎教授与惠威尔博士影子的一段争论式对话。霍尔以七旬之龄倾尽全力对该词与惠威尔创词本意的辩护，彻底使长期因循狭隘构词规则曲解"科学家"一词的言论归于沉寂（详见附录）。

　　霍尔18岁获纽约伦斯勒学院（原名）土木工程师学位，由此进入哈佛学院，开启其原创成就深得英国高度认可的语言学学术生涯。1964年，伦斯勒综合理工学院（新名）胶体科学教授悉尼·罗斯（Sydney Ross，1915—2013），在《科学年鉴》发表经典科学史文章《科学家：一个词的故事》，系统详尽地揭示了新词"科学家"——以及"科学""物理学家"——从词源问题到社会决定与内涵演变互动关系的综合历史背景，并对这些科学术语在现代语言民主化趋势下的滥用做出反思和警示。2017年，《科学年鉴》推出"创刊80年来经典文章反思与重估"新专栏，该文以最高引用、最高价值和关注仍在走热之势，成为首篇反思的榜首经典文章（Miller 2017）。鉴于惠威尔开创之功持续显现如此深广的溢出效应，译者特将这篇经典文章完整译出，列入本书附录拓展理解，作为科学-科学家-科学史入门首篇必读文献。

　　这些博学专家早年开启的几种恰当解读，直到1990年前后，随着冷战结束与科学历史哲学（HPS）整体观念史研究成为主流，才得以接续新时代更切实精准的历史编纂学策略。在惠威尔诞辰200周年之际，分别从基于历史的科学哲学、观念史这两个方向，

译后记　源头多镜鉴

由剑桥大学出版社推出两类三部转型开新的惠威尔研究著作，前者由曼纳切姆·费什（Menachem Fisch，1952—）领衔重构，后者则由杨理查（Richard Yeo，1948—）独树一帜。费什自硕士时代已坚定认为，恰当的科学哲学研究途径必须在某种程度上关系到真实的科学发展情形，历史"实然"承载的内容对哲学"应然"产生的影响亟待系统考察，他在80年代中期完成的博士论文就是通过历史研究对惠威尔求解的问题做出清晰界定。1991年出版专著《威廉·惠威尔：科学哲学家》，充分利用未出版的笔记、日记、信件和档案延展已出版著作的智识脉络，着重追溯惠威尔围绕科学进步史提出的哲学问题和答案的最初形成与演变过程，而非孤立阐释一部"思想最成熟著作"的哲学观点，费什的"反问式重构"为真实多维的惠威尔肖像提供了恰如其分的哲学内核，与同时出版的论文集《威廉·惠威尔：一幅合成肖像》互为经史。

相较于西蒙·谢弗、约瑟夫·阿伽西等科学哲学家分别从不同维度呈现的这幅合成肖像，对照更新一代科史哲研究者劳拉·斯奈德（Laura Snyder）出版的两部重要新著《改革哲学：一场维多利亚时代关于科学与社会的争论》（2006）和《哲学早餐俱乐部卓识四友：转型科学与改变世界的事业》（2011），30年后反观杨理查的著作《定义科学：威廉·惠威尔擘画英国传统文化现代化转向》（下文简称《定义科学》），至今仍不失为独树一帜、纵横博览的观念史佳作，因为他精准锁定惠威尔开创的元科学评论家职业身份如何形成作为研究基点，并以此统领多元智识和事业成果持续塑造其职业身份的动态角色。事实上，明确了惠威尔在1820年之后几年已树立"开创归纳哲学改革事业"的执著抱负，这个宗旨岂能疏离这位志笃行健者的百科全书式智识实践？

杨理查之所以能不囿窠臼而别开生面，缘于他的偶然发现。

1977年，他在悉尼大学完成博士论文《自然神学与英国知识哲学1819—1869》（未出版），此前长期查阅19世纪英国自然神学文献过程中频现的威廉·惠威尔这个名字，虽然可以暂不关乎他的既定主题，却无法不唤起他转向探究的极大兴趣。这个博士论文的副产品，使他开始就从自然神学和知识哲学争论的主场瞥见一位权重渐隆的主角，这恰恰切中惠威尔的首要官方身份——英国国教会神学博士和第一个人志业——开创元科学的知识哲学。尽管惠威尔作为科学家、科学哲学家和史学家的角色经常被论及，但正如他"为自己创造的科学批评家和评论者、仲裁者和立法者角色"之于各门科学的意义，在他身上，多种看似单独的分科角色皆融入"元科学评论家"核心角色作为思想指针和底色。另一方面，惠威尔在剑桥从执掌皇家任命的教席到升任三一学院院长（1841—1866）和两届副校长（1842；1857），国家意识形态约束是进入这些学术要职的基本政治门槛。1825年，惠威尔在英国国教教堂接受加冕成为圣公会牧师，这是担任剑桥学术职位的必备条件之一（同年任命他执掌矿物学教席），神学博士（D.D.）遂成为他毕生首要官方身份。相应地，惠威尔的职业生涯始终离不开探索——介于个人追求的元科学事业与国教容许的自然神学立场之间的科学–道德–社会–教育改革主题。杨理查明智地认识到，用悖谬时代的方式将惠威尔的通盘事业纳入狭隘失当的科学哲学和历史框架中关注充满危险，他引入维多利亚时代早期帝国对分裂的焦虑、智者对改革的诉求、以及快速成长的公共话语领域，以多种渠道和形式呈现的智识成果作为科学观念载体，研究惠威尔定义科学的努力及其知识哲学在更广阔制度语境中的互动角色。

鉴于选题构思的独特性，这项研究特意摆脱传统传记写法，避免展开生平业绩描述，只在追溯某些观念所系的个人历史情境时，

译后记　源头多镜鉴

援引精要传记资料为证。具体说来，《定义科学》全面考察惠威尔的元科学著述，根据体裁、目标受众和引发更广泛论战的框架体系，将各种重要文本置入当时蓬勃的争论语境中进行深广考察。用观念脉络呈现的这位最著名的维多利亚时代元科学家职业传记，具体而微地研究了英国19世纪这场关于科学性质的复杂争论（Fisch 1994）。昆廷·斯金纳（Quentin Skinner，1940—）十分看重杨理查的开创性研究，并且指出"观念史研究中存在多种至关重要的语境，特别是社会、政治和'个体'语境，通过在这些语境中考察这场争论获知甚多。若不进入这个充满争论的社会和政治语境，现在则不可能理解密尔与惠威尔各自阐述其立场的真正动机"（Snyder 2006）。《定义科学》首版收入昆廷·斯金纳主编的《观念史丛书》，并荣获澳大利亚国家历史学会颁发的"汉考克奖"（1993—1994），2003年再版平装本，足以见证这部学术专著持续赢得广泛认可。沿着这条不落俗套别开生面之路，杨理查继续在科学历史哲学领域创出科学人物传记研究方向，他与肖特兰主编的《讲述科学人生：科学传记论文集》（1996）至今仍是研究科学传记的独家著作。

本书依据剑桥大学出版社2003年再版平装本《定义科学》译出，选择翻译此书则缘于译者自2015年以来聚焦科学历史哲学与现代国家关系问题的研习，惠威尔提供了这个问题的起点样本。当时对比多部研究惠威尔的新著，唯此书具备迥异单一主题的宏观视野，或者说"元科学事业"主题本身具备综合统摄性，正如惠威尔所言，"我的归纳事业的美感在于它确实就象德文郡男人做的馅饼，把自己能够捕捉到的各种材料都纳入其中"（致琼斯的信1835年5月2日）。杨理查深谙研究对象及其时代充满"反题"且争论蓬勃的宽广气质，全书文思精深视野广博，提纲挈领旁征博引，要言不繁点到为止，酷似一部精炼的多用途观念工具书，颇具导读实用功能，引领译者从宗教、政治、帝国、媒体等多视角拓展，步步深入英国19世纪科学文化转型发展的核心区和深水区。书中论及维多利亚时代从国教、浪漫主义到科学、哲学、大学、出版诸领域重要人物一百多位，同时涉及法国和德国著名科学家和博学才俊，为便于读者理解文脉内涵，译者为这些人物都增加了注释，尤其对于原书未做出引注的重要内容，例如《桥水论丛书》及其创立者布里奇沃特伯爵八世、法国哲学家和政治家夏尔·雷穆萨、极易混淆的两位关键人物威廉·罗恩·哈密顿与威廉·汉密尔顿，译者皆查阅对勘经典原著，补充撰写详细译注。作者文辞典雅考究，从句式到遣词善用对仗手法表达比较、延伸或暗喻之意，精准运用时态和语态呈现不同时代观点（惠威尔本人－其同代人－后世学者－当今学者-未来期许），译者秉持语义与句式结构优先权衡原则，充分忠实全译，努力做到精准干练再现典雅文风。

惠威尔活跃时代与晚清中国已然开启密切互动关系。惠威尔编纂的首部教科书《初等力学教程》(1819)，缘于英国来华传教士艾约瑟在1852年向李善兰竭诚推荐并合作翻译，1859年首次以胡威立著《重学》为名刊印中文版。《重学》底本考证问题成为当今中国科学史研究的一个焦点。对照关注生成－演化整体语境的观念史研究，通过沟通惠威尔早期出版的三部力学教科书和相关笔记手稿，费什证实正是通过这类活动，惠威尔"初次遇到科学并且将它当成一个研究对象"，作为他日后撰写两部重要著作的先导，因为《归纳科学的哲学》处理的那些哲学问题早已记录在他的早期文献中（Fisch 1991a, 41）。显然，1991年以来惠威尔研究的根本转向——材料方面，沟通著作之间、著作与笔记手稿信件等各类档案之间的全链证据；认识方面，革除孤立看待科学历史与科学哲学、单丝独线解析一人一著的沉疴——已将我们带入融贯科史哲进行整体性观念探源的新境界。相关科学史对象之于维多利亚时代与晚清中国，有必要转入这对相反相成的交叉语境、围绕观念与帝国这对基本互动关系、在对比探疑中做出"反问式重构"。其实，伯纳德·科恩（I. Bernard Cohen，1914—2003）在为1974年版《能量守恒的发现》撰写的前言中，已经清晰指明科史哲需要交互解读的方向：

> 关于科学的历史考察不能囿于制造各种编年史的范围内，这个判断如今已被科学史家、科学哲学家和科学社会学家、甚至科学家自身视作准则。现在普遍认为，科学观念不应脱离它们一直以来创造者的生平和独特个性而被孤立研究，通过引入一种历史维度，关于科学的哲学考察可能会从中受益良多。这对关于科学的历史分析提出一个附加要求，就是必须自觉认识到科学观念与行动特有的社会语境，认识到社会学洞察具有多种可能性。我们特别需要一种稳妥的哲学基础为历史理解服务，在解开科学观念史各种混乱缠结问题的过程中，必须具备哲学警觉性。

本书出版适逢惠威尔230周年诞辰来临之际，面对近年日益丰富的关于惠威尔的案例式研究成果，我们不禁会问，这个厚重主题可能的未来研究方向何在？对于这个见仁见智的开放问题，译者深感史蒂夫·富勒打通最近150年科学历史哲学展开溯源比较的视野最具深远性、批判性和可争论性，因此专门邀请这位政治导向的社会认识论家撰写中文版导论。感谢富勒教授慨然应允和守时守信，在三个月内写出全新思路再开新境的万言导论，并且有求必应对文稿做出及时修改，可贵的是，他创思这篇导论始终心怀"一定让中国读者满意"的真诚。感谢杨理查教授为联系翻译版权提供的支持。本书出版前期工作头绪繁多却能历时两年得以面世，这充分受益于责任编辑郑菲菲女士严谨细致的专业素养和务实高效的工作作风，原著中几处数据失准和译稿中某些注释缺失，皆缘于她的用心发现和校正。如果没有中央编译出版社和责任编辑为复杂版权事宜的执著努力，中文版就无法增加附录那篇重要译文。感谢山西大学科学技术史研究所一直以来给予译者工作和译著出版的信任与保障。

1814年，20岁的三一学院大二学生惠威尔，写下赞颂《布狄卡女王之美》的英文诗，荣获剑桥大学校长金奖：

> 哦，至美！天国诞生的女王！
> 你的雪白双手，用看不见的神奇联系，擎起这个圆形地球；
> 从为火焰增色的更加成熟的炽烈气候，
> 到海岸边陡峭的冰崖，回响着你的名字；
> 从社会生活开始之前的野蛮时代，
> 到更加公平的时代，充满经过打磨变得光鲜柔和的慊慊君子；
> 你历经各个世代，不同极点，所有的人都对你的灵魂献上无比敬意。

源于从小对古典诗歌和历史的钟情，对故乡毗邻的湖区浪漫主义作家描述自然的敏感，这位天赋卓越的早慧少年最终走上以元科学评论家职业身份、为英国现代国家和国民定义科学之路。进而在科学中心首次转移到法国、法兰西和德意志科学体制与观念优势催生英国"第二次科学革命"时期，在历史编纂学整体呈现现代形式、历史经典著作频出的19世纪，对培根的归纳式哲学做出创新发展，首创最全面系统、方法论和叙事最复杂的新归纳式科学历史编纂学。惠威尔基于历史的里程碑式贡献，包括由科学历史衍生的以道德与社会改革为导向的归纳科学的哲学，首次在服务英国现代国家框架内确立了现代科学历史哲学（HPS）的角色，这项元科学事业的实际影响在他身后日益彰显，特别是 1901 年，爱德华七世国王——1861 年惠威尔受阿尔伯特亲王邀请以私人身份为这位王子讲授经济学——登基颁行新政之一，即设立"国家功绩勋章"制度，为英国艺术和科学做出的贡献终于得到崇高认同与传承保障（Snyder 2011）。如今围绕惠威尔展开的丰富论题，正在为当代科学历史哲学和政治型社会认识论事业提供反思之镜与基本参照。

姚雅欣

2023 年 7 月 18 日

于山西大学科技史研究所